Naturführer Vögel

Steinbachs großer Naturführer
Vögel

Über 300 Vogelarten · Über 500 Farbfotos

zusammengestellt und bearbeitet
von Dr. Reinhard Witt

Dieser Band entstand unter Verwendung von Fotos und Texten folgender Bände der Reihe Steinbachs Naturführer:

Frieder Sauer: Landvögel
Frieder Sauer: Wasservögel

Verbreitungskarte

rot: Brutgebiet

violett: Ganzjahresgebiet

blau: Überwinterungsgebiet

Layout: Paul Wollweber, München
Satzherstellung: Ina Hochbach, München
Redaktion: Michael Eppinger
Redaktion für diese Ausgabe: Silke Kirsch
Herstellung für diese Ausgabe: Eva Kumar

Druck: Neografia, Martin
Printed in Slovakia

817 2635 4453 6271
1111001X04 03 02 01

BILDNACHWEIS

Alpine action/Elke Oßwald: 140/141;
Toni Angermayer: 31 l.o., 50 u., 51, 56 u., 58 u., 78 o., 111 l.o.,
Reinhard: 16 u., 20 u., 105, 106 o., 125 u., 142 o.,
Schmidt: 43 l.o.,
Ziesler: 72 o., 81 M., 142 u.;
Hans Georg Arndt: 85 u., 90 o., 128 l.u.;
W.A. Bajohr: 11, 47 u.l.;
Bio-Info: 93 o.,
Abel: 137 M.,
Andersen: 94 l.u., 101 u.,
Denninghaus: 66 l.o.,
Großmann: 133 u.,
Quedens: 133 M.,
Synatzschke: 60 l.o.,
Todt: 92 r.o., 100 l.u.,
Oslowski: 96 u., 133 o.;
Hans Dieter Brandl: 26 l.o., 92 u.;
Franz Bretzendorfer: 154 r.o.;
Bruce Coleman: 101 r.o.,
Barlett: 89 o.,
Dawson: 89 M.,
Langsbury: 63 r.u.,
Rue: 87 u.,
Sullivan/Rogers: 65 o.,
Wayne/Ankinen: 81 o.;
Raimund Cramm: 58 M., 88 l.u., 100 r.u., 134 l.u.;
Werner Curth: 17 r.u., 23 M.u., r.u., 135 l.u., r.u.;
Bildarchiv de Cuveland: 2/3, 8/9, 102/103;
Manfred Danegger: 15 l.o., 40 r.o., 106 M., 153o.;
J. Diedrich: 28 l.o., 38 r.u., 39 l.u., 97 l.o.;
Eichhorn/Zingel: 40 l.o., 66 u., 71 l.o., 72 M.;
Andreas Fischer-Nagel: 95 o., 137 o., 156 r.u.;
Jan Peter Frambs: 87 r.o.;
H. J. Fünfstück: 27 r.o.;
Hans Joachim Hage: 69 r.o.;
Johannes Hiller: 108 M., 132 u.;
Rudolf Höfels: 151 r.M.;
Bildarchiv Huber: 76/77;
Gerhard Kalden: 110 u.;
Annemarie Kankel: 14 o., 126 o., 144 u., 146 r.u.;
Dr. Claus König: 21 u., 155 l.o., M.o.;
Helga Lade/Kalden: 50 o.;
Werner Layer: 30 r.u., 45 l.o., 59 M.r., 60 r.o., 63 r.o., 89 u., 95 M., 96 o., 151 l.u.;
Alfred Limbrunner: 12 l.o., 16 l.o., 23 l.o., 28 u., 29 l.o., 30 l.o., 38 r.o., 43 u., 45 l.u., 46 l.u., 47 r.o., 48/49, 55 o., M., 57 u., 58 o., 62 o., r.u., 64 r.M., 65 r.u., 99 r.u., 104 o., u., 106 u., 113 u., 115 l.o., r.u., 116 r.u., 117 o., u., 119 alle, 120/121, 123, 124 r.o., 125 r.o., 127 l.o., 130 l.o., 134 o., 138 o., 153 u., 154 l.o., 155 u., 156 r.o.;
Stefan Meyers: 54 l.o.;
Günter Moosrainer: 10 u., 13 M., 15 u., 18 M., 21 r.o., 25 u., 28 M.o., 40 l.u., 44 o., l.M., l.u., 59 r.o., 64 l.o., 70 u., 86 u., 107 r.o., 113 M.o., 115 l.u., M.u., 118 o., 124 l.o., 129 r.o., 130 r.u., 146 o., M.u., 147 l.u.;
Helmut Partsch: 46 o., 96 2.v.o.M., 2.v.u.M., 97 r.o., 112 r.o, 116 l.u., 129 l.o.;
Manfred Pforr: 19 r.M., 28 r.o., 54 r.o., 122 u., 137 u., 147 r.o., 157 M., u.;
Fritz Pölking: 73 l.o.;
Richard Podloucky: 85 l.o., 94 M.u.;
Dr. Eckart Pott: 57 l.o., 59 l.o., M.o., 61 r.o., M., u., 65 M.u., 78 u., 79, 80 r.o., u., 81 u., 82 alle, 83 l.o., u., 84 l.u., r.u., 88 M.u. 91 o., 2. + 3. v.o., 92 M., 97 l.u., r.u., 98 l.o., u., 99 r.o., 2.v.u.l., 129 u., 136 l.o.;
Georg Quedens: 44 M.r., 87 M.o., 88 r.u., 90 u., 92 l.o., 99 l.o., 124 u., 128 o., 130 r.o., 156 l.u.;
Hans Reinhard: 10 o., 15 r.o., 17 o., 19 u., 20 r.o., 21 l.o., 22 u., 24 l.o., 34 u., 35 o., 39 r.o., 46 r.u., 47 l.o., 52 u., 72 u., 73 r.o., 75 o., l.u., 112 u., 116 l.o., 127 u., 131 u., 143, 148 r.M. r.u., 149 u., 156 l.o.;
Dr. Frieder Sauer: 17 l.u., 20 l.o., 25 M., 27 l.o., 29 l.u., 31 r.o., M.u., 32 M., 33 o., M., 34 r.o., 35 M., u., 36 o., M., l.u., 38 l.o., 39 r.u., 40 r.u., 42 M.u., r.u., 43 r.o., 47 r.u., 55 r.u., 56 M., 59 l.M., l.u., 60 l.M., r.u., 61 l.o., 62 l.u., 63 l.u., 64 u., 65 M., l.u., 68 r.o., u., 69 l.o., l.u., r.u., 74 l.o., M.o., r.o., l.u., 75 r.u., 85 r.o., 87 M., 91 u., 93 u., 95 r.u.,100 M.u., 107 l.o., u., 109 l.o., u., 111 r.o., 114 M., u., 115 r.o., 118 M.l., u., 127 r.o., 128 r.u., 129 M.l., M.r., 135 M., 136 r.o., 138 M.u., 139 M.o., M.u., r.u., 144 r.o., 145 l.o., u., 146 l.u., 147 M.o., 148 M.l., 151 l.o., M.o., r.o., r.u., 157 o.;
Heinz Schrempp: 13 u., 16 r.o., 18 u., 20 M., 30 l.u., 31 M.o., 32 l.o., u., 33 r.u., 41 o., 44 r.u., 109 r.o., 111 u., 114 o., 118 M.r., 122 o., 128 M., 134 M., 139 l.u., 144 l.o., 147 l.o.;
Holger Schulz: 113 r.o., r.M.;
Karl Schwammberger: 23 M.o., l.u., 45 r.u., 111 M.r., 148 l.u.;
Reinhard Siegel: 30 r.o., 36 r.u., 52 l.o.;
Silvestris: Lindenburger: 86 o.;
Günter Synatzschke: 40 M.o., 55 l.u., 67 o.M., 69 M., 70 M., 80 l.o., 90 M., 101 l.o.;
Paul Trötschel: 21 M.o., 88 o., 127 M.o.;
Dr. Klaus Warncke: 116 M., 134 r.u., 145 r.o., 152 l.u., r.u.;
Jürgen Weber: 87 l.o., 94 o.;
Klaus Wernicke: 86 M.;
Willner: 26 r.o.;
Horst Wöhler: 13 o., 31 r.u., 57 r.o., 84 l.o., 93 M., 129 M.o., 138 r.u.;
Konrad Wothe: 27 M.o., u., 29 M.u., 53 u., 63 l.o., 67 u., 68 l.o., M.o., 96 l.M., 98 r.o., 99 l.u., 100 o., 138 l.u., 152 o., 154 u.;
Peter Zeininger: 12 r.o., u., 14 u., 19 o., l.M., 23 r.o., 24 r.o., u., 29 M.o., r.o., r.u., 32 r.o., 33 l.u., 39 l.o., 40 M.u., 41 2.v.o., 2.v.u., u., 42 l.u., 45 r.o., M., 53 l.o., M.o., r.o., 54 u., 56 o., 60 l.u., 64 r.o., 70 o., 71 r.o., u., 73 u., 94 r.u., 95 l.u., 107 M., 108 o., u. 112 l.o., 116 r.o., 125 l.o., 126 l.u., 130 l.u., 136 u., 139 l.o., 147 r.u., 149 o., 150 alle, 155 r.o.;
Herbert Zettl: 22 o., 25 o., 26 u., 30 M., 34 l.o., 37 alle, 38 l.u., 42 o., 74 r.u., 110 o., 125 M.o., 131 o., 132 o., 139 r.o., 148 o.;
Günter Ziesler: 18 o., 31 l.u., 52 r.o., 66 r.o., 80 2.v.o.l., 83 r.o., 84 r.o., 126 r.u., 135 l.o., r.o., 136 M. o., 153 M.;

Lieber Leser,

die Zuordnung von Tierarten nach ihren Lebensräumen ist ein Ergebnis von Naturbeobachtung. Die Beweglichkeit der Vögel öffnet vielen Arten einen außerordentlich großen Aktionsradius. Aber selbst die Fernzieher finden sich jährlich recht genau wieder in ihren Brutgbieten ein. Sie sind meist streng an bestimmte Lebensräume gebunden.
Wie bei anderen Lebewesengruppen auch, gibt es bei den Vögeln eng auf bestimmte Umweltbedingungen und Nahrungsangebote angewiesene Arten. Einige dieser Spezialisten kann man bei den Vögeln schon an ihren extrem ausgebildeten Schnabelformen erkennen, zum Beispiel den großen Brachvogel. Spezialisten kommen bei Veränderungen oder Störungen ihrer Lebensräume besonders schnell in Schwierigkeiten, weil sie sich geänderten Bedingungen nicht anpassen können. Andere Arten nutzen ein breites Nahrungsspektrum. Wir finden diese »Generalisten« in unterschiedlichen Lebensräumen. Eine gültige Zuordnung ist oft nicht möglich. Über das Register des Bandes kann der Leser jede Art auch ohne Kenntnis ihres Lebensraumes oder der hier getroffenen Einordnung nachschlagen.
Ein Buch, das es sich zur Aufgabe gemacht hat, das Vogelleben Europas mit Schwerpunkt Mitteleuropa nach einzelnen Arten darzustellen, erschließt sich dem Leser und Naturfreund nur nach und nach, nämlich mit dessen wachsender Artenkenntnis. Für den »Anfänger« empfiehlt es sich, zunächst einmal das Vogelleben seiner unmittelbaren Umgebung bewußt wahrzunehmen und zu beobachten. Das Ansprechen einer gesehenen Art ist der erste entscheidende Schritt. Je mehr Arten wir zu unterscheiden vermögen, desto leichter fällt es uns, neue Arten zu entdecken und richtig anzusprechen. Vogelkundliche Wanderungen durch besonders ergiebige Gebiete, wie sie heute von Volkshochschulen oder Naturschutzverbänden angeboten werden, bedeuten den intensivsten Weg, viele Arten in ihrem jeweiligen Lebensraum kennenzulernen. Für die mehr als nur zufällige Vogelbeobachtung ist ein Fernglas von großer Hilfe. Schon ein kleiner und leichter 8x20-Feldstecher verbessert unsere Beobachtungsmöglichkeiten beträchtlich, ohne daß wir die Tiere in ihrer Lebensentfaltung stören. Das macht gerade die Vogelbeobachtung so lohnend. Zum Glück gibt es noch viele Vögel, auch innerhalb der Städte. Die schmerzlichen Lücken im Bestand der heimischen Vogelwelt werden deutlich, wenn wir uns den Wandel vieler Kulturlandschaften in ausgeräumte Agrarsteppen allein in den letzten 50 Jahren bewußt machen. Auch die siedlungsferneren und empfindlichen Lebensräume der kulturflüchtenden Arten wie Hochmoor oder ursprüngliche Wälder sind durch die Aktivitäten der Menschen bedroht – selbst in Schutzgebieten. Wo gibt es noch fließende oder stehende naturnahe Süßgewässer, deren Brutvögel nicht von den Freizeitaktivitäten der Menschen schon vertrieben sind oder schwer gestört werden?
Immer sollte uns das Vogelleben, an dem wir als Naturfreund noch teilhaben dürfen, wichtiger sein als die Befriedigung unserer persönlichen Wünsche in der Natur, wie Vogelbeobachtungen am Nest oder das Fotografieren, das oft zusätzliche Belastungen für Tiere und Pflanzen bringt.
Noch ist der stumme Frühling, wie ihn Rachel Carson in ihrem seinerzeit aufsehenerregenden Buch beschwor, erst für Teilbereiche unserer Biosphäre Wahrheit geworden. Aber er nimmt schleichend und unerbittlich zu. Nicht nur in den Regenwaldgebieten der Tropen, sondern auch in unserer Heimat, wo wieder ein Stück Natur dem menschlichen Eigennutz geopfert wird – heute dort, morgen hier. Die Natur braucht viele Fürsprecher und entschiedene Freunde. Das Vogelleben war schon immer ein besonders augenfälliger Maßstab für das Verhältnis der Menschen zu ihrer Umwelt. Dieses Buch will dazu beitragen, daß wir uns der Naturschätze, die wir noch haben, bewußt werden und fürsorgliche Verantwortung für sie übernehmen.

Gunter Steinbach

Inhalt

Lebensraum

BÄUME UND STRÄUCHER

Bäume und Sträucher sind ein Charakterzeichen der mitteleuropäischen Landschaft. Ohne menschliches Zutun wäre Mitteleuropa überwiegend mit Bäumen bewachsen, wobei der Buchen-Hochwald überwiegen würde. In Tallagen und Flußauen wäre der Auenwald mit Eichen und Eschen typischer, in den Bergen und auf nährstoffarmen Böden hingegen würden verstärkt Nadelbäume stocken. An jeden dieser Lebensräume sind bestimmte Vogelarten angepaßt. Die natürliche Vielfalt von Bäumen und Sträuchern hat der Mensch jedoch noch erweitert und dadurch für Vögel neue Lebensmöglichkeiten geschaffen. Denken wir etwa an die Heckenzeilen, die mehr mit Sträuchern als mit Bäumen die Felder und Wiesen umgrenzen oder Hänge terrassieren. Ein anderes Beispiel sind die Obstwiesen mit ihren oft mächtigen Hochstämmen, ein gerade für Vögel sehr ansprechendes Biotop. Daneben bestimmen Bäume und Sträucher in verschiedensten Ausformungen die Grüngürtel, Parks und Gärten unserer Städte und Dörfer. Gleich ob Urwald, naturnaher Wald oder Wirtschaftsforst, ob Wallhecke oder Gartenhecke, die Grundstrukturen sind immer ähnlich. Bäume und Sträucher zeigen einen stockwerkartigen Aufbau, angefangen von der Moosschicht direkt am Boden über die Krautschicht, die Ebenen der niedrigen und höheren Sträucher bis schließlich in die Kronregion der Bäume. Weitere Merkmale sind eine relativ feuchte, kühle und sauerstoffreiche Luft, verhältnismäßig viel Niederschläge und die im Sommer geringe Sichtweite. Der stockwerkartige Aufbau ermöglicht für die Vögel eine Nutzung auf vielen Ebenen. Bäume und Sträucher bieten hierdurch nicht nur Nistplätze, sondern auch Nahrung, Verstecke und Balzplätze.

Saatkrähen als Beispiel für ökologische Ansprüche an verschiedene Lebensräume: Die Vögel rasten und brüten auf Bäumen. Zur Futtersuche aber benötigen sie den Lebensraum Feld und Flur.

Anpassungen an das Leben in Bäumen und Sträuchern

Der natürlich vorhandene, stockwerkartige Aufbau von Bäumen und Sträuchern und ihre vielfältige Erscheinungsform als Wald, Feldgehölz, Hecke oder Parklandschaft hat die Spezialisation der Vogelarten auf bestimmte Lebensraumausschnitte begünstigt. Erläutern wir dies am Beispiel des Waldes. An ökologischen Nischen für die Vogelwelt lassen sich im Wald mindestens sieben verschiedene Standorte bestimmen: der unmittelbare Bodenbereich mit Moosen, Pilzen, Kräutern und Farnen, die daran nach oben angrenzende Strauchschicht inklusive der Schlingpflanzen, der Stammbereich, die Äste, die Baumgipfel und schließlich noch - bei abgestorbenen Bäumen - der Baumstrunk und das auf dem Boden liegende Totholz. Auf jeden dieser Lebensraumausschnitte haben sich bestimmte Arten spezialisiert, auch wenn sie einen bestimmten Ausschnitt oft nur phasenweise und unter bestimmten Bedingungen benötigen. Hierfür einige Beispiele: Als typischer Bodennutzer läßt sich der Buchfink bezeichnen, der hier gern nach Samen und gelegentlich auch nach Insekten sucht. Auch der Grünspecht kommt zum Fressen auf den Boden, etwa wenn er Ameisenhaufen durchstochert. Die Amsel verbringt einen Teil ihrer Zeit futtersuchend auf dem Boden. Sie ist allerdings gleichfalls ein Beispiel für vielschichtige Anpassung. Im Herbst bezieht sie nämlich ihre Nahrung, vor allem Beeren von Wildfrüchten, vorwiegend aus der nächsthöheren Ebene, der Strauchschicht. Hier sind außerdem das Sommergoldhähnchen und der Zaunkönig zur Nahrungsversorgung unterwegs. Ein Zaunkönig nutzt diese Schicht allerdings noch in anderem Zusammenhang: als Gesangswarte, von der aus er Weibchen anlockt. Das Geäst der Bäume schießlich, die dritte Schicht, dient wiederum dem Goldhähnchen als Futterort. Auch die Kohlmeise sucht hier nach allerlei Freßbarem, kommt aufgrund ihres schweren Körpergewichts jedoch nicht wie ein Goldhähnchen bis in die äußersten Astspitzen. Selbst die anschließende Baumwipfelregion wird von Goldhähnchen mit in Anspruch genommen, als Nahrungsquartier und als Brutplatz. Oben wiederum bezieht die Amsel nur ihren Gesangsplatz. Von den Spitzen der höchsten Bäume aus tragen die Männchen zur Brutsaison abends und morgens ihre Lieder vor. Betrachten wir als nächstes den Stamm, werden wir dort wieder andere Vögel vorfinden: Dies ist die Domäne von gut kletternden Arten wie den Baumläufern, dem Kleiber oder den Spechten. Hier legt etwa auch der Grünspecht seine Bruthöhle an, die später dann von Kohlmeisen und anderen Höhlenbrütern genutzt werden kann. Auch vermodernde Baumstrünke gehören in die Nahrungsnische von Spechten. Sie werden auf der Suche nach holzzersetzenden Insekten und deren Larven zerlegt. Im Totholz schließlich oder in aufgeschichteten Holzstößen finden Zaunkönige ideale Brutbedingungen. Ähnlich wie für das Beispiel Wald, ließe sich eine ökologische Aufteilung für die anderen, von Bäumen und Sträuchern bestimmten Lebensräume aufstellen. Auch in Hecken, in Obstwiesen, in Grünanlagen oder Gartenlandschaften teilen sich die Vögel den Lebensraum untereinander auf. Allerdings werden nicht alle Räume gleichmäßig genutzt. Dies hängt von den unterschiedlichen Bedürfnissen zu verschiedenen Zeiten ab. So ändern viele Arten zu Zeiten von Partnerwerbung, Brut und Jungenaufzucht ihre Gewohnheiten und beanspruchen neue Teile des Lebensraums. Noch radikaler fällt dieser Wandel in der Lebensraumnutzung im Herbst auf, was wiederum mit unserem Klima zu tun hat. Spätestens wenn die Temperaturen sinken, die Futterinsekten abnehmen und die Gehölze ihre Blätter verlieren, ziehen viele der Baum- und Strauchbewohner in die Winterquartiere nach Süden. Als Zugvögel nutzen sie den heimischen Lebensraum nur saisonal. Allenfalls die Spezialisten bleiben bei uns, deren Ernährungsweise an die kalte Jahreszeit angepaßt ist. Ein Beispiel hierfür wäre etwa das Auerhuhn.

Pirol

Rotkehlchen

Fortbewegung

Das Leben in Bäumen und Sträuchern verlangt nach Geschicklichkeit. Dies gilt auf allen Ebenen und für alle Arten. Die überstürzte Flucht einer Nachtigall durch dichtes Gebüsch, der rasante Jagdflug des Habichts durch den Hochwald, der feste Zugriff eines Eichelhähers beim Landen auf dem Ast, das alles beruht auf vielfachen Anpassungen. Baum- und Buschbewohner haben außerordentlich reaktionsschnell zu sein. In Tausendstel Sekunden müssen während des Fluges durch die dichte Vegetation Gegebenheiten erkannt und Entscheidungen getroffen werden. Das weitsichtige Auge, oft speziell für die räumliche Sicht und damit für das Entfernungsmessen geeignet, ermöglicht die fast unglaubliche Reaktionszeiten im Flug. Auch die Füße sind eigens für den Aufenthalt zwischen Bäumen und Sträuchern gerüstet. Die in Zweigen und Ästen kletternden und ruhenden Arten besitzen meist lange, biegsame Zehen, die geschickt zugreifen können. Die Stammbewohner haben regelrechte Kletterorgane.

Brutverhalten

Sie sind geborene Meister der Flechtkunst. Praktisch sämtliche Baum- und Strauchbewohner sind gezwungen, in einer der vielen Ebenen über dem Boden ihr Nest zu bauen. Während der Kleiber einigermaßen liederlich vorgeht und gerade einige Rindenschnipsel auf den Haufen wirft, erscheint das Werk einer Beutelmeise als echtes Meisterstück. Doch einerlei, ob der Buchfink das Grundgerüst mit Spinnenfäden stabilisiert, oder der Pirol es mit biegsamen Halmen an passender Stelle anflechtet, das Endprodukt Nest erfüllt natürlicherweise immer seinen Zweck: Es hält und trotzt Wind und Sturm. Wie bei der Nahrungssuche zeigen die Bewohner von Bäumen und Sträuchern auch beim Brutverhalten eine Aufteilung in verschiedene ökologische Nischen. Die Gruppe der reinen Bodenbrüter mit Auerhuhn, Birkhuhn oder Waldschnepfe und Fitis unterscheidet sich von den Gebüschbrütern mit Rotkehlchen, Zilpzalp oder Mönchsgrasmücke. Daneben gibt es die Höhlenbrüter wie Blau- und Kohlmeise, Kleiber, Eulen und Spechte.

Meisenartige
Die Gruppe der baum- und strauchbewohnenden Meisenvögel steht für den Prototyp des klettergewandten Kleinvogels. Meisen eroberten diesen Lebensraum dank ihrer Gewandtheit und Anpassungsbreite. Mit ihren feingliedrigen Füßen klettern sie sehr geschickt im Geäst auch des Außenbereichs und erschließen sich so eine ökologische Nische, die anderen Arten verloren geht. Ihr geringes Körpergewicht erleichtert die Kletterakte in den Zweigspitzen, auch sind sie nicht zu groß, um auch noch im dichten Gestrüpp herumzuturnen und dort Nahrung zu suchen. Der Hornschnabel ist für zweierlei Zwecke gebaut: Einmal dient er als Pinzette zum Aufsammeln auch kleinster Insekten des Blattbereiches. Andererseits muß er aber noch stabil genug sein, um Samen oder Körner zu knacken, die in der kalten Jahreszeit verstärkt auf dem Speisezettel zu finden sind. So ist er gewissenmaßen ein Mittelding zwischen dem filigranen Greifwerkzeug eines puren Insektenjägers und dem eher klobigen Gerät eines Samenknackers. Damit sich die perfekt ausgerüsteten Meisen nicht selbst Konkurrenz machen, haben sie sich verteilt. Die einen bewohnen Schilfwälder und Flußufer, andere eroberten den Nadelwald, wieder andere beleben den Laubwald und somit natürlich heute auch den menschlichen Siedlungsraum.

Spechtartige
Die Spechtartigen im Lebensraum der Sträucher und Bäume sind unverkennbar in ihren typischen Merkmalen. Als hochspezialisierte Höhlenbrüter mit Hammerschnabel besiedeln sie vorwiegend die älteren Wälder. Dort wo sich krankes, ja morsches Holz findet, fühlen sie sich wohl. denn nur hier wächst auch die tierische Hauptbeute der Spechte heran: holzzersetzende Larven. Der lange und stabile Schnabel arbeitet das tägliche Futter zunächst einmal groß heraus. Er ist an die Hacktätigkeit hervorragend angepaßt, was die Spechte effektiv im Holzeinschlag macht. Damit die Dauerhacker keinen Kopfschmerz bekommen, ist auch ihr Gehirn in einer besonderen Aufhängung an Bändern untergebracht und sozusagen mit Schalldämpfern versehen. Außerdem schwimmt es in einer vibrationsmindernden Flüssigkeit. Die vom Spechtschnabel vorbereitete Tätigkeit vollendet dann die Zunge. Sie ist lang, flexibel, dünn und an der Spitze pfeilartig mit Widerhaken versehen. Mit ihr kann der Specht in die Bohrgänge der Holzkäferlarven eindringen und die Beute abrutschsicher aufgespießt zurückziehen. Das alles funktionierte freilich nicht ohne das Paar kräftiger Klammerfüße, die dem Holzklopfer festen Halt verleihen. Und schließlich hält sich ein Specht dank eines festen Stützschwanzes.

Eulenartige
Sie stehen stellvertretend für die Jäger im Gehölz. Ihre Aufgabe ist eine andere, und deswegen sehen sie auch völlig anders aus als der Rest der Gefiederten. Eine Eule, gleich welcher Art, hat ihre Augen vorne beieinander. Sie liegen fast auf einer Ebene, was zwar den Rundumblick nimmt, dafür aber die Fähigkeit zum räumlichen Sehen stark erweitert. Das wiederum ist nötig für den präzisen Zugriff auf die Beute, die ja immer im schnellen Anflug überrascht werden will. Hinzu kommt der landläufig gefürchtete »starre Blick«, der in Wirklichkeit doch nicht mehr ist als eine Ferneinstellung der Lichter. Eulenaugen wirken deshalb so unheimlich starr, weil sie nur auf Weitsicht fixiert sind. Wenn die Jäger im Nahbereich arbeiten müssen, verlassen sie sich zumeist auf ihre Tasthaare. Daneben zeichnet die meisten Eulen ihr geräuschloser Flug aus. Eine feine Fiederung an den Außenkanten der Schwingen läßt die Luftströmung so perfekt verwirbeln, daß jedenfalls für unser Gehör kein merkliches Geräusch entsteht. Übrigens auch für die Gejagten nicht, oder wenn, dann zu spät. Zur erfolgreichen Jagd gehört des weiteren der perfekte Griff, den Eulen dank ihrer kraftvollen und teils nach hinten gestellten Greifklauen vollbringen. Eine Maus wird so gleichsam von vorne und hinten gleichzeitig erdolcht.

Ernährung
Bäume und Sträucher sind das reinste Tischlein-deck-dich. Sie servieren der Vogelwelt reiche Kost, gleich, ob vegetarischer oder fleischlicher Art. Wer nun wovon wieviel frißt, hängt von der Breite der ökologischen Nische ab, die er ausfüllt. Da gibt es die reinen Insektenjäger wie gerade den Pirol oder die Grasmücken, aber auch Mischköstler wie den Eichelhäher, der sowohl pflanzliche Kost nicht verschmäht, aber auch als Samensammler und Nußknacker bekannt ist. Reine Vegetarier haben in der Welt der Wildsträucher und Bäume hingegen keinen Raum gefunden. Sie wären hierzulande auch fehl am Platz, weil es nicht durchgängig Pflanzliches zu fressen gibt. Bei den meisten Arten bestimmt so die Saison, was auf den Tisch kommt. Wintervögel weichen in der kalten Jahreszeit auf kühl konservierte Sämereien oder Wildfrüchte aus, während zur Sommerzeit stärker Insekten den Speiseplan bestimmen. Ein Vogel, der allein auf Insektenfutter angewiesen ist, muß in Mangelzeiten ausweichen. Da hilft nur die Flucht gen Süden.

Eichelhäher

Habicht

Accipiter gentilis

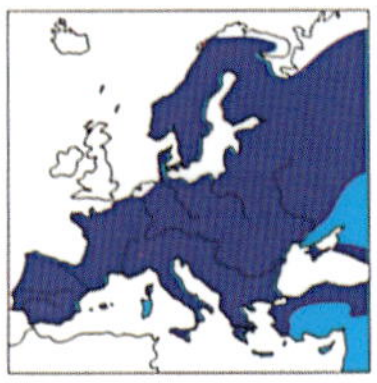

MERKMALE: Ähnlich gefärbt wie der Sperber, aber deutlich größer und gedrungener. Spannweite des Männchens um 100 cm, des Weibchens um 120 cm. Beine kurz und stämmig, Füße kräftig mit langen, sichelförmigen Krallen. LEBENSRAUM: Der Habicht ist ein Greifvogel des Waldes, der sich aber auch in Parkanlagen mit eingestreuten Waldungen aufhalten kann. FORTPFLANZUNG: Das standorttreue Habichtpaar zeigt im Vorfrühling seinen Balzflug über dem Wald, in dem der Horst liegt. Dabei kreisen die Vögel bis in große Höhen, das Männchen fliegt in Wellen dahin (Girlandenflug); beide Vögel sind dabei recht ruffreudig. Meist wird der vorjährige Horst bezogen und aufgestockt. Manche Paare verfügen über mehrere Horste, die sie wechselweise benutzen. Die Brutzeit beginnt im April und dauert mit rund 40 Tagen ungewöhnlich lang. Meist liegen vier Eier im Horst, doch im Durchschnitt werden nur zwei Junge flügge. Vor allem bei langanhaltendem Regen können die Eltern nicht genug Nahrung herbeischaffen, weil sie mit durchnäßtem Gefieder ihre überlegene Flugkunst nicht einsetzen können. Nach dem Schlüpfen bleibt das Weibchen noch etwa zehn Tage auf den Jungen sitzen, weitere zehn Tage verbringt es wachend in Horstnähe und wärmt die Jungen über Nacht. Von da an sind sie im Horst allein und bekommen lediglich mehrmals am Tage ein Beutetier auf den Horstrand gelegt. Die Jungen tragen noch im nächsten Sommer wie die Jungsperber das braune Jugendkleid mit getropfter Brust, sind aber schon in der Lage, selber zu brüten. NAHRUNG: Die sehr kräftige Flugmuskulatur und die kurzen Flügel machen den Habicht zu einem schnellen Starter, ähnlich wie manche Wildhühner. Der lange Schwanz erlaubt ihm auch rascheste Wendungen. So ausgerüstet, ist der Habicht ein Jäger vom Typ der Auflauerer, der plötzlich von einer versteckten Warte aus angreift und die Beute überrumpelt. Er ist aber auch zu minutenlanger Lufthatz fähig und beendet sie in der Regel als Sieger. Der Habicht schlägt seine Beute in der Luft und am Boden. Was er einmal erfaßt hat, läßt er nicht mehr los - so wurde schon mancher Habicht im Hühnerhof vom Bauern auf dem gegriffenen Gockel erschlagen. Von anderen wird erzählt, daß sie als »Reiter« auf einem flüchtenden Hasen von einem im Wege hängenden Ast erschlagen wurden. Ausgesetzte Fasane fallen dem Habicht leicht zum Opfer; in naturnahen Lebensräumen schlägt er dagegen eher Eichelhäher und Ringeltauben, die sich überall dort stark vermehren, wo der Habicht fehlt. Der Habicht wird von vielen Jägern als Hauptkonkurrent der Niederwildjagd angesehen und häufig mit Waffen verfolgt. Da er nicht leicht zu bestimmen ist, fallen immer wieder andere Greifvögel diesen Nachstellungen zum Opfer.

Sperber

Accipiter nisus

MERKMALE: Männchen circa 28 cm lang, Weibchen circa 38 cm. Jungvögel bekommen erst in ihrem zweiten Winter das gesperberte Alterskleid, vorher sind sie unscheinbar bräunlich gefärbt. Immer aber fallen die besonders langen und dünnen Beine auf. Im Flug über freiem Feld zeigen sie abwechselnd einige rasche Flügelschläge und segeln dann ein Stück. LEBENSRAUM: Der Sperber liebt Wälder, die mit Gebüsch und Lichtungen durchsetzt sind. Er lebt heimlich, auch dort, wo er häufig vorkommt. Im Winter sieht man ihn häufiger, da er dann Spatzen und Finken in der Nähe der Höfe und Futterhäuser jagt. FORTPFLANZUNG: Zur Balzzeit im Vorfrühling kreist das Paar über dem Wald, wo im April der Horst gebaut wird; dabei steigt es manchmal so hoch, daß es dem Auge entschwindet. Dann läßt sich das Männchen wie ein Stein fallen und gleitet schließlich im Wellen- oder Girlandenflug über den Baumkronen dahin. Um diese Zeit beginnt es auch, seinem Weibchen Futter zuzutragen. Dieses Balzfüttern setzt sich während der Brutzeit und in den ersten Wochen der Nestlingzeit fort, in denen das Männchen alleine die ganze Familie ernährt. Die Bereitschaft dazu zeigte es durch das Balzfüttern an. Der Sperber ist ein spezialisierter Vogeljäger. Das Männchen jagt Vögel bis zur Amselgröße, das Weibchen bis zum Ringeltaubenformat. Der Horst wird alljährlich neu erbaut, meist nur wenige 100 m vom alten Horststand entfernt. Er besteht aus Reisig, das die Vögel von den Bäumen brechen und liegt fast immer in lichtem Fichtenwald unterhalb der untersten grünen Zweige. In der Nähe des Horstes findet man den Hauptrupfplatz, wo das Männchen dem Weibchen die Beute übergibt. Meist ist es ein Baumstumpf, um den die Federn, Füße und Schnäbel der Beutetiere verstreut liegen. Im Nest liegen meistens fünf Eier, aber selten werden alle Jungen groß.

Rauhfußbussard
Buteo lagopus

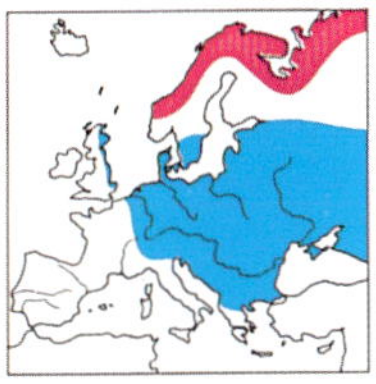

MERKMALE: Spannweite 140 cm. Will man den Rauhfußbussard im Felde bestimmen, ist der ungebänderte Schwanz mit der dunklen Endbinde und einer hellen Wurzel das sicherste Kennzeichen. Der Kopf erscheint deutlich heller als das Körpergefieder, die Grundfärbung ist, wie beim sehr ähnlichen Mäusebussard, variabel. Beim ruhenden Vogel erkennt man die fast bis zum Zehenansatz gefiederten Beine. Dieser Bussard rüttelt oft. LEBENSRAUM: Die Tundra und die Waldtundra, zirkumpolar. Ab August ziehen die Vögel südwärts und erscheinen im November in waldarmen Gegenden Mitteleuropas, wo sie überwintern. Im April treffen sie wieder in ihren nordischen Brutgebieten ein. FORTPFLANZUNG: Im Mai zeigen die Vögel über dem Brutrevier ihre Balzflüge und sind dann recht ruflustig. Ende Mai wird einer der alten Horste ausgebessert und aufgestockt. Die Horste liegen meist auf Felsbändern, manchmal auch auf flachem Boden oder auf Bäumen. Es sind recht solide Knüppelbauten mit dicker, warmer Grasauslage. Die Jungen schlüpfen Ende Juni oder Anfang Juli nach etwa 30tägiger Brutzeit. Die Eizahl hängt von der Zahl der Lemminge ab, der Hauptbeute der Rauhfußbussarde: In guten Lemmingjahren werden bis zu sieben Eier gelegt, in schlechten kommen die Vögel überhaupt nicht in Brutstimmung. Die Jungen werden in den ersten 14 Tagen von der Mutter einzeln gefüttert, danach legen die Eltern die Beute einfach an den Nestrand. In schlechten Lemmingjahren setzt dann unter den Jungen ein Kampf auf Leben und Tod ein, den meist nur ein Junges überlebt. Außerdem leiden die Jungen oft schwer unter arktischen Stechmücken. NAHRUNG: Vor allem Lemminge, die aus dem Suchflug oder Ansitz heraus erbeutet werden.

Wespenbussard
Pernis apivorus

MERKMALE: Spannweite 130 cm. Etwas langflügeliger als der Mäusebussard, Männchen oft mit grauem Kopf, Brustgefieder grob braun getropft. Der Wespenbussard kommt in vielen Farbvarianten vor und ist deshalb vom gleich großen und sehr ähnlich aussehenden Mäusebussard oft nicht leicht zu unterscheiden. LEBENSRAUM: Hochwaldgebiet mit sonnigen Lichtungen, meist Laub-, seltener auch Nadelwälder. NAHRUNG: Der Wespenbussard ist ein hochspezialisierter Insektenfresser, der sich im Hochsommer hauptsächlich von Wespenbrut ernährt. Er entdeckt die Eingänge zu den unterirdischen Wespennestern von einer Warte aus und gräbt sie dann aus, wobei er manchmal fast ganz unter der Erde verschwindet. Seine Krallen sind nicht so stark gebogen wie die Krallen der meisten anderen Greifvögel und deshalb gut zum Scharren geeignet. Die Wespen können dem Räuber unterdessen wenig anhaben, da seine Gesichtspartien mit eigenartig harten Federchen geschützt sind. Er traut sich sogar an die großen Hornissennester heran, wobei er meistens nur die Brut, die Larven, frißt, manchmal aber auch die erwachsenen Insekten samt Stachel. Zu den oft mehrere Kilo schweren Wespennestern kehrt er so lange zurück, bis die Nahrungsquelle erschöpft ist. Stößt man irgendwo im Wald auf ausgegrabene Wespennester, so ist das aber noch kein Zeichen für die Anwesenheit des Wespenbussards, da auch andere Räuber, etwa der Dachs, Wespennester plündern. Neben den Wespen fängt der Wespenbussard auch andere Insekten, wie Heuschrecken und Raupen, die er mit dem Schnabel aufnimmt. Oft spaziert er bei der Nahrungssuche nach Krähenart am Boden umher. Außer Wespen frißt er Frösche, Schlangen, Jungvögel und Mäuse.

Merlin
Falco columbarius

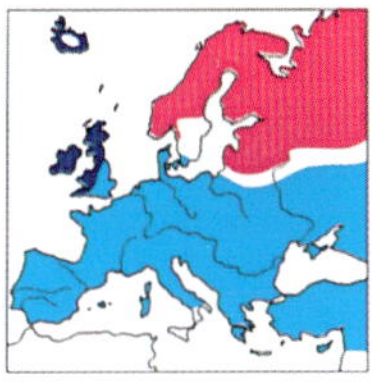

MERKMALE: Mit einer Spannweite von 60 cm ist er etwas kleiner als der Turmfalke. Kein Backenstreif, längsgestreifte Brust, schwarze Schwanzbinde. Das Männchen ist auf dem Rücken taubenblau. LEBENSRAUM: Tundra und Waldtundra, vermooste Moore in der nordischen Nadelwaldzone. Die Jungvögel ziehen im Winter bis in den Mittelmeerraum, die Altvögel bis nach Mitteleuropa. Dort bevorzugen sie baumarme Ebenen. Bei uns kommt der schnelle Falke zwar nicht als Brutvogel, dafür aber regelmäßig als Wintergast vor. Allerdings wird er an der Küste regelmäßiger gesichtet als im Binnenland. Am häufigsten ist mit dem Merlin zur Zeit des Herbstzuges zwischen Oktober und November zu rechnen. Dann tritt er aber nur einzeln auf.

Kaiseradler
Aquila heliaca

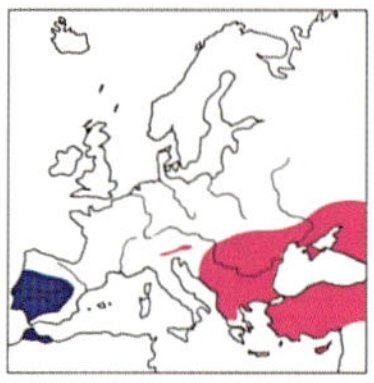

MERKMALE: Mit einer Spannweite von etwa 180 cm etwas kleiner als der Steinadler. Braun mit hellem Nacken und charakteristischen hellen Schulterflecken. Schwanz ohne Weiß. LEBENSRAUM: Wald- und Baumsteppe, seltener auch in der Grassteppe, meist in Tiefländern. FORTPFLANZUNG: Sehr reviertreuer Baumbrüter, der aber über mehrere Wechselhorste verfügt, die je nach den vorhandenen Bäumen hoch oder auch niedrig liegen können. Die zwei oder drei Jungen schlüpfen Anfang Juni nach 43tägiger Brutzeit. Mit 35 Tagen wirken sie voll befiedert, und nach etwa sechs Monaten fliegen sie aus, kommen anfangs aber noch zum Schlafen auf den Horst zurück. Anders als beim Steinadler werden oft zwei Junge flügge, ausnahmsweise auch drei. Wenn die Altvögel den Horst allein lassen, decken sie manchmal Eier oder Küken mit grünem Laub zu. Erst vom sechsten Jahr an tragen die Jungen ihr Alterskleid. NAHRUNG: Die im Vergleich zum Steinadler schwächeren Krallen weisen auf kleinere Beutetiere hin, die zudem nur am Boden geschlagen werden. Meist sind es Ziesel, Kaninchen und Hasen, auch vom Angriff auf Hausgänse wird berichtet. Die Adler wurden früher in Persien zur Jagd auf Antilopen abgerichtet. Sie können eine Beute mit bis zu 3 kg Gewicht im Flug davontragen. Doch in aller Regel sind die erjagten Tiere leichter. Interessant ist auch eine spezialisierte Form der kooperierenden Jagd. Beim gemeinsamen Beuteerwerb teilt sich das Paar die Arbeit, indem ein Partner die Beute aufscheucht und der andere sie ergreift. Auch Fallwild wird angenommen. ALLGEMEINES: Die nördlichen Kaiseradler sind Zugvögel, die sich im Herbst zu Trupps zusammentun und gemeinsam ziehen, oft in Begleitung anderer Greife.

Baumfalke
Falco subbuteo

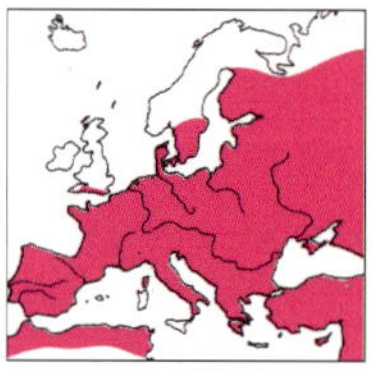

MERKMALE: Flugbild wie ein übergroßer Mauersegler, schneller Flügelschlag, nicht kreisend. Auch im Flug fallen die schwarzen Backenstreifen auf, weniger die rostroten »Hosen«. Die Jungvögel sind unscheinbar braun mit längsgefleckter Brust. LEBENSRAUM: Einzelgänger mit großem Jagdrevier in lockerer Baumsteppe und von Wäldern unterbrochenem Kulturland. Nicht über Städten. FORTPFLANZUNG: Wenn die Jungvögel von ihrer ersten Überwinterung im tropischen Afrika zurückkommen, tragen sie noch das Jugendgefieder, können sich aber schon fortpflanzen. Ende April oder Anfang Mai besetzen sie die Brutreviere, aber zur Eiablage kommt es erst Ende Mai oder Anfang Juni. Wie alle Falken bauen sie kein Nest, sondern besetzen die Horste anderer Vögel und zwar mehrmals in aufeinanderfolgenden Jahren, sofern die Horste die Winter überstehen. Meist fällt die Wahl auf Krähennester, die möglichst hoch im Baumwipfel liegen. Das Weibchen legt 2-4 Eier. Nach 28 Tagen Brutzeit schlüpfen oft nur zwei Junge, die dann mit vier Wochen Ästlinge werden. NAHRUNG: Der Jagdflug des Baumfalken ist ein besonderes Naturschauspiel: Er startet zum Angriff, wenn sich ein Kleinvogel in den freien Luftraum vorgewagt hat, wo der Falke genügend Platz für An- und Ausflug findet. Er hetzt seine Beute mit spielerischer Eleganz und so schnell, daß das Auge kaum zu folgen vermag. Kann sich das Opfer nicht sofort in ein Gesträuch flüchten, so ist es verloren. Nur hinter der Rauchschwalbe muß der Falke manchmal aufgeben, nachdem er sie mit der Beharrlichkeit eines Jagdhundes gehetzt und Stoß auf Stoß vergeblich angesetzt hat. Der Baumfalke jagt bis weit in die Dämmerung hinein. Er erbeutet auch Fledermäuse und Libellen. Die größte Beute des Baumfalken ist bei uns in Mitteleuropa die Turteltaube.

Schelladler
Aquila clanga

MERKMALE: Spannweite um 160 cm und mehr. Ein mittelgroßer, meist gleichförmig brauner Adler. Jungvögel schwarzbraun mit hellen Gefiederflecken und weißlicher Schwanzwurzel. Der Flug ist rasch und wendig, teils segelnd, teils rudernd; Schelladler sind auch sehr wendig. Bellende Stimme. Der Schelladler ist nicht leicht vom deutlich kleineren, nur gut bussardgroßen Schreiadler und vom Raubadler, einer Rasse des Steppenadlers, in dessen dunkler Phase zu unterscheiden. LEBENSRAUM: Lockere Wälder mit hohen Bäumen, meist in der Ebene, entlang von Flüssen, an Seeufern, über ausgedehnten Niedermooren. Im Winter ist er im subtropischen und tropischen Asien ein heute selten gewordener Greifvogel. FORTPFLANZUNG: Die Vögel erscheinen im April im Brutrevier und zeigen dort ihre Balzflüge. Dann wird der alte Baumhorst ausgebessert und frisch begrünt und in der ersten Maihälfte das Ei gelegt. Manchmal legt das Weibchen auch zwei Eier, aber meist geht der schwächere oder jüngere Nestling zugrunde. Brutdauer 42-45 Tage, Nestlingszeit 45-60 Tage. Mitte August fliegt das Junge aus und wird noch bis in den September hinein in Horstnähe gefüttert. Dabei weitet es seine Streifzüge zunehmend aus und verstreicht schließlich in Richtung der Überwinterungsgebiete. NAHRUNG: Der Schelladler ist ein vielseitiger und anpassungsfähiger Jäger. Er erbeutet aus dem Ansitz heraus, im Suchflug und auf Fußmärschen Säuger von der Maus bis zum Hasen, Vögel, vom Lerchennestling bis zur Wildente; er greift auch Hausgeflügel. Hinzu kommen Eidechsen, Frösche, Kröten und die verschiedensten Insekten. Außerdem ernährt er sich von Fallwild und angespülten toten Fischen.

Zwergadler
Hieraaetus pennatus

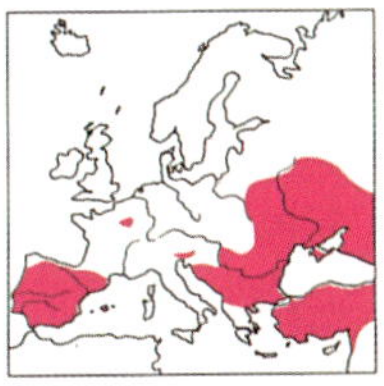

MERKMALE: Mit einer Spannweite um 120 cm ist er bussardgroß. Die Rumpflänge beträgt ungefähr 50 cm. Teils einfarbig dunkelbraun, teils hell erdfarben mit fast weißer Unterseite und schwarzen Flügelspitzen. Helle Schulterflecken. LEBENSRAUM: Landschaften mit Wäldern, Feldern und halboffenem Buschland in Südeuropa, Nordwestafrika und in Mittelasien. Der Flug des Zwergadlers ist etwas schwankend, an den Flug der Weihen erinnernd. Er verbringt fast den ganzen Tag, solange die Aufwinde tragen, segelnd hoch in der Luft. FORTPFLANZUNG: Zur Balzzeit im Mai hört man die trillernde Stimme der sonst nicht ruffreudigen Vögel im Horstgebiet. Dazu zeigt das Männchen seine Balzflüge. Zwergadler nisten entweder in Felsnischen oder horsten auf Bäumen.

Ende April oder Anfang Mai legt das Weibchen zwei Eier, die es etwa 30 Tage bebrütet, wobei das Männchen seine Partnerin für kurze Zeit ablösen kann. Der einmal errichtete Horst wird über viele Jahre immer wieder benutzt. Trotz der zwei Eier werden nur selten zwei Jungvögel flügge. Das Junge beginnt mit etwa 35 Tagen mit seinen Flugversuchen, ist mit 45 Tagen voll befiedert und fliegt um den 55. Tag aus dem Horst, meist gegen Ende August. NAHRUNG: Die kräftigen Füße mit den starken Krallen unterscheiden den Zwergadler von den Bussarden. Er jagt, teils am Boden, teils in der Luft, Beutetiere von der Eidechse bis zum Kaninchen und Kleinvögel bis etwa Wachtelgröße. Andere Greifvögel vertreibt er in virtuos geführten Luftkämpfen aus seinem Revier, das recht groß ist, so daß man die Vögel nicht leicht zu sehen bekommt. Im September oder Oktober verlassen die Zwergadler ihr Brutgebiet und ziehen bis in die Savannen Afrikas, manchmal auch nur bis Nordafrika, wo sie überwintern. Im Laufe des Aprils erscheinen sie wieder in ihren Brutgebieten.

Sperlingskauz
Glaucidium passerinum

MERKMALE: Kleinste heimische Eule, etwa starengroß, Spannweite 34-39 cm. Kopf für eine Eule klein. Gesichtsschleier nur angedeutet. Auch tagaktiv; schnell und lebhaft. LEBENSRAUM: Nordische Nadelwälder, gern Altholz in der Nähe von Lichtungen. Eiszeitüberbleibsel in den Alpen und im Bayerischen Wald. FORTPFLANZUNG: Von März bis Juni, vor allem aber im April »singen« die unverpaarten Männchen in der Abenddämmerung, aber auch schon vor Sonnenuntergang ihre Rufreihen. Den Menschen meidet der Kauz nicht. Sperlingskäuze nehmen als Brutplatz gern ausgediente Spechthöhlen an. NAHRUNG: Mäuse und Kleinvögel bis Amselgröße, im Sommer auch Insekten als Beikost.

Uhu
Bubo bubo

MERKMALE: Die größte aller Eulen, Spannweite über 170 cm. Auffallende Ohrbüschel, feurige orangefarbene Augen. LEBENSRAUM: Überall dort, wo es keine Verfolgung durch den Menschen und keine Verdrahtung der Landschaft gibt, dafür aber genügend Nahrung und Felswände mit Brutplätzen vorhanden sind. In Mitteleuropa kommen diese Bedingungen allerdings kaum zusammen, daher gehört hier der Uhu zu den seltensten, am stärksten bedrohten Vogelarten. Seit den 70er Jahren scheint sich die Bestandssituation leicht zu verbessern. Dafür ist vor allem ein konsequenter Lebensraum- und Artenschutz verantwortlich zu machen mit der Sicherung und Überwachung der Horstplätze. Positiv haben sich in weiten Landesteilen auch Wiedereinbürgerungen ausgewirkt, welche die Großeule dort wieder heimisch machen konnten, wo sie noch im vergangenen Jahrhundert vor allem von Jägern absichtlich ausgerottet wurde. FORTPFLANZUNG: Das Uhupaar hält zäh an seinem Brutplatz fest, bei uns stets in Felswänden, aber nicht immer in Höhlen. Die Reviere sind sehr groß. Zur Balzzeit, im Februar und ausklingend im März, ruft der Uhumann in der Dämmerung sein gar nicht lautes »Uhu« in bis zu hundert Wiederholungen. Die Jungvögel können den kennzeichnenden Uhuruf noch nicht hervorbringen. Sie lassen nach dem Ausfliegen ein Zischen hören - sicheres Kennzeichen für ein besetztes Uhurevier. Brutzeit März und April, Brutdauer etwa 35 Tage; die Jungen wandern schon mit 20 Tagen in der Felswand umher, lange bevor sie fliegen können. NAHRUNG: Der Uhu jagt in der Dämmerung, manchmal schon vor Sonnenuntergang. Er erbeutet Ratten, Igel, die er durch die Stacheln hindurch »erdolcht«, holt Krähen aus ihren Schlafbäumen und schlägt den Habicht ebenso wie den Auerhahn. Er kann einen ausgewachsenen Hasen durch die Luft tragen. ALLGEMEINES: Uhus werden in Gefangenschaft uralt, und wenn ein Paar harmoniert, zieht es alljährlich seine Jungen auf.

Waldohreule
Asio otus

MERKMALE: Mittelgroße Eule - Spannweite 90 cm - mit auffallenden Federohren. Nur nachtaktiv. Sitzt tagsüber mit eng angelegtem Gefieder an einen Stamm gedrückt oder im dichtesten Gezweig. Balzruf im März und April ein gar nicht lautes »Hu«. Die Jungen fiepen nach dem Ausfliegen gellend in den Baumwipfeln. LEBENSRAUM: Großwälder und Wälder zwischen Wiesen, auch Parkanlagen in Städten. Bei strengem Frost mehr in Ansiedlungen, wo sie am Futterhaus auf Kleinvögel jagt. FORTPFLANZUNG: Hauptbrutzeit ist der April, aber auch noch im Mai werden frische Gelege gefunden - vielleicht, weil dann die diesjährigen Krähennester frei werden, in denen die Waldohreule mit Vorliebe brütet. Das Weibchen sitzt, wie fast alle tarnfarbigen Vögel, sehr fest auf den Eiern. Während der Brutzeit wird ihr vom Männchen das Futter zugetragen. Eizahl 5-6, Brutdauer 27-28 Tage. NAHRUNG: Die Waldohreule vertilgt fast ausschließlich Mäuse. Sie jagt zumeist aus dem Ansitz heraus und registriert die Beute teils mit den Augen, teils allein mit dem Gehör.

Rauhfußkauz
Aegolius funereus

MERKMALE: Kaum größer als der Steinkauz, Spannweite 54 cm, Kopf groß, Gefieder locker, Flug rasch und geradlinig. Nachtaktiv. Balzruf dreisilbig, an den Ruf des Wiedehopfs erinnernd; pfeifender Alarmruf. LEBENSRAUM: Nordische Nadelwälder. In Mitteleuropa hauptsächlich in den Mittelgebirgen und den Alpen, aber auch in der Lüneburger Heide, nirgends häufig. FORTPFLANZUNG: Manchmal schon im Spätherbst, vor allem aber im Spätwinter »singen« die Männchen etwa ab 40 Minuten nach Sonnenuntergang ihre dreisilbige Strophe, bei Mondschein und Windstille oft bis weit in die Nacht hinein. Feurig antworten sie dem vom Tonband vorgespielten Rivalen. Sie brüten meist in Schwarzspechthöhlen und nehmen auch gern Nistkästen mit einer Fluglochweite von 8-10 cm an. Brutzeit bis Mai, 4-7 Eier, Brutdauer 25-27 Tage, Nestlingszeit 30-35 Tage. Kratzt man während der Brutzeit am Baumstamm der Bruthöhle, so erscheint das Weibchen in der Öffnung; nur wenn die Jungen schlüpfen, ist es nicht zu sehen. Hauptfeind ist der Steinadler, der in die Höhle eindringen kann und dann das Weibchen samt Gelege tötet. Darum herrscht bei den Rauhfußkäuzen meist Männchenüberschuß. Die Jungvögel klettern schon aus der Bruthöhle, bevor sie richtig fliegen können und noch das Übergangskleid tragen. Sie sitzen dann auf Ästen und machen in der späten Dämmerung die Eltern mit heiser klingenden Bettelrufen auf sich aufmerksam. NAHRUNG: Tagsüber verbergen sich die Käuzchen meist im dichtesten Gezweig; in der späten Dämmerung jagen sie auf Waldlichtungen Mäuse, seltener auch Vögel und Insekten. Sie harren auch während des harten nordischen Winters in ihrem Brutgebiet aus und erbeuten, solange tiefer Schnee den Boden bedeckt, hauptsächlich Kleinvögel. ALLGEMEINES: Wo sich der kleine Kauz noch gehalten hat - das mag nicht nur im Gebirge und Hügelland der Fall sein, sondern auch in waldreichem Flachland, wie in der Lüneburger Heide -, kann man seinen Bestand durch Aufhängen von Nistkästen sichern und heben. Ihre Öffnung soll so weit sein, daß man mit der Hand hindurchgreifen kann. Für Höhlen dieser Größe besteht in unseren ausgeräumten Nutzwäldern Bedarf.

Waldkauz
Strix aluco

MERKMALE: Eine großköpfige, mittelgroße Eule ohne Federohren mit einer Spannweite um 100 cm, die Männchen sind kleiner. Gefieder grau oder braun. Große, fast schwarze Augen. Balzruf heulend, zweitönig, fast das ganze Jahr hindurch zu hören, vor allem im Spätwinter und Herbst. Stimme des Weibchens: »Kiuwitt«. LEBENSRAUM: Der Waldkauz war beim Besiedeln des Kulturlandes erfolgreich: Er bevorzugt Parklandschaften bis in das Herz der Städte hinein, aber auch Großwaldungen. Da er ein Nachtvogel ist, kann man ihn nur selten beobachten, aber kaum überhören, in stillen Mondnächten schallt sein Ruf kilometerweit. FORTPFLANZUNG: Der Waldkauz brütet in morschen Bäumen, Feldscheunen und Kirchtürmen; die Eier werden offen und ohne Nestunterlage in einen Winkel gelegt. Waldkäuze leiden heute mangels hohler Bäume fast überall unter Wohnungsnot und brüten nicht selten in verlassenen Krähennestern oder zwischen Baumwurzeln am Boden, auch im Dachgebälk von Gebäuden. Das Weibchen legt alle zwei Tage ein Ei von durchschnittlich 47 mm Länge, Gelegegröße 3-5 Eier. Es wird meist vom ersten Ei an gebrütet. Die Jungen schlüpfen nach 28-30 Tagen. Nur das Weibchen brütet und wird dabei vom Männchen mit Nahrung versorgt. Stadtkäuze brüten manchmal schon im Februar und März. Die Jungen machen sich erst 2-3 Monate nach dem Ausfliegen selbständig - die nächtliche Jagd erfordert eine lange Lehrzeit. Mehrere Wochen werden die »Ästlinge« von ihren Eltern mit Beute versorgt und machen mit lauten Rufen auf sich aufmerksam. NAHRUNG: Der Waldkauz ist ein mutiger Jäger, und die Griffweite seiner Krallen läßt erkennen, daß er Beutetiere bis zu Ratten- und Taubengröße überwältigen kann. Im Sommer besteht die Nahrung hauptsächlich aus Mäusen und Spitzmäusen, von denen er am Nistplatz gelegentlich einen kleinen Vorrat zusammenträgt. Im Winter schlägt er auch Vögel in den Parks. ALLGEMEINES: An kalten Wintertagen sitzen die Käuze tagsüber in der Sonne, aber auch auf Kaminen, aus denen Warmluft streicht. Immer wieder nehmen Spaziergänger junge Waldkäuze in der irrigen Meinung mit nach Hause, sie seien von den Altvögeln verlassen. Ein Eulenkind aufzuziehen, setzt Erfahrung und viel Zuwendung voraus. Der anpassungsfähige Waldkauz ist die einzige in ihrem Bestand noch nicht bedrohte europäische Eule.

Birkhuhn

Lyrurus tetrix

MERKMALE: Das Birkhuhn hat die Größe eines Haushuhns. Der schwarze Hahn besitzt ein blauschwarz glänzendes Gefieder und leierförmig nach außen gebogene Schwanzfedern, die während der Balz stark gefächert werden, so daß und so die weißen Unterschwanzdecken deutlich zu erkennen sind. Das Männchen zeigt sich gern auf der Spitze niedriger Bäume, wo sich auch die erdfarben getarnte Henne gelegentlich aufhält. Von der recht ähnlichen Moorschneehenne, die stellenweise im gleichen Lebensraum vorkommt, unterscheidet sich die Birkhenne durch den im Fluge sichtbar gegabelten Schwanz. LEBENSRAUM: Bewohner von urtümlichen Moor- und Heidelandschaften im Flachland und Gebirge.

Auerhuhn

Tetrao urogallus

MERKMALE: Der Hahn ist fast truthahngroß und daher kaum mit einer anderen Art zu verwechseln. Neben seinem Balzkleid trägt er auch ein »Schlichtkleid« ohne Kinnbart und ohne Grünschiller auf der Brust. Die Henne könnte mit der Birkhenne verwechselt werden. Sie ist größer als ein Haushahn und fliegt polternd auf. Auch ist ihr rostrot-schwarz gebänderter Schwanz gerundet und nicht leicht gegabelt wie bei der Birkhenne. Sie trägt ein orangebraunes Brustband. Jungvögel ähneln der Henne. LEBENSRAUM: Das Auerhuhn bedarf einer besonderen Umwelt: ruhige, lichte Nadelwälder mit reich entwickelter Krautschicht und viel Beerentracht, dazu Schlafbäume mit festen, waagerechten Ästen; auch Trinkwasser und Ameisenhaufen müssen vorhanden sein. An die Nähe des Menschen kann sich das Auerhuhn mitunter gewöhnen. Es schaut dann ruhig etwa dem laufenden Sessellift über seinem Kopfe zu. Der Bestand ist seit langem rückläufig: Einmal durch die Umwandlung naturnaher Nadelwälder in reine Nutzholzforste, zum anderen, weil der Hahn sich als Blitzstarter und schlechter Flieger früher oder später an einem Forstzaun oder an einem Baumstamm des Stangenwaldes das Genick bricht. FORTPFLANZUNG: Die Auerhahnbalz ist in der Jagdliteratur unzählige Male bis in alle Einzelheiten geschildert worden. Sie beginnt zögernd im März, erreicht im letzten Aprildrittel für einige Tage ihren Höhepunkt und läuft im ersten Maidrittel aus. Die Hähne balzen mitunter auch im Oktober und November, wenn auch nicht immer an ihrem traditionellen Balzplatz. Der Hahn läuft abends zum Balzplatz, fliegt auf seinen Schlafbaum und balzt auf einem starken, waagerechten Ast noch etwas vor sich hin. Im ersten Morgendämmerlicht beginnt er erneut, Hennen können sich einfinden, schließlich springt der Hahn zu Boden und wandelt nun balzend auf dem Balzplatz umher, der einen Durchmesser von etwa 50-100 m umfaßt. Gerne steigt er auf einen Baumstumpf oder Felsbrocken. An einem Morgen kann er weit über 1 000mal seine Strophe aus merkwürdig schleifenden, wetzenden, knallenden und glucksenden Lauten von sich geben. Dazwischen schiebt er bis über hundertmal hohe Flattersprünge ein. Auf dem Höhepunkt der Balz nimmt er die Umwelt nicht mehr wahr. Immer wieder wird von balztollen Auerhähnen berichtet, die alle Scheu vor dem Menschen verlieren und ihn sogar angreifen. Die Hennen ducken sich vor ihm nieder und lassen sich treten, bis eine Kopulation geglückt ist. Danach ziehen sie sich zurück und bereiten die Nestmulde vor. Der Hahn kann an einem Morgen drei Hennen treten. Während der Hauptbalz treibt er sein Ritual bis weit in den Vormittag hinein. Die Henne legt 5-12 Eier in die Nestmulde, in der sich im Laufe der 26tägigen Brutzeit ausgefallene Federn ansammeln.

Haselhuhn
Tetrastes bonasia

MERKMALE: Mit etwa Rebhuhngröße ist das Haselhuhn das kleinste und zierlichste europäische Waldhuhn. Beim Auffliegen erkennt man es leicht an der schwarzen Schwanzbinde. Das Männchen hat eine schwarze, weiß gesäumte Kehle, in der Erregung sträubt es seine Kopffederhaube. Beim Weibchen ist die Kehle weißlich und an den Seiten dunkel gesprenkelt. Während des Auffliegens hört man ein lautes Purren, der Flug ist rasch und wendig mit schwirrendem Flügelschlag. Spannweite um 60 cm. LEBENSRAUM: Das Haselhuhn benötigt unterholzreiche Großwälder mit Lichtungen und Schonungen, mit viel Beerensträuchern und Nadelholzdickicht. Auch ist es in Eichenniederwäldern, gerne an sonnigen, feuchten Stellen, wo Wasser in der Nähe fließt, zu finden. Sie schlafen in Bäumen, im Winter auch geschützt am Boden. In den auf Holzertrag ausgerichteten Nutzwäldern hat es keine Chance zu überleben. Der Bestand des Haselhuhns ist seit langem rückläufig. FORTPFLANZUNG: Die Henne beginnt etwa Ende April mit der Eiablage und fängt zu brüten an, wenn das letzte Ei gelegt ist. Ein mittleres Gelege enthält etwa zehn Eier, die 25 Tage bebrütet werden. NAHRUNG: Das Haselhuhn sucht im Sommer seine Nahrung, die aus Blättern von Kräutern und Sträuchern besteht, am Boden. Dazu kommen im Herbst Beeren, auch giftige wie die Tollkirsche, außerdem Insekten aller Art. Im Winter ernähren sich die Haselhühner hauptsächlich von Knospen.

Waldschnepfe
Scolopax rusticola

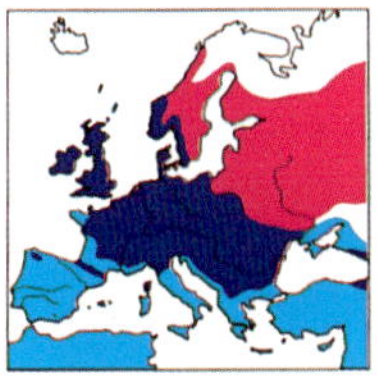

MERKMALE: Knapp rebhuhngroßer, gedrungener Vogel, der sich am Tage am Waldboden verbirgt und in der Dämmerung aktiv wird. Spannweite um 60 cm. Flug leicht und schwankend, geräuschlos. Einzelgängerischer Vogel. LEBENSRAUM: Dichte, fallholzreiche Mischwälder mit feuchter Fallaubschicht und Farnen im Unterwuchs. FORTPFLANZUNG: Die meist vier Eier liegen gewöhnlich halb im Nistmaterial begraben. Während der 22-24tägigen Brutzeit legt die Schnepfe nur in der Morgen- und Abenddämmerung etwa halbstündige Pausen zum Fressen, Baden und Putzen ein. Brutbeginn in der letzten April- oder ersten Maihälfte; Nachgelege kommen vor. Erst nach Ablage des letzten Eies beginnt das Brüten. Die Jungen picken schon zwei Tage vor dem Schlüpfen die Eischale an und sprengen sie in der Quere. Nestflüchter werden mit kurzen Schnäbeln geboren. Kaum abgetrocknet, verlassen sie die Nestmulde, bleiben aber noch lange in der näheren Umgebung. Die Mutter legt ihnen in den ersten Tagen das Futter vor. Bei Gefahr kann sie ihre Jungen zwischen die Füße klemmen und mit ihnen davonfliegen. NAHRUNG: Abends beginnen sie zu »wurmen«, das heißt, sie stochern mit ihrem langen Schnabel im Waldboden. Der Schnabel ist dazu mit einem feinen Tastsinn ausgerüstet und an der Spitze beweglich, so daß die Schnepfe die Nahrung blind ertasten kann. Ihre Augen sitzen so hoch am Kopf, daß sie auch beim Wurmen nicht die Übersicht verliert. Hauptbeute sind Regenwürmer, daneben Insekten, vor allem Larven. Im Herbst und Winter ernährt sie sich auch von Beeren und anderen Pflanzenteilen.

Ringeltaube
Columba palumbus

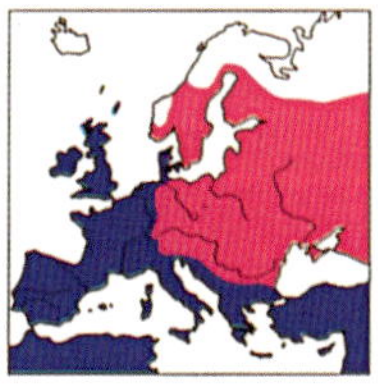

MERKMALE: Die größte heimische Taube, Länge über 40 cm, Spannweite 75 cm. Gewicht bis 500 g. Weiße Flecken an den Halsseiten, die allerdings den Jungvögeln fehlen, längerer Schwanz als bei Straßen- und Hohltauben. Scheuer Waldvogel, der aber auch auf Feldern Nahrung sucht. Außerhalb der Brutzeit praktisch stumm. LEBENSRAUM: Hochwald, sowohl geschlossene Großwaldungen als auch Feldgehölze. In manchen Städten ist die Ringeltaube zum häufigen und vertrauten Parkvogel geworden, in anderen fehlt sie ganz. FORTPFLANZUNG: Die Täubin legt nur zwei Eier. Dafür brütet sie aber mehrmals von April bis August und ist leicht zu Nachgelegen bereit, wenn eine Brut verlorenging.

Türkentaube
Streptopelia decaocto

MERKMALE: Etwas kleiner als die Straßentaube, pastellfarben grau mit bräunlich-rotem Hauch. Jungvögeln fehlt das schwarze, weiß eingefaßte Nakkenband. LEBENSRAUM: Die Türkentaube war vor 100 Jahren und früher von Südosteuropa über die Türkei bis nach Indien heimisch und hatte sich überall an den Menschen angeschlossen. Dann begann sie, erst langsam, schließlich invasionsartig, ihr Verbreitungsgebiet nach Nordwesten auszudehnen, in den vierziger Jahren erreichte sie Deutschland und ist heute auch in ganz England und Südskandinavien heimisch. FORTPFLANZUNG: Brutzeit von März bis Oktober, stets zwei Eier, Brutzeit 14-16 Tage, Nestlingszeit 18-22 Tage. NAHRUNG: Sämereien.

Hohltaube
Columba oenas

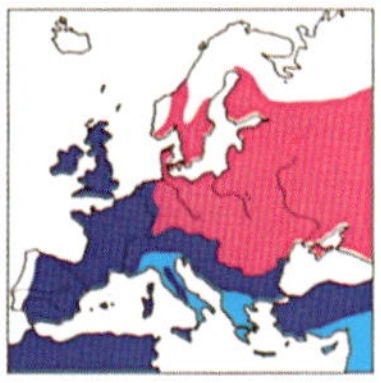

MERKMALE: Kleiner als die Ringeltaube, etwa so groß wie die Straßentaube. Bürzel in der Farbe des Rückens. Von manchen Straßentauben am sichersten durch den Balzruf zu unterscheiden, der zweisilbig ist und wie »hu-ruu« in mehrfacher Wiederholung klingt. LEBENSRAUM: Vor Beginn der intensiven Holzwirtschaft war die Hohltaube stellenweise die häufigste Taube, doch als strenger Höhlenbrüter findet sie in den zu »Holzackern« umgeformten Nutzwäldern keine Nisthöhlen mehr und ist darum selten geworden. FORTPFLANZUNG: Die Hohltaube baut in der Nisthöhle noch ein zusätzliches Reisignest, eine Erinnerung an längst vergangene Zeiten als Freibrüter. Der Tauber brütet etwa von 10-15 Uhr, die Taube in der übrigen Zeit. Die Jungen werden noch acht Tage gehudert und mit Kropfmilch gefüttert. Wenn sie ausfliegen, fehlt der Blauschimmer im Halsgefieder. NAHRUNG: Körner, auch Beeren und Eicheln. ALLGEMEINES: Hohltauben übernachten auch in Höhlen, man hat sie sogar in Kaninchenröhren gefunden.

Turteltaube
Streptopelia turtur

MERKMALE: Klein, zimtfarbenes Gefieder, Schwanz mit weißer Endbinde. Zur Balzzeit gurrend: »turr, turr, turr«, sonst schweigsam und unauffällig, meist im Laubwerk verborgen, aber nicht besonders scheu. LEBENSRAUM: Nördlich der Alpen nur in warmen Lagen heimisch, in Südeuropa fast überall häufig und Ziel einer intensiven Jagd. Parklandschaften in Wassernähe, Auwälder, Obstgärten, im Süden auch Gebüschlandschaften. FORTPFLANZUNG: Der balzende Tauber gurrt unermüdlich, auch in den heißesten Mittagsstunden, wenn alle anderen Vögel schweigen. Auf dem Höhepunkt der Balz zeigt er zum Gurren auch einen Balzflug mit steilem Aufstieg und Flügelklatschen. Die Turteltaube legt wie alle Tauben nur zwei Eier auf dürftiger Reisigunterlage.

Kuckuck
Cuculus canorus

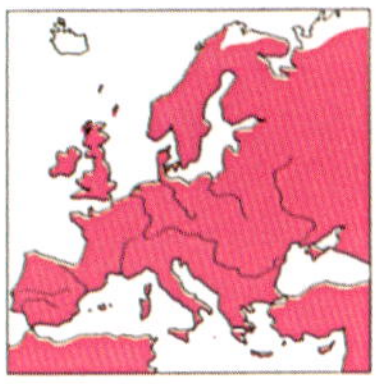

MERKMALE: Ein mittelgroßer, langschwänziger Vogel mit falkenartiger Flugsilhouette, aber charakteristischem, flachem und gleichmäßig schnellem Flügelschlag. Altvögel grau mit weiß geflecktem Schwanz, mit gesperberter, d. h. quergestreifter Brust, daneben kommen auch rotbraune Tiere vor. Jungvögel sind auch auf Kopf und Rücken quergestreift, grau oder braun. Stimme des Männchens ist der bekannte Kuckucksruf; Stimme des Weibchens völlig anders: falkenartig gickernd, in der Erregung eigenartig fauchende Töne. LEBENSRAUM: Extrem anpassungsfähig. Von der Halbwüste über geschlossene Laub- und Nadelwälder und Hochmoore bis an den Nordrand der Waldzone, wo immer es Kleinvögel und Insekten gibt.

FORTPFLANZUNG: Gründlich erforscht und immer noch nicht vollständig bekannt. Das Weibchen legt seine Eier in die Nester anderer Vögel und kümmert sich danach nicht weiter um die Aufzucht - das nennt man Brutparasitismus. Ferner ist der Kuckuck polyandrisch, d. h., daß ein Weibchen mit mehreren Männchen zusammen in einem Brutgebiet lebt. Die Männchen kommen vor den Weibchen aus dem Überwinterungsgebiet in ihr vorjähriges Revier zurück und locken mit dem bekannten Kuckucksruf durchziehende Weibchen an. Der Tag des ersten Kuckucksrufes im Frühjahr pflanzt sich wellenartig von Südeuropa nach Nordosten fort: Zwischen Süddeutschland und Südfinnland braucht diese Welle etwa drei Wochen, von Mitte April bis in das erste Maidrittel. In der ersten Junihälfte erlahmt dann die Ruflust der Kuckucke, erlischt aber nicht vor Ende Juli. Beim Rufen sitzt der Kuckuck an erhöhter Stelle, läßt die Flügel hängen und hebt den etwas gefächerten Schwanz. Das Kuckucksweibchen legt seine Eier in die Nester der verschiedensten Singvögel, auch des winzigen Zaunkönigs, und manchmal verirrt es sich und legt in eine Spechthöhle oder in das Gelege eines Nestflüchters, wo der junge Kuckuck dann natürlich verloren ist. Auch im Nest des Haussperlings hat er keine Chance, da die Sperlinge ihm das Futter verweigern. Insgesamt wurden schon über 120 Wirtsarten festgestellt, davon 20 als Hauptwirte, darunter Rotschwänzchen, Bachstelze, Baumpieper, Rohrsänger und Steinschmätzer. Jedes Weibchen legt in das Nest der Vogelart, von der es selber aufgezogen wurde. Man fand auch schon zwei Kuckuckseier im selben Nest, aber dann stammten sie von zwei verschiedenen Weibchen. Wird ein Gelege bereits länger bebrütet, kommt der Kuckuck zu spät. Das Ei wird mit raffinierter Strategie in das Wirtsnest geschmuggelt: Zunächst findet das Weibchen das Nest und beobachtet die Altvögel. In einem unbewachten Moment vollbringt es sein Werk. Manchmal lenkt auch der männliche Kuckuck die Vogeleltern ab, während das Weibchen ein Ei einschmuggelt.

Häherkuckuck
Clamator glandarius

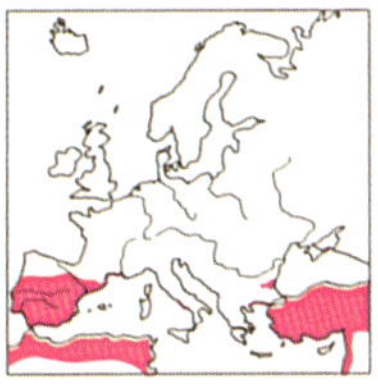

MERKMALE: Größe zwischen Elster und Kuckuck; langer Schwanz mit weißen Flecken, Federhaube. LEBENSRAUM: Lichte Wälder, Parklandschaften, Gebüsche mit einzelnen Bäumen. FORTPFLANZUNG: Der Häherkuckuck ist ein Brutparasit, der seine Eier in die Nester von Rabenvögeln legt, vor allem von Elstern und Krähen, aber auch von Blauelstern. Wenn die Wirtsvögel nicht mißtrauisch werden und das eigene Gelege samt dem Häherkuckucksei verlassen, nimmt auch hier das Schicksal seinen Lauf. Die Eier des Brutschmarotzers sind denen des Wirtes meist überaus ähnlich. Zunächst wächst der junge Häherkuckuck zusammen mit seinen Stiefgeschwistern heran. Bei Nestkontrollen liegt er oft unter ihnen verborgen. Er wächst aber schneller als die jungen Rabenvögel und verläßt nach etwa 24 Tagen das Nest. Nun öffnet er einen Sperrachen von so verführerischem Reiz und erhebt ein so durchdringendes Bettelgeschrei, daß er die Eltern dazu bringt, nur ihm zu folgen und ihn allein zu füttern. Seine Stiefgeschwister verhungern inzwischen in ihrem Nest. NAHRUNG: Hauptsächlich große Insekten wie Heuschrecken und Libellen. ALLGEMEINES: Solange ein Brutparasit seinen Ziehgeschwistern den Tod bringt, ist der Parasitismus gleichsam unvollkommen, denn so beraubt sich der Parasit selber seiner Wirte, von denen seine Arterhaltung abhängt. In den Tropen gibt es in der Tat Brutparasiten, die ihre Wirte nur schwächen, aber nicht töten. Andererseits ist gerade die Elster im Mittelmeerbuschwald ein häufiger und gefürchteter Nestplünderer, so daß der Häherkuckuck mittelbar zu einer artenreichen Kleinvogelwelt beiträgt und ein natürliches Gleichgewicht herzustellen hilft. Die Stimme des Häherkuckucks fällt völlig aus dem Rahmen seiner Verwandtschaft. Sein »kitterä« erinnert an Seeschwalbenrufe.

Wiedehopf
Upupa epops

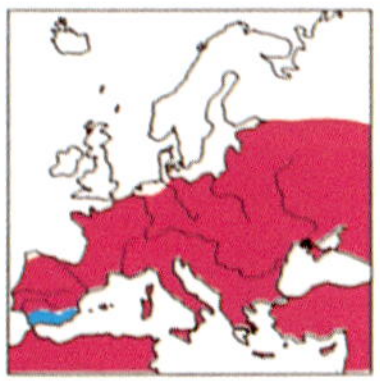

MERKMALE: Mit seiner fächerförmig aufrichtbaren Federhaube und seinem langen, gebogenen Schnabel ist er unverwechselbar. Fliegt wellenförmig und erinnert dabei an einen großen Schmetterling. Im Flug fallen die schwarz-weiß gebänderten Schwingen und der schwarze Schwanz mit einer weißen Binde auf. Haube im Fluge oft aufgestellt, auch sonst wird die Federholle häufig bewegt. Kann an Stämmen umherklettern, tut es aber selten. LEBENSRAUM: Warme, offene Landschaften. Halbwüsten, Steppen, Waldsteppe, Weideland, große Obstgärten, extensiv genutzte, vielseitig gestaltete Kulturlandschaft. In Kleinasien alltäglich. Nördlich der Alpen ist der Wiedehopf wohl erst im Mittelalter eingewandert.

Wendehals
Jynx torquilla

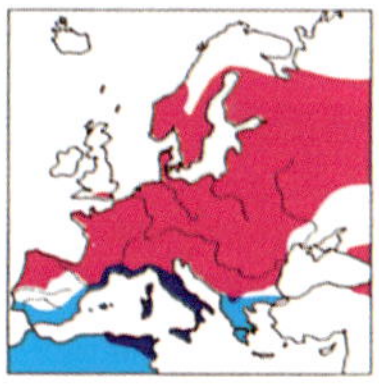

MERKMALE: Dieser Specht ist in Größe und Färbung ähnlich dem Weibchen des Rotrückenwürgers. Sein Gefieder ist baumrindenartig gemustert und mit sehr dezenter Zeichnung. Schnabel schwach und gerade, Schwanz weich und nicht zum Abstützen geeignet. Nachweis meist durch monotone Rufreihen im Mai, etwa wie »gäh-gäh-gäh...« In die Enge getrieben, auf den Eiern bedroht oder in der Hand, zeigt der Wendehals das Manöver, das ihm den deutschen und auch den wissenschaftlichen Namen eingebracht hat: Er sträubt das Gefieder, spreizt den Schwanz und läßt die Flügel hängen. So verändert, springt er den Feind an, verdreht schauerlich Augen und Hals, züngelt mit seiner langen Wurmzunge, gurgelt mit der Kehle, knallt und faucht. Mancher Freßfeind wird angesichts einer solchen Demonstration wohl zunächst in seinem Angriff innehalten - vielleicht lange genug, daß dem Wendehals die Flucht gelingt. LEBENSRAUM: Lichte Laub- und Mischwälder, Feldgehölze, Obstgärten; vereinzelt auch in Buschlandschaften mit einzelnen Bäumen und sogar in baumlosen Landstrichen, wenn es dort genügend höhlenreiche Lehmwände gibt. FORTPFLANZUNG: Als spät ankommender Höhlenbrüter räumt der Wendehals oft schon besetzte Nistplätze aus. Die 7-8, selten über zehn Eier werden vom Männchen und vom Weibchen abwechselnd bebrütet, Brutbeginn meist Ende Mai, Brutdauer um zwölf Tage. Die Jungen setzen sich in der Höhle zu einer eigenartigen Pyramide zusammen, die Schnäbel in die Mitte gerichtet; sie sperren, sobald die Eltern ihre Schnabelwurzel berühren. Die Alttiere würgen dann den Futterballen - meist nur Ameisenbrut - aus dem Kehlsack in den Rachen des Jungvogels. Wenn die Jungen älter sind, lassen sie von früh bis spät ein eigenartiges Rauschen und Trillern hören. Mit 18-24 Tagen sind sie flügge, danach bleibt die Familie noch 10-14 Tage zusammen. Zweitbruten im Juli kommen vor. Mit dem Ende der Brutzeit verschwinden die Vögel aus dem Brutrevier und ziehen langsam als Einzelwanderer oder in kleinen Gruppen südwärts. Viele überwintern in den Atlasländern, andere folgen dem Nil und ziehen bis Ostafrika. Im Oktober kommen sie in ihrem Überwinterungsgebiet an. NAHRUNG: Ameisen und Blattläuse, die der Wendehals mit seiner klebrigen, wurmförmigen Zunge anleimt, daneben auch andere Insekten. ALLGEMEINES: Wendehälse gehören zur Ordnung der Spechtvögel; schon ihre Zunge weist sie als Spechte aus. Sein kurzer Schnabel erinnert jedoch eher an einen Singvogel. Wie die meisten Spechte haben sie eine Wendezehe, das heißt, daß zwei Zehen nach vorne und zwei nach hinten gerichtet sind. Da Wendehälse weder überwinternde Insekten aus Rindenritzen hämmern noch Zapfen und Nüsse zerlegen können, müssen sie im Winter in wärmere, südliche Regionen ausweichen. Weltweit gibt es nur zwei Arten von Wendehälsen: Die europäische Art ist über ganz Eurasien bis nach Japan verbreitet. Der Bestand der Wendehälse ist bedroht.

Buntspecht
Dendrocopos major

MERKMALE: Etwa amselgroß. Stirn hell, Kopfplatte schwarz, Nacken beim Weibchen schwarz, beim Männchen rot. Auf jedem Flügel ein großer weißer Fleck. Leicht zu verwechseln mit dem Blutspecht, der in Südosteuropa neben dem Buntspecht vorkommt.

Weißrückenspecht
Dendrocopus leucotos

MERKMALE: Größer als der Buntspecht und mit weißem Bürzel, Flügeldecken auffallend gebändert. Scheitel des Männchens rot, des Weibchens schwarz. LEBENSRAUM: Mischwälder mit viel morschem Holz. Brutzeit Mai und Juni, die Brutdauer beträgt 14-16 Tage.

Kleinspecht
Dendrocopos minor

MERKMALE: Sperlingsgroß. Männchen mit roter, Weibchen mit bräunlichweißer Kopfplatte. LEBENSRAUM: Auwälder, Parkanlagen, Mischwälder; die Bäume sollen möglichst viele morsche Äste tragen. Brutzeit Mai oder Juni, Nestlingszeit 20-23 Tage.

Dreizehenspecht
Picoides tridactylus

MERKMALE: Knapp buntspechtgroß, Männchen unverkennbar mit gelbem Scheitel, Weibchen rein schwarzweiß, mit weißem Bürzel wie beim Weißrückenspecht. Nur beim Dreizehenspecht läuft ein schwarzes Band vom Auge zu den schwarzen Schulterpartien.

Grauspecht
Picus canus

MERKMALE: Etwas kleiner als der Grünspecht - 25 cm gegen 32 cm Körperlänge -, Nacken immer grau; Männchen mit roter Stirn, Weibchen ohne Rot am Kopf. Außerhalb der Brutzeit heimlich. Im Flug schwer vom Grünspecht zu unterscheiden.

Grünspecht
Picus viridis

MERKMALE: Männchen und Weibchen von Scheitel bis Nacken rot, Männchen mit rotschwarzem Backenstreif, der beim Weibchen rein schwarz ist. Jungvögel sind blasser gefärbt und unterseits dunkel gefleckt. Flug wellenförmig. In Obstgärten und Wäldern.

Schwarzspecht
Dryocopus martius

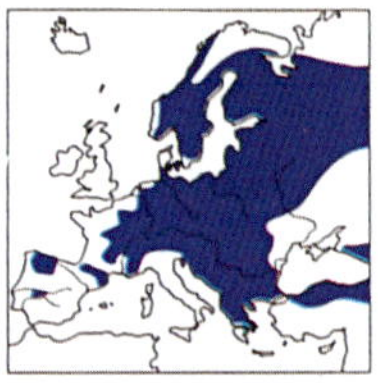

MERKMALE: Der Schwarzspecht hat die Größe einer Dohle und ist somit bei weitem unser größter Specht. Das Männchen trägt eine feuerrote Kopfplatte, das Weibchen ist nur am Hinterkopf rot. Der Hals ist auffällig schlank. Im Flug ruft er laut und mit glucksender Stimme »prrü-prrü-prrü...«. Dazu hört man zuweilen ein bussardähnliches »hiäh«, der Reviergesang im Frühjahr klingt wie »kwikwikwi...«. Wenn er im Frühjahr trommelt - etwa 40 Schläge in 2,5 Sekunden -, dann ist der Trommelwirbel weithin zu vernehmen. Der Schwarzspecht lebt einzelgängerisch und in der Brutzeit paarweise, aber das Paar pflegt nur flüchtigen Umgang miteinander. Der Schwarzspecht fliegt ziemlich geradlinig mit unregelmäßigen Flügelschlägen ähnlich einem Häher, weniger wellenförmig als andere Spechte. LEBENSRAUM: Ausgedehnte Laub-, Misch- und Nadelwälder mit altem Baumbestand. FORTPFLANZUNG: Im April finden sich die Paare unter viel Trommeln und Schreien zusammen; dann räumen beide eine vorjährige Nisthöhle aus oder schreiten zum Neubau, daß die Späne fliegen und den Boden bald weithin bedecken. Die Höhle wird meist in 8-20 m Höhe in Buchen, Pappeln aber auch Nadelbäume geschlagen. Das längsovale Schlupfloch ist mit 10-12 cm Höhe weit genug, daß man mit der Hand hineingreifen kann, aber der Boden liegt bisweilen mehr als armtief im Stamm. Das Ausmeißeln der Bruthöhle dauert bis vier Wochen.

Mittelspecht
Dendrocopos medius

MERKMALE: Körperlänge nur 1 cm geringer als beim Buntspecht. Kopfplatte rot, was allerdings auch für junge Bunt- und Blutspechte in ihrem ersten Sommer und Frühherbst zutrifft. Der Backenbart reicht nicht bis zum Schnabelansatz. Trommelt selten, ruft statt dessen im Frühjahr mit klagender, quäkender Stimme »ääk«, als Reihe vorgetragen. LEBENSRAUM: Der Mittelspecht ist nicht so anpassungsfähig wie der Buntspecht. Er braucht urige Wälder mit viel morschem Holz. Sein Bestand ging durch die intensive Forstkultur zurück. Er ist heute ein Charaktervogel von Eichen- und Hainbuchenwäldern, außerdem brütet er in Laubmischwäldern mit Weichholz. Sofern Eichen vorhanden sind, siedelt er auch in Grünanlagen und Obstgärten. FORTPFLANZUNG: Die Spechte legen ihre Höhle meist in kranken Stämmen an, deren Holz sich leichter bearbeiten läßt. Sie schlagen den Gang auch von unten in schräg bis fast waagerecht stehende Äste hinein, meist nicht höher als 3,5 m über dem Erdboden. Das Schlupfloch hat eine Weite von 40 mm. Das Weibchen legt 5-6 Eier, selten mehr. Das Gelege ist reinweiß. Brutbeginn Ende Mai, Brutdauer zwölf Tage, Nestlingszeit um 20 Tage, so daß die Jungen meist im Juli ausfliegen. Danach bleibt die Familie noch für rund eine Woche beisammen. NAHRUNG: Der Mittelspecht ist ein ruheloser Vogel. Er hämmert nur selten, ist aber dafür ein Stocherer und Sucher, der sogar nach Meisenart in dünnen Zweigen turnt, wenn es dort viele Raupen zu holen gibt. Auch er kann seine Zunge bis auf die vielfache Schnabellänge hervorstrecken, um Insektenlarven aus ihren Bohrgängen zu angeln. Selbst die stinkenden und spuckenden Raupen des Weidenbohrers verschmäht er nicht. Der Mittelspecht gilt als Standvogel, trotzdem taucht er im Winterhalbjahr auch dort auf, wo er nie brütet.

Schwarzstirnwürger
Lanius minor

MERKMALE: Mit einer Länge von 20 cm ist er deutlich kleiner als der Raubwürger (Länge 25 cm) und mit kürzerem Schwanz. Typisch ist die schwarze Maske, die sich bis über die Stirn zieht. Flanken rötlich überhaucht. Rüttelt häufig wie ein Turmfalke. Kraftvoller, rasch beschleunigender Flug, Gesang mit vielen Imitationen anderer Vogelstimmen, wie Amsel, Grasmücken und Meisen. Schwätzender Gesang; ruft auch sperlingsartig tschilpend. LEBENSRAUM: Offenes Buschland, Parkanlagen, Obstgärten. In Europa nach Süden häufiger. Bestand überall zurückgehend, wo moderne landwirtschaftliche Methoden Eingang finden. FORTPFLANZUNG: Das dickwandige Nest liegt, wenn möglich, in Bäumen bis zu 10 m hoch. Wo es keine hohen Bäume gibt, findet es sich aber auch niedrig in Büschen und Bäumchen. Es wird von beiden Eltern erbittert, aber erfolglos gegen nestplündernde Krähen verteidigt. Meist fünf oder sechs Eier. Beide Eltern brüten, vor allem aber das Weibchen. Brutdauer um 15 Tage. Die Jungen verlassen nach etwa zwei Wochen, noch im Flatteralter, das Nest.

Raubwürger
Lanius excubitor

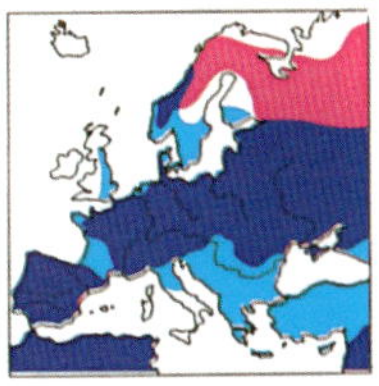

MERKMALE: Mit einer Spannweite von 36 cm und einer Länge von 25 cm ist der Raubwürger amselgroß und somit der größte Würger in Europa. Auffällig ist der breite, schwarze Augenstreif, der durch einen schmalen weißen Bereich von der grauen Oberkopffärbung getrennt ist. Stirn je nach Rasse heller oder dunkler grau, aber niemals schwarz. Flanken grauweiß, bei der westeuropäischen Rasse auch rötlich überhaucht. Schnippt häufig mit dem Schwanz, fliegt wellenförmig. Die Stimme ist ein elsterartiges Schackern. Im Norden Zugvogel, im Süden Standvogel, dazwischen Strichvogel. LEBENSRAUM: Mit Dorngebüsch bewachsenes Ödland sowie verwilderte Obstgärten oder ursprüngliche Heidelandschaften.

Rotkopfwürger
Lanius senator

MERKMALE: Mit einer Länge von 17 cm ist er so groß wie der Neuntöter. Rotbrauner Hinterkopf und Nacken, sonst Gefieder scharf in weiße und schwarze Felder unterteilt. Stirn schwarz, auffallend weiße Schulterflecken. Die Jungvögel ähneln jungen Neuntötern, unterscheiden sich von diesen aber durch die blassere, graue Färbung mit dunkler Querstreifung auf dem Rücken. Nach der Überwinterung mausern sie ins Alterskleid, und der braungraue Schnabel wird schwarz wie bei den Altvögeln. Rotkopfwürger sind lebhafte, ruflustige Vögel, deren Warnruf »krecks krecks« lautet. LEBENSRAUM: Offene Landschaft mit Büschen und Feldgehölzen, Streuobstflächen und Heidelandschaften. FORTPFLANZUNG: Brutdauer 16 Tage, Brutbeginn in Mitteleuropa Ende Mai, im Süden früher. Nestlingsdauer 19-20 Tage. NAHRUNG: Insekten, besonders Heuschrecken. Vereinzelt wurden als Beute Kleinvögel, sogar Schwalben, festgestellt. Einen Überschuß an Beutetieren spießt der Würger auf Dornen auf, von wo sie vielfach von anderen Vögeln »gestohlen« werden.

Neuntöter, Rotrückenwürger
Lanius collurio

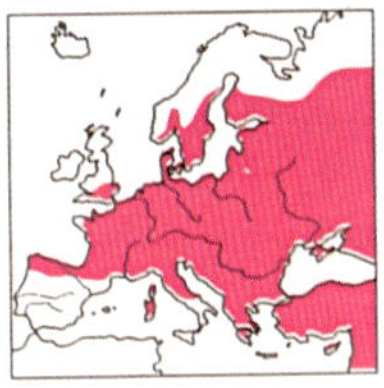

MERKMALE: Männchen mit grauem Scheitel, schwarzem Augenstreif und schwarzweißem Schwanz. Weibchen unterseits quergestreift; Jungvögel wie Weibchen, aber zusätzlich auf dem Rücken quergestreift. Sitzt in aufrechter Haltung exponiert auf Buschspitzen. LEBENSRAUM: Buschreiche Feldflur, vor allem mit dichten Dornenhecken, wie sie früher von Schafherden zurückgelassen und zurechtgestutzt wurden. FORTPFLANZUNG: Beim Nahrungserwerb ähneln die Würger den Greifvögeln, bei der Brutpflege aber zeigen sie sich als echte Singvögel: Das Männchen singt im Frühjahr und nimmt dabei zahlreiche Vogelstimmen und andere Geräusche aus seiner Umgebung in den Vortrag auf. Das Weibchen baut das ordentliche Nest, meist im dichtesten Busch seines Revieres, mit Vorliebe zwischen Dornen und nicht allzu hoch. Es brütet sehr fest auf den meist fünf Eiern. NAHRUNG: Der Neuntöter ist wie seine Verwandten ein typischer Wartenvogel: Auf einer Warte, etwa einem hochragenden Zweig - oder heute meist auf einem Telefondraht - hält er ruhig Ausschau nach einer Beute am Boden. Gelegentlich rüttelt er auch nach Turmfalkenart in der Luft, stürzt sich dann blitzschnell zu Boden und ergreift die erspähte Beute. An guten Tagen fängt er mehr, als er verzehren kann. Dann spießt er den Beuteüberschuß auf Dornen in seiner Dornenheckenlandschaft, wo man dann die aufgespießten Opfer manchmal leichter findet als den Täter. Hauptbeute sind Insekten, etwa Käfer und Heuschrecken, aber er fängt auch wie der viel größere Turmfalke ausgewachsene Mäuse und wagt sich gar an Singvögel heran, die ihn nicht als Feind erkennen und daher nahe heranlassen. Er hat einen Hakenschnabel wie alle Vögel, die ihre Nahrung zerreißen.

Seidenschwanz
Bombycilla garrulus

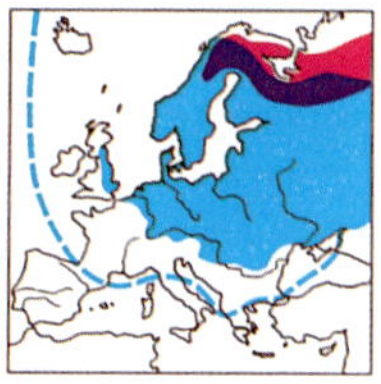

MERKMALE: Starengroß, mit dichtem Gefieder; kurzer Schwanz mit gelber Endbinde, Bürzel grau. Federhaube. Zirpende Stimme. Flug starenartig in dichten Flügen. LEBENSRAUM: Brutvogel in nördlichen Nadel- und Birkenwäldern, im Norden bis an die Grenzen des Hochwaldes, wogegen im Süden die Brutgrenze schwankt. In harten Wintern stoßen die Seidenschwänze bis nach Südeuropa vor. Dann kommt es regelrecht zu Invasionen. FORTPFLANZUNG: So groß die Invasionsscharen auch sein mögen, so hat doch bislang kaum ein Nordlandreisender den Seidenschwanz im Brutrevier gesehen. Er brütet nämlich auf Bäumen, meist 4-5 m hoch, und führt dann ein heimliches Leben. Das Nest ist aus Zweigen, Flechten und Moos gebaut und innen mit Rentierhaaren ausgelegt. Das Weibchen brütet und wird vom Männchen mit Futter versorgt. Auch bei der Balz bietet der Hahn dem Weibchen Futter und umhopst es mit gesträubter Haube und hängenden Flügeln. Brutzeit Juni und Juli. Im August werden die Brutreviere aufgegeben, die Vögel scharen sich zusammen.

Heckenbraunelle
Prunella modularis

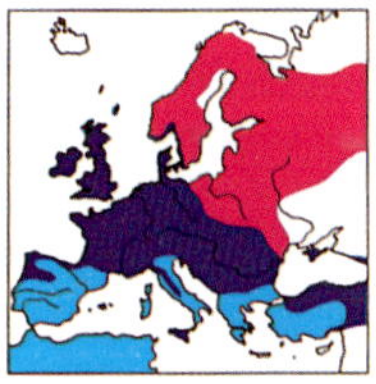

MERKMALE: Spatzengroß, mit bleigrauem Kopf und Hals. Schnabel spitz, Länge 15 cm, Gewicht 20 g. Unauffällig, meist schweigsam im dichten Gebüsch verborgen. Lockruf fein »zihht«. LEBENSRAUM: Schonungen, Waldränder, Gärten, Gebüsch. Die Heckenbraunelle war bis in das vorige Jahrhundert ein Vogel feuchter, moosiger Bergwälder, und in Teilen Osteuropas ist sie auch heute noch auf diesen Lebensraum beschränkt. In West- und Mitteleuropa wurde sie aber ähnlich wie die Amsel ein alltäglicher Vogel der Park- und Gartenanlagen. Hier schlüpft sie unauffällig durch das Gebüsch und zeigt sich nur, wenn sie zum Singen einen hochragenden und freistehenden Zweig ersteigt. Ihr Gesang ist eine kurze klirrende Strophe und wird auch an schönen Wintertagen fleißig vorgetragen. FORTPFLANZUNG: Das Heckenbraunellennest ist so charakteristisch, daß man es auch erkennt, wenn es verlassen wurde. Der Unterbau besteht aus einem Napf aus Halmen, darüber wird überwiegend Moos verarbeitet, für die Auspolsterung verwendet der Vogel Haare und Federn. Man findet das Nest in der Bodenvegetation oder im Gebüsch und selten mehr als meterhoch über der Erde angelegt. Die erste Brut findet im April, die zweite im Juli statt. Die erste Brut geht in der Regel zugrunde, einmal, weil im April die Bodenvegetation noch nicht dicht genug ist, um das Nest zu verbergen, zum andern, weil Nestplünderer wie Elstern und Eichelhäher im April ein noch nicht so großes Nahrungsangebot vorfinden, wie es der Juli bietet. Die auffallend blauen Eier in ihrem Moosbett geben ein prachtvolles Bild, aber manches Gelege fällt wahrscheinlich gerade wegen seiner Farbenpracht einem Räuber in die Augen. Die Zoologen fragen sich, warum die Eier nicht tarnfarbig sind wie bei vielen anderen Bodenbrütern. Die nestjungen Braunellen haben einen leuchtend orangeroten Sperrachen wie kaum ein anderer Singvogel. Nur zwei Punkte auf der Zunge sind weiß, die Schnabelwülste rosa gefärbt. Wenn die Jungen selbständig werden, verblassen die Rachenfarben zu normaler Fleischfarbe. Nach dem Ausfliegen tragen die Jungvögel ein braun getropftes Jugendkleid, wie man es ganz ähnlich auch bei den jungen Rotkehlchen und Gartenrotschwänzchen findet. Die Jungen verlassen im Alter von 10-14 Tagen das Nest. Sie können dann noch nicht fliegen und verbergen sich geschickt in der dichtesten Vegetation, von wo aus sie mit Lockrufen ihre fütternden Eltern auf sich aufmerksam machen.

Baumpieper
Anthus trivialis

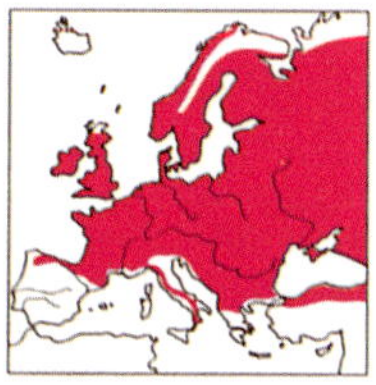

MERKMALE: Etwa feldlerchengroß, aber schlanker. Brust und Kehle gelblich, mit kräftiger dunkelbrauner Längsfleckung. Beine rötlich. Singt meist auf hohen Baumwipfeln oder im kurzen Singflug, wobei der Vogel von der Singwarte aufsteigt, kurz vor dem höchsten Punkt seine Strophen beginnt und dann zum Ausgangspunkt oder zu einer anderen Singwarte herabgleitet. Vom sehr ähnlichen Wiesenpieper ist er durch seinen anderen Lebensraum und an seinem Verhalten zu unterscheiden. Länge 15 cm. LEBENSRAUM: Der Baumpieper ist vor allem ein Vogel der Kahlschläge. Er siedelt sich an, wenn das Altholz abgefahren wurde, und er verschwindet wieder, ehe der Jungwuchs mannshoch ist. In Heidelandschaften kann er sich nur halten, wenn zumindest einige Bäume in der Nähe wachsen. Baumpieper haben sich schon im Ödland angesiedelt, nachdem dort eine Telefonleitung verlegt worden war. FORTPFLANZUNG: Erste Brut im Mai, zweite Brut Ende Juni oder Juli. Jeweils 4-5 Eier. Die Jungen verlassen das Nest vor dem Flüggewerden. NAHRUNG: Fast ausschließlich Insekten und Spinnen.

Gelbspötter
Hippolais icterina

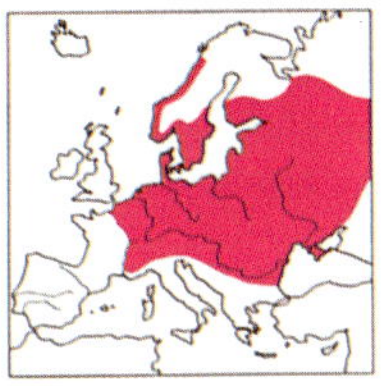

MERKMALE: Ähnelt in seiner gelben Unterseite einem Laubsänger, ist aber etwas größer - Länge 13,5 cm gegen 11 cm. Füße blaugrau. Fast nie auf dem Erdboden, im dichten Laubwerk nicht leicht zu sehen. Um so auffallender ist sein wohltönender, durch häufige Wiederholungen die Rohrsängerverwandtschaft anzeigender Gesang. In der Erregung ein auffälliges »dideroi«. Beim Singen hüpft das Männchen rastlos von Zweig zu Zweig, meist in der Kronenregion von Laubbäumen, aus denen es manchmal zu einem kurzen Singflug aufsteigt. In der Brutzeit singt es fast den ganzen Tag, im Norden auch in den hellen Sommernächten. LEBENSRAUM: Der Gelbspötter siedelt bevorzugt in Gärten und Parks.

Gartengrasmücke
Sylvia borin

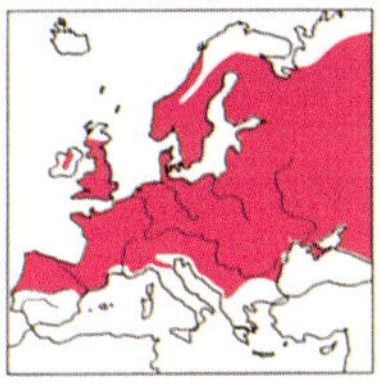

MERKMALE: Färbung wenig kontrastreich: Oberseite gleichmäßig graubraun, Unterseite heller, aber nur am Bauch weiß. Warnruf »chack-chack« oder »tack-tack«. Lebt sehr heimlich im dichtesten Gebüsch und ist gewöhnlich nur für Augenblicke zwischen dem Laubwerk zu sehen. In den frühen Morgenstunden sucht sie die taunassen Blätter ab und stillt ihren Morgenhunger mit Nahrung, die sie von den oberen Zweigen liest. LEBENSRAUM: Hohe Büsche, verwachsene Waldränder, vorzugsweise am Wasser; Unterholz in lichten Wäldern, aber nicht so tief im Wald wie die Mönchsgrasmücke; auch in Schonungen, wenn sie die ihr passende Höhe erreicht haben. FORTPFLANZUNG: Brutzeit zwischen Ende Mai oder Anfang Juni.

Mönchsgrasmücke
Sylvia atricapilla

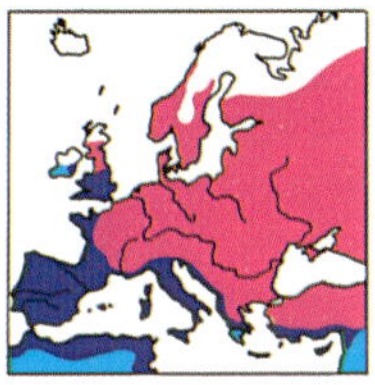

MERKMALE: Männchen mit schwarzer, Weibchen mit rostroter Kopfplatte, Jungvögel weibchenfarben. Länge 14 cm. LEBENSRAUM: Mehr als andere Grasmücken ein Vogel lichter Wälder, in denen er das Unterholz bewohnt. Daher hatte die Art bisher nur wenig unter der Flurbereinigung zu leiden, bei der Hecken und andere Kleinbiotope wegplaniert werden. FORTPFLANZUNG: Das Mönchsgrasmückennest wird aus dürren Hälmchen niedrig ins Gebüsch gebaut, häufig in Brennesselwälder. Es ist so vergänglich, daß man es Wochen nach dem Ausfliegen der Jungen nicht mehr vorfindet. Beide Eltern brüten: Länger, fester und über Nacht sitzt das Weibchen auf den Eiern. Zwei Bruten zwischen Mai und Juli mit 4-5 Eiern.

Klapper- oder Zaungrasmücke
Sylvia curruca

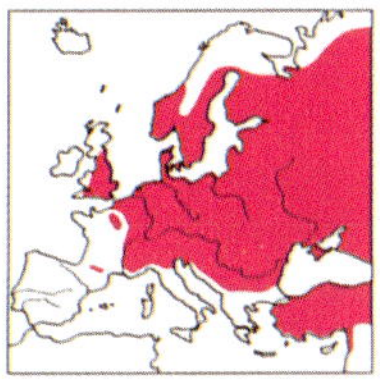

MERKMALE: Etwas kleiner als die Dorngrasmücke, Länge 13,5 cm gegenüber 14 cm. Gesamteindruck grau, mit weißer Unterseite, kein Rostton auf den Flügeln. Dunkle Kopfseiten. Der schwätzende Gesang endet mit einer Klapperstrophe, der die Art ihren volkstümlichen Namen verdankt. Lebensraum: Hecken und Gebüsch, aber von etwas höherem Wuchs, als es die Dorngrasmücke besiedelt. Auch Obstgärten, Parkanlagen, Schonungen. Bestand rückläufig. FORTPFLANZUNG: Die Gelege der ersten Brut findet man in der zweiten Maihälfte, die der zweiten Anfang bis Mitte Juli. Ende Juni hüpfen die ersten Jungen, zehn oder elf Tage alt, aus dem Nest. NAHRUNG: Insekten und Spinnen von Zweigen, Zweigspitzen und Blättern. Im Herbst kommen Beeren dazu.

Dorngrasmücke
Sylvia communis

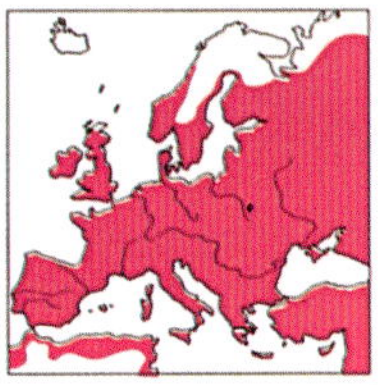

MERKMALE: Oberseite hell graubraun, Unterseite weißlich, Kehle weiß, angedeuteter rostfarbener Längsstreifen auf dem Flügel. Männchen mit grauen, Weibchen mit bräunlichem Oberkopf. Dorngrasmücken sind rastlose Vögel, die hüpfend im Dickicht oder auch im Gras nach Nahrung suchen. Warnruf ein nasales »Fed-fed-fed«. LEBENSRAUM: Hecken aller Art, selten auch am Waldrand oder in Schonungen. Auch in Naturgärten und an bepflanzten Straßenböschungen. Einst war die Dorngrasmücke einer der häufigsten Vögel Mitteleuropas. Ihr Bestand sank bis heute stark ab. FORTPFLANZUNG: Das Nest ist nach Grasmückenart eine locker und vergänglich aus Grashalmen geflochtene Schale. Das Weibchen legt seine meist fünf Eier hinein. Brutbeginn Ende Mai oder Anfang Juni, Brutdauer elf Tage. Beide Eltern füttern. Nach etwa elf Tagen fliegen die Jungen aus, sind schon nach einigen Tagen selbständig, und die Eltern beginnen dann meist eine zweite Brut. NAHRUNG: Insekten aller Art bis zur Größe von Libellen.

Zilpzalp
Phylloscopus collybita

MERKMALE: Dem Fitis sehr ähnlich, wirkt jedoch weniger schlank; Flügel kürzer, Kopf etwas rundlicher. Oberseite braungrau, meist weniger gelb als bei Fitis. Füße dunkel. Typischer Reviergesang »zilp-zalp-zilp...«. Oberseite bei Jungvögeln mehr braun. LEBENSRAUM: Lichte Laubwälder, Feldgehölze und Gärten, mit Vorliebe in feuchten Lagen. FORTPFLANZUNG: Eiablage im letzten Maidrittel und Anfang Juni, Brutdauer um 13 Tage, Eizahl 5-7. Nur das Weibchen brütet und muß - zumindest bei den meisten Paaren - noch dazu für seine Nahrung sorgen, während das Männchen lediglich nahebei singt. Nach dem Schlüpfen der Jungen bleibt das Weibchen noch drei Tage auf den Jungen. Erst später beteiligt sich das Männchen an der Fütterung. In ihrer Hauptwachstumszeit nehmen die Jungen täglich um etwa 1 g zu, das kann über 20 % ihres Gewichtes sein. Täglich 200 Anflüge der Altvögel mit Futter sind nicht selten, hinzu kommen etwa ebenso viel Abflüge mit Kotballen. NAHRUNG: Insekten und Spinnen, im Herbst auch Beeren.

Waldlaubsänger
Phylloscopus sibilatrix

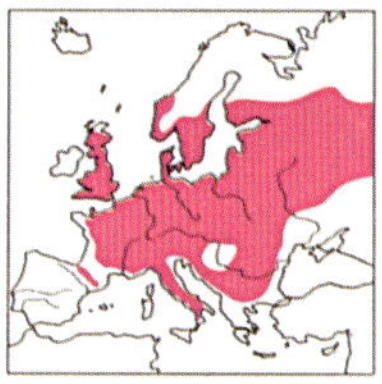

MERKMALE: Deutlich größer als Fitis und Zilpzalp - 12,5 cm gegen 11 cm - Gefieder mit auffälligem Kontrast zwischen dem grünlichen Rücken und der weißen Unterseite. Deutlicher gelber Überaugenstreif, Kehle und Brust gelb. Kürzerer Schnabel als beim Gelbspötter. Gesang endet mit einem schneller werdenden Triller. Warnruf fiepend »güh«. LEBENSRAUM: Der Waldlaubsänger ist ein Charaktervogel des hochstämmigen Buchenwaldes mit geschlossenem Kronendach und wenig Unterholz (Hallenwald). Im Norden und Osten bewohnt er aber auch lichte Nadelwälder. FORTPFLANZUNG: Das Männchen beginnt oft erst einige Tage nach der Rückkehr zu singen. Meist hoch in der Kronenregion trägt es seinen bis zum Schnurren beschleunigten Trillergesang vor, dabei die Flügel hängen lassend. Brutbeginn Mitte Mai bis Anfang Juni, Brutdauer 13 Tage, meist eine Brut, Nestlingsdauer 11-12 Tage. Manche Bruten werden von Roten Wegschnecken mit Schleim überzogen und angenagt. NAHRUNG: Insekten und deren Brut.

Fitis
Phylloscopus trochilus

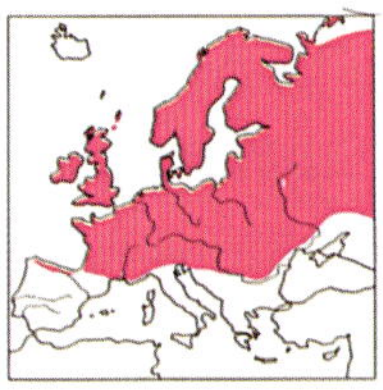

MERKMALE: Rücken grau, kein merklicher Überaugenstreif, Füße in der Regel hellbraun. Warnruf »fuit«. Zutraulich, aber rastlos in Bewegung. Vom sehr ähnlichen Zilpzalp am besten durch den Gesang zu unterscheiden. Gesang eine weiche, abfallende Tonreihe, wirkt flötend und melancholisch; im Felde das einzige zuverlässige Bestimmungsmerkmal. LEBENSRAUM: Unterholzreiche Laubwälder, besonders mit Wasser in der Nähe. Selten am gleichen Ort wie der Zilpzalp, sondern mehr im Wald als jener. FORTPFLANZUNG: Brutzeit ab Mitte Mai. Das Weibchen bleibt bei Gefahr bis zum letzten Moment auf den 4-8 weißen, bräunlich gefleckten Eiern sitzen. NAHRUNG: Insekten und Spinnen, die der Fitis anfliegt. Im Herbst verzehrt er auch Beeren als Beikost.

Sommergoldhähnchen
Regulus ignicapillus

MERKMALE: Sehr ähnlich dem Wintergoldhähnchen, noch etwas kleiner - Länge 9 cm, Gewicht 5-5,5 g. Schwarzer Strich durch das Auge, weißer Überaugenstreif, orangeroter Scheitel. Gefieder, vor allem an den Kopfseiten, mit leichtem Goldton. Der Gesang besteht aus etwa zehn Tönen, die ersten leise, dann lauter werdend, der letzte Ton wird mehrfach wiederholt. LEBENSRAUM: Nadelwälder, Mischwälder, Wacholderbestände, in Südeuropa auch in Laubwäldern. FORTPFLANZUNG: Das Goldhähnchennest ist eines der wärmsten und kunstvollsten Vogelnester; das Weibchen baut daran etwa zwei oder drei Wochen und verwendet vor allem Moose und Flechten, die mit viel Spinnweb und Raupenseide versponnen und verfilzt werden. Das Nest ist ein nahezu geschlossener Kugelbau, der Einschlupf befindet sich oben; es hängt, in Fichtenzweigen eingewebt, unter einem Seitenast, meist hoch im oberen Drittel der Bäume. Das Hängenest weist außerordentliche Stabilität auf, das selbst stärksten Regenfällen standhält. Zwei Bruten von Anfang Mai bis Ende Juli. Nur das Weibchen brütet 14-15 Tage, die Jungen fliegen mit 19-20 Tagen aus, also viel später als etwa die Grasmücken. Das hat seinen Grund darin, daß die Vögel wegen ihrer Kleinheit besonders durch Wärmeverlust gefährdet sind und lange im warmen Nest bleiben. NAHRUNG: Kleinste Insekten werden vor allem von den äußersten Zweigspitzen abgesucht, die sonst keinen Vogel tragen.

Wintergoldhähnchen
Regulus regulus

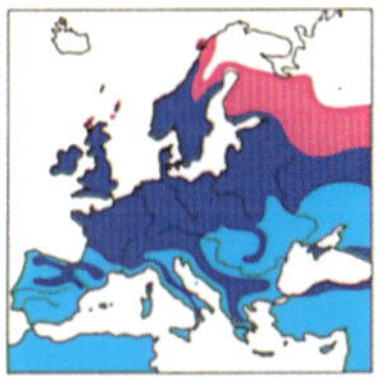

MERKMALE: Rücken olivgrün, Unterseite grau, Kopf mit gelbem bis orangerotem Scheitel. Kein schwarzer Strich durch das Auge und kein weißer Überaugenstreif. In der Brutzeit recht heimlich in der Wipfelregion von Nadelbäumen, auf dem Zug auch in Gärten und verirrt selbst in Großstädten. Ständig mit leiser Stimme zirpend »sisisi«, nur bei Regen schweigsam. Kurzer Gesang mit regelmäßigen Hebungen und Senkungen. LEBENSRAUM: Nadelwälder, auf dem Zug auch Laubwälder. FORTPFLANZUNG: Der Nestbau durch das Weibchen beginnt Anfang Mai und kann zwölf Tage dauern. Das Nest ist so kunstvoll wie das des Sommergoldhähnchens unter einen Fichtenast in die beiderseits herabhängenden Zweige gewoben. Selten findet man es auch in Wacholder und sogar in Efeu. Es ist gut faustgroß und bietet Platz für 7-10 heranwachsende Jungen. Innen ist es reichlich mit Federn ausgelegt. Das Weibchen brütet ab Mitte Mai für 15 oder 16 Tage. Manchmal baut es schon ein zweites Nest, wenn das Männchen noch die Jungen aus der ersten Brut betreut. Nach der Brutzeit mausern die Eltern das ganze Gefieder. Die Jungen, deren Federn noch nicht verschlissen sind, mausern nur das Kleingefieder. Dabei bekommen sie das orangerote bzw. gelbe »Krönchen«. NAHRUNG: Goldhähnchen sind geschickte Kletterer, die halb turnend, halb fliegend auf den dünnsten Zweigen nach Insekten suchen. Oft stehen sie auch im Rüttelflug vor einem Zweig und zupfen Kleintiere ab. Sie trinken Tau.

Heckensänger
Cercotrichas galactotes

MERKMALE: Der Heckensänger ist Vertreter einer hauptsächlich in Afrika heimischen Vogelgruppe, die zwischen den Grasmücken und den Drosseln steht. Oberseite braunrot, Unterseite weiß, langer, braunroter Schwanz mit schwarz-weißem Endband. Länge 15 cm. LEBENSRAUM: Buschland, Naturgärten und Orangenhaine, Hecken, aber auch in halbwüstenhaften Tälern und in Oasen der Sahara.

Grauschnäpper
Muscicapa striata

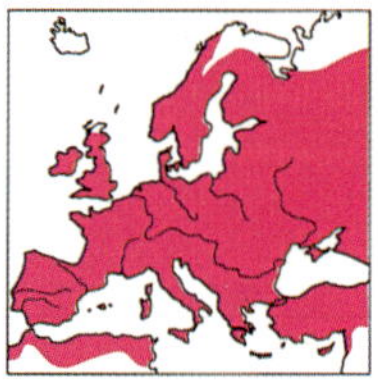

MERKMALE: Sperlingsgroß, Länge 14 cm, schlank. Beide Geschlechter sehen gleich aus. Vogel sitzt in aufrechter Haltung mit hängendem Schwanz, fliegt oft auf und kehrt zum Sitzplatz zurück. Schlägt im Sitzen häufig kurz mit den Flügeln. LEBENSRAUM: An locker stehende alte Bäume gebunden, teils in lichten Wäldern und Parkanlagen, aber meist um Haus und Hof. FORTPFLANZUNG: Brutzeit Mai und Juni, Brutdauer 12-14 Tage, Gelegegröße 4-5 Eier. Wenn die Jungen schlüpfen, wiegen sie 4 g, bei normaler Fütterung nach acht Tagen 15 g. Das Weibchen bleibt nach dem Schlüpfen noch ein paar Tage auf den Jungen sitzen und reicht ihnen einen Teil des Futters weiter, das ihm vom Männchen gebracht wird. Später füttern beide und bringen es an warmen Tagen auf bis zu 500 Anflüge. Meist fliegen die Jungen nach 14-16 Tagen aus, bei Insektenmangel, kann sich ihr Wachstum verzögern. NAHRUNG: Insekten, im Herbst auch Beeren. Beutefang wie Trauerschnäpper.

Trauerschnäpper
Ficedula hypoleuca

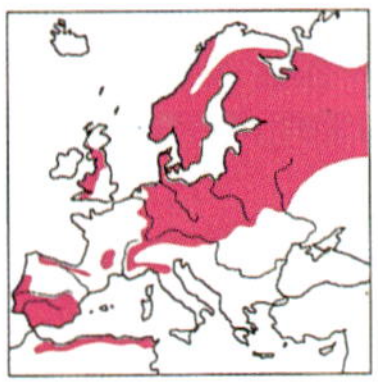

MERKMALE: Männchen im Sommerkleid elsterartig schwarzweiß, auf dem Rücken schwarz. Weibchen unscheinbar mit heller Flügelbinde. LEBENSRAUM: Lichte Wälder, Parkanlagen und Obstgärten mit vielen Nisthöhlen. Bestand in Mitteleuropa rückläufig. Im Osten der häufigste aller Höhlenbrüter. FORTPFLANZUNG: Das Nest wird fast wahllos in Höhlen und Halbhöhlen aller Art angelegt. 6-7 Eier, Brutzeit Mai und Juni. Brutdauer 12-13 Tage, Nestlingsdauer 13-14 Tage, meist eine Brut, oft aber Nachgelege. Altvögel sind erstaunlich standorttreu und kommen jahrelang an den gleichen Nistplatz zurück. NAHRUNG: Die Fliegenschnäpper sind Wartenjäger, die als Flugartisten vorbeifliegende Insekten aus der Luft fangen. Sogar die Tagfalter mit ihrem unberechenbaren Zickzackflug entgehen ihnen nicht. Dazu lesen sie im Rüttelflug schwebend Insekten von Wänden und Rinden. Die Beute schlagen sie gegen die Unterlage, bis Flügel und Beine abbrechen. die noch übrigbleibenden Hartteile werden mitgefressen und später als Gewölle wieder ausgespien.

Zwergschnäpper
Ficedula parva

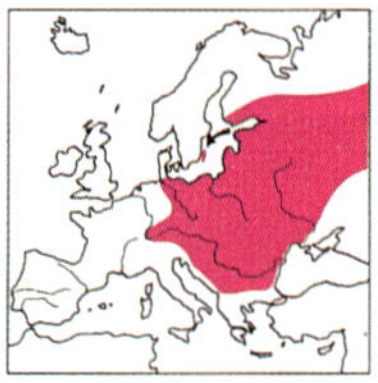

MERKMALE: Männchen ähnelt dem Rotkehlchen, ist aber viel kleiner - 11,5 cm gegen 14 cm. Das Weibchen ähnelt einem kleinen Trauerschnäpperweibchen, hat aber eine weiße Schwanzwurzel und kein Weiß im Flügel. Die Vögel wippen mit dem Schwanz. LEBENSRAUM: Hochwald mit »Hallencharakter« und mit Unterholz. Die Vögel werden als Bewohner der Wipfelregion selten beobachtet. Sie bevorzugen wassernahe Standorte. FORTPFLANZUNG: Der Gesang ist unverwechselbar, hat etwas von der Strophe des Fitis und von den Glockentönen der Heidelerche. Im vielstimmigen Frühlingskonzert des lichten Hochwaldes geht er leicht unter. Das Moosnest liegt in Baumhöhlen, meist hoch. 4-6 weißliche Eier. Die Eltern verraten seine Nähe durch aufgeregte Warnrufe. Sie füttern alle paar Minuten, auch nach dem Ausfliegen, wenn die Jungen noch für ein paar Tage zusammengedrängt auf einem Ast sitzen. Die jungen Männchen legen erst nach zwei Jahren das rote Brustgefieder an, brüten aber schon in ihrem zweiten Sommer. NAHRUNG: Insekten.

Halsbandschnäpper
Ficedula albicollis

MERKMALE: Dem Trauerschnäpper sehr ähnlich, von ihm hebt sich das Männchen im Brutkleid durch den weißen Halsring ab. Die Weibchen und Jungvögel dagegen sind im Gelände von den Trauerschnäppern nicht unterscheidbar. Die beiden nahe verwandten Arten haben sich vielleicht erst während der Eiszeiten getrennt. An den meisten Orten lebt entweder nur die eine oder nur die andere Art. Im schmalen Überlappungsbereich beider kommt es auch in der Natur zu Mischehen, aus denen Bastarde hervorgehen. LEBENSRAUM: Lichte Laubwälder mit knorrigen, höhlenreichen Altbäumen, Parkanlagen, Obstgärten, im Süden vor allem Bergwälder. FORTPFLANZUNG: Brutpflege wie Trauerschnäpper, doch beginnt die Brutzeit etwas früher. NAHRUNG: Insekten.

Gartenrotschwanz
Phoenicurus phoenicurus

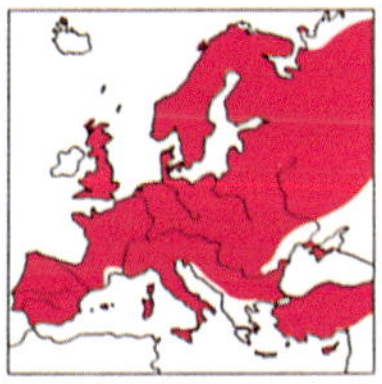

MERKMALE: Männchen mit roter Brust, schwarzer Kehle und weißer Stirn; Weibchen bräunlich, Junge gefleckt auf braunem Grund. Warnruf »fuit, fuit, teck, teck«. Länge 14 cm. LEBENSRAUM: Gelände mit lockerem Baumbestand wie Parkanlagen. Gärten, Friedhöfe. In den letzten Jahren selten geworden, wo der Vogel einst häufig war. FORTPFLANZUNG: Ende März kommen die Männchen zurück und beziehen meist die vorjährigen Brutreviere mit der alten Bruthöhle. Die Männchen treffen jedoch nicht alle zu einer Zeit ein. Dies wirkt sich auf die Revierbildung aus. Die ersten Männchen teilen den zur Verfügung stehenden Raum zunächst einmal unter sich auf, müssen aber ihre Reviergröße nach und nach wegen der Neuankömmlinge reduzieren. Fluglochweite 32 mm oder etwas darüber. Beim Singen besuchen die Männchen nach einem lockeren Stundenplan reihum stets die gleichen Singwarten. Einem durchziehenden Weibchen wird die Bruthöhle gezeigt, indem das Männchen immer wieder mit gespreiztem roten Schwanz darauf zufliegt. Die Nisthöhle liegt meist 1-5 m über der Erde und wird vom Weibchen teilweise mit Halmen und Moos gefüllt. Die Nestmulde polstert es mit Haaren und Federn aus. Nur das Weibchen brütet, und zwar von der Ablage des letzten Eies an. Meist 6-7 Eier; eine Brut zwischen Mai und Juni, Brutdauer 13-14 Tage. Das Weibchen unterbricht häufig das Brüten, um Nahrung für sich zu suchen und das Gefieder zu pflegen. Später füttern beide Eltern bis zu 300mal am Tag. Die Jungen verlassen meist nach 14 Tagen das Nest und können dann schon recht gut fliegen. Sie lassen wie die Eltern häufig ihren Schwanz zittern und zeigen dabei ihren rostroten Bürzel. Nach einigen Regentagen kann die ganze Brut verhungern oder erfrieren. Die Eltern beginnen dann eine neue Brut in einer anderen Höhle. NAHRUNG: Insekten und verschiedene Wildfrucht-Beeren, besonders gerne die vom Pfaffenhütchen. Die in belebten Gärten brütenden Rotschwänzchen lassen sich durch erst hingeworfene, später hingehaltene Mehlwürmer leicht dazu bringen, das Futter aus der Hand zu nehmen.

Blaukehlchen
Luscinia svecica

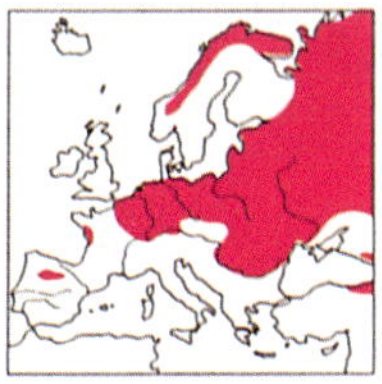

MERKMALE: Spatzengroß, aber schlanker, Flügel und Rücken dunkelbraun, Schwanzwurzel rötlich. Männchen im Norden mit rotem Fleck auf blauer Brust, genannt ROTSTERNIGES BLAUKEHLCHEN , im Süden mit weißem Fleck, genannt WEIßSTERNIGES BLAUKEHLCHEN . Weibchen mit heller, dunkel gestreifter Brust. Hält sich meist am Boden auf, hüpft rasch dahin, hält plötzlich inne und schlägt mit dem Schwanz auf. Warnruf »chack...chack...«. Läßt oft die Flügel hängen. LEBENSRAUM: Buschreiche Auwälder, Weidengebüsch an Ufern von Flüssen und Seen, feuchte hochrasige Wiesen, Sumpf- und Schilfwildnisse. Bestand stark rückläufig. FORTPFLANZUNG: Das Nest liegt am Boden unter der Vegetation verborgen, mit Vorliebe an Böschungen. Meist wird es nur durch die futtertragenden Eltern verraten. Das Gelege enthält im Norden 6-7, im Süden 4-5 Eier. In Skandinavien können die Eltern mehr Junge aufziehen als im kürzeren mitteleuropäischen Sommertag. Beide Eltern brüten, mittags vorwiegend das Männchen. Das Weibchen sitzt sehr fest auf den Eiern. Brutzeit Mai und Juni, Brutdauer 13-14 Tage, Nestlingsdauer um 14 Tage. Wenn die Jungen geschlüpft sind, warnen die Eltern pausenlos, sobald man sich dem Nestplatz nähert. Die Jungen tragen bis zur Herbstmauser ein getropftes Jugendkleid. In Gefangenschaft verlieren die Männchen ihre Farben.

Rotkehlchen
Erithacus rubecula

MERKMALE: Die Altvögel sind an der orangeroten, bleigrau gerahmten Brust und Stirn zu erkennen. Verwechslungsmöglichkeit allenfalls mit dem Zwergschnäpper, der aber viel kleiner ist - 11,5 cm gegen 14 cm - und eine weiße Schwanzwurzel hat. Die Jungen sind braun getropft und an ihren großen dunklen Augen kenntlich. LEBENSRAUM: Feuchte Laub- und Mischwälder mit dichtem Unterholz, Parkanlagen, verbuschte Gärten, gern in Wassernähe. Teilzieher. FORTPFLANZUNG: Zwei Bruten zwischen April und Juli.

Nachtigall
Luscinia megarhynchos

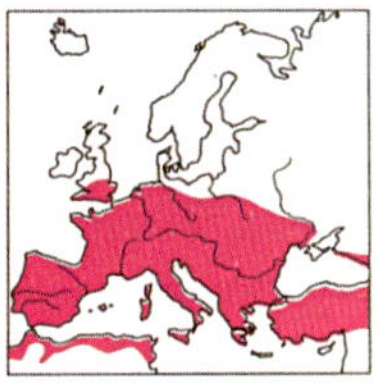

MERKMALE: Gestalt ähnlich dem Rotschwänzchen, aber deutlich größer - 14 gegen 16 cm. Oberseits braun, Schwanz rostrot. Sitzt oft mit hängenden Flügeln und erhobenem Schwanz, hält sich meist im dichtesten Gebüsch verborgen und hopst mit großen Sprüngen am Boden. Lockrufe »huid« und »tak«, Warnruf schnarrend »karr«. Gesang sehr abwechslungsreich und wohlklingend, mit monoton schmetternden und kristallklaren, flötenden Partien. Einer der schönsten Singvogelgesänge. LEBENSRAUM: Laub- und Mischwälder mit reich entwickeltem Unterholz, Parkanlagen, Obstgärten, Friedhöfe. In Mitteleuropa selten über 400 m Meereshöhe, im Süden auch im Bergland. FORTPFLANZUNG: Anfang Mai, einige Tage nach dem ersten Kuckucksruf, erhebt die Nachtigall - anfangs nur bei Nacht - ihre Stimme. Ihr Gesang gilt vielen Vogelfreunden als das Herrlichste, was eine Vogelkehle hervorbringen kann. Es klingt bald silberhell, bald flötend und klagend und wird auch tief in der Nacht vorgetragen, wenn selbst die Stadtgeräusche verstummen. Später im Mai singt die Nachtigall bei Tage und bei Nacht, besonders feurig aber in der Morgen- und Abenddämmerung. Im letzten Junidrittel verstummt der Sänger. Die jungen Nachtigallen müssen den Artgesang erlernen, aber dazu genügt schon ein geringer Anstoß in der empfänglichsten Zeit nach dem Ausfliegen in Form weniger Strophen eines Vorsängers. Wenn sich irgendwo ein besonders guter Sänger hören läßt, so steigt bald das Gesangsniveau aller Nachtigallen in der Umgebung. Kommt umgekehrt der beste Sänger um, so bringt die nächste Generation nur mehr einen ärmlichen Vortrag. Nach Osten und Süden zu leben Nachtigallen mit geringerer Sangeskunst, mancherorts singen sie recht eintönig, aber laut. Unter Gebüsch, das von Bäumen überschattet wird, baut das Weibchen sein Nest, meist unauffällig in Fallaub eingesenkt, seltener auch niedrig über dem Boden oder gar brusthoch in Efeuranken. Im Mai legt es 5-6 olivgrüne Eier, in der zweiten Junihälfte hüpfen die Jungen nach 11-12 Nestlingstagen aus dem Nest. Sie tragen bis zur Herbstmauser ein getropftes Jugendkleid. Im Spätsommer lebt die Nachtigall sehr heimlich im Unterholz, so daß man ihren Wegzug Ende August oder Anfang September kaum bemerkt, allenfalls daß im August ein junges Männchen schon den Artgesang probt. NAHRUNG: Die Nachtigall frißt zarte Insekten, die sie am und im Boden sucht und, wenn nötig, auf den Boden schleudert, bis sie sich nicht mehr rühren. Im Herbst genießt sie auch die Beerenernte. ALLGEMEINES: Die Nachtigall überwintert im afrikanischen Regenwald und kehrt dann Ende April zurück. Man hat beobachtet, daß die Männchen einige Tage vor den Weibchen ankommen. Sie finden ihre alten Reviere wieder und treffen dort möglicherweise mit ihrem vorjährigen Weibchen zusammen.

Sprosser
Luscinia luscinia

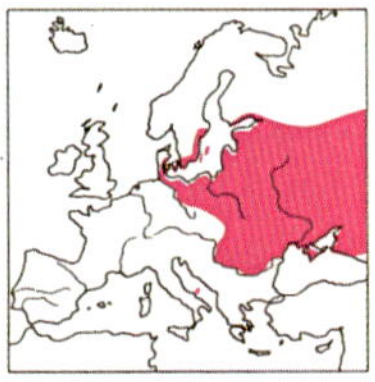

MERKMALE: Von der nahe verwandten Nachtigall unterschieden durch die leicht gewölkte Brust und den weniger rostroten Schwanz. Im Gesang fehlen die anschwellenden Strophen. LEBENSRAUM: Gebüsch in feuchten Lagen. In Österreich ist der Sprosser in diesem Jahrhundert ausgestorben. FORTPFLANZUNG: Wie bei der Nachtigall. Der Sprosser singt von der Rückkehr aus Afrika gegen Ende Juni bei Tag und Nacht. Im Winterquartier wie auch im Käfig erhebt er schon im Januar seine kräftige, feierliche Stimme. Mitte Mai baut das Weibchen in 2-3 Tagen am Boden unter Gebüsch das tief napfförmige Nest und legt dann jeden Tag ein Ei des Vierergeleges. Es brütet mit kurzen Freß- und Badepausen 13 Tage, bis die Jungen schlüpfen. Nestlingsdauer: elf Tage.

Wacholderdrossel
Turdus pilaris

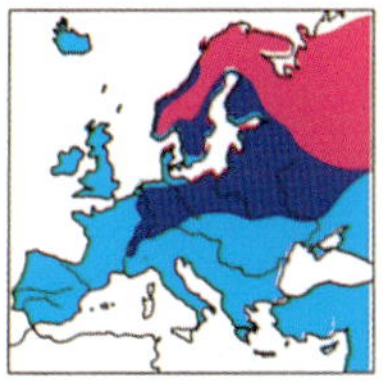

MERKMALE: Amselgroß. Bunt mit grauem Kopf und markanter Brustzeichnung. Sehr gesellig. Schackernde Rufe. LEBENSRAUM: Auwälder, Feldgehölze, Parks, Gärten, Waldränder an feuchten Wiesen. FORTPFLANZUNG: Koloniebrüter, wobei bis zu 30 und mehr Paare gemeinsam und gleichzeitig ihre Nester bauen, oft mehrere in einem Baum. Die Nester sind solide gebaute tiefe Näpfe, die teils hoch, teils niedrig, teils ganz offen und teils versteckt angelegt werden. Manche Kolonien werden vollständig von Krähen, Elstern oder Eichelhähern ausgeräumt. Die Drosseln wehren sich, indem sie diese Feinde im Sturzflug mit Kot bewerfen. Die Kotbomben sind eine gefährliche Waffe, denn sie können das Gefieder des Feindes so sehr beschmutzen und verkleben, daß er flugunfähig wird und umkommt. Auch Menschen, die sich in der Kolonie zu schaffen machen, müssen mit »Beschuß« rechnen, desgleichen Bussarde, die in der Nähe der Kolonie Mäuse jagen. Bauzeit für das Nest 4-5 Tage, 4-7 Eier, Brutdauer um zwölf Tage, Nestlingsdauer um zwölf Tage. Zwei Bruten von April bis Juni. NAHRUNG: Würmer, Schnecken, Insekten, im Herbst fast nur Beeren (Wacholderbeeren). ALLGEMEINES: Etwa seit 1850 hat sich die ursprünglich rein nordische Wacholderdrossel nach Südwesten ausgebreitet und ist heute überall in Deutschland häufig, aber noch hat sie die Ausdehnung ihres Brutgebietes nicht abgeschlossen. Bis um die Jahrhundertwende wurden die durchziehenden Scharen in Massen gefangen und als »Krammetsvögel« (mundartliche Bezeichnung für Wacholderdrossel) auf den Markt gebracht. Ihr Fleisch bekommt durch den Genuß von Wacholderbeeren einen bitterwürzigen Geschmack. Schließlich aber wurde der »Dohnenstieg«, ein Fangplatz mit Schlingen verboten.

Amsel
Turdus merula

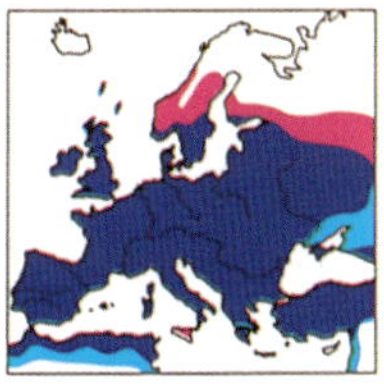

MERKMALE: Männchen mattschwarz mit gelbem Schnabel, Weibchen schwärzlichbraun, Jungvögel bis zur Herbstmauser schwach getropft. LEBENSRAUM: Laub- und Nadelwälder mit feuchtem Boden, Gärten, Städte und Parkanlagen. Die Waldamseln sind sehr scheue Bodenvögel, die Stadtamseln sind zwar immer vorsichtig und mißtrauisch gegen alles Fremde, aber vertragen auch viel »Betrieb« in ihrer näheren Umgebung. Die Amsel hüpft und läuft ruckartig und stellt in der Erregung ihren langen Schwanz auf. Im Stadtbereich kommen vielfach Amseln mit mehr oder weniger viel Weiß im Gefieder vor (Teilalbinos), selten auch ganz weiße Tiere mit roten Augen (Vollalbinos). FORTPFLANZUNG: Die Amselmännchen beginnen bereits an milden Spätwintertagen zu singen, wenn auch nur so leise, daß man sie erst aus der Nähe hört; sie »phantasieren«. Um die Zeit des ersten Frühlingstauwetters hört man dann das volle Amsellied. Wäre es nicht so alltäglich, die Vogelfreunde würden ihm mit Andacht lauschen und es wohl für das beste Vogellied unter den Sängern Europas halten, das der Nachtigall noch übertreffend. Ganz sicher ist es das musikalischste und unerreicht in seinem Reichtum an Melodie und Harmonien. Die Tätigkeit der Keimdrüsen wird bei den Vögeln auch durch die Tageslänge gesteuert. So kommt es, daß man in der immerhellen Großstadt auch mitten in der Winternacht zuweilen den vollen Amselgesang hören kann - ein eigenartiger Kontrast zur lebensfeindlichen Zeit und Umwelt. Ansonsten singen die Amseln am eifrigsten bei leichtem Nieselregen und in der Morgen- und Abenddämmerung. Das Amselpaar besetzt zur Brutzeit ein Revier, in dem es keine andere Amsel duldet. Wer nicht weicht, wird mit Schnabel und Krallen bearbeitet. Die Streithähne vergessen manchmal so sehr die Welt um sich her, daß man sie mit den Händen greifen kann. Es ist schon geschehen, daß ein Habicht auftauchte und beide mitnahm. Auch am Futterhaus ist die Amsel streitlustig und schwingt sich zum Herrscher auf. Gelegentlich kämpft sie auch bis zur Erschöpfung gegen ihr Spiegelbild in einer Glasscheibe oder einer verchromten Autoradkappe. Das Nest ist ein tiefer Napf, der innen mit einer Erdschicht ausgelegt und dann noch mit Halmen abgedeckt wird. Schon manche Hausfrau hat mit Entsetzen gesehen, wie eine nestbauende Amsel die feuchte Erde aus den täglich gegossenen Blumentöpfen holte. Das Nest wird meist niedrig und oft ohne alle Vorsicht irgendwo hingesetzt, teils in kleine Fichten, teils auf Veranden, zwischen Blumenkästen oder unter das Dach von Gartenhäusern. Meist brütet nur das Weibchen, nur selten vom Männchen abgelöst. Brutdauer 11-14 Tage, Nestlingsdauer 12-13 Tage. Die Jungen verlassen das Nest, wenn sie kaum fliegen können, und betteln danach noch etwa 14 Tage lang mit gellenden Rufen um Futter. NAHRUNG: Die Amsel ist wie die anderen Drosseln Spezialist in der Jagd auf Regenwürmer.

Singdrossel
Turdus philomelos

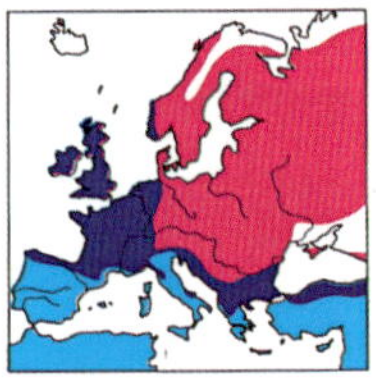

MERKMALE: Etwas kleiner als die Amsel - 23 gegen 25 cm, von der Misteldrossel durch die Größe, von der Rotdrossel durch das Fehlen des hellen Überaugenstreifs und der rostroten Flanken unterschieden. LEBENSRAUM: Von Hause aus Waldvogel, ist die Singdrossel ähnlich der Amsel in die Grüngürtel der Städte eingewandert. FORTPFLANZUNG: Die Singdrossel kommt im März, etwa gleichzeitig mit der Ringeltaube und der Waldschnepfe, aus ihrer Winterherberge zurück und schmettert schon vom ersten Tage an ihre kraftvollen Strophen von einem Baumwipfel oder einem Dachfirst. Der Gesang ist sehr wohltönend. Er besteht aus vielen, mehrfach wiederholten Elementen. Er verstummt im Juli, wenn die Mauser einsetzt. Das Weibchen baut eines der merkwürdigsten und haltbarsten Vogelnester. Von außen ist es ein solider und tiefer Napf, innen aber wird es mit zerkautem und eingespeicheltem morschen Holz ausgekleidet, das nach dem Trocknen eine Schale bildet, die manchmal im Wald Jahre überdauert. Dafür ist das Nest weder warm noch weich, wie man sich sonst wohl ein Vogelnest vorstellt. Zwei Bruten von April bis Juni, nur das Weibchen brütet auf den 4-5 himmelblauen, schwarzgefleckten Eiern, Brutdauer 13-14 Tage, Nestlingsdauer ebenfalls 13-14 Tage. Die jungen Männchen beginnen manchmal schon im Nest leise zu singen; sie dichten. NAHRUNG: Vielseitig. Insekten, Würmer, Schnecken, Beeren, Sämereien, grüne Pflanzenteile. In den jungen Singdrosseln erwacht nach dem Ausfliegen der Trieb, Schneckenhäuser auf Steine zu schleudern, bis sie zerbrechen. Das weiche Innere wird verzehrt. Später wählen die Drosseln bestimmte Steine als »Schneckenschmiede«, vor der sich mit der Zeit ein Haufen zertrümmerter Schneckenhäuser ansammelt. Solche Schneckenschmieden findet man vor allem im Frühjahr nach der Schneeschmelze.

Rotdrossel
Turdus iliacus

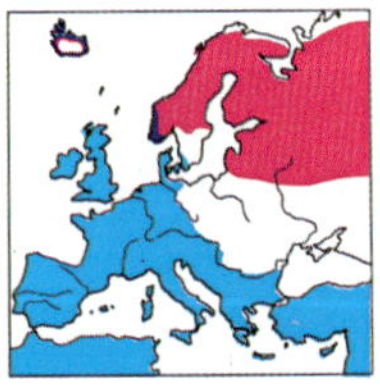

MERKMALE: Die Rotdrossel ist mit 21 cm Länge um 2 cm kleiner als die ähnlich gefärbte Singdrossel. Von ihr unterscheidet sie sich vor allem durch die rostroten Flanken und den hellen Überaugenstreif. LEBENSRAUM: Sie brütet in den lichten und dennoch urigen Fichten- und Birkenwäldern des Nordens und ist dort zum Teil auch ein Vogel der Parks und Gärten geworden. FORTPFLANZUNG: In den nahrungs- und vogelarmen nordischen Wäldern ist der weittragende jauchzende Gesang der Männchen einer der auffälligsten Vogellaute. Die Paare besetzen sehr große Reviere. Das Nest findet sich niedrig im Gebüsch und wird nach Drosselart zu einem festen, halbkugeligen Napf gestaltet. Die Vögel reagieren in Nestnähe gegen Störungen sehr empfindlich. Das Weibchen legt 4-6 Eier. NAHRUNG: Würmer, Insekten, Beeren. ALLGEMEINES: Die Rotdrosseln überwintern im Mittelmeerraum. In dunklen Oktober- und Novembernächten hört man oft den Kontakthalteruf der wandernden Scharen, ein leises »zieh«. Tagsüber rasten die Durchzieher in den Kronen von Feldgehölzen und fliegen von da zur Erde, um auf Wiesen und Brachäckern ihre Nahrung zu suchen.

Ringdrossel
Turdus torquatus

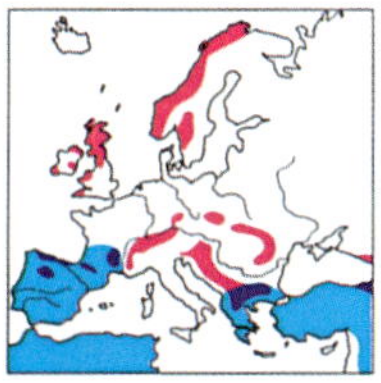

MERKMALE: Durch helle Federsäume schuppig wirkend, Männchen mit weißem, Weibchen mit grauweißem Brustring. Hüpft am Boden in großen Sprüngen. Die Jungen gleichen nach dem Ausfliegen jungen Wacholderdrosseln. Im August und September mausern sie und sehen danach dem Weibchen ähnlich, sind aber insgesamt heller gefärbt, der Brustring ist nur angedeutet. Etwas kleiner als die Amsel, 24 gegen 25 cm. Stimme »tack... tack!«. LEBENSRAUM: In den Alpen in lichten Wäldern vor allem zwischen 1400 und 1700 m Höhe, auch noch in der Krummholzzone. Im Hochschwarzwald in urigen flechtenbehangenen Bergwäldern. Im Norden in Fichtenwäldern, Moorwäldern und nördlich der Waldgrenze in der Tundra. FORTPFLANZUNG: Der Gesang ist amselähnlich, aber weniger klangvoll, weniger variabel und auffällig kürzer. Die Ringamsel baut ein typisches Drosselnest, und zwar meist niedrig, selten höher als 2 m, in Fichtenwäldern, nördlich der Baumgrenze auch direkt am Boden. Nur das Weibchen baut am Nest. Über die Beteiligung des Männchens beim Brutgeschäft gehen die Angaben auseinander. Brutzeit April bis Juni, häufig zwei Bruten. Meist vier, manchmal auch fünf Eier. Brutdauer 14 Tage. Nestlingsdauer zwei Wochen. NAHRUNG: Würmer, diverse Schnecken und Insekten, im Herbst gern Früchte, speziell Wacholderbeeren. ALLGEMEINES: Während der Eiszeit war die Ringamsel in weiten Teilen Europas heimisch. Mit zunehmender Erwärmung zog sie sich allerdings zurück. So entstand ein zweigeteiltes Verbreitungsgebiet. Die nördliche Population bewohnt Skandinavien und England, die südliche Population besiedelt die Alpen und andere Hochgebirge. Inzwischen haben sich in den getrennten Verbreitungsgebieten verschiedene Rassen entwickelt.

Misteldrossel
Turdus viscivorus

MERKMALE: Mit 27 cm Länge die größte aller Drosseln, wie eine übergroße Singdrossel. Gefiederfärbung wirkt grau. Auffällige schnarrende Rufe, besonders beim Auffliegen. LEBENSRAUM: Hochwald mit Nadelbäumen, Lichtungen und Waldwiesen, teils auch in Parkanlagen und Obstgärten eingewandert. Dringt langsam nach Süden und Westen vor. FORTPFLANZUNG: Die Männchen singen auf den höchsten Spitzen der Bäume. Ihr Gesang ist amselartig in der Melodik und singdrosselähnlich in der Wiederholung der Motive. Der Vortrag ist langsam und mit vielen Pausen durchsetzt. In der düsteren Stille des Fichtenhochwaldes und in der späten Abenddämmerung wirkt er besonders feierlich. Er ist nur während weniger Wochen im April und Mai zu hören. Das Weibchen baut in der Wipfelregion der Nadelbäume, manchmal aber auch niedrig, das umfangreiche Nest aus Halmen und Erde. Bei einer täglichen Bauzeit von 2-3 Stunden wird es in 4-5 Tagen fertig. Brutzeit April bis Juli, meist zwei Bruten. vier oder fünf Eier, Brutdauer 13-14 Tage, Nestlingsdauer 14-16 Tage. Das Weibchen brütet allein und sorgt in den Brutpausen auch für seine Ernährung. Wenn die Jungen geschlüpft sind, füttern beide Eltern. Die Jungen werden auch nach dem Ausfliegen einige Zeit gefüttert. Manchmal baut das Weibchen schon das Nest für die zweite Brut, während das Männchen noch die flüggen Jungen betreut. Um die Zeit des Ausfliegens wachsen die Flügelfedern der jungen Misteldrosseln stündlich bis zu einem Drittelmillimeter. Die jungen Männchen erfinden jedes für sich eine eigene Strophe und lernen dann noch die Strophen ihrer Nachbarn dazu. Die jungen Weibchen zeigen schon kurz nach dem Ausfliegen spielerisch die Verhaltensweisen des Nestbaues. NAHRUNG: Regenwürmer. Misteldrosseln fressen neben Mistelbeeren noch 34 weitere Wildfrüchte, etwa von Hundsrose, Brombeere, Schlehe, Faulbaum.

Zaunkönig
Troglodytes troglodytes

MERKMALE: Klein, zimtbraun, Schwänzchen fast senkrecht getragen. Sehr lebhaft; hüpft häufig wie eine Maus durch bodennahes Gestrüpp, verschwindet oft in Reisighaufen, Uferböschung oder einem Holzstoß. Flug geradlinig mit schnellem Flügelschlag und niedrig. Länge 9,5 cm. Singt fast das ganze Jahr über, meist auf niedrigen Warten. Der Gesang ist laut und schmetternd mit trillernden Abschnitten. LEBENSRAUM: Unterholz, Gebüsch, Farn- und Brombeerdickichte, meist in Wassernähe. FORTPFLANZUNG: Der Zaunkönig ist ein Wintersänger, der seine klirrende und überraschend laute Strophe auch bei Frost und Schnee zum Besten gibt. Im Frühjahr baut das Männchen eine Reihe von Balznestern - bis über ein Dutzend. Sie liegen meist niedrig in Erdabbrüchen, Efeuhecken, Reisighaufen, im Wurzelwerk umgestürzter Bäume, selten aber mehr als 3 m hoch. Im Süden zwei Bruten, im Norden eine Brut von Mitte April bis Juli, Brutdauer 14 Tage, Nestlingsdauer 17 Tage. Häufiger Wirtsvogel für Kuckucke. NAHRUNG: Insekten, Beeren als Zukost.

Kohlmeise
Parus major

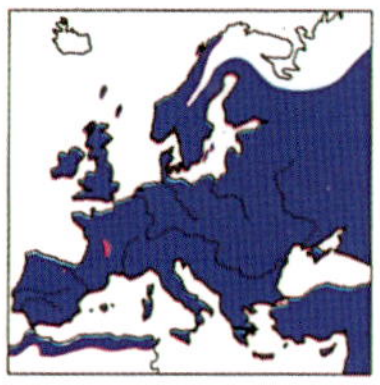

MERKMALE: Die größte und schwerste Meise in Mitteleuropa, 14 cm lang und 20 g schwer. Schwarzer Kopf mit gelben Wangen, schwarzes Längsband auf der gelben Brust. Jungvögel blasser und mit gelblichen Wangen. Stimme äußerst vielseitig, im Wald die verschiedensten Vögel vortäuschend. LEBENSRAUM: Sehr vielfältig, eigentlich überall, wo Bäume wachsen, im hohen Norden allerdings nicht bis zur Waldgrenze. Die nördlichsten Populationen sind Zugvögel, die mitteleuropäischen Strichvögel und die südeuropäischen Standvögel. In Gärten, Parks und lichten Wäldern die häufigste Meise. FORTPFLANZUNG: Brutzeit meist in der ersten Maihälfte, Brutdauer 13-14 Tage. Das Weibchen brütet und wird dabei vom Männchen gefüttert. Nicht selten werden einzelne Eier nach dem Zudecken nicht mehr gefunden und tief im Nest begraben. Das brütende Weibchen reagiert auf eine Störung mit einem spuckenden Fauchen, das seine Schreckwirkung nicht verfehlt. Beide Eltern füttern. Dazu fliegen sie mit jeder einzelnen Raupe zum Nest; dabei kommt es bis zu 900 Anflügen am Tag. Die Jungen verlassen mit 18-20 Tagen die Höhle, bleiben also fast doppelt so lang im Nest wie gleichgroße Freibrüter; der geschützte Ort wird so spät wie möglich verlassen. Nach dem Ausfliegen bleibt die Familie noch für ein bis zwei Wochen beisammen; die Jungen werden weiter gefüttert. NAHRUNG: Insekten und fetthaltige Sämereien. Bei der Nahrungssuche hämmern die Kohlmeisen mit ihrem starken Schnabel. Dabei halten sie - wie nur ganz wenige andere Vögel - das Futter zwischen beiden Füßen auf der Unterlage fest. Auch sonst zeigen sie interessante Verhaltensweisen. So haben sie sich in manchen Parkanlagen daran gewöhnt, das Futter aus der hingestreckten Hand zu nehmen. Außerhalb der Brutzeit ziehen sie zwar gesellig umher, aber halten doch voneinander Abstand: Niemals werden zwei Meisen zugleich auf der Hand oder in einem kleinen Futterhaus landen. Ranghohe Meisen vertreiben die rangniederen. Im Herbst suchen sie systematisch alle Fensterbänke nach Futterplätzen ab. Berühmt geworden sind die englischen Kohlmeisen, die begonnen hatten, die Aluminiumkappen der Milchflaschen aufzupicken, um den Rahm zu fressen. Diese Unsitte breitete sich rasch von Ort zu Ort aus. Die Meisen müssen sie einander abgeschaut haben. ALLGEMEINES: Die Meisen bilden eine eigene Singvogelfamilie mit drei Gattungen und etwa 45 Arten. Dabei entfallen allein auf die Gattung Parus etwa 40 Arten, von denen sechs auch in Mitteleuropa vorkommen. Alle Meisen sind Höhlenbrüter und ihre Eier sind stets weißlich mit rötlichen Tupfen. Dennoch können Fachleute die Eier zumindest der heimischen Arten unterscheiden. Die Eizahl je Brut nimmt von Süden nach Norden zu, parallel mit dem längeren Sommertag und damit der Möglichkeit, mehr Futter herbeizuschaffen.

Blaumeise
Parus caeruleus

MERKMALE: Weiße Wangen mit schwarzem Augenstrich, Brust und Bauch gelb mit einem schwarzen Bauchfleck. Blaue, im Süden auch schwarze Kopfplatte. LEBENSRAUM: Mischwälder, Parks, Gärten. FORTPFLANZUNG: Die Balzzeit beginnt schon im winterlichen Vorfrühling mit dem trillernden Gesang der Männchen. Das Weibchen räumt altes Nistmaterial aus der Höhle und baut ein innen watteweiches Nest. Brutzeit Mai und Juni, 8-10 Eier, Brutdauer 13-14 Tage, Nestlingsdauer 18-20 Tage. Nur eine Brut im Jahr. NAHRUNG: Im Sommer Insekten und Spinnen, welche die Meise beim Turnen auf den Zweigspitzen aufspürt. Am Futterplatz kann die so zart wirkende Blaumeise größere Vögel vertreiben.

Schwanzmeise
Aegithalos caudatus

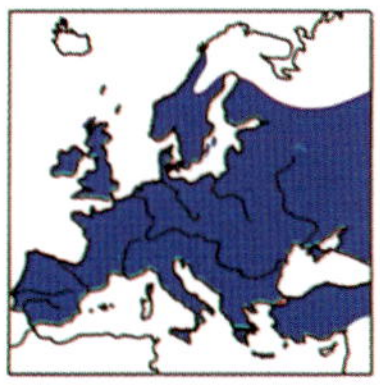

MERKMALE: Typisch für diese Meise ist der sehr lange, stufige Schwanz, der über die Hälfte der Körperlänge ausmacht. Sucht auf den Zweigspitzen nach Nahrung, zerhackt eine größere Beute und hält sie dabei mit den Zehen fest. Stimme fein »si si si« und »djrrrp«. In den winterlichen Trupps geht es laut und lebhaft zu, im Brutgebiet sind die Vögel leise und unauffällig. LEBENSRAUM: Auwälder, Waldränder mit Gebüsch, Obstgärten, Parkanlagen. FORTPFLANZUNG: Der Gesang ist leise, zirpend und klagend. Der Nestbau nimmt 8-14 Tage in Anspruch. Das Nest ist außen mit Flechten und Moos von dem Baum verkleidet, in dem es steht, so daß eine gute Tarnung erreicht wird. Das Nest liegt meist zwischen 3 m und 15 m hoch in der Gabelung eines Baumstammes, manchmal aber auch niedrig und zwischen dichten Zweigen. Innen ist es mit bis zu 2 000 Federn angefüllt. Brutzeit April-Juni, Brutdauer 12-13 Tage, Eizahl 8-12, Nestlingsdauer 15-16 Tage. Nur das Weibchen brütet. Teils schaut dabei sein Schwanz aus dem Flugloch, teils verbiegt er sich im Nest und bleibt auch noch einige Zeit nach Ende der Brut verkrümmt. Ende Mai oder Anfang Juni fliegen die meisten Bruten aus. Die Jungvögel schlafen anfangs im Nest zusammen oder in einer Reihe auf einem Zweig zusammengedrängt. Bis August zieht die Familie umher, später können mehrere Familien verschmelzen und Gesellschaften mit bis zu 30 Schwanzmeisen bilden.

Tannenmeise
Parus ater

MERKMALE: Sehr kleiner Meisenvogel, nur bis 11,5 cm lang. Merklich unterhalb der Sperlingsgröße. Großer, schwarz eingefaßter weißer Nackenfleck, Unterseite weißlich mit rahmfarbenen Flanken. Oberseite mehr bläulichgrau, Flügel mit typischer doppelt weißer Flügelbinde. Färbung sonst verblaßt. LEBENSRAUM: Nadelwald, in Mischwäldern in den Nadelbäumen, in Südeuropa auch in Laubwäldern und in Westeuropa in Gärten. Kommt außerhalb der Brutphase in kopfstarken Trupps vor, nicht selten auch zusammen mit anderen Meisenarten. FORTPFLANZUNG: Nest in einer Höhle, möglichst mit einer Schlupflochweite von 25-30 mm. Selten nisten Tannenmeisen aber auch in Löchern am Boden oder sogar zwischen Wurzelstöcken. Brutzeit zuweilen bereits Ende März, in der Regel aber zwischen Mai bis Juli. Im Norden findet meist nur eine Brut statt, in Mitteleuropa gibt es nicht selten zwei Bruten. Die erste Brut zählt 7-11, die zweite 6-9 Eier. Unter sehr günstigen Bedingungen kann es sogar zu einer Drittbrut kommen. Nur das Weibchen brütet, die Brutdauer beträgt 14-15 Tage und die Nestlingsdauer 15-17 Tage. Strichvogel. NAHRUNG: Insekten und Samen von Nadelhölzern. Am Futterhaus ist die Tannenmeise wenig scheu. Sehr gewandter Turner in den Zweigspitzen. Die Speiseliste hängt stark von der Jahreszeit ab. Im Winter stellen Sämereien der Nadelhölzer einen entscheidenden Anteil. Frischgeschlüpfte Nestlige der ersten Brut werden oft mit kleinen Raupen gefüttert, die zweite mit Blattwespenlarven. Außerdem fängt die Tannenmeise gern Schnaken, Fliegen und andere Zweiflügler. Selbst Blattläuse, Zikaden und Wanzen stehen auf dem Speiseplan. Gelegentlich erbeuten die Tiere sogar Köcherfliegen.

Haubenmeise
Parus cristatus

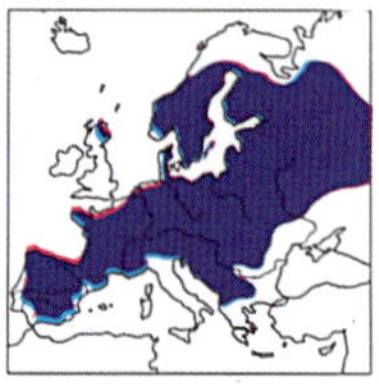

MERKMALE: Auffällige, schwarz-weiß gesprenkelte Federhaube der Altvögel. LEBENSRAUM: Im Norden streng an Nadelwald gebunden, nur selten in Mischwäldern. FORTPFLANZUNG: Meist nur eine Brut im April und Mai, Brutdauer 13-15 Tage, Nestlingsdauer 17-19 Tage, Eizahl 6-7. Brütet manchmal in Eichhörnchenkobeln und den Horsten großer Greifvögel, nimmt aber nur selten Nistkästen an. NAHRUNG: Insekten, Spinnen, im Winter auch Nahrung vom Futterhaus.

Beutelmeise
Remiz pendulinus

MERKMALE: Länge 11 cm, Jungvögel ohne schwarze Backen. Im Osten mit braunem, im Westen mit grauem Oberkopf. Auffallender und weit hörbarer Ruf »ziii«, der sowohl bei der Nahrungssuche als auch am Nest zu hören ist. LEBENSRAUM: Weidendickichte an Fluß- und Seeufern, Auwälder, Schilfwildnisse mit Weidengebüsch. Die nördlichen Beutelmeisen sind Zug-, die südlichen Standvögel. FORTPFLANZUNG: Das Beutelmeisennest hängt an einem dünnen herabhängenden Zweig, meist über Wasser und 1-3 m hoch. Wo die Beutelmeise aber fern vom Wasser baut, hängt das Nest meist in etwa 10 m Höhe. Der Nestbau beginnt, indem das Männchen eine Astgabel mit Bastfäden umwickelt. Daraus entwickelt sich ein schaukelähnlicher Ring. Dann werden die Seitenteile hochgezogen, so daß dazwischen eine Art Henkelkorb entsteht, später ein Beutel mit zwei Öffnungen. Die eine wird verschlossen, die andere mit einer Röhre versehen. Jetzt hält das Nest so fest zusammen, daß es bisweilen jahrelang dem Wetter standhält. NAHRUNG: Insekten, Spinnen, Sämereien als Beikost. Beutelmeisen sind Turner in dünnsten Zweigen, die fast nie auf den Erdboden kommen. Sie baden im Tau und holen Nahrung aus zusammengerollten Blättern, indem sie den Schnabel in eine Blattspalte schieben und dann aufsperren.

Sumpfmeise
Parus palustris

MERKMALE: Verwechslungsmöglichkeit in Mitteleuropa nur mit der Weidenmeise. Die Sumpfmeise hat eine glänzend schwarze Kopfplatte und kein helles Feld im Flügel. LEBENSRAUM: Auwälder, feuchte Laubwälder, Parks, Gärten, bevorzugt keine Sümpfe. FORTPFLANZUNG: Brutzeit April und Mai, Brutdauer 13-15 Tage, Eizahl 7-9, Nestlingsdauer 17-19 Tage. NAHRUNG: Im Sommer Insekten und Spinnen, mit denen die Jungen ausschließlich gefüttert werden, daneben auch wenige ölhaltige Samen. Im Winter Sämereien.

Weidenmeise
Parus montanus

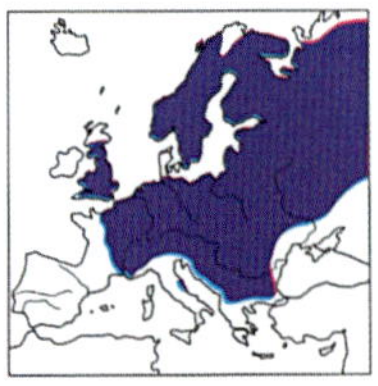

MERKMALE: Von der sehr ähnlichen Sumpfmeise zu unterscheiden durch die stets matte Kopfplatte und ein helles Feld im Flügel, das aus hellen Federsäumen besteht. Aber beides läßt sich viel leichter beschreiben als in der Natur beobachten. Unterschiedlich sind auch die Lebensräume, da die Sumpfmeise weniger in Nadelwäldern lebt. Einziges zuverlässiges Unterscheidungsmerkmal bildet die Stimme: Oft hört man von der Weidenmeise ein »zi zi däh« oder auch nur gedehnt »däh, däh«. Bei der Sumpfmeise klingt es »zjä dä dä«. LEBENSRAUM: Misch- und Nadelwälder, vorzugsweise auf sumpfigem Grund und im Gebirge, Laubwälder mit Altholz. FORTPFLANZUNG: Die Weidenmeise lebt wie die Sumpfmeise paarweise, auch in den winterlichen Trupps. Im März besetzt das Paar ein Revier und inspiziert Baumhöhlen. Meist meißelt das Weibchen in morsche, noch stehende Stämme selber eine Nisthöhle, trägt wenig Nistmaterial ein und brütet auf Tierhaaren und morschem Holz. Brutzeit Mai und Juni, nur eine Brut. 7-9 Eier. Die Jungen fliegen meist Ende Juni und im Juli aus und streifen dann mit ihren Eltern umher, bis sie sich im Herbst mit anderen Meisenarten zu größeren gemischten Trupps zusammenschließen. In früheren Zeiten wurden schon Trupps mit Hunderten von Meisen gesehen. NAHRUNG: Insekten, Spinnen , im Winter auch Samen, vor allem von Nadelbäumen.

Gartenbaumläufer
Certhia brachydactyla

MERKMALE: Sehr ähnlich dem Waldbaumläufer. Langer zarter, abwärts gebogener Schnabel; Schnabellänge variabel, aber meist etwas länger als beim Waldbaumläufer, Unterseite schmutzigweiß, an den Flanken bräunlich verlaufend, Stirn weniger deutlich gefleckt. Hauptunterscheidungsmerkmal ist der Gesang - eine kurze, ansteigende Strophe -, den das Männchen im April in kurzen Abständen beim Klettern in der Wipfelregion der Bäume vorträgt. LEBENSRAUM: Laub- und Mischwälder, Parkanlagen, Obstgärten, im Süden Korkeichenwälder. In Mitteleuropa ist der Gartenbaumläufer mehr ein Vogel der Niederungen. FORTPFLANZUNG: Nur das Weibchen baut und brütet. Zu Beginn der Brutzeit, im April, verstummen die Männchen, sie singen also nur für wenige Wochen. Das Weibchen baut bis zu zwei Wochen lang am Nest und füllt auch armtiefe Spalten mit kleinen Zweigen und Rindenstückchen auf. Der Einschlupf ist zwischen 25 und 45 mm breit. Im Süden zwei Bruten, die erste im April, die zweite im Juni. Nur das Weibchen brütet für 13-15 Tage, die Jungen fliegen nach 15-16 Tagen aus. NAHRUNG: Insekten, Spinnen, in Rindenritzen aufgespürt. Die Vögel klettern in Spiralen stammaufwärts.

Waldbaumläufer
Certhia familiaris

MERKMALE: Rindenfarbener, spitzer, gekrümmter Schnabel. Große individuelle und lokale Farbunterschiede zwischen grau und rotbraun. Unterseite weißlich mit einem gewissen Glanz. Steifer, abgestufter Schwanz. Stimme »tsieh«. Gesang erst abfallend, dann wieder ansteigend und mit einem Triller endend. Jungvögel auf der Oberseite mehr gefleckt als gestreift. Außerhalb der Paarungszeit recht schweigsamer Vogel. LEBENSRAUM: Nadel-, Laub- und Mischwälder mit altem Baumbestand, vorwiegend im Bergland, im Hochgebirge bis an die Waldgrenze. Im Winter kommt der Waldbaumläufer auch in den Niederungen vor. FORTPFLANZUNG: Im März beginnen die Männchen zu singen und besetzen Reviere. Ihr Nest bauen die Waldbaumläufer wie die Gartenbaumläufer meist unter loser Rinde. NAHRUNG: Insekten und Spinnen, die in Ritzen und Spalten der Rinde gesucht werden.

Kleiber
Sitta europaea

MERKMALE: Oberseite aschgrau, Unterseite im Norden und Osten weißlich, nach Süden und Westen zunehmend rostfarben. Die Männchen sind auf der Brust leuchtend gefärbt. Die Jungvögel wirken matt. Länge 14 cm. LEBENSRAUM: Laub- und Mischwälder mit altem Baumbestand und gut entwickeltem Unterholz, im Norden auch in reinen Nadelwäldern. In Parkanlagen und Gärten. FORTPFLANZUNG: Wenn der Eingang der Bruthöhle zu weit ist, wird er mit einer Mischung aus Lehm und Speichel bis auf die Körpermaße der Vögel, etwa 35 mm, verkleinert. Der Kleiber mauert sogar Schwarzspechthöhlen und Nistkästen zu, die für Hohltauben bestimmt waren. Manchmal verbaut er ein halbes Pfund des nach dem Trocknen sehr harten Mörtels. Alte Nisthöhlen werden ausgeräumt. Das Nest ist eine Mulde aus lockeren Rindenteilchen, meist von Kiefer und Birke, in denen die 6-8 Eier manchmal versinken. Brutdauer 14-15 Tage, Nestlingsdauer 22-25 Tage. Jungkleiber sind schon sichere Flieger. NAHRUNG: Der Kleiber sucht seine Nahrung in Rindenritzen und reißt lose Rindenteile ab. Beim Klettern setzt er die Füße nicht neben-, sondern übereinander. Er kann sowohl aufwärts als auch abwärts, mit dem Kopf nach unten klettern. Hauptnahrung Kerbtiere. Im Winter auch Sämereien. Besucht oft Futterhäuschen in Wald- und Parknähe.

Zippammer
Emberiza cia

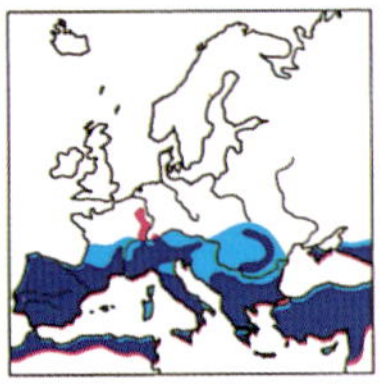

MERKMALE: Männchen unverkennbar durch die schwarze Längsstreifung auf grauweißem Kopf. Weibchen unauffällig, Stimme »zip«. LEBENSRAUM: Hierzulande auf sehr warme, sonnige Lagen beschränkt. Liebt steiniges, mit Gebüsch bewachsenes Bergland, Weinberge, Brombeerhecken, in Südeuropa gern auch in Olivenhainen. Im Süden bis in die Hochgebirgszone. In Deutschland in buschreichen Hängen im Südschwarzwald in 600-1 200 m Höhe, im Rheintal nordwärts bis zum Drachenfels. Ziemlich scheuer Vogel, den man selten zu Gesicht bekommt. Bei Störungen oder Gefahr lassen sich die Tiere in Deckung fallen. FORTPFLANZUNG: Das Männchen singt von April bis Ende Juli auf erhöhten Singwarten im Brutgebiet. Gesang zaunkönigartig, aber ohne dessen schmetternden Klang. Das Nest liegt am Boden in einer Mulde unter überhängendem Gras. Gern wird es auch zwischen Felsspalten angelegt. Brutzeit Mai und Juni, eine Brut, 4-6 Eier, nur das Weibchen brütet, Nestlingsdauer 10-13 Tage. Die Nestlinge werden allein vom Weibchen versorgt, sobald sie ausgeflogen sind, hilft auch das Männchen mit. NAHRUNG: Im Sommer viele Insekten, die beim Schlüpfen im Gezweig erbeutet werden. Die Vögel können im Rüttelflug eine Spinne aus dem Netz fangen. Im Herbst fressen sie Sämereien, vor allem Grassamen. Die Jungenaufzucht geschieht hauptsächlich mit Insekten.

Spornammer
Calcarius lapponicus

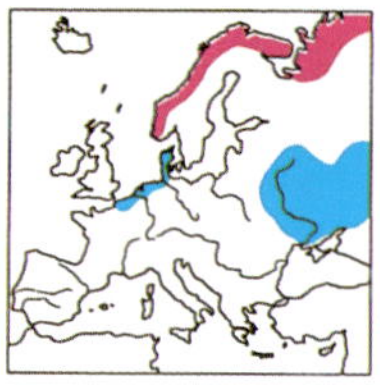

MERKMALE: Männchen zur Brutzeit mit schwarzem Kopf, rotbraunem Nacken und weißem Augenstreif. Weibchen mit gelbem Schnabel und rotbraunem Nacken. LEBENSRAUM: Die Tundren Eurasiens vom nördlichen Birkenwaldgürtel an. Charaktervogel für die hügelige, nicht felsige Tundra mit Zwergsträuchern. In günstigen, das heißt nahrungsreichen Biotopen, liegen die Reviere der Paare dicht beieinander. In Abhängigkeit von den Witterungsbedingungen wandert sie im Winter nach Süden. Normalerweise gelangt sie dabei bis an die Nordseeküste, in sehr harten Jahren sogar noch bis nach Südeuropa. Der Frühjahrszug endet meist bereits Mitte April. FORTPFLANZUNG: Die Männchen kommen vor den Weibchen im Brutgebiet an und singen teils von ihren Singwarten aus, teils in einem Singflug, aus dem sie mit zitternden Flügeln herabschweben. Der Nestbau beginnt schlagartig, sobald es warm wird und große Flächen der Tundra schneefrei geworden sind. Meist liegt das Nest an einer Böschung und ist, dem Klima entsprechend, warm mit Federn gepolstert. Es wird entweder auf einem Zwergbirkengebüsch angelegt oder auf einer Bodenerhebung versteckt. Brutzeit Juni, die Jungen werden im Juli flügge. NAHRUNG: Im Sommer ernähren sich Spornammern vor allem von Mücken, die sich in der Tundra in Massen entfalten, im Winterhalbjahr von Sämereien nach Ammernart.

Grünfink
Carduelis chloris

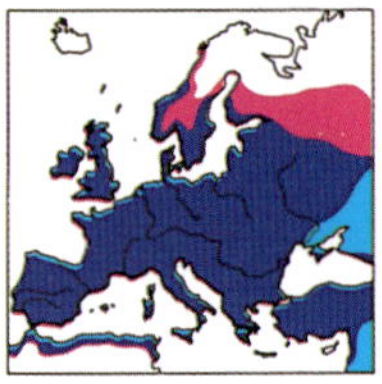

MERKMALE: Wirkt plump, Länge 14,5 cm, Weibchen grau mit grünlichem Hauch, Männchen mit gelbgrüner Brust. Jungvögel bräunlich mit dunkler Längsstreifung. In allen Kleidern mit gelber Schwanzwurzel, im Alterskleid auch mit gelbem Flügelspiegel. Kräftiger Schnabel. LEBENSRAUM: Wälder, Kulturland mit Bäumen, Parklandschaften, Gärten. In manchen Städten der häufigste Vogel vor dem Haussperling. Brutvogel in Blumenkästen auf Veranden. Im Süden auch in Olivenhainen. FORTPFLANZUNG: Die Brutzeit beginnt im April, bei den verstädterten Grünfinken manchmal schon im März, so daß die ersten Jungen ausfliegen, wenn sich die Bäume eben begrünen. Das Weibchen brütet sehr fest, während das Männchen in der Nähe singt und seine Balzflüge zeigt. Wenn das Weibchen öfter auf den meist fünf Eiern gestört wird, geht es frühzeitig vom Nest und beruhigt sich danach nur langsam. Brutdauer 13-14 Tage, Nestlingsdauer ebenfalls 13-14 Tage. Die Jungen werden weitgehend mit im Kropf eingeweichten Sämereien aufgezogen. Die Eltern tragen den Kot der Jungen nicht fort, sondern lassen ihn am Nestrand liegen, wo die Jungen ihn absetzen. Dadurch entsteht ein festes Mäuerchen. NAHRUNG: Sämereien, selbst Bucheckern und Sonnenblumenkerne. Von Hagebutten verzehren die Grünfinken nur die Kerne und lassen das rote Fruchtfleisch zurück.

Waldammer
Emberiza rustica

MERKMALE: Männchen im Sommerkleid von ferne rohrammerähnlich, aber mit weißer Kehle und statt des weißen Bartstreifs ein weißer Strich zum Auge. Brustband und Bürzel rotbraun. Die Weibchen ähneln den Rohrammerweibchen, haben aber einen rotbraunen Bürzel. Im Winterkleid wirken beide Geschlechter bräunlich. Die Stimme ist bei der Waldammer nur ein einfaches »zip«, während die Rohrammermännchen oft ein gedehntes »züüh« oder »zieh« hören lassen. Die Waldammer ist mit nur 15 cm Länge einer der kleineren Ammernvögel. Von der etwa sperlingsgroßen Grauammer unterscheiden sich Waldammern eindeutig durch ihre geringere Körpergröße. Noch kleiner als die Waldammer sind nur noch die Weidenammer und die Zwergammer. LEBENSRAUM: Nordische Wälder auf sumpfigen Böden, moosiges Sumpfland, Flußufer. Waldammern stellen Vertreter einer ausgesprochen östlichen Art dar, die bis nach Ostasien verbreitet ist. Sie erreichen Europa deshalb nur am Nordzipfel. NAHRUNG: Ein breites Spektrum nordischer Insekten, Sämereien und gelegentlich Wildfrüchte der Waldtundra .

Stieglitz
Carduelis carduelis

MERKMALE: Die Altvögel sind kenntlich an ihrem schwarz-weiß-roten Kopfgefieder und der auch im Fluge sichtbaren gelben Flügelbinde. Beim Weibchen bleibt die rote Gesichtsmaske kleiner als beim Männchen und reicht kaum bis zum Auge. Die Jungvögel tragen bis zur Herbstmauser keine rote Gesichtsmaske, wohl aber den gelben Flügelspiegel. Von den sonst ähnlich aussehenden jungen Grünfinken unterscheiden sie sich durch das Fehlen der gelben Schwanzseiten und die schlankere Gestalt. Länge 12 cm. LEBENSRAUM: Lichte Wälder, Obstgärten, Vorstädte, Parklandschaften, Friedhöfe. Außerhalb der Brutzeit Brachäcker, Unkrautfluren, vor allem Distelfelder, wenn in der Nähe Bäume wachsen. FORTPFLANZUNG: Die Männchen beginnen schon im Februar, noch in den winterlichen Schwärmen, zu singen. Der Gesang ist zwitschernd, er wird mit kurzen Pausen vorgetragen und enthält häufig die Silbenfolge »stigelit«. Anfang April lösen sich die Schwärme auf, es bilden sich Paare. An den Reviergrenzen werden nur selten heftige Kämpfe mit den Nachbarn ausgefochten. Erst nach etwa vierwöchiger »Verlobung«, wenn sich das Laubdach der Wälder geschlossen hat, beginnt die Brutzeit. Die Nester werden vom Weibchen gut versteckt und selten niedriger als 4 m über dem Boden in Laub- und Nadelbäume gebaut, meist in eine Astgabel weit draußen auf einem Seitenzweig. Die Vögel scheinen die Nähe des Menschen zu suchen, in Südeuropa brüten sie mit Vorliebe auf Campingplätzen. Das Weibchen baut 10-12 Tage an dem kleinen Meisterwerk. Zu den Paarungen trifft es sich mit dem Männchen häufig auf dem halbfertigen Nest und macht die Umgebung mit lautem Zirpen auf das Ereignis aufmerksam. Während der Brutzeit füttert das Männchen seine auf den Eiern sitzende Partnerin aus dem Kropf. In Mittel- und Südeuropa bringen Stieglitze meist zwei Bruten zwischen Mai bis Juli hoch, im Norden nur eine. Eizahl meist fünf, Brutdauer 12-13 Tage, Nestlingsdauer 13-15 Tage. Die Jungen bekommen in der ersten Woche vorwiegend Insekten, dann zunehmend auch halbreife Samen, die von den Eltern im Kropf herbeigebracht werden. Nach dem Ausfliegen bedürfen sie noch für rund acht Tage der Zufütterung durch die Eltern, dann verlassen sie das Brutrevier, tun sich mit den Nachbarjungen zusammen und streifen über die Felder. Die ersten flüggen Jungvögel sieht man gewöhnlich gegen Mitte Juni. Im Laufe der nächsten Monate verschmelzen die kleineren Trupps zu Scharen, die schließlich mehrere hundert Tiere enthalten können. Der Vorteil dieser Geselligkeit wird so gesehen: Droht eine Gefahr, fliegt zunächst der scheueste Vogel auf und reißt die weniger ängstlichen Artgenossen mit zur Flucht. Bei der Suche nach Nahrung entdecken die findigsten Finken am ehesten ein reich fruchtendes Distelfeld, und die weniger erfolgreichen folgen zur bequemen Ernte dem Schwarm einfach nach. NAHRUNG: Der Stieglitz ist Spezialist für Samen, die noch in stehenden Blütenköpfen stecken; dabei bevorzugt er Distel- und Löwenzahnsamen. Er holt sie mit seinem spitzen Pinzettenschnabel aus den Fruchtständen und weiß dabei fast so geschickt zu turnen wie die Meisen. ALLGEMEINES: Den Winter verbringen die Distelfinken überall, wo sie genügend Samen in den noch stehenden und aus der Schneedecke ragenden Halmen finden. Nur Eisregen und schwerer Rauhreif kann sie in Not bringen. Die Winternacht verschlafen die Trupps in dichtesten Zweigen, danach stillen sie ihren Morgenhunger. Der Mittag wird in Baumwipfeln verträumt, man putzt sich, und es wird etwas gesungen. Auch die Weibchen singen mit. Mittags ist auch Trink- und Badezeit.

Buchfink
Fringilla coelebs

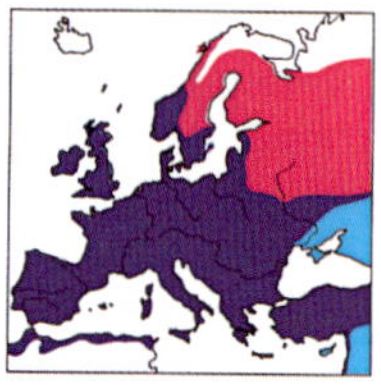

MERKMALE: Männchen mit weißer Flügelbinde, taubenblauem Kopf und Nacken. Olivgrüner Bürzel bei beiden Geschlechtern. Männchen mit rotbrauner, Weibchen mit graubrauner Brust. Schnabel des Männchens zur Brutzeit blau, sonst hornfarben. Die Buchfinken aus Nordafrika sehen sehr viel heller aus und wirken aus der Ferne fast bläulich. Sie sind dort scheue Waldvögel geblieben. LEBENSRAUM: Überall, wo es Bäume gibt: Dem Buchfink genügt eine Pappelreihe im Wiesengrund, ein winziger Friedhof in einer Großstadt, aber auch lichter Hochwald und selbst finsterer Fichtenwald, wo er zusammen mit der Tannen- und Haubenmeise fast der einzige Vogel ist. Er gilt als der häufigste Vogel Europas: Von der nördlichen Waldgrenze bis in den südlichen Mittelmeerraum dürften 10-20 Millionen Finken leben. Er kommt fast überall häufig vor, nur in Italien, entsprechend den Jagdsitten der dortigen Bevölkerung, ist er eher selten geworden. FORTPFLANZUNG: Die alten Männchen überwintern in Mitteleuropa, die jungen Männchen kommen einige Wochen vor den Weibchen zurück, daher der wissenschaftliche Artname »coelebs«, der Unverheiratete. Die Hähne beginnen an schönen Februartagen mit ihrer laut schmetternden, abfallenden, sich wiederholenden Strophe. Der Finkenschlag ist in seinen Grundzügen angeboren, aber er wird durch Erlerntes verändert. Zu den angeborenen Gesangselementen zählen unter anderem die Klangfarbe, die Dauer des Lieds und die Auflistung der Töne von hoch nach tief. Zu den durch Erfahrung erworbenen Teilen im Buchfinkengesang zählt beispielsweise der charakteristische »Endschnörkel«. Er wird nicht vom eigenen Vater, sondern vom Reviernachbarn übernommen. Durch individuelle Variationen entstehen Lokaldialekte. Von Deutschland bis nach Jugoslawien kommen neun verschiedene Dialekte vor. Im vorigen Jahrhundert waren mancherorts Gesangswettbewerbe unter Finkenmännchen ein beliebter Volkssport, und die Finkenzüchter unterschieden mit geschultem Ohr eine Unzahl von verschiedenen Schlägen, für die sie auch zahlreiche besondere Namen hatten. Beim Wettkampf wurden die mit Tüchern verhängten Käfige auf einem Platz aufgestellt und dann langsam immer näher zusammengerückt. Der Finkenschlag dient der Markierung der Reviergrenzen, und so versuchte sich jeder Fink kräftig schlagend zu behaupten. Wenn die konkurrierenden Stimmen näher rückten, gab ein Hahn nach dem anderen auf und verstummte. Der letzte wurde zum Sieger erklärt. Wenn sich der Wald mit lichtem Grün überzogen hat, beginnen die Finken eines Gebietes fast gleichzeitig mit dem Nestbau. Nur das Weibchen baut. Das Buchfinkennest ist ein kleines Meisterwerk: Außen ist der tiefe Napf mit Flechten und Moos getarnt, innen dagegen fein ausgelegt mit Federn und Haaren. In den noch kahlen Parkbäumen kann man das Weibchen manchmal beim Nestbau beobachten. Es nestelt mit dem Schnabel, drückt mit der Brust und scharrt mit den Beinen. Es bleibt rätselhaft, wie mit so geringen Mitteln ein so kunstvolles Nest entstehen kann. In der Nähe von Müllablagen baut das Weibchen manchmal sein Nest fast nur aus Papiervlies oder kleidet es mit Glasfasern aus. Der nächste Regen weicht dann das Vlies auf, und die Glasfasern zerstechen die nackten Jungvögel. So kann ein Verhalten, das sich im Wald bewährt hat, an einem vom Menschen gestalteten Platz zum Verhängnis werden. Die Buchfinkeneier sind sehr dezent gezeichnet und tragen charakteristische sogenannte Brandflecken mit einem verlaufenden Hof. Das Weibchen bebrütet sie bis auf kurze Ablösungen durch das Männchen allein. Es ist eine Regel, daß sich das Männchen einer Art um so weniger am Brutgeschäft beteiligt, je mehr es sich im Gefieder vom Weibchen unterscheidet. Wo beide Geschlechter gleich aussehen, teilen sie sich auch das Brutgeschäft, aber davon gibt es Ausnahmen, z.B. bei den Eulen und Greifvögeln. Der Buchfink macht zwei Bruten von April bis Juni. 4-5 Eier, Brutdauer 11-13 Tage, Nestlingsdauer 13-14 Tage. Von den Frühjahrsbruten gehen sehr viele zugrunde, weil die noch nicht voll belaubten Bäume keinen guten Sichtschutz bieten. NAHRUNG: Der Buchfink ist ein Körnerfresser, das heißt, er ernährt sich zumindest im Winter hauptsächlich von Samen, die er mit seinem kurzen und kräftigen Schnabel enthülst. Die Jungen werden aber mit Insekten aufgezogen; sie bedürfen dieser eiweißreichen Kost wie die meisten körnerfressenden Singvögel in der Zeit des Wachstums.

Dompfaff, Gimpel
Pyrrhula pyrrhula

MERKMALE: Altvögel mit schwarzem Oberkopf, der den Jungen fehlt, weißer Bürzel, typisch ist die leuchtend rosenrote Unterseite des Männchens, Weibchen mit bräunlichgrauer Unterseite. Wirkt gedrungen und plump, kräftiger, schwarzer Schnabel. Im Flug fällt der weiße Bürzel auf. Ruft sanft und weich, etwas abfallend »djü« oder »düp«, beim Abflug leise »büt büt«. Der Gesang ist ein zartes pfeifendes und zwitscherndes Geplauder mit eingestreuten Lockrufen und gepreßten Tönen. LEBENSRAUM: Wälder, Parkanlagen, Gärten, im Winter oft am Futterhaus. FORTPFLANZUNG: Schon im Februar lösen sich die Jungmännchen aus den Familienverbänden und beginnen singend ein Weibchen anzulocken. Schließlich kommt es nach langer Balz zur Paarbildung, bei der ein lebenslanger Bund geschlossen wird. Die Brut beginnt dagegen erst im Mai. Das Nest befindet sich meist 2-5 m hoch auf den äußeren Zweigen einer Fichte. Das Männchen füttert sein Weibchen auf den 5-6 Eiern. Brutdauer 12-14 Tage, Nestlingsdauer 12-16 Tage, nur eine Brut im Jahr. Nach dem Ausfliegen bleibt die Familie bis zur nächsten Balzzeit zusammen, oder es können mehrere Familien zu kleinen Gruppen verschmelzen. NAHRUNG: Samen von Bäumen und Kräutern, Beeren, Insekten und Spinnen nur als Beikost. Auch die Jungen werden mit vorgeweichten Sämereien gefüttert. Im Winter Knospen. ALLGEMEINES: Von klein an aufgezogene Dompfaffen werden auf den Pfleger »geprägt«, das heißt, sie sehen in ihm den Artgenossen und zumindest als Männchen auch den Paarungspartner. Christian Brehm, der Vater des Autors von »Brehms Tierleben«, hat lange bevor man die Prägung deuten lernte, einen solchen Fall beschrieben: »Der Dompfaff pfeift ein Lied, das ihm vorgepfiffen worden ist, so rein, flötenartig und angenehm, wie man es nur wünscht. Dabei haben diese Vögel ein so liebes, zärtliches Wesen, machen so hübsche Verbeugungen und andere artige Bewegungen, daß sie mit Recht sehr hoch geschätzt werden. Auf Anforderung singen sie sogar.«

Fichtenkreuzschnabel
Loxia curvirostra

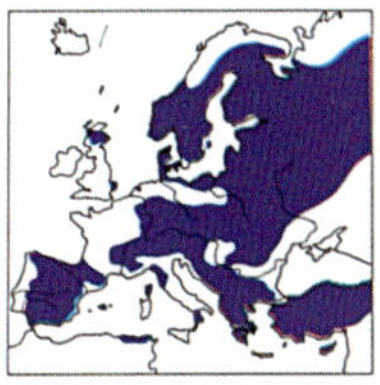

MERKMALE: Männchen ziegelrot, Weibchen olivgrün mit gelblichem Bürzel. Typisch ist der kräftige Schnabel, dessen Spitzen übereinander gekreuzt sind. Lockruf »kipp...kipp«. Hält sich meist hoch in Fichtenwipfeln auf, lebt gesellig, meist in kleineren bis größeren Trupps. Singt fast zu jeder Jahreszeit. LEBENSRAUM: Nadelwälder, vor allem mit Fichten und Lärchen. Im Gebirge bis 3 000 m. Brutgebiet der Vögel von Jahr zu Jahr an anderen Orten, ebenso die Versammlungen der geselligen Vögel außerhalb der Brutzeit. Die unregelmäßigen Wanderungen führen stets dahin, wo gerade reichlich Fichten- und Lärchensamen reif geworden sind. FORTPFLANZUNG: Bruten zu allen Jahreszeiten möglich, Hauptbrutzeit aber im März, seltener im Februar, April und Mai. In Lärchenwäldern, deren Samen im Herbst reifen, kann es auch zu Zweitbruten im August und September kommen. Winterbruten gibt es nur in Fichtenwäldern. Während der vierzehnbis sechzehntägigen Brutzeit füttert das Männchen sein Weibchen auf den Eiern. Die Jungen verlassen mit 14 Tagen das Nest, aber sie werden noch so lange gefüttert, bis ihr Schnabel hart genug ist, um die Fichtenzapfen aufbrechen zu können. NAHRUNG: Ausschließlich Samen von Fichten, Kiefern und Lärchen. Die Vögel klettern wie Papageien mit Schnabel und Füßen an den Zapfen, hebeln die Schuppen mit ihrem Spezialschnabel auf und klauben mit der Zunge den Samen heraus. Sie sind aber nicht kräftig genug, um einen fest geschlossenen Kiefernzapfen zu öffnen. Der nordische Kiefernkreuzschnabel (*L. pytyopsittacus*) verfügt über noch stärkere Beißwerkzeuge. Der hochnordische Bindenkreuzschnabel (*L. leucoptera*) dringt wie die vorige Art bisweilen invasionsartig nach Süden vor.

Zitronengirlitz
Serinus citrinella

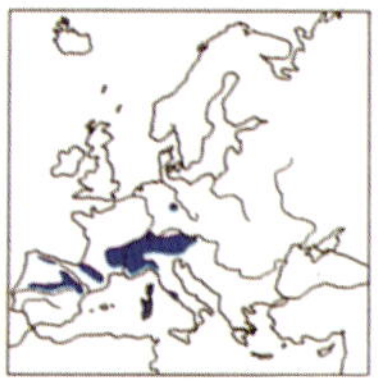

MERKMALE: Ähnlich dem Grünfinken unterseits ungestreift grüngelb und mit grauem Nacken, aber ohne gelbe Schwanzseiten. Schnabel zart, Länge 12 cm. LEBENSRAUM: Berghänge, auf denen Matten, Fichten und Geröll wechseln. Am Nordrand der Alpen in Höhen um 1 500 m. FORTPFLANZUNG: Im Gesang erkennt man flötende und klirrende Passagen. Er wird teils von einer Baumspitze, teils auch im Singflug vorgetragen. Das Nest liegt meist gut versteckt und hoch in Fichten, es ist warm mit Schafwolle und Wildhaar ausgepolstert. Brutzeit April und Mai, selten auch früher und später. Nur das Weibchen brütet und wird dabei vom Männchen gefüttert. NAHRUNG: Sämereien und Insekten.

Zeisig
Carduelis spinus

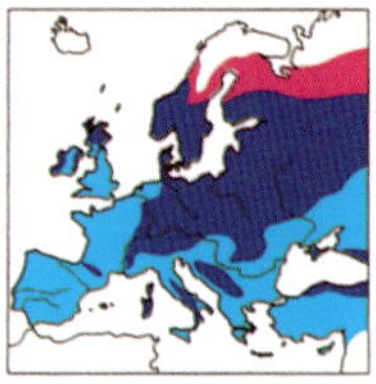

MERKMALE: Beide Geschlechter mit gelbgrünem Bürzel, Männchen mit schwarzem Scheitel. Schnabel im Vergleich zum Girlitz schlank. Weibchen mit unscheinbarem Kleid. Länge 12 cm. LEBENSRAUM: Zur Brutzeit im Nadelwald, sonst in Auwäldern, Obstgärten und Parkanlagen. FORTPFLANZUNG: Zur Brutzeit zeigt das Männchen einen Balzflug mit »wuchtigen« Flügelschlägen und gespreiztem Schwanz. Der Zeisig ist auch in Baumwipfeln ein fleißiger Sänger mit allerdings bescheidenem Liedchen. Nest 10 m hoch und höher, fest gebaut, meist dicht am Stamm. Brutbeginn Ende April oder Anfang Mai, Brutdauer 12-14 Tage, Nestlingszeit 13-15 Tage. NAHRUNG: Samen, vor allem von Erlen.

Birkenzeisig
Acanthis flammea

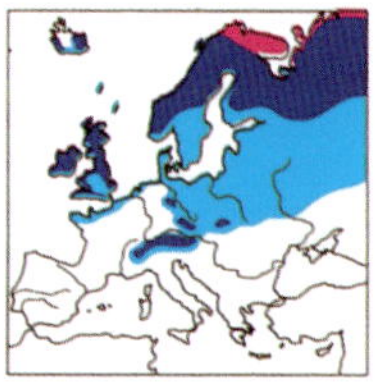

MERKMALE: Beide Geschlechter mit roter Stirn und schwarzem Kinnfleck, das Männchen auch mit rot überhauchter Kehle. Länge um 14 cm. Fliegt in gedrängten Trupps, Lockruf »chi-chi-chi«. LEBENSRAUM: Tundra mit Weiden- und Birkengebüsch, sumpfige Lichtungen in nordischen Wäldern. Die kleinere und dunklere alpine Rasse der Alpenbirkenzeisige lebt in der Krummholzzone oberhalb 1 600 m. In neuerer Zeit dringt die nordische Rasse entlang der Nordseeküste in Kiefernwäldern nach Süden vor, die alpine Rasse ist teilweise in Tallagen heimisch geworden. FORTPFLANZUNG: Die nordischen Birkenzeisige sind an die Birke gebunden und brüten gehäuft, wo die Birke reichlich Frucht trägt. Brutzeit April bis Juli. NAHRUNG: Samen.

Girlitz
Serinus serinus

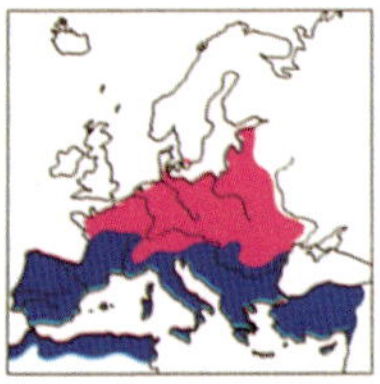

MERKMALE: Etwas kleiner als der Zeisig - Länge 11,5 cm - mit leuchtendgelbem Bürzel, Männchen auch mit gelber Brust. Kurzer, dicker Schnabel. Jungvögel bis zur Herbstmauser rotbräunlich mit dunkler Längsstreifung, Gesang ein anhaltendes hohes und klirrendes Gezwitscher in ähnlicher Tonhöhe, Ruf »girlit«. LEBENSRAUM: Obstgärten, Parkanlagen, Alleen, Waldränder, Hecken. Der Girlitz hat sich erst in den letzten hundert Jahren von Süden kommend in Mitteleuropa ausgebreitet und dringt noch immer langsam nach Osten vor. FORTPFLANZUNG: Der Hahn singt seine etwa 20 Sekunden dauernde klirrende Strophe gern auf einem Telefondraht oder einer Fernsehantenne. NAHRUNG: Sämereien und Insekten.

Karmingimpel
Carpodacus erythrinus

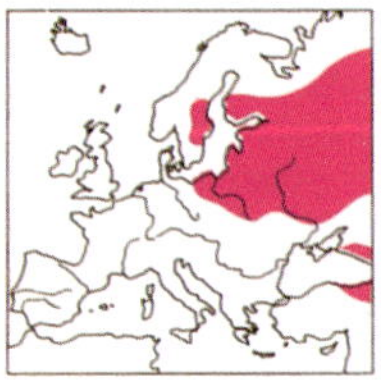

MERKMALE: Weibchen unscheinbar olivbraun, Männchen mit roter Vorderseite und rotem Bürzel. Länge 14,5 cm. LEBENSRAUM: Feuchte Wiesengründe mit eingestreuten Baumgruppen, verbuschte Waldränder, Auwälder, Schonungen und Obstgärten. FORTPFLANZUNG: Brutzeit Juni, Brutdauer 11-12 Tage.

Bergfink
Fringilla montifringilla

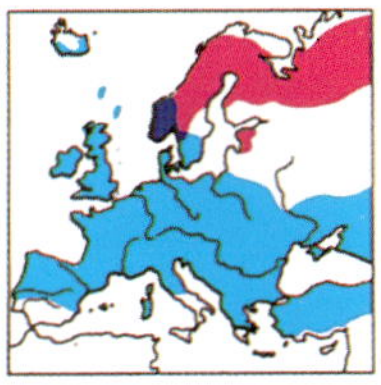

MERKMALE: Gesamteindruck erinnert an den Buchfinken. Außerhalb der Brutzeit oft in dichten Schwärmen. Im Flug stoßen die Bergfinken pausenlos ihren Kontaktruf »chi-i« aus. Männchen im Sommer mit schwarzem Kopf, Weibchen mit gelbbraunem Kopf. Brust beim Männchen rötlich, beim Weibchen lehmgelb. Angedeutete Kopfhaube, die oft gespreizt wird. Gesang ein bescheidenes Zwitschern. Im Flug auffälliger weißer Bürzel. LEBENSRAUM: Wälder aller Art. FORTPFLANZUNG: Das Nest liegt meist dicht am Stamm in 4-5 m Höhe und ist etwas fester gebaut als das Buchfinkennest. Eine Brut mit meist sechs Eiern, Brutzeit Juni. Die ersten flüggen Jungen zeigen sich Mitte Juli, scharen sich bald zusam-

men und verstreichen in Trupps. NAHRUNG: Im Sommer fast ausschließlich Insekten. Im Winterhalbjahr Sämereien, etwa ausgefallene Fichtensamen. ALLGEMEINES: Die Bergfinken überwintern in Mitteleuropa.

Kernbeißer
Coccothraustes coccothraustes

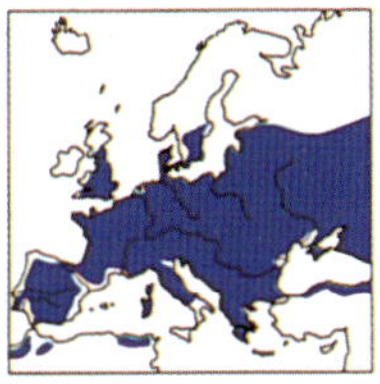

MERKMALE: Etwa starengroß, mächtiger Schnabel, der im Sommer stahlblau gefärbt ist, im Winter hornfarben, kurzer Schwanz. Im Flug schnell und leicht, am Boden bedächtig und langsam, hüpfend oder schreitend mit aufgerichtetem Körper. Hält sich meist in den Wipfeln der Bäume auf, kommt aber auch zur Erde, um abgefallene Früchte aufzusuchen. LEBENSRAUM: Laub- und Mischwälder mit altem Baumbestand, Obstgärten, Parklandschaften, im Winter auch vielbestaunter Gast am Futterhaus. FORTPFLANZUNG: Die Männchen beginnen schon im Februar zu singen, die ersten Nester findet man aber erst Ende April, meist in Laubbäumen und 2-9 m hoch. Vor der Paarung umhopst das Männchen sein Weibchen und zeigt dabei seine prachtvollsten Gefiederparti-

en. Im April färbt sich bei beiden Geschlechtern der Schnabel stahlblau und wird nach der Brutzeit wieder hellbraun. Das Weibchen baut ein Nest aus Reisern und wenigen Flechten. Es ist eine flache, innen mit Haaren ausgelegte Schale und stets gut versteckt. Wie andere Vögel auch, verliert das Weibchen zu Beginn der Brutzeit auf dem Bauch Federn, so daß ein nackter »Brutfleck« entsteht, mit dem es die Eier wärmt. Ende Juli sprießen auf dem Brutfleck wieder Federn. Wenn bei einer Vogelart auch das Männchen Brutflecken entwickelt, so darf man annehmen, daß beide Geschlechter brüten. Hat das Männchen keinen Brutfleck, so brütet es auch nicht, selbst wenn es zuweilen auf den Eiern sitzt, wie etwa der Sperber. Das Weibchen brütet sehr fest und wird indessen vom Männchen auf den Eiern gefüttert. Die Eltern füttern ihre Jungen mit Insekten und halbreifen Samen aus dem Kropf. Junge Kernbeißer gehören zu den schönsten Nesthockerjungen: Sie sind in ein langes weißes Dunenkleid gehüllt und zeigen bei den Fütterungen ihren prachtvoll blauroten Sperrachen in der Umrahmung der gelben Schnabelwülste. Wenn die Jungen geschlüpft sind, umflattern beide Eltern jeden Eindringling in Nestnähe mit den Zeichen höchster Erregung. Brutzeit Mai, für Nachgelege auch Juni. Brutdauer 11-14 Tage, wobei in den Mittagsstunden auch das Männchen auf den Eiern sitzen kann. Nestlingsdauer

11-14 Tage, beide Eltern füttern. Im Juni werden die meisten Bruten flügge, sind aber noch lange auf die fütternden Eltern angewiesen. Die Familie bleibt bis zum August beisammen und streift in Obstgärten und Laubwäldern umher. Im August mausern die Jungen und legen dabei das Alterskleid an. Im Herbst können mehrere Familien zu größeren Trupps verschmelzen. Die nordeuropäischen Kernbeißer sind Zugvögel, die im September abziehen, in Südeuropa überwintern und im April zurückkehren. Die mitteleuropäischen Populationen sind Strichvögel, die in harten Wintern nach Süden ausweichen. NAHRUNG: Spezialisierte Körnerfresser, die vor allem die Kerne aus den Früchten klauben. Auf einem Kirschbaum sitzend, zerbeißen sie die Früchte und verspritzen den Saft, um an die Kirschkerne zu gelangen. Sie drehen sie mit der Zunge im Schnabel, bis die schwächste Nahtstelle oben liegt. Dann knacken sie den Kern, holen den Samen mit der Zunge heraus und schleudern die Schalen mit einem Kopfschütteln davon. Gerne fressen sie Bucheckern und Sonnenblumenkerne, gehen an Wacholderbeeren, verschmähen als Zukost auch Insekten nicht und knacken mit Leichtigkeit schwer gepanzerte Käfer. Kernbeißer wehren sich, wenn man sie ergreift, mit Bissen und können einen Schnabeldruck von 45 kg ausüben. Deshalb können sie Menschen mühelos Verletzungen bis auf die Knochen beibringen.

Pirol
Oriolus oriolus

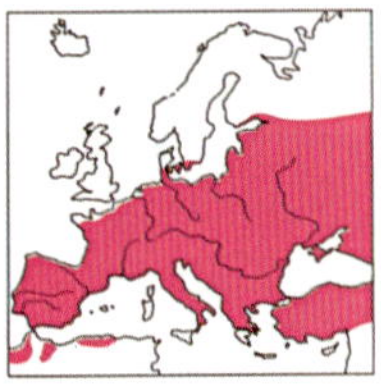

MERKMALE: Fast so groß wie eine Amsel, Länge 24 cm. Die Männchen sind mit ihrem hochgelben Gefieder und dem roten Schnabel unverwechselbar und fallen sofort auf, wenn sie einmal ihren Lebensraum in den dichten Baumkronen verlassen. Jungvögel und Weibchen sind ähnlich wie der Grünspecht gelblichgrün gefärbt. LEBENSRAUM: Die Pirole sind eine fast rein tropische Singvogelfamilie, von der nur ein Vertreter bis Europa vorgestoßen ist. Aber auch unser Pirol kommt nur kurz zum Brüten nach Norden, den größeren Teil des Jahres verbringt er im zentralafrikanischen Regenwald. Im Brutgebiet besiedelt er Auwälder, lichte Misch- und seltener auch reine Kiefernwälder, Feldgehölze, Obstgärten und Parkanlagen. Im Gebirge auf die milden Tallagen beschränkt. Als reiner Baumvogel kommt der Pirol fast nie zum Waldboden herab. Er trinkt Tautropfen oder nimmt fliegend wie die Schwalben Wasser auf. Er fliegt geschickt durch dichtes Gezweig. Fühlt er sich beunruhigt, so verbirgt er sich im Laubwerk. FORTPFLANZUNG: Brutzeit Ende Mai und Juni, meist vier, aber auch fünf oder drei Eier. Brutdauer 14-15 Tage. NAHRUNG: Insekten, die in Bäumen leben, vor allem Raupen, unter ihnen auch haarige. Als Zukost Beeren.

Star
Sturnus vulgaris

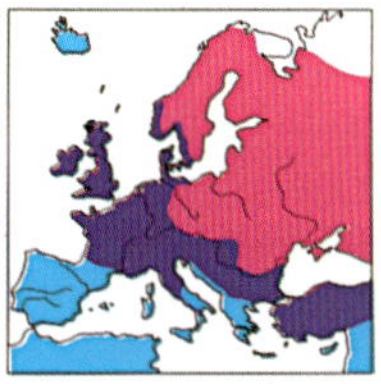

MERKMALE: Gedrungener als eine Amsel, Länge 22 cm, Gewicht 80 g. Im Winter und Vorfrühling prachtvoll grau geperlt auf schwarzem, grünlich schillerndem Grund. Über Sommer verschleißen die grauen Federenden und das Gefieder wird langsam schwarz. Die Jungvögel sind nach dem Ausfliegen graubraun. Im Herbst erscheinen dann zunächst an den Flanken, zuletzt an Hals und Kopf die schwarzen Federn mit den grauen Spitzen. Am Boden bewegt sich der Star hurtig schreitend, in der Luft mit etwas schnurrendem Flug und dreieckigem Flügelumriß. Sehr gesellig. LEBENSRAUM: Der Star ist ein Erfolgsvogel der Kulturlandschaft. Er bewohnt vor allem den Grüngürtel der Städte, Gärten, Grünanlagen, aber auch Feldgehölze weitab vom Menschen. FORTPFLANZUNG: Viele Kleingärtner haben den Star in ihr Herz geschlossen. Sie stellen für ihn an einer mindestens 2 m langen Stange einen Nistkasten mit einer Fluglochweite von etwa 50 mm auf, der in der Regel auch im nächsten März bezogen wird. Brutzeit April und Mai, Brutdauer 11-12 Tage. Beide Eltern brüten und lösen sich tagsüber etwa alle halbe Stunde ab, nachts brütet stets das Weibchen. Die Nestlinge bleiben 20-22 Tage in ihrer Höhle und machen bei den Fütterungen großen Krach. Anfangs zirpen sie, gegen Ende der Nestlingszeit wandelt sich das Zirpen in ein lautes Schnarren. Wo dann eine Starenfamilie mit flüggen Jungen auftaucht, ist die Luft von diesem Schnarren erfüllt. Die ersten Jungen pflegen Mitte Mai auszufliegen. Wenn dann irgendwo der Wald von Raupen heimgesucht wird, ziehen die Starfamilien von allen Seiten herzu und erfüllen für ein paar Wochen den Wald mit ihrem Gezwitscher. Bis zum Herbst werden die Schwärme dann immer größer. Sie überwintern, wo kein Schnee den Boden deckt. NAHRUNG: Insekten, Schnecken, Würmer, Obst (Weintrauben), Beeren. ALLGEMEINES: Wenn ein Jungstar kurz vor dem Ausfliegen in Menschenhand gelangt, entwickelt er sich zu einem reizenden und anhänglichen Stubengenossen. Lernt er von Anfang an eine offene Tür kennen, so wird er den ganzen Sommer über aus- und einfliegen. Man füttert ihn mit Quark, gekochtem Ei und allem, was auf den Tisch kommt. Gewöhnlich sind Stare Insektenfresser und ernten Wildfrüchte, suchen aber auch Schnecken und Würmer.

Unglückshäher
Perisoreus infaustus

MERKMALE: Kleiner als ein Eichelhäher, Länge um 30 cm. Streng an den Wald gebunden. Leichter, leiser Flug mit gefächertem Schwanz. Ruflustig mit lauter Stimme, nicht scheu, aber ständig in Bewegung und eilig unterwegs. Schwacher Schnabel, in Flügel und Schwanz zimtrote Felder. LEBENSRAUM: Dichte nordische Nadelwälder, im Winter umherstreifend, auch in der nordischen Birkenwaldzone, im Bereich der Ortschaften und als Gast am Futterhaus. FORTPFLANZUNG: Den drei oder vier Eiern entschlüpfen die Jungen nach einer Brutzeit von 16 oder 17 Tagen. Sie bleiben bis zu fünf Wochen im Nest und fliegen erst im Juli aus. NAHRUNG: Ihre Nahrung suchen die Unglückshäher fast ausschließlich auf Bäumen. Sie nehmen überwiegend tierische Kost, vor allem Insekten, erbeuten aber auch Vogeleier oder Jungvögel kleinerer Arten, manchmal sogar Spitzmäuse und Mäuse. Im Herbst zehren sie von der reichen nordischen Beerenernte, im Winter meißeln sie Samen aus den Zapfen der Nadelbäume.

Tannenhäher
Nucifraga caryocatactes

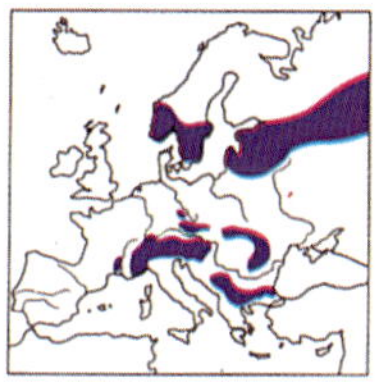

MERKMALE: Eichelhähergroß, Länge 32 cm. Dunkelbraun, bis auf Kopfoberseite weiß getropft. Schwanz mit weißer Endbinde. LEBENSRAUM: Fichtenwald, im Osten auch in anderen Nadelhölzern. Im Gebirge gern in Arvenbeständen bis hinauf zur Waldgrenze, im Winter auch in Tallagen und Laubwaldgebieten. FORTPFLANZUNG: Brutzeit April, Brutdauer 18 Tage, Nestlingsdauer 21-28 Tage. Nachts brütet das Weibchen, tags wechseln sich die Partner ab. NAHRUNG: Im Sommer überwiegend Insekten, daneben Eidechsen, Frösche, Vogeleier und Nestlinge, im Spätsommer auch Beeren, in der kalten Jahreszeit vor allem Samen von Nadelhölzern.

Eichelhäher
Garrulus glandarius

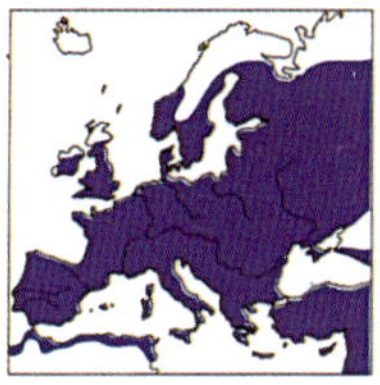

MERKMALE: Etwa elstergroß, Länge 34 cm. Bürzel leuchtet im Flug weiß auf, blauer und weißer »Spiegel« auf den Flügeln. Kopfkappe je nach Rasse weißgrau, rostbraun oder schwarz (Kappenhäher). Stimme bei Beunruhigung ein lautes Rätschen, ferner bussardartig »hiäh«. LEBENSRAUM: Laub-, Misch- und Nadelwälder, auch Niederwald. Die Häher können geschickt durch dichtes Gezweig fliegen und von Ast zu Ast hüpfen. Zur Brutzeit leben sie sehr heimlich und leise, auf dem Herbstzug zeigen sie sich dagegen offen und sind gesellig. Manchmal kommen sie zur Nahrungssuche auch auf die Felder am Waldrand, wo sie ausgefallene Körner auflesen und sogar Kartoffeln anpicken. FORTPFLANZUNG: Brutzeit Mai, Brutdauer 16-17 Tage. Die Jungen werden aus dem Kropf gefüttert, so daß man nicht beobachten kann, was die Eltern bringen. Sind die Jungen ausgeflogen, so zeigen sie mit gellendem Kreischen an, wo sie sich jeweils aufhalten. NAHRUNG: Eichelhäher sind Allesfresser mit einem je nach Angebot wechselnden Speiseplan. Im Sommer ernähren sie sich weit überwiegend von Insekten, lassen sich aber auch eine Vogelbrut nicht entgehen und verzehren Eier wie Jungvögel. Sie erbeuten auch frischflügge Kleinvögel und sogar erwachsene Vögel, die sie mit den Füßen festhalten und mit dem Schnabel erschlagen, ohne sich um das Geschrei der herbeieilenden Waldvögel zu kümmern. Solcher »Schandtaten« wegen wird der Eichelhäher in Deutschland intensiv bejagt und übrigens auch gegessen (Hähersuppe als Jägerspezialität). Eichelhäher erbeuten Eidechsen, Frösche, Mäuse und Spitzmäuse. Vom Herbst an tritt pflanzliche Nahrung (Beeren, Bucheckern, Eicheln) mehr in den Vordergrund.

Lebensraum

BACH, FLUSS UND SEE

Fließgewässer wie Bäche und Flüsse und Stillgewässer wie Seen sind ein bedeutender Lebensraum für die Vogelwelt, der aus einer Vielzahl zum Teil sehr unterschiedlicher Biotope besteht. So bietet ein Bergbach mit seinem schnell fließenden, sauerstoffreichen und kristallklaren Wasser völlig andere Lebensbedingungen als ein Mittellandbach, der ruhiger und breiter strömt und weniger Geröll mit sich führt. In Buchten lagern sich bereits Schlammbänke ab, die Ufer können abbrechen, Sandbänke und Kiesinseln sind die Regel. Hier finden sich erste größere Ansammlungen von Wasserpflanzen, oberhalb ist die Strömung dafür meist zu reißend. Der Tieflandbach wiederum zieht aufgrund des geringen Gefälles noch langsamer dahin. Das Wasser kann bereits durch Schlammfrachten trübe sein, der Sauerstoffgehalt im Sommer weit unter die Sättigungsstufe absinken. Im Charakter am ähnlichsten ist wohl der Tieflandfluß, nur noch breiter und oft noch ruhiger. Bei ausgedehnten Regenfällen und zur Schneeschmelze im Gebirge allerdings tritt er weit über die Ufer und schafft ausgedehnte Überschwemmungszonen. Zum Bach wie zum Fluß gehören außerdem noch vom Wasserlauf mehr oder weniger abgeschnittene Altarme, die wärmere Wassertemperaturen und geringere Fließgeschwindigkeiten aufweisen. Verlandete Seen zeigen mit ihren reichen Wasserpflanzen- und Sumpfpflanzengürteln oft ähnliche Eigenschaften. Allerdings unterscheidet sie die größere und weniger bewegte Wasserfläche. Auch die Temperaturen liegen hier höher. Nur nährstoffarme Bergseen und Moorseen fallen durch oft niedrigere Temperaturen und einen spärlicheren Pflanzenwuchs aus diesem Rahmen. Die Vogelwelt der Bäche, Flüsse und Seen hat sich an diese Vielgestaltigkeit angepaßt.

Globetrotter Kormoran: Die Fischervögel sind nicht nur an Seen und Flüssen zu Hause, sondern genauso am Meer. Der Ort spielt bei ihnen eine geringere Rolle als der Fisch

Anpassung an das Leben an Bach, Fluß und See

Fließgewässer wie Bach und Fluß und Stillgewässer wie Seen bieten eine Vielzahl von ökologischen Nischen, an die sich die Vögel angepaßt haben. Ein Blick über die einzelnen Lebensräume zeigt, wie dadurch die Konkurrenz zwischen den Arten vermieden wird. Neben der Gebirgsstelze, die am Gewässerrand nach Insekten sucht, ist die Wasseramsel einer der wenigen gefiederten Bewohner von Bergbächen. Der Singvogel besitzt die Fähigkeit zur Unterwasserjagd und taucht in der reißenden Strömung nach den Larven von Steinfliegen, Köcherfliegen und anderen Insekten unter Wasser - eine einmalige Methode zur Futterbeschaffung. Der Eisvogel, gleichfalls ein Unterwasserjäger, kommt mit Wasseramseln schon deswegen kaum in Kontakt, weil er die unterhalb liegenden Bach- und Flußabschnitte bevorzugt. Er fängt ebenfalls Wasserinsekten, hat sein Beutespektrum aber auch auf Kleinfische ausgedehnt.. Noch weiter flußabwärts, dort, wo es schon größere Fische gibt, beginnen dann die Jagdreviere der Graureiher. Mit ihren langen Beinen können sie im Wasser waten oder mit ihren langen Schnäbeln sogar vom Ufer aus fischen. Gleichzeitig haben sie jedoch auch den Uferbereich des Lebensraums See erschlossen, zu dem sie bei Bedarf wechseln. Die großen Wasserflächen selbst sind dann die Jagdreviere von Kormoran, Tauchern oder Enten, wobei allerdings jede Vogelart ihre spezifische Jagdmethode und deshalb auch ihre bestimmte Beute hat. Die gründelnden und tauchenden Enten decken den Uferbereich ab, während die verschiedenen Taucher bis in die Seemitte vorstoßen. Hier werden sie dann von Kormoranen abgelöst, die noch tiefer und ausdauernder fischen. Auch die weiten Schilf- und Sumpfflächen entlang der großen Flüsse und Seen haben sich bestimmte Arten zunutze gemacht. Hierfür angepaßt hat sich etwa die Rohrdommel, die jedoch in ihrem Lebensraum Schilfwald so gut wie nie zu beobachten ist. Sie verfügt über eine optimale Tarnung und lebt deshalb sehr versteckt. Schilfbewohner und Brüter zwischen den Halmen sind ebenfalls verschiedene Rohrsänger. Daneben nutzen auch Sumpfhühner das Wasser- und Sumpfpflanzendickicht für ihre Zwecke. In Anpassung an die undurchdringlichen Gebiete haben sie ihren Körperbau und auch das Verhalten verändert. So ist etwa das Kleine Sumpfhuhn seitlich flach abgeplattet und kann dadurch besser zwischen den Halmen durchschlüpfen. Die Tiere flüchten zu Fuß und sind zudem noch ungewöhnlich still. Doch auch das macht ökologisch Sinn. Im Lebensraum der Ralle ist eine unauffällige Lebensweise von Vorteil. Die meisten Arten können alle Umweltbedürfnisse unmittelbar am Gewässer erfüllen.

Brutpflege

Die Strategien sind so verschieden wie die Ansprüche der Arten und der Lebensraumausschnitt, der zur Verfügung steht. Der hohe Feinddruck fordert dabei eine intelligente Nutzung der Gegebenheiten. Wasservögel wie die Taucher verlegen ihren Nistort ins schwer zugängliche freie Wasser, dort sind sie vor Nachstellungen vergleichsweise sicher. Andere ziehen sich wie zum Beispiel die Rohrdommel, ins Schilfdickicht zurück. Und wieder andere brüten wie Säger oder Schellente gar im angrenzenden Lebensraum Wald und nutzen Baumhöhlen zur Fortpflanzung. Junge dieser Arten werden häufig so bald wie möglich auf das Wasser geführt, wo die Flucht leichter und der Überblick weiter ist. Betrachtet man hingegen Nahrungsgäste wie den Seeadler, Schwarzstorch oder Silberreiher, zeigt sich eine weitere Möglichkeit. Solche Besucher von Bach, Fluß und See ziehen ihre Jungen oft weit entfernt auf. Sie nisten in Wäldern in alten und oft sehr hohen Bäumen.

Kiebitz Küken

Eisvogel

Fortbewegung

Arten, die sich direkt auf der Wasseroberfläche oder im Wasser bewegen müssen, haben optimal konstruierte Ruderbeine oder Tauchflossen entwickelt. Sie sind flexibel beim Vorschlag, werden schmal zusammengefaltet und bieten so dem Wasser nur einen geringen Widerstand. Anders beim Rückschlag. Der zurückrudernde Fuß soll eine möglichst große Oberfläche haben und so eine große Wassermenge bewegen. Zu diesem Zweck können die Schwimmhäute zwischen den Zehen weit ausgebreitet werden. Auf dem Land erweist sich diese Konstruktion allerdings als hinderlich: Typische Wasservögel haben einen wiegenden Gang und sind schlecht zu Fuß. Als Nässeschutz und Abwehr gegen Kälte dient oftmals nicht nur das dichte Federkleid, sondern auch eine eigens aufgetragene Fettschicht drumherum. Nur Kormorane verzichten auf diese prophylaktische Maßnahme. Zur Fortbewegung gehört natürlich auch die Kunst des Stelzenganges etwa eines Regenpfeifers und der Slalomflug zwischen Schilfstengeln eines Rohrsängers.

Kormoranartige

Kormorane, mit ihnen die Krähenscharben und Zwergscharben, sind passionierte Taucher, die ihre Beute mit kräftigen Schwimmbewegungen verfolgen. Dabei hilft ihnen die starke Beinmuskulatur mit den großen Schwimmhäuten an den Füßen. Sie beherrschen das Rudern in verschiedenen Varianten und können es entweder im Grätschschlag oder auch beidbeinig zugleich. Im letzteren Fall verwenden sie beide Füße als ein gemeinsames Ruder. Gegebenenfalls helfen sie auch noch mit den Flügeln nach, so daß die Fische nur zu oft das Nachsehen haben. Der lange, ungemein wendige Hals scheint wie gebaut zu sein für waghalsige Unterwassermanöver, er vermag schnell und nach allen Richtungen zuzuschnappen. Wie bei vielen Fischfängern weist auch der Schnabel der Kormoranartigen ein Sägemuster auf, dessen Zacken nach dem Widerhakenprinzip funktionieren und dem einmal gepackten Fisch keine Chance mehr einräumen. Daneben präsentieren sich die Vögel noch als elegante Flieger, die auf der Suche nach neuen Fischgründen weite Strecken zurücklegen. Kormorane sind nicht allein auf Flüsse und Seen beschränkt, sondern besiedeln genauso erfolgreich die Meeresküste und Brackwassergebiete. Sie brüten entweder auf den Küstenfelsen oder suchen sich alte Bäume mit breiten Ästen.

Reiherartige

Wenn Ingenieure einen Vogel zu erfinden hätten, der sowohl sumpftauglich sein muß als auch im Wasser waten kann, der Fische mit tödlicher Sicherheit erwischt und zudem noch ein mittelmäßiger Flieger sein soll, es wäre wohl ein Reiher geworden. Wie die Kormorane leben auch die Reiherartigen vom Fischen. Allerdings haben sie sich mit ihren Stelzbeinen und den Langschnäbeln die Ökonischen von Flachwasser und Uferbereich erobert. Dort sind sie durch ihre Reichweite unschlagbar. Blitzschnell stoßen sie zu, große Fische werden dabei aufgespießt, kleine mit dem Hornschnabel gepackt. Doch, und diese Angewohnheit teilen die Reiher mit den Störchen, verlassen sie sich nicht allein auf die Nahrungssuche zu Wasser. Sie führen die Beutejagd auch zu Lande durch, wobei sie Insekten und Mäusen nachstellen. Auch hier erweist sich die Langbeinigkeit gepaart mit einer großen Schnabelreichweite als unübertrefflich. Um der schädlichen Konkurrenz aus dem Wege zu gehen, haben sich die Reiherartigen die Wasserräume untereinander aufgeteilt. Ob Nachtreiher, Purpurreiher oder Silberreiher, Graureiher oder Rohrdommel, einer jeden Art gelingt es genau dort zu leben, wo sie hingehört: an Bach, Fluß oder am See. Am anpassungsfähigsten von allen ist dabei der Graureiher, der alle fischreichen Gewässer besetzt.

Entenartige

Sie stellen vom Bach über den Fluß bis zum See ein Millionenheer der Erfolgreichen. Der Typus Ente, so scheint es, war in der Evolution eine durchschlagende Erfindung. Die Besonderheiten liegen wohl in der universellen Verwendbarkeit dieses Grundbauplans. Er bewährt sich, bei geringfügigen Variationen, unter sehr unterschiedlichen Verhältnissen. Kräftige Schwimmfüße verleihen dem insgesamt gedrungenen Körper einen guten Vortrieb im Wasser. Das dichte, sorgfältig eingefettete Gefieder schützt den Wasservogel vor Nässe und Kälte. Der kompakte Körper ist auf nichts bestimmtes festgelegt; er weist keine außergewöhnliche Form auf, die auf besondere Leistungen schließen ließe. Nur eine Zweiteilung der Entenartigen fällt auf, in solche, die Tauchgänger sind, und andere, die sich eher schwimmend ernähren. Der breite Rundschnabel eignet sich für unterschiedliche Freßmethoden, die vegetarische Ernährung oder eben die tierische. Beides verkörpern Enten, freilich von Art zu Art und Lebensraum zu Lebensraum unterschiedlich. Dennoch, oder vielmehr deshalb sind Enten mit die häufigsten Bewohner von Bach, Fluß und See. Ein schlagkräftiger Beweis dafür, daß Unspezialisiertheit manches möglich macht. Am auffälligsten wird dies wohl bei der Stockente.

Graureiher

Ernährung

Viele Wasservogelarten erhalten ihre Nahrung durch Fischen - und das auf vielfältige Weise: Als Speerfischer wie bei Reihern üblich, als Stoßtaucher Marke Eisvogel, als Fischschnapper in der Manier eines Tauchers oder gar als Abseiher, wie der Pelikan beispielhaft demonstriert. Doch das ist nicht alles, was man im Lebensraum Bach, Fluß und See an Fangtechniken beobachten kann. Schließlich gibt es noch die typischen Aufsammler, die wie die Wasseramsel unter Wasser spazieren gehen und dabei aufnehmen, was der Schnabel hält. Andere Insektenfresser wie Schafstelze und Rohrsänger halten es mehr mit den Tieren aus Luft und Boden. Nicht zu vergessen die vegetarische Komponente. Im breiten Spektrum der Futtersucher nehmen sie ihren festen Platz ein. Regelrechte Weidegänger grasen da vor uns ab: Schwäne, Enten, Wildgänse mit ihrer Vorliebe für Grasgrün, Kräutermischungen, Unterwasseralgen und manches mehr. Und schließlich existieren auch hier Gemischtköstler mit Appetit auf pflanzliches wie tierisches.

Fischadler
Pandion haliaeetus

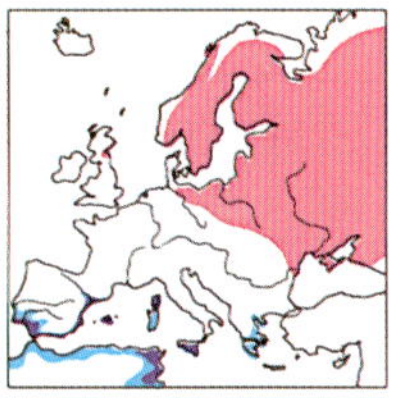

MERKMALE: Größer als ein Bussard, Länge um 55 cm, Spannweite bis 165 cm. Unterseite weiß, Oberkopf hell, schwarzer Augenstreif. Die langen und schmalen Flügel werden im Flug deutlich abgewinkelt. Der eher langsame Flug ist rudernd und segelnd. Beim Jagdflug über dem Wasser häufig Rütteln. LEBENSRAUM: Fischadler sind durch fast ganz Nordamerika, Eurasien, Ozeanien und Australien verbreitet. Die Verbreitungslücke in Europa ist auf die Bejagung durch den Menschen zurückzuführen. Fischadler stellen an ihren Lebensraum nur zwei Bedingungen: Klares, fischreiches Wasser und Verzicht auf jede Verfolgung. Sie jagen an Flüssen, Seen und Meeresküsten. FORTPFLANZUNG: Beide Eltern brüten, vor allem aber das Weibchen, das auch vom Männchen gefüttert wird. Zwei bis drei, selten vier Eier, Brutdauer 35 - 38 Tage. Die Jungen fliegen im Alter von 50 - 60 Tagen aus. NAHRUNG: Fischadler sind hochspezialisierte Fischfänger. Trotzdem hat man auf ihrer Beuteliste auch schon Kleinsäuger, Schildkröten, Enten, Seeschlangen, Frösche, Krebse und Wasserschnecken vermerkt. Die Adler zertrümmern Schneckenhäuser auf einem Felsen. Bei der Jagd fliegt der Adler in etwa 50 m Höhe über dem Wasser hin und her. Hat er eine Beute entdeckt, so verweilt er im Rüttelflug und läßt sich dann fallen, wobei er die Flugrichtung noch mit kleinen Bewegungen korrigiert. Schließlich streckt er die Beine vor und stößt ins Wasser, wo er unter Spritzfontänen verschwindet. Sekunden später taucht er wieder auf, wartet mit ausgebreiteten Flügeln auf dem Wasser, bis der Fisch müde ist, und steigt dann mit wuchtigen Schlägen hoch. Er erbeutet Fische bis 2 kg, obwohl er nur 1,7 kg wiegt. Zu große Fische läßt er nach vergeblichen Versuchen wieder frei.

Rohrweihe
Circus aeruginosus

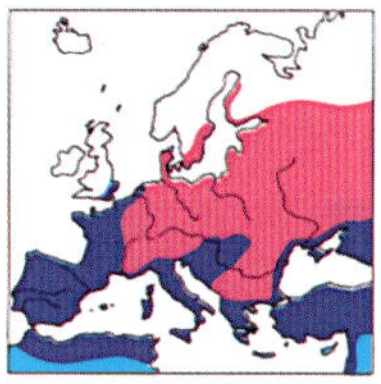

MERKMALE: Durch Flug und Lebensraum leicht zu bestimmen: Die Rohrweihe fliegt niedrig, »schwimmend« und immer etwas zögernd über großen Schilfwäldern. Das Männchen ist braun, mit Grau an Flügeln und Schwanz, Weibchen und Jungvögel tragen ein rahmfarbenes Gefieder an Kopf und Nacken. Spannweite bis 120 cm. LEBENSRAUM: Zur Brutzeit große Schilfwälder der Ebenen, außerhalb der Brut auch in Niederungswiesen, nahe der Gewässer. FORTPFLANZUNG: Brutzeit Mai, vier bis fünf Eier. NAHRUNG: Frösche, Kleinsäuger, Wasservögel und Insekten. Der Jagdflug der Rohrweihe endet erst lange nach Sonnenuntergang. Zuweilen greift sie sich auch Fische aus dem Flachwasser der Teiche und Seen.

Seeadler
Haliaeetus albicilla

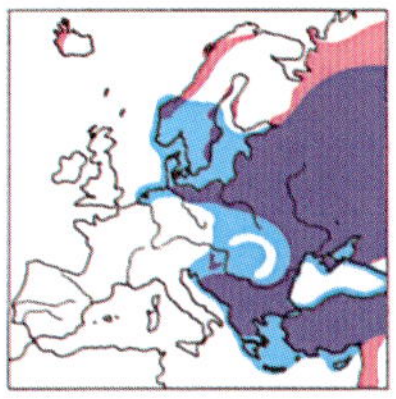

MERKMALE: Ein mächtiger, etwas plump wirkender Greif mit brettartig ausgebreiteten Flügeln, Länge 60 - 80 cm, Spannweite bis 240 cm. Klobiger Schnabel, keilförmiger Schwanz. Braun mit hellerem Kopf und Hals sowie weißem Schwanz. LEBENSRAUM: Der Seeadler lebt in einem 3000 km breiten Band durch ganz Eurasien. FORTPFLANZUNG: Brutzeit März bis Juni. Zwei, seltener drei Eier. Die Jungen bleiben 90 Tage im Horst. Die Jungvögel wandern bis nach Südeuropa. NAHRUNG: Seeadler schlagen zu Wasser und zu Lande, erbeuten Fische bis 8 kg, Hasen und Füchse. Sie hetzen Tauchvögel, greifen Gänse, Schwäne, Kraniche und jagen sogar dem Fischadler die Beute ab. Selbst junge Robben gehören ins umfangreiche Beutespektrum der Altvögel.

Ohrentaucher
Podiceps auritus

MERKMALE: Etwas größer als der Schwarzhalstaucher - Länge um 33 cm. Im Brutkleid am rostfarbenen Hals, dem schwarzen Backenbart und den rostroten Federohren leicht zu erkennen. LEBENSRAUM: Im Sommer auf krautreichen Süßwasserseen in der nordischen Nadelwaldzone, auch auf Island und in Nordamerika. Manchmal während der Brutzeit auch an langsam fließenden Strömen, selten aber auf dem offenen Wasser, sondern mehr in der Ufervegetation. FORTPFLANZUNG: Brutzeit Mai bis Juli, 3-6, meist aber 4-5 Eier. NAHRUNG: Gemischte Ernährung aus Wasserinsekten, Flohkrebsen, Fischchen, dazu Wasserpflanzen und deren Samen in großen Anteilen. Auch auf dem Wasser treibende Nahrung wird abgefischt.

Sterntaucher
Gavia stellata

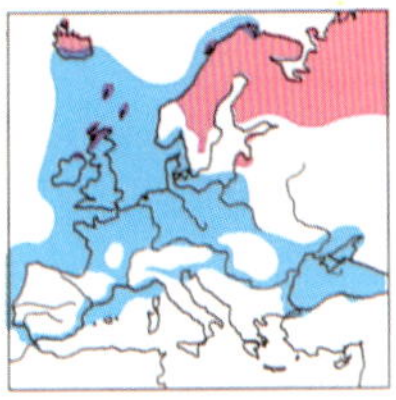

MERKMALE: Der kleinste Seetaucher (etwas größer als eine Ente). Länge der Männchen um 66 cm, der Weibchen um 60 cm, Spannweite über 1 m. LEBENSRAUM: Zur Brutzeit lebt der Sterntaucher an ruhigen, nicht unbedingt großen Seen, meist in Küstennähe. wo er zum Fischen aufs Meer hinausfliegen kann, brütet er auch an kleinen Moorbänken. FORTPFLANZUNG: Der Idealbrutplatz des Sterntauchers ist ein küstennaher kleiner See ohne Steilküsten, mit grasbewachsenen Ufern und kleinen und kleinsten Inseln als Neststandorten. Brutbeginn meist Anfang Juni, Brutdauer ungefähr 25 Tage. NAHRUNG: Fische, dazu kommen Krebse, Schnecken und Wasserinsekten, vor allem Libellenlarven.

Prachttaucher
Gavia arctica

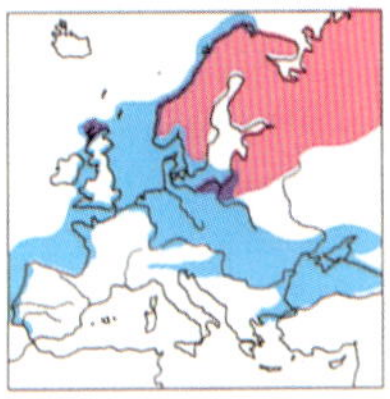

MERKMALE: Körperlänge 60 cm. Im Brutkleid leicht am aschgrauen Oberkopf von den anderen Seetauchern zu unterscheiden. LEBENSRAUM: Zur Brutzeit sucht der Prachttaucher meist große, tiefe, klare und fischreiche Seen auf. In Meeresnähe begnügt er sich auch mit kleineren Seen und jagt dann auf dem Meer. FORTPFLANZUNG: Das Prachttaucherpaar erscheint auf seinem Brutsee, sobald das Eis geschmolzen ist, meist im April oder Mai; es duldet dort keine Artgenossen. Zwei, seltener drei Eier, Brutdauer 25-30 Tage, Brutzeit je nach örtlichem Klima von Mai bis Juli. NAHRUNG: Hauptsächlich Fische. Prachttaucher greifen auch Fische an, die sie nicht ganz verschlingen können und reißen ihnen Fleischstücke aus.

Rothalstaucher
Podiceps griseigena

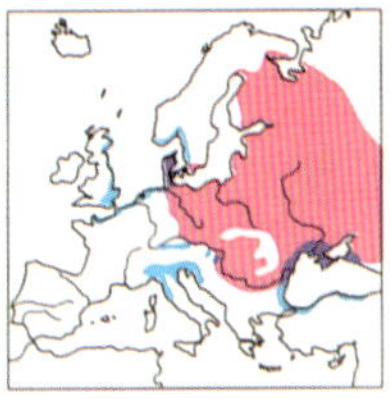

MERKMALE: Kleiner als der Haubentaucher. Länge des Männchens um 45 cm, das Weibchen ist etwa 2 cm kleiner, Gewicht über 500 g. Zweitgrößter Lappentaucher Eurasiens. LEBENSRAUM: Im Sommer auf stark verkrauteten Weihern und Seen. In Mitteleuropa selten, häufiger im Osten, vor allem in den Gewässern der Wolganiederung. Im Winter auf Seen im Tiefland, in Lagunen und in Meeresbuchten. FORTPFLANZUNG: Die Hauptzeit der Eiablage liegt Ende Mai, die Gelege enthalten 3-6, meist aber 4-5 Eier. Die Brut dauert etwa 23 Tage. NAHRUNG: Kleine Fische und Frösche, Kaulquappen, Würmer, Schnecken, Wasserinsekten. Dazu Pflanzenkost wie Sprosse von Wasserpflanzen und Schilfsamen. Die Nahrung wird teils schwimmend, teils tauchend erbeutet.

Haubentaucher
Podiceps cristatus

MERKMALE: Entengroß, Länge um 48 cm. Von einer Ente schon von fern durch den hochgereckten Hals zu unterscheiden. Schnabel rötlich. Im Brutkleid mit beweglicher Federhaube und rostrotem Halskragen. Zum Winter verschwinden die Federohren fast ganz, die Wangen sind dann weiß ohne Braun. Der Vogel wirkt im Flug von unten fast ganz weiß. Ruflustig mit verschiedenen knarrenden Tönen. LEBENSRAUM: Der Haubentaucher ist eine Zierde ruhiger, fischreicher Gewässer, die im Idealfall einen breiten Schilfsaum und eine reiche Wasserpflanzenwelt aufweisen. Hier finden sich die Vögel im April oder Mai ein und bleiben manchmal bis in den Spätherbst. Die mittel- und nordeuropäischen Haubentaucher ziehen im Winter süd- und westwärts und überwintern in Westeuropa, auch in England und im Mittelmeerraum. Im Winter trifft man sie in ruhigen Buchten auf dem Meer an. FORTPFLANZUNG: Haubentaucher kehren vielfach alljährlich in ihr vertrautes Brutgebiet zurück. Die Brutzeit beginnt meist Mitte Mai. Beide Partner lösen sich beim Brüten ab. Während einer auf den Eiern sitzt, hält der andere in Nestnähe draußen vor dem Schilfwald Wache. Meist liegen die Nester einzeln, in Seen mit großem Fischreichtum aber auch in lockeren Kolonien beisammen. Brutdauer 27-29 Tage, Gelegegröße 3-4 Eier. Eifarbe anfangs grünlichweiß, die Eier werden aber sehr bald schmutzig braun. NAHRUNG: Fische, Schnecken, Frösche, Molche, Wasserinsekten, meist tauchend erbeutet. Unter Wasser schwimmen die Taucher mit angelegten Flügeln nur mit den Füßen, die sie ähnlich wie ein Brustschwimmer grätschend nach hinten schlagen. Sie bleiben bis 50 Sekunden unter Wasser und tauchen einige Meter tief.. Als Fischfresser unter den Sportfischern sehr unbeliebt und systematisch verfolgt.

Schwarzhalstaucher
Podiceps nigricollis

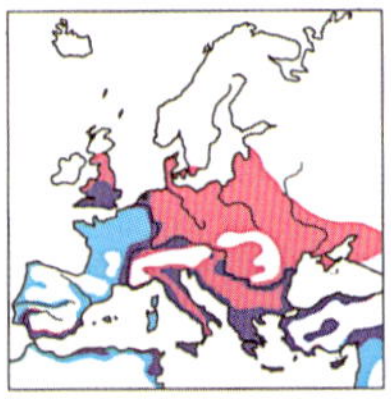

MERKMALE: Körperlänge um 30 cm. Im Brutkleid am schwarzen Hals und in allen Kleidern durch den schwächeren, leicht aufwärtsgebogenen Schnabel vom sonst ähnlichen und nur wenig größeren Ohrentaucher zu unterscheiden. LEBENSRAUM: Der schöne Vogel mit dem Rubinauge ist in Osteuropa der häufigste Taucher überhaupt. Er drang in den letzten Jahrzehnten vom Südosten her weit nach Mitteleuropa vor. Am liebsten hält er sich in Seen oder Buchten auf, in langsam fließenden Gewässern mit offenen Flächen und reicher Unterwasserflora. Brutzeit Mai und Juni, für Nachgelege auch Juli, Brutdauer 20-21 Tage. Gelegegröße meist vier Eier, wobei das Weibchen die Eier durch den Berührungsreiz »mit dem Bauch« zählt. Sobald es vier Eier beim Sitzen auf dem Nest fühlt, erlischt die Eierzeugung. Selten fand man auch drei oder fünf und extrem selten sechs Eier in einem Gelege. NAHRUNG: Die Taucher suchen ihre Nahrung tauchend und schwimmend im offenen Wasser. Sie erbeuten im Sommer Wasserinsekten, Flohkrebse, Wasserasseln, Schnecken, Kaulquappen, Pflanzenteile und kleine Fische. ALLGEMEINES: Schwarzhalstaucher sind Zugvögel, die hauptsächlich nachts ziehen. Im Herbst versammeln sich die Taucher auf bestimmten Seen zur gemeinsamen Mauser.

Schwarzstorch
Ciconia nigra

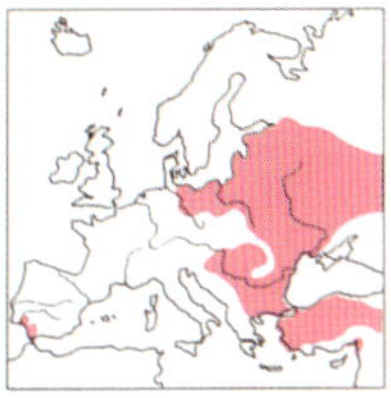

MERKMALE: Bis auf die Unterseite schwarz, im Alterskleid mit goldgrünem, purpur und kupferrotem Metallglanz, das Weibchen ist etwas matter gefärbt und etwas kleiner. Der Schwarzstorch ist etwas kleiner und schmalflügeliger als der Weißstorch, Länge um 97 cm, Spannweite um 190 cm. LEBENSRAUM: Der Schwarzstorch bevorzugt ausgedehnte, urtümliche Laub- und Mischwälder, zwischen denen er fischreiche Bäche, Flüsse und Teiche sowie frische bis sumpfige Wiesen findet. FORTPFLANZUNG: 2-5 weißliche Eier von etwa 64 mm Länge, Brutdauer 30 Tage oder etwas darüber. NAHRUNG: Der Schwarzstorch ernährt sich mehr von Fischen als der Weißstorch, daneben Wasserinsekten, Frösche und Molche.

Graureiher
Ardea cinerea

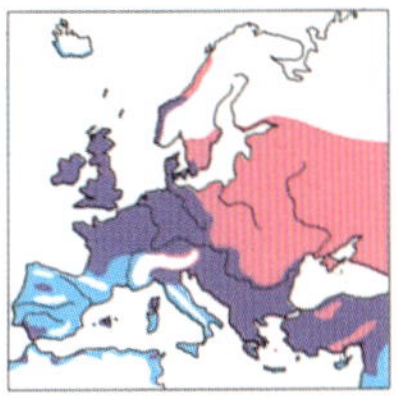

MERKMALE: Der letzte in Mitteleuropa noch weit verbreitete Großvogel mit einer Länge von 90 cm und einer Spannweite bis 170 cm, Gewicht um 1,5-2 kg. Gefieder in verschiedenen Grautönen, bei den Altvögeln von weiß bis schwarz, bei den Jungvögeln in matteren Kontrasten. LEBENSRAUM: Graureiher sind sehr anpassungsfähig. Sie brauchen nur fischreiche Gewässer vom Bach bis zur Meeresküste und ein Mindestmaß an Duldung durch den Menschen. Sie fehlen nur in geschlossenen Großwaldungen. FORTPFLANZUNG: Graureiher sind selten Einzel-, meist aber Koloniebrüter. Die Eiablage beginnt schon im März. NAHRUNG: Der Graureiher schlägt Fische, Insekten, Mäuse, Schlangen und Jungvögel.

Silberreiher
Casmerodius albus

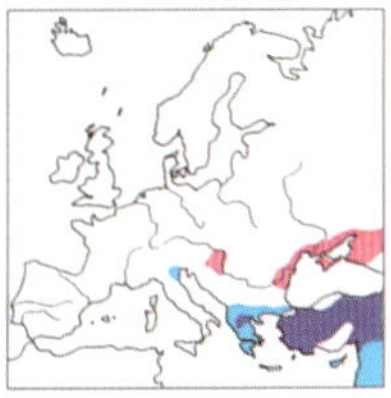

MERKMALE: Etwa so groß wie der Graureiher, Länge um 90 cm, Spannweite bis 190 cm, in allen Kleidern rein weißes Gefieder. LEBENSRAUM: Der Silberreiher besiedelt ein sehr großes Gebiet, zu dem das tropische und subtropische Amerika ebenso gehören wie weite Teile Afrikas und Asiens. FORTPFLANZUNG: Ein Gelege enthält meist drei oder vier, selten auch fünf hellblaue Eier von etwa 60 mm Länge, wie beim Graureiher. Brutbeginn nach Ablage des ersten Eies, Brutdauer 25-26 Tage. NAHRUNG: Fische, Wasserinsekten, Mäuse, Spitzmäuse, Heuschrecken, Jungvögel. Silberreiher jagen mit Vorliebe im Flachwasser von Seen und Lagunen, in überschwemmten Reisfeldern, aber auch in feuchten Wiesen.

Purpurreiher
Ardea purpurea

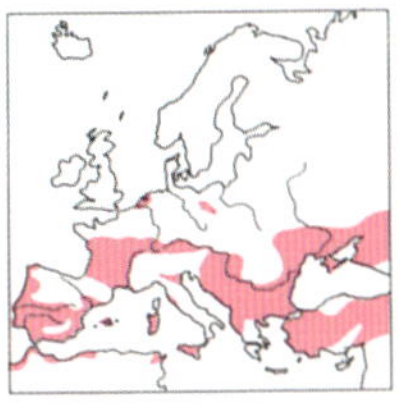

MERKMALE: Gestalt und Flugbild ähnlich dem Graureiher, aber deutlich kleiner, Länge 79 cm, Spannweite 140 cm. Wie die Rohrdommeln zeigen Purpurreiher die »Pfahlstellung«. LEBENSRAUM: Ausgedehnte, im Wasser stehende Schilffelder oder Weidendickichte mit eingestreuten Wasserlöchern. Fehlt in waldreichen Gegenden. FORTPFLANZUNG: Brutzeit Mai und Juni, wobei die Bruten in einer Kolonie bis zu vier Wochen auseinanderliegen können. 3 bis 5 Eier. NAHRUNG: Hauptbeute sind Fische, wobei größere mit dem leicht geöffneten Schnabel aufgespießt werden. Daneben verzehrt der Purpurreiher alles, was er bewältigen kann, Eidechsen, Schlangen, Mäuse, Insekten, Froschlurche, sogar Knoblauchkröten, die ein giftiges Sekret absondern.

Zwergdommel
Ixobrychus minutus

MERKMALE: Der kleinste europäische Reiher. Mit einer Länge um 35 cm und einer Spannweite von etwa 55 cm bei einem Gewicht um 140 g nur etwa taubengroß. LEBENSRAUM: Die Zwergdommel liebt stille Altwässer, verlassene Kiesgruben und überhaupt kleine und größere Schilfdickichte. FORTPFLANZUNG: Die Zwergdommel brütet erst, wenn das junge Schilf schon herangewachsen ist, meist im Juni, manchmal bis in den Juli hinein. Die 3-6 Eier des Geleges sind weiß und 34 mm lang. Männchen und Weibchen brüten. NAHRUNG: Zwergdommeln jagen vor allem in der Dämmerung. Sie steigen mit sehr vorsichtigen Bewegungen über dem Wasser durchs Schilf, setzen die Beine überkreuz, fassen einen Halm oder mehrere gleichzeitig mit ihren langen Zehen und stoßen dann blitzschnell nach ihrer Beute ins Wasser. So fangen sie fingerlange Fische, junge Frösche, Kaulquappen, Molche und Wasserinsekten. Sie können an nur zwei Schilfhalmen in die Höhe klettern und holen mit ihrem lanzenförmigen Schnabel zielsicher Libellen vom Schilf.

Nachtreiher
Nycticorax nycticorax

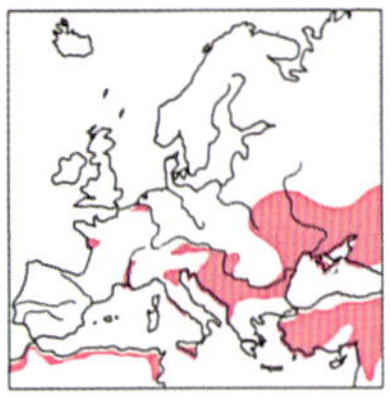

MERKMALE: Etwa hühnergroß; Länge um 61 cm, Spannweite 105-110 cm. Im Brutkleid 2- 4 cm lange Schmuckfedern im Nacken, die beim Männchen etwa 5 cm länger werden als beim Weibchen. Der Schnabel ist in der Brutzeit schwarz, sonst schwarzgrau mit hellen Schneiden. Große, im Alterskleid korallenrote Augen. LEBENSRAUM: Der Nachtreiher bewohnt sumpfige, wasserreiche Auwälder und Schilfgebiete mit Büschen, Bäumen und offenen Wasserstellen. Nachtreiher sind in Europa Zugvögel, die im tropischen Afrika überwintern. FORTPFLANZUNG: Der Brutbeginn in der Kolonie zieht sich über etwa einen Monat hin, wie das auch von anderen Reihern bekannt ist. Brutzeit Mai und Juni, Brutdauer 21-23 Tage. Die Eier sind anfangs blaugrün, verbleichen aber schnell. Beide Eltern lösen sich etwa alle 2-4 Stunden auf den 3-5 Eiern ab. NAHRUNG: Bei Sonnenuntergang fliegen die Reiher einer Kolonie gemeinsam zu ihren Jagdgründen, bis zu 20 km von den Schlafbäumen entfernt. Sie erbeuten Frösche, Fische, Egel, Insekten, Schermäuse, ausnahmsweise Jungvögel, selbst nestjunge Reiher.

Rohrdommel
Botaurus stellaris

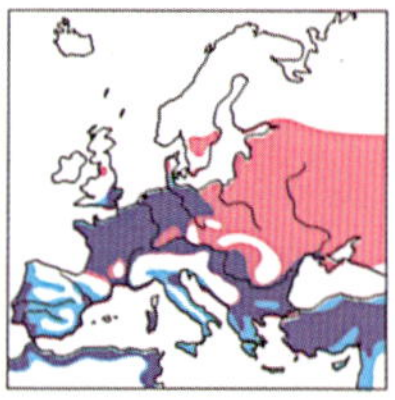

MERKMALE: Gut hühnergroß, Länge 65-70 cm, Spannweite 105-110 cm. Die Grundfarbe der Altvögel ist Rostgelb, der Jungvögel Strohgelb. LEBENSRAUM: Im westlichen Europa ist die Rohrdommel ein seltener Vogel der Tiefländer, der großflächige, nicht zu dichte Schilfwälder mit angrenzenden offenen Wasserflächen verlangt. FORTPFLANZUNG: Das Nest liegt mitten im Nahrungsbiotop, meist im Schilf über knöchel- bis knietiefem Wasser auf umgebrochenem Altschilf, manchmal weit vom Rufplatz der Dommel entfernt. Das Gelege besteht aus 5-6 Eiern von etwa 53 mm Länge. Brutzeit ab Mitte April und im Mai. NAHRUNG: Fische, Frösche, Egel, Wasserinsekten, Kleinvögel, Mäuse. Die Dommel schleicht sich langsam an und stößt zielsicher zu.

Singschwan
Cygnus cygnus

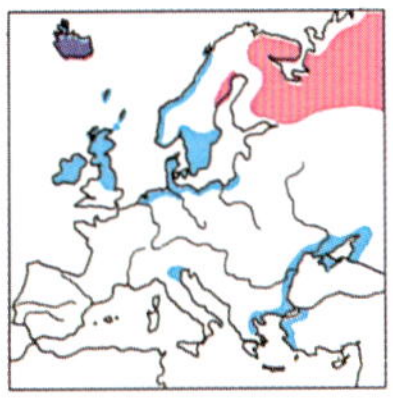

MERKMALE: Etwas kleiner als der Höckerschwan, Länge 140-150 cm, Spannweite um 200 cm. Hält den Hals meist steil aufgerichtet. Schnabelseiten gelb, Spitze und Rükken des Schnabels schwarz. Der Singschwan lüftet beim Schwimmen nicht die Flügel, wie das für den Höckerschwan typisch ist. Gewicht bis etwa 12 kg. LEBENSRAUM: Das Brutgebiet des Singschwans schließt sich südlich an das des Zwergschwans an. Darüber hinaus brüten Singschwäne auf Island. Viele überwintern in der südlichen Ostsee, in Irland und Schottland. In harten Wintern ziehen große Scharen auch über die deutsche Nordseeküste. FORTPFLANZUNG: Das Weibchen legt wie die anderen Schwäne an jedem zweiten Tag ein Ei. Brutbeginn in der zweiten Mai- oder ersten Junihälfte, Brutdauer 35-38 Tage, Gelegegröße 5-6 Eier. NAHRUNG: Singschwäne sind Pflanzenfresser.

Höckerschwan
Cygnus olor

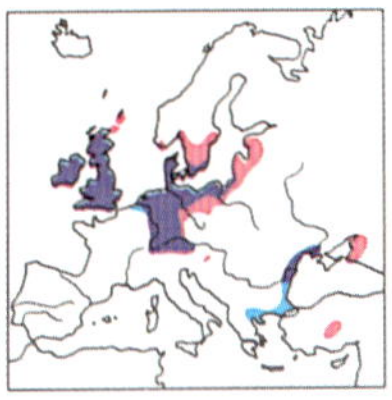

MERKMALE: Einer der größten flugfähigen Vögel, Länge um 150 cm, Spannweite um 240 cm, Gewicht bis 13 kg. Von anderen Schwänen am schwarzen Höcker an der Schnabelwurzel zu unterscheiden, der beim Männchen stärker ausgebildet ist als beim Weibchen. LEBENSRAUM: Schwäne brüten an stehenden oder langsam fließenden Gewässern mit reichem Nahrungsangebot in Form von Wasserpflanzen oder Fütterung durch Menschen. FORTPFLANZUNG: Schwäne leben in Einehe. Eizahl meist 5-7, Eilänge um 115 mm, Brutzeit Mai und Juni, Brutdauer um 35 Tage. Das Männchen wacht in der Nähe des Nestes und verteidigt es. Beide Eltern führen die Jungen. Wildschwanküken sind grau bedunt, die Nachfahren von Zuchtrassen dagegen weiß oder teils weiß, teils grau. Auch im Jugendgefieder sind Wildschwäne grau. Sie werden erst im Verlauf der nächsten Mausern weiß und gleichzeitig geschlechtsreif. NAHRUNG: Wasserpflanzen. Der Schwan zupft sie mit seinem langen Hals in Tiefen, wo ihm die Schwimmenten keine Konkurrenz mehr machen können, wohl aber die Bläßhühner.

Zwergschwan
Cygnus bewickii

MERKMALE: Deutlich kleiner als Sing- und Höckerschwan, aber immer noch größer als eine Gans, Länge um 122 cm, Spannweite um 175 cm, Gewicht meist 5-6 kg. LEBENSRAUM: Der Zwergschwan brütet nördlich der Waldgrenze rund um den Pol; in Skandinavien ist er aber auf den russischen Osten beschränkt und fehlt auch in Island und Grönland. Er bewohnt flache, nahrungsreiche Süßwasserseen, gelegentlich auch Lagunen und Mündungsgebiete von Flüssen. FORTPFLANZUNG: Die Schwanenfamilie hält über Winter zusammen und löst sich erst auf dem Rückzug ins Brutgebiet allmählich auf. Die Balz findet dann in der hochnordischen Brutheimat statt. Zwergschwäne sind sehr ortstreu und kehren nicht selten zu ihrem vorjährigen Nest zurück. Es besteht nach Schwanenart aus einem großen Haufen Pflanzenmaterial auf einer Erhebung nahe am Wasser, mit Vorliebe auch auf einer kleinen Insel. Das Gelege enthält durchschnittlich 3-4 Eier, ist also kleiner als das der anderen Schwäne. Eilänge um 102 mm, Brutbeginn Ende Mai und Juni, kurz nach der Schneeschmelze und dem Brechen des Eises, Brutdauer 29-30 Tage. NAHRUNG: Die Zwergschwäne suchen ihre Nahrung hauptsächlich gründelnd im Wasser und fressen Sprossen sowie Wurzeln von Wasserpflanzen. In ihrer kargen Heimat benötigen sie ein sehr großes Revier, in dem sie keine andere Schwanenfamilie dulden. Auf dem Zug rasten sie gern auf überschwemmten Wiesen, wo sie Gras rupfen. Daneben können sie durch entenartiges Schnattern auf dem Wasser treibende Nahrung aufnehmen. Zwergschwäne treten auch oft im Schlick umher und setzen dabei Nahrungsbestandteile des Untergrundes frei. In tieferem Wasser gründeln sie im Kopfstand. Sie sind nicht so streng vegetarisch wie die anderen Schwäne, sondern können dünnschalige Muscheln und Schnecken verzehren.

Graugans
Anser anser

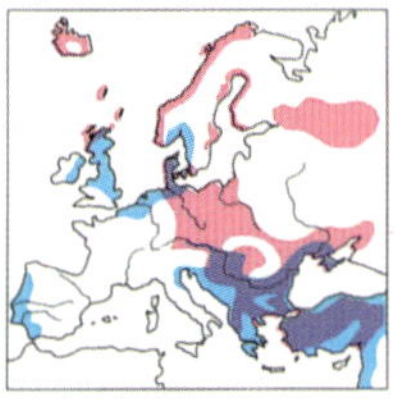

MERKMALE: Eine große Gans - Länge um 80 cm, Spannweite um 170 cm - mit hellgrauem Gefieder fast ohne Brauneinmischung. Schnabel hell fleischfarben oder orangerot mit weißem Nagel. LEBENSRAUM: Die Graugans ist in fast ganz Eurasien verbreitet. FORTPFLANZUNG: Graugänse pflegen Einehe auf Lebenszeit. Brutzeit meist von Ende März bis Mai. Brutdauer 27-28 Tage, Eizahl 5-10. Die Jungen lernen in den ersten zwölf Stunden die Eltern kennen und folgen dann. Diese Lernzeit heißt Prägung. NAHRUNG: Graugänse sind Vegetarier. Sie fressen Gras, Getreide, Kartoffeln, Beeren und Kräuter.

Kormoran
Phalacrocorax carbo

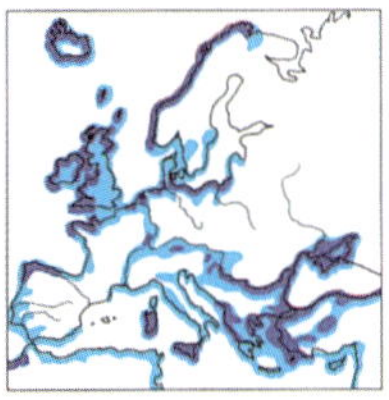

MERKMALE: Ein großer, schlanker und düster gefärbter Schwimmvogel, Länge um 90 cm, Spannweite um 140 cm. Liegt beim Schwimmen sehr tief im Wasser, sitzt oft stundenlang mit ausgebreiteten Flügeln (wie ein Wappenadler) auf Pfählen oder Ästen über dem Wasser. LEBENSRAUM: Fischreiche Süß-, Brack- und Salzgewässer, Meeresküsten. Der Kormoran war früher weit verbreitet, wurde aber vor allem im vorigen Jahrhundert als Fischereischädling in teilweise fast kriegerischen Schlachten weitgehend ausgerottet. FORTPFLANZUNG: Kormorane brüten auf felsigen Inseln, oft auch auf Bäumen in Kolonien, die sich unter günstigen Bedingungen rasch auf Hunderte und auch Tausende von Brutpaaren vermehren können. Brutzeit Mai, Eizahl meist 4-5. Die Eier sind zart hellblau gefärbt, aber von einer kreidigen weißen Schicht überzogen. NAHRUNG: Kormorane sind spezialisierte Fischfresser. Der Tagesbedarf soll bei etwa 750 g liegen. Kormorane werden, anders als die meisten Schwimmvögel, beim Tauchen naß bis auf die Haut, darum treibt sie nur der Hunger ins Wasser. Nach dem Tauchen sitzen sie lange mit ausgebreiteten Flügeln und schwenken sie zum Trocknen im Wind. Auf dem Wasser schwimmen sie mit typisch hochgerecktem Hals und leicht angehobenem Schnabel. Unter Wasser können sie im Grätschschlag oder rudernd schwimmen oder beide Beine zusammenlegen, so daß sie als ein Paddel wirken. Außerdem nehmen sie mitunter noch die Flügel zu Hilfe. Zur Brutzeit fischen die Kormorane bis in 10 km Entfernung von der Kolonie. Außerhalb der Brutzeit streichen sie umher. Ein Teil der mitteleuropäischen Brutvögel überwintert im Mittelmeerraum. Kormorane kann man auch gezielt zum Fischfang einsetzen.

Krauskopfpelikan
Pelecanus crispus

MERKMALE: Gefieder mit silbergrauem Anflug. Der Federschopf ist weit ausgedehnt, der Kehlsack orangerot, die Füße sind grau, die Augen gelb. LEBENSRAUM: Im Donaudelta bildet er eigene Brutkolonien, außerdem nistet er in Griechenland. FORTPFLANZUNG: Beide Eltern brüten abwechselnd rund 30 Tage. Die Jungen bleiben drei bis vier Monate am Brutplatz und erreichen kurz vor dem Flüggewerden mit 14 kg ihr Höchstgewicht. NAHRUNG: Krauskopfpelikane sind Fischfresser. Wenn sie ins Wasser stoßen, können sie mit dem Kehlsack bis zu 13 l Wasser samt den darin enthaltenen Fischen schöpfen. Dann verschließen sie den Schnabel und ziehen ihn langsam aus dem Wasser, das mitgeschöpfte Wasser läuft dabei heraus. Die Tiere erbeuten Fische bis zu einem Gewicht von 2 kg, die man noch lange von außen im Kehlsack zappeln sieht.

Stockente
Anas platyrhynchos

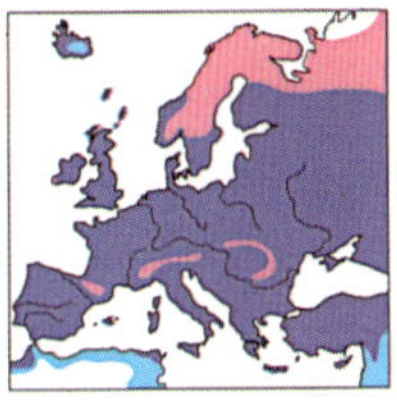

MERKMALE: Länge um 58 cm. Die bei weitem häufigste Wildente. Erpel mit grünschillerndem Kopf, weißem Kragen und zwei Paar Federlocken auf dem Schwanz; Weibchen unscheinbar braun mit braunem Schnabel. Metallisch blauer, weiß eingefaßter Spiegel. LEBENSRAUM: Verbreitet durch ganz Eurasien etwa bis zur Baumgrenze im Norden und bis in die Steppenzone im Süden, auch in fast ganz Nordamerika. NAHRUNG: Wasser- und Uferpflanzen, Wurzeln, Samen, Schnecken, Würmer, Kaulquappen, mitunter Frösche.

Spießente
Anas acuta

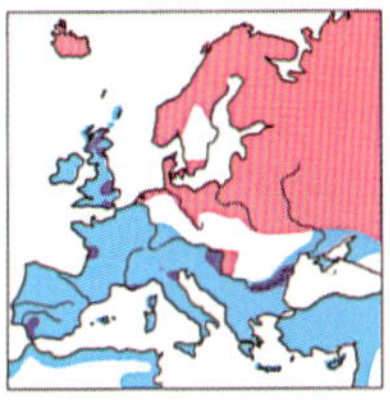

MERKMALE: Eine schlanke, 56 cm lange Ente mit langem Hals, der oft nach Schwanenart hochgetragen wird. Schwanz beim Weibchen spitzig, beim Männchen in einen 6-10 cm langen Spieß auslaufend, der auf dem Wasser wie im Fluge zu sehen ist. LEBENSRAUM: Die Spießente ist ein Vogel des nordischen Nadelwaldgürtels. Im März/April und wieder im Oktober/November rasten Spießenten in großer Zahl an den deutschen Meeresküsten. NAHRUNG: Tierisch und pflanzlich, meist durch Gründeln im Wasser erworben.

Pfeifente
Anas penelope

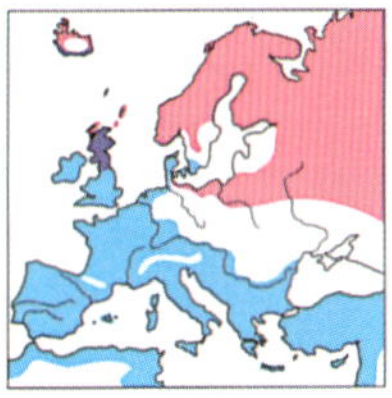

MERKMALE: Länge 46 cm. Flug in sehr dichten Schwärmen und ohne besonderes Fluggeräusch. Läuft rasch und gewandt ohne jegliches Watscheln. Pfeifenten fliegen vom Wasser fast senkrecht auf, sie landen dicht beisammen und fast gleichzeitig. Der Ruf der Männchen ist sehr oft zu hören und ein unverwechselbarer melodiöser Pfiff, etwa wie »wiwü« oder «huihu«. Die Weibchen schnarren «rerrr«. LEBENSRAUM: Durch ganz Eurasien von der Strauchtundra im Norden bis in die Mischwaldzone im Süden verbreitet. Die Pfeifente brütet an flachen Süßwasserseen mit reichem Pflanzenwuchs, sie meidet Waldseen und das Gebirge. Auf dem Zug, vor allem im März und im Oktober, rasten große Scharen an den Küsten der Nord- und Ostsee, wo auch ein geringer Teil überwintert. FORTPFLANZUNG: Die Erpel balzen mit Vorzeigen der goldgelben Stirnfedern und der verlängerten Federn auf dem Rücken. Die Paare finden sich im Winterquartier oder auf dem Zug und halten bis in die Brutzeit zusammen. Im Juli vermausern sie in ein weibchenfarbenes Schlichtkleid und legen nur drei Wochen später in einer zweiten Mauser wieder das Prachtkleid an. Das Nest ist reichlich mit Dunen ausgelegt. Vom Nest gescheucht, fliegt sie mit einem knarrenden Quaken auf. 6-10 Eier von durchschnittlich 54 mm Länge, Brutzeit Mai und Juni, Brutdauer 22-23 Tage. NAHRUNG: Hauptsächlich vegetarisch.

Schnatterente
Anas strepera

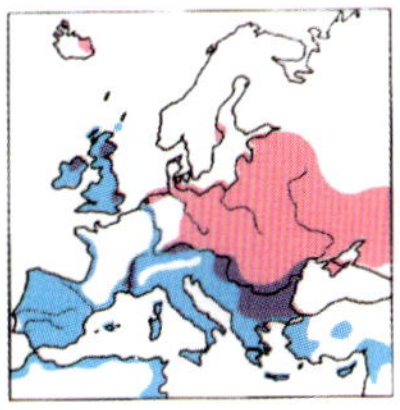

MERKMALE: Etwas kleiner als die Stockente, Länge um 51 cm. Das Männchen erkennt man am samtschwarzen Hinterteil, beide Geschlechter an dem auffallenden schwarz-weißen Spiegel, der im Fluge und beim Schwimmen zu sehen ist. LEBENSRAUM: Die Schnatterente liebt größere Seen mit flachen, an Wasserpflanzen reichen Buchten und Schilfgürteln. FORTPFLANZUNG: Die Männchen balzen schon im Oktober mit Vorzeigen des schwarzen Hinterteils und mit einem Balzflug, bei dem sie nur schubweise mit den Flügeln schlagen. Die Ente wählt den Nistplatz. Sie baut nach Entenart ein unordentliches, aber reich mit Dunen ausgelegtes Nest auf festem Boden und meist gut versteckt. Brutzeit Mai und Juni, 8-10 Eier. NAHRUNG: Die Schnatterente ist überwiegend Vegetarier. Sie weidet im Kopfstand Wasserpflanzen bis zu einer Tiefe von 30 cm. Sie hält auch Nachlese auf Getreidefeldern und geht zum Heuschreckenfang in die Wiesen.

Krickente
Anas crecca

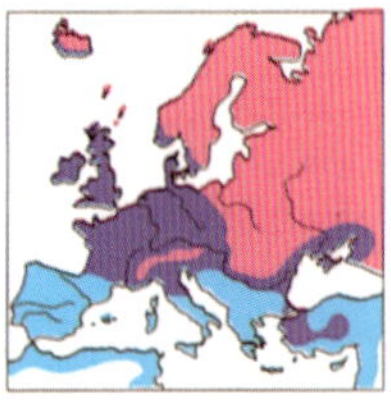

MERKMALE: Die kleinste Schwimmente Europas mit etwa 37 cm Länge und einer Spannweite um 60 cm. Gewicht etwa 300 g. Die Erpel tragen von Oktober bis Juni ein Prachtkleid, das aus der Ferne unauffällig, aus der Nähe aber bunt aussieht. LEBENSRAUM: Das Verbreitungsgebiet bildet einen mehrere tausend Kilometer breiten Gürtel quer durch ganz Eurasien und Nordamerika von der Tundra im Norden bis in die Subtropen im Süden, wo es sich in isolierte Brutinseln auflöst. Krickenten brüten an kleineren oder größeren Süßwasserteichen mit üppiger Ufervegetation und dichter Unterwasserflora, im Norden aber auch an nahrungsarmen Hochmoorseen, wenn sie nur von einem Schilfgürtel umgeben sind. Im Winter schätzen sie Seen und Lagunen mit vegetationslosen Kies- und Sandinseln als sichere Ruheplätze. FORTPFLANZUNG: Die Balz beginnt schon im Spätherbst, wird aber erst im Vorfrühling feurig. Dann finden sich die Paare, die knapp ein halbes Jahr zusammenhalten. die Erpel balzen mit ähnlichen Gesten wie die Stockerpel. Alle Bewegungen werden aber so schnell ausgeführt, daß man ihnen kaum mit dem Auge folgen kann. Die Ente wählt den Brutplatz. Er liegt stets gut versteckt unter dichter Vegetation und manchmal weit vom Wasser entfernt. Das Nest ist eine mehr oder weniger üppig mit Halmen ausgelegte Mulde, die im Verlauf der Brutzeit mit Dunen gefüllt wird. Brutzeit Mitte Mai bis Ende Juni, Brutdauer 21-23 Tage, 8-10 Eier von etwa 45 mm Länge. NAHRUNG: Krickenten sind Allesfresser, die sich je nach Angebot mehr tierisch oder überwiegend von Pflanzenkost ernähren. Im Frühjahr machen Mückenlarven, Köcherfliegenlarven, Flohkrebse und Würmer einen Großteil der Nahrung aus, im Herbst überwiegen Grassamen und Sprosse von Sumpf- und Wasserpflanzen. Bei der Überwinterung in Lagunen können kleine Muscheln zur Hauptnahrung werden. Nach Möglichkeit suchen die Enten ihre Nahrung im Flachwasser.

Bergente
Aythya marila

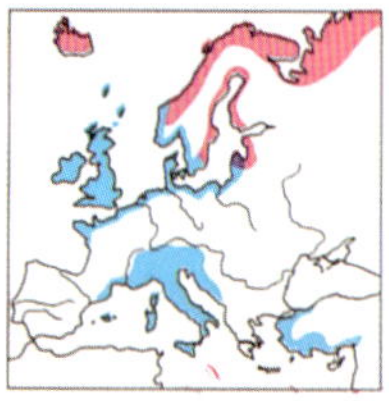

MERKMALE: Länge 48 cm. Der Erpel im Prachtkleid ist am schwarzen Kopf mit Grünschiller, am hellgrauen, fein quergewellten Rücken und am Weiß der Flanken zu erkennen. LEBENSRAUM: Die Bergente ist ein nordischer Vogel. Sie brütet auf größeren Moor- und Tundraseen, mit Vorliebe in der Nähe von Möwen- oder Seeschwalbenkolonien. Im Norden geht sie bis an die Grenze der Strauchtundra und ist in Island eine der am häufigsten vorkommenden Enten. Als Zugvögel erscheinen sie in Scharen Ende Oktober und Anfang November an den mitteleuropäischen Küsten der Nord- und Ostsee; sie bleiben dort bis in den März hinein. Die größten Gesellschaften halten sich in geschützten Buchten, im Wattenmeer und in Flußmündungen auf, stets aber in Küstennähe. FORTPFLANZUNG: Kaum Unterschiede zur Reiherente. Brutbeginn Ende Mai oder Anfang Juni, Brutdauer 24-26 Tage. Da die Ente erst gegen Ende der Legeperiode zu brüten beginnt, schlüpfen alle Küken im Verlauf von etwa 24 Stunden, meist Ende Juni oder Anfang Juli. NAHRUNG: Die Nahrung wird überwiegend tauchend gesucht, selten tiefer als 4 m. Sie besteht vor allem aus Muscheln und Meeresschnecken. Daneben werden Krebse, Wasserinsekten und pflanzliche Nahrung genommen. In den russischen Teilen der Ostsee werden Bergenten seit alters her gegessen.

Knäkente
Anas querquedula

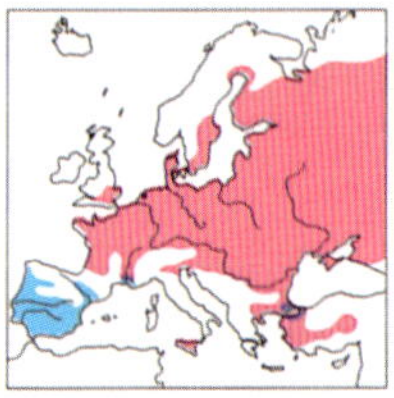

MERKMALE: Mit 38 cm Länge nur wenig größer als die Krickente, Spannweite um 65 cm. Erpel im Brutkleid mit weißem Bogenstrich vom Auge bis zum Nacken. Weibchen und Erpel im Schlichtkleid sehr ähnlich der Krickente, aber etwas kontrastreicher gezeichnet und mit grauem Flügelbug, der besonders im Fluge auffällt. LEBENSRAUM: Verbreitet in der Laub- und Mischwaldzone Eurasiens, im Süden bis in die Steppenzone. Die Knäkente bevorzugt als einzige Entenart im Bruchwald versteckte Kleingewässer und den Schilfsaum flacher Seen. FORTPFLANZUNG: Brutzeit Mai und Juni, Brutdauer 21-23 Tage, 8-11 Eier . NAHRUNG: Mehr schnatternd und weniger gründelnd erworbene Wasserinsekten, Würmer, Sprossen von Wasserpflanzen, Sämereien.

Reiherente
Aythya fuligula

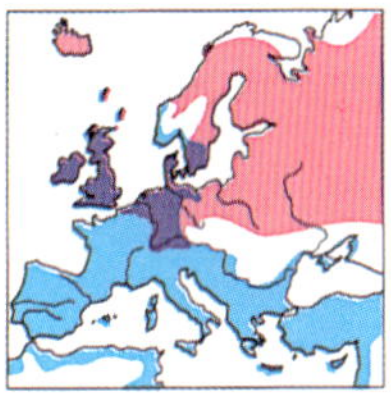

MERKMALE: Eine häufig tauchende Ente mittlerer Größe - Länge 43 cm -, mit unverwechselbarem Erpelprachtkleid und unscheinbarem Weibchen. Der Federschopf des Erpels ist im Schlichtkleid nur kurz und fällt wenig auf. Die Weibchen können variieren: Flanken und Unterschwanzdecken können mehr oder weniger aufgehellt erscheinen, die Schnabelwurzel ist oft weißlich gerandet oder trägt einen weißlichen Fleck. Wegen solcher Ähnlichkeiten kann man die Weibchen der Reiherenten nicht leicht von denen der Bergente unterscheiden; aber nur die Reiherente trägt stets einen - wenn auch unauffälligen - Nackenschopf, was der Art ihren Namen verlieh. LEBENSRAUM: Die Reiherente konnte ihren Lebensraum in den letzten 150 Jahren weit nach Süden und Westen ausdehnen. In Mitteleuropa sind ihre Brutplätze aber recht verstreut. Sie häufen sich nur in der Nähe der Nord- und Ostsee und auf den Seen im Alpenraum. In der Wahl ihres Brutplatzes ist die Reiherente anpassungsfähig. Ideal sind mäßig tiefe, schilfumstandene Seen mit reicher untergetauchter Wasserpflanzenflur und offenen Wasserflächen. Örtlich besiedeln Reiherenten auch aufgestaute Flußabschnitte und kleinere Weiher. Mancherorts wurden sie auf städtischen Gewässern heimisch. FORTPFLANZUNG: Im Mittel 7-10 Eier von etwa 58 mm Länge. Brutbeginn Mitte Mai bis Mitte Juni, Brutdauer 23-25 Tage. Es kommt häufig vor, daß Reiherenten ihre Eier in fremde Nester legen, offenbar reizt sie der Anblick eines Entengeleges zur Ablage eigener Eier. Man beobachtete schon, wie zwei Weibchen gemeinsam auf einem Nest brüteten. Die Jungen können schon am ersten Tag tauchen, aber in der ersten Woche suchen sie ihre Nahrung fast nur auf der Wasseroberfläche und fressen vor allem die Larven von Mücken und Köcherfliegen. NAHRUNG: Die Nahrung wird fast ausschließlich unter Wasser erworben. Die Enten tauchen dazu Tag und Nacht, meist in 7 m, manchmal bis in 14 m Tiefe. Sie können leicht bis 30 Sekunden unter Wasser bleiben. Hauptnahrung sind Muscheln und Schnecken, im Meer vor allem Miesmuscheln und Herzmuscheln, im Süßwasser Wandermuscheln. Darum sammeln sich die Enten gern dort, wo es gerade viele Wandermuscheln gibt. Reiherenten können auch kleine Fische fangen und unter Wasser verzehren. Daneben fressen sie vor allem im Winter auf dem Wasser treibende Pflanzensamen. Ihr Fleisch erhält durch die tierische Kost einen stark tranigen Geschmack. Dennoch werden die Tiere bejagt.

Tafelente
Aythya ferina

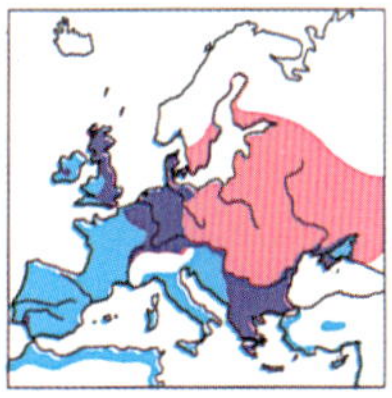

MERKMALE: Länge 46 cm. Männchen im Prachtkleid unverwechselbar mit rostrotem Kopf und Hals, grauem Rücken, schwarzer Brust und weißen Flanken. Das unscheinbar bräunliche Weibchen trägt gleichfalls, aber undeutlicher, eine Schnabelbinde. Das Auge ist braun, in der Brutzeit von stärkerer Farbe. Aus der Nähe zeigt das Rückengefieder feine Querwellen. LEBENSRAUM: Die Tafelente war ursprünglich auf den osteuropäischen Steppenseen zu Hause. In den letzten 100 Jahren dehnte sie ihr Brutgebiet langsam nach Mittel- und Westeuropa, aber auch in nördlicher Richtung aus und zählt heute an manchen Stellen Mitteleuropas zu den am häufigsten vorkommenden Enten. Im Osten brütet sie an Salz- und Bitterseen sowie an flachen, pflanzenreichen Weihern mit gut entwickeltem Schilfsaum. Im Westen fand sie an manchen künstlichen Gewässern ihr entsprechende Brutmöglichkeiten. FORTPFLANZUNG: Brutbeginn im Mai und in der ersten Junihälfte, Brutdauer 24-26 Tage. NAHRUNG: Tafelenten sind je nach Angebot mehr Fleisch- oder mehr Pflanzenfresser. Ein Teil der Nahrung, etwa Wasserlinsen, wird von der Wasserfläche abgeseiht, ein weiterer Teil durch Gründeln und Tauchen erworben.

Kolbenente
Netta rufina

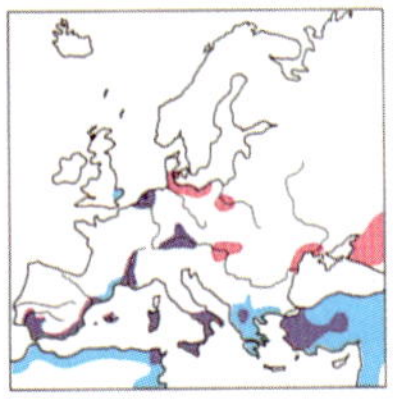

MERKMALE: Eine große, 56 cm lange und massige Ente (Gewicht bis 1 kg), die äußerlich eine Mischform von Gründelente und Tauchente darstellt. Erpel im Prachtkleid mit fuchsrotem Kopf und Hals, Schnabel, Füße und Augen siegellackrot, Schnabel grau mit rötlicher Spitze. Von weitem dem Tafelerpel ähnlich, doch durch rötlichen Schnabel und weißliche Flanken unterscheidbar. Kopffedern besonders beim Erpel buschig verlängert; er sieht daher dickköpfig aus. Im Schlichtkleid ist der Kopf des Erpels aschgrau, sonst ähnelt er dem des Weibchens: bräunlichgrau mit hellen Wangen. Kolbenenten tauchen oft und bleiben im tiefen Wasser bis über eine halbe Minute untergetaucht. Vom Wasser können sie nur nach einem kurzen Anlauf auffliegen. Sie gehen oft und gern an Land, um sich zu putzen und um zu ruhen. Schweigsam, Stimme knarrend. LEBENSRAUM: Verschilfte Seen mit freier Wasserfläche und reicher Unterwasserflora, im Winter auch auf Lagunen. Die Erpel verlassen im Juni ihre Weibchen und fliegen teilweise über viele hundert Kilometer zu traditionellen Mauserplätzen, wo sie in das Schlichtkleid wechseln und dabei für ein paar Wochen flugunfähig werden. Bald nach dieser Mauser beginnt eine Teilmauser, die Anfang November wieder zum Prachtkleid führt. Ein bekannter Mauserplatz ist der Bodensee. Die Kolbenente kommt auch im Mittelmeerraum vor, etwa in Südostspanien, Südfrankreich und sogar auf Korsika und Sardinien. Das Hauptverbreitungsgebiet der Kolbenenten liegt in den Steppen und Wüsten um das Kaspische Meer und geht bis nach Südwestsibirien. FORTPFLANZUNG: Vom Herbst bis in den Frühling balzen die Erpel in einer nach strengen Regeln ablaufenden Gemeinschaftsbalz. Auf dem Frühjahrszug sind die Enten schon verpaart. Die Ente wählt den Nistplatz und baut das Nest. Auffällig oft legen mehrere Kolbenenten ihre Eier in ein Nest, manchmal so viele, daß sie nicht mehr zu bebrüten sind. Brutdauer 28 Tage, Hauptbrutzeit Mai und Juni, meist 7-10 Eier. NAHRUNG: Überwiegend pflanzlich. Kolbenenten gründeln im Flachwasser und tauchen in tieferem Wasser bis zu 4 m. Ihre Tauchgänge dauern bis zu einer halben Minute an.

Schellente
Bucephala clangula

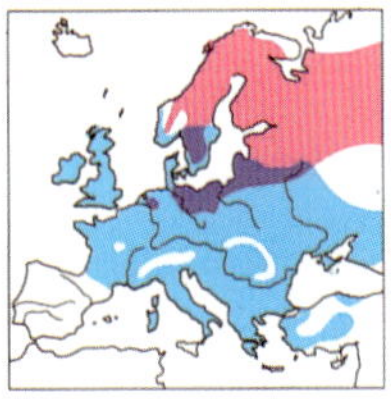

MERKMALE: Erpel im Prachtkleid nur schwarzweiß, am Kopf mit Grün- oder Violettschimmer. Scheitelfedern hollenartig verlängert, dadurch wirkt der Kopf besonders groß. Weißer, ovaler Wangenfleck, goldgelbe Iris, schwarzer Schnabel. Die einjährigen Männchen erkennt man am matt schwarzbraunen Kopf. Verwechslungsmöglichkeit mit der auf Island heimischen Spatelente. Weibchen und Männchen im Schlichtkleid zeigen braune Köpfe und graue Rücken. Die Flügel sind in allen Kleidern dunkel mit weißen Armschwingen. Körperlänge um 46 cm. LEBENSRAUM: Die Schellente ist ein häufiger Brutvogel der nordischen Nadelwaldzone. Die Nordgrenze des Brutgebietes fällt etwa mit der Waldgrenze zusammen, im Süden stößt sie stellenweise weit in die Mischwälder vor - vereinzelt bis in die CSFR und nach Bayern. Zur Brutzeit hält sich die Schellente mit Vorliebe an Seen und langsamen Fließgewässern mit bewaldeten Ufern auf. Einige tausend überwintern auf den Seen im Alpenraum. Um die Wintermitte wechseln viele Schellenten von der Nord- und Ostsee zu den küstennahen Binnengewässern. FORTPFLANZUNG: Bei der Balz von Februar bis April umschwimmen die Erpel ihre Weibchen mit lang ausgestrecktem Hals und werfen häufig den Hals kurz in den Rücken, so daß der Schnabel senkrecht in die Höhe weist. Sie bevorzugen hohle Bäume möglichst nahe am Wasser, aber auch bis 1,5 km vom Ufer entfernt. Die Schellente zwängt sich noch in eine Schwarzspechthöhle mit einem Eingang von 9 cm Durchmesser, verweigert aber Höhlen mit einer Öffnung von mehr als 25 cm Durchmesser. Manchmal brütet sie tief am Grunde ausgefaulter Bäume, so daß man sich fragt, wie die Küken später dort herausklettern können. Sie schlüpfen nach sehr langer Brutzeit - um 30 Tage -, aber weit entwickelt. Die Mutter verläßt sie gewöhnlich schon mit zwei oder drei Wochen. Fliegen können sie jedoch erst mit zwei Monaten. Im Brutgebiet der Schellente kann man Nistkästen aufhängen, die selbst in unmittelbarer Nähe menschlicher Siedlungen gern bezogen werden. Ursprünglich wurden die Kästen aufgehängt, um auf bequeme Art die schmackhaften Enteneier ausnehmen zu können. Wo aber die Bevölkerung im Wohlstand lebt, erfreut man sich an den Enten im Nistkasten, wie man bei uns den Star im Starenkasten mit Wohlwollen betrachtet, und man sieht in den Schellenten willkommene Frühlingsboten. Die Küken springen aus jeder Höhe zu Boden, wenn die Mutter draußen lockt. Sie sind oberseits olivbraun, unterseits gelbbraun mit schwärzlichem Längsstrich durch das Auge. NAHRUNG: Die Schellente taucht bei der Nahrungssuche fast senkrecht ab und dreht am Grunde Steine um. Sie taucht bis in 8 m Tiefe und bleibt meist etwa 30 Sekunden unten. Hauptnahrung im Meer sind je nach Angebot Krebse, Schnecken und Muscheln, im Süßwasser Köcherfliegenlarven und andere Wasserinsekten, dazu Fröschchen, kleine Fische und Pflanzenteile als Beikost.

Löffelente
Anas clypeata

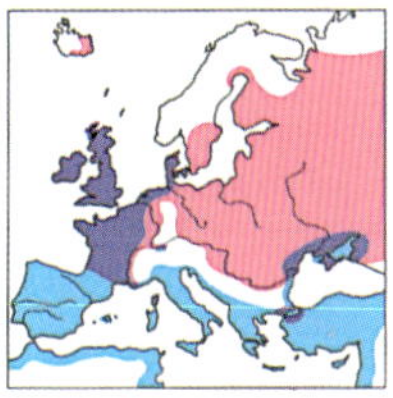

MERKMALE: Kennzeichnende, löffelartige Schnabelform, besonders am Flugbild auffallend. Erpel und Ente mit hellen, blaugrauen Flügeldecken und dunkleren, spiegelartigen Armschwingen. Erpel im Brutkleid mit dunkelgrünem Kopf und weißer Brust, Flanken leuchtend rostrot. Löffelenten liegen recht tief im Wasser und schwimmen mit weit zurückgelegtem Kopf. LEBENSRAUM: Das Brutgebiet der Löffelenten zieht sich quer durch Eurasien und Nordamerika und löst sich an seinem Südrand in zahlreiche Verbreitungsinseln auf. Nach Norden hat sich in diesem Jahrhundert ihr Verbreitungsgebiet erweitert. Als Vogel der Niederungen lebt sie an flachen Süß- und Salzwasserseen mit schlammigem Grund und ebensolchen Ufern. FORTPFLANZUNG: Brutzeit ab Mitte Mai und im Juni, 7-11 Eier von 52 mm Länge. Brutdauer 22-23 Tage. NAHRUNG: Die Ente durchschnattert mit ihrem 7 cm langen Schnabel die obersten Wasserschichten erbeutet Wasserflöhe, Hüpferlinge, Mücken- und Köcherfliegenlarven und ähnliche Kleintiere. Auf dem Herbstzug sucht sie Nahrung oft zusammen mit Watvögeln in den feuchten Schlicklachen, die bei Ebbe im Watt stehenbleiben. Der Schnabel der Löffelente ist unter allen Entenschnäbeln der vollkommenste Seihapparat: Ober- und Unterschnabel sind mit einem Kamm aus Hornzähnen besetzt, die ineinandergreifen, wenn die Ente den Schnabel schließt. Dann stößt die Zunge vor und preßt das Wasser ab.

Moorente
Aythya nycora

MERKMALE: Viel kleiner als eine Stockente, Länge um 41 cm. Die Geschlechter sind ähnlich gefärbt. Der Erpel im Brutkleid mit leuchtend kastanienbraunem Gefieder an Kopf, Hals, Brust und Flanken. Die Ente ist blasser gefärbt. LEBENSRAUM: Die Moorente ist vor allem auf Seen und Teichen der Steppen- und Halbwüstenzone Asiens heimisch und dort stellenweise eine der häufigsten Entenarten. In Mitteleuropa brütet sie nur an wenigen Orten regelmäßig, am sichersten noch am Neusiedler See. Sie siedelt an flachen Teichen und Seen der Tiefebenen mit breitem Schilfgürtel, teils auch an sehr kleinen Gewässern. Am liebsten hält sie sich in der Übergangszone zwischen Schilfwald und Schwimmblattflur über etwas tieferem Wasser auf. FORTPFLANZUNG: Brutbeginn Mitte Mai bis Mitte Juni, Brutdauer 24-25 Tage. Meist 7-11 Eier von etwa 52 mm Länge. Manchmal legen zwei Weibchen ihre Eier in ein Nest, doch schlüpft dann gewöhnlich nur ein Teil der Küken. NAHRUNG: Die Moorente taucht geschickt. Am Gewässergrund reißt sie Wasserpflanzen aus und bringt sie, oft samt Wurzeln, an die Oberfläche.

Zwergsäger
Mergus albellus

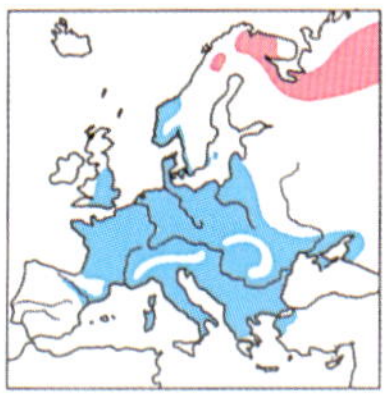

MERKMALE: Größe wie eine Reiherente, Länge um 42 cm. Das Männchen wirkt im Prachtkleid weiß mit feinen schwarzen Strichen, es hat einen schwarzen Gesichtsfleck und eine aufrichtbare Federhaube. Das Weibchen erinnert enfernt an ein Schellentenweibchen. LEBENSRAUM: Das Brutgebiet deckt sich mit dem nordischen Nadelwaldgürtel. FORTPFLANZUNG: Brutbeginn Ende Mai und Juni.

Gänsesäger

Mergus merganser

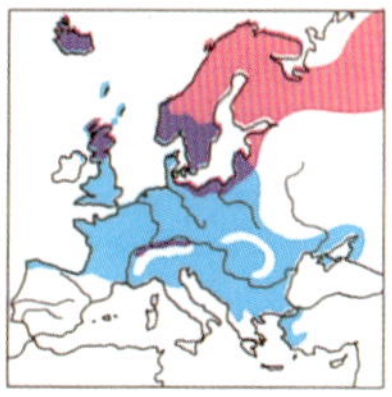

MERKMALE: Der größte Säger, Länge bis 70 cm, Spannweite über 1 m. Bei beiden Geschlechtern roter Pinzettenschnabel mit kräftigem Haken an der Spitze. Kopf des Erpels im Prachtkleid schwarz mit starkem Grünschiller. Nackenschopf beim Männchen im Prachtkleid wie »gekämmt«, bei Weibchen und Erpel im Schlichtkleid struppig. LEBENSRAUM: Zur Brutzeit auf klaren, fischreichen Flüssen und Seen mit baumbestandenen Ufern. Im Winter auf Staustufen, Seen und teilweise auch in Meeresbuchten. Im Mitteleuropa ein geringer Brutbestand im Alpenraum und ein etwas stärkerer Bestand an der Ostseeküste und den küstennahen Seen. Auf der Masurischen Seenplatte sehr häufig. FORTPFLANZUNG: Schon im März sieht man die Weibchen bei der Nistplatzsuche. Sie sind Höhlenbrüter, untersuchen Höhlen aller Art und fliegen dabei recht geschickt durch das Zweigwerk der Gehölze. Sie brüten mit Vorliebe in hohlen Bäumen, und zwar möglichst hoch, daneben in Felshöhlen, Ruinen, Scheunen, auf Speichern, möglichst nahe am Wasser, manchmal auch in der Nähe menschlicher Siedlungen. Da Mangel an geeigneten Höhlen besteht, weichen manche Weibchen auf Höhlen aus, die über 1 km vom Wasser entfernt liegen, auf Fuchsbaue, auf dunkle Winkel unter Baumwurzeln oder unter dichtestem Gebüsch. Die Fizahl ist mit neun im Mittel recht hoch. Ein Weibchen kann bis zu 16 Eier ausbrüten und erzielt damit den Rekord unter den Entenvögeln. Solche Riesengelege entstehen, wenn zwei Weibchen in ein Nest legen. Brutbeginn kurz vor Ablage des letzten Eies, die Brutdauer ist mit etwa 32 Tagen sehr lang. Schon gleich nach dem Schlüpfen können die Jungen mit Schnabel, Krallen und Flügeln gut klettern und mehrere Meter hoch in hohlen Bäumen aufsteigen. Von oben wagen und überstehen sie den Sprung auch aus größerer Höhe, selbst aus senkrechten Felswänden. Man weiß allerdings auch, daß manche Sägermütter ihre Jungen auf dem Rücken durch die Luft tragen. Im August beginnt auch schon die zweite Mauser, bei der nur das Kleingefieder gewechselt wird. NAHRUNG: Hauptsächlich fingerlange Fischchen, selten größer bis hin zu Halbpfündern, im Frühjahr auch Frösche. Im Flachwasser treiben die Säger den Fisch in eine kleine Bucht, tauchen dann und holen ihn mit ihrem feinen Pinzettenschnabel heraus.

Purpurhuhn, Purpurralle

Porphyrio porphyrio

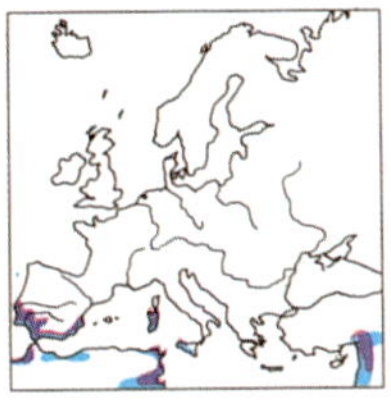

MERKMALE: Größer als ein Bläßhuhn, Länge um 48 cm. Der massige Schnabel mit dem kennzeichnenden Stirnschild und die übergroßen Füße sind beim Altvogel hellrot, beim Jungvogel gelblich. Das Gefieder weist im Alterskleid, besonders auf der Oberseite des Vogels, purpurblauen Schimmer auf, die Unterseite ist etwas heller. LEBENSRAUM: Fast überall in den Tropen der Alten Welt heimisch und an geeigneten Orten häufig vertreten. Erreicht in Europa die Nordgrenze seines Verbreitungsgebietes. Der absolut nördlichste Punkt ist das Wolga-Delta. Viele der Vögel, die als Standvögel das Brutgebiet kaum verlassen, überleben die harten Winter dort nicht, was eine weitere Ausbreitung nach Norden unmöglich macht. Das Purpurhuhn bewohnt undurchdringliche Schilfwälder in Süß-, Brack- und Bitterseen. Es kommt an Gewässern vor, wo es über tiefem Wasser nur in den Schilfhalmen klettert, aber auch im Flachwasser, wo es waten kann. Es ist meist scheu, kann sich aber auch an den Menschen gewöhnen und wird dann zutraulich, wie man das ähnlich auch bei unserem heimischen Grünfüßigen Teichhuhn beobachtet. FORTPFLANZUNG: Beide Eltern bauen das kunstlose Nest aus Schilfblättern im dichtesten Halmdickicht auf, am liebsten zwischen umgebrochenem Schilf. In Seen liegt das Nest dicht über dem Wasser. Das Weibchen legt 3-9 und im Mittel sechs Eier von 50 mm Länge, die von beiden Eltern bebrütet werden. Wenn das Weibchen umkommt, soll das Männchen das Gelege aufgeben. Brutdauer 22-25 Tage. NAHRUNG: Überwiegend pflanzliche Kost: Samen, Sprossen und Wurzeln von Wasserpflanzen. Purpurhühner klettern an Reisstengeln in die Höhe, um die Samen zu fassen, dabei fassen sie mit ihren langen Zehen ganze Bündel von Halmen zusammen. Als Beikost Frösche und deren Brut, Vogeleier und Nestlinge, Krebse.

Kammbläßhuhn
Fulica cristata

MERKMALE: Länge um 40 cm; sehr ähnlich dem genau so großen Bläßhuhn, aber mit charakteristischem zweihöckerigem rotem Stirnkamm über der leuchtend weißen Stirnbläße. Die höckerartige Schwellung ist nur aus der Nähe zu sehen und kommt nur bei Altvögeln vor. Den Jungvögeln fehlt sie vollkommen. Beim Kammbläßhuhn läuft die Befiederung seitlich am Oberschnabel mit einem Winkel von etwa 60° aus, beim Bläßhuhn mit etwa 35°. Ruft dumpf »quoark«; dieser Ruf unterscheidet es deutlich vom Bläßhuh, das entweder ein eintöniges »zip« ruft oder ein meckerndes »Käff«. LEBENSRAUM: Das Kammbläßhuhn ersetzt das Bläßhuhn im tropischen Afrika, ist dort ähnlich häufig wie jenes in Europa und besiedelt vergleichbare Lebensräume. In Ost- und Südafrika lebt es weit verbreitet. Im europäischen Raum siedelt die Art nur stellenweise und punktartig. Das Kammbläßhuhn kommt, rund 5 000 km von seinem geschlossenen Brutgebiet entfernt, in kleinen Verbreitungsinseln in Südspanien und Marokko vor. Es bewohnt in Europa Schilfsümpfe mit kleinen Wasserflächen, die das Bläßhuhn meidet. FORTPFLANZUNG: Wie beim Bläßhuhn. Auch die Dunenjungen sind genauso bunt wie die Bläßhuhnküken. NAHRUNG: Wie beim Bläßhuhn, überwiegend vegetarisch. Sproße und Früchte sowie Wurzeln von Wasserpflanzen, daneben Insekten, Schnecken und Muscheln.

Bläßhuhn
Fulica atra

MERKMALE: Länge 38 cm; Altvögel mit Schnabel und Stirnschild in Weiß. Die Männchen wiegen bis um 600 g, die Weibchen bis 800 g. LEBENSRAUM: Brutvogel an langsam fließenden und stehenden Gewässern mit Schilfsaum, in dem die Vögel ihre Nester bauen. Als Bewohner von Park- und Stadtweihern kommen sie auch ohne Schilf aus. Förderlich für den Bläßhuhnbestand sind flaches Wasser, reiche Wasserpflanzenvegetation, schlammiger Boden und offene Wasserflächen neben Schwimmblattfluren. FORTPFLANZUNG: Brutzeit in Mitteleuropa von Mitte April bis weit in den Sommer, im Süden auch früher. Im März werden die Reviere wieder besetzt, wobei es bei hoher Bevölkerungsdichte zu erbitterten Kämpfen an der Reviergrenze kommen kann, bei denen auch die Weibchen eingreifen und sich mit Hieben der Flossenfüße und Flügel durchzusetzen versuchen. Das meist schwimmende Nest wird am Wasserrand im Altschilf verankert, teils unter einer Laube aus zusammengezogenen Halmen, teils liegt es auch offen. Manche der aus Schilfhalmen erbauten Nester erreichen eine Höhe von 20 cm über dem Wasserspiegel und haben dann eine oder gar zwei Rampen, auf denen die Altvögel und später die Jungen ins Nest steigen. Während das Weibchen brütet, übernachtet das Männchen auf einem eigens dafür erbauten Schlafnest. Meist 7-10 Eier, ausnahmsweise auch bis 15. Eilänge um 50 mm, Brutdauer 21-24 Tage. Meist schlüpfen alle Jungen eines Geleges am gleichen Tag. Sie bleiben noch etwa einen Tag im Nest, dann macht die Familie schwimmend die ersten Ausflüge, kehrt aber oft zum Wärmen und noch lange zum Schlafen ins Nest zurück. Gelegentlich bauen die Eltern auch weitere Aufwärmplattformen. Die Jungen bekommen das Futter vorgehalten und betteln durch Wackeln ihrer bunten Köpfe. Unterwegs lassen die Jungen einen fiependen »Hier-bin-ich«-Ruf hören. NAHRUNG: Überwiegend pflanzlich, Sproße, Früchte und Wurzeln von Wasser- und ufernahen Landpflanzen. Dazu als Beikost Insekten, Schnecken, Muscheln. Einzelne Bläßhühner sind auch Nestplünderer bei anderen Wasservögeln. Die Nahrung wird meist von der Wasserfläche aufgepickt, aber auch tauchend vom Grund heraufgeholt, in der Not aus bis zu 4 m Tiefe, obwohl Bläßhühner in ihrem luftigen Federkleid wie ein Korken nach oben schießen, sobald sie nicht mehr rudern. Ihr Fleisch hat einen stark modrigen Geschmack. Dennoch werden sie hier und da aus Sportgründen gejagt, manchmal sogar zum Entsetzen der Spaziergänger an Parkweihern. Jäger veranstalten entgegen aller Proteste noch immer einen traditionellen Massenabschuß der Bläßhühner.

Teichhuhn, Grünfüßiges Teichhuhn

Gallinula chloropus

MERKMALE: Länge 33 cm. Altvögel an der roten Stirn und den weißen Unterschwanzdecken zu erkennen. Gefieder dunkel mit schmalem, weißem Flankenstreifen, Beine und Füße grün, auch wenn Schnabel und Füße im Winter etwas verblassen. LEBENSRAUM: In Nord- und Südamerika, im tropischen Afrika sowie im warmen und gemäßigten Eurasien heimisch, in Europa bis Mittelskandinavien. An Gewässern aller Art mit dichter Ufervegetation und üppig entfalteten Wasserpflanzen, auch an leicht brackigen Gewässern und kleinsten Bächen und Entwässerungsgräben. Oft in städtischen Gewässern in lebhaftester Umgebung. Im nördlichen Europa immer, in Mitteleuropa teilweise Zugvogel, der in West- und Südeuropa überwintert. FORTPFLANZUNG: Teichhühner sind streng territoriale Vögel, die während der Brutzeit keine Artgenossen im Brutgebiet dulden. Brutzeit Anfang Mai bis Ende Juli, zwei Bruten, nicht selten auch Schachtelbruten, das heißt, daß ein Partner schon auf dem zweiten Gelege brütet, während der erste noch die Jungen der ersten Brut führt. Häufiger aber schließen sich die Jungen, wenn sie eben selbständig geworden sind und die Eltern zum zweiten Mal brüten, zu einer Kinderfamilie zusammen, also einer Familie ohne Eltern, die in der Nähe bleibt. Schlüpfen dann die Jungen der zweiten Brut, so schließen sie sich wieder der gewachsenen Familie an und betreuen zusammen mit ihren Eltern die Neuankömmlinge. Das Nest steht als Blätter- oder Halmenhaufen im Wasser oder in einer Seggenbülte; es liegt aber auch, wo ein leichtes Klettern möglich ist, in einem Busch, manchmal mehrere Meter über dem Wasserspiegel. Die tiefe Nestmulde ist oft grün ausgelegt. Die meist 7-10 Eier von etwa 43 mm Länge werden von beiden Eltern 19-22 Tage bebrütet und notfalls, etwa gegen Hausgänse, verteidigt . Die Eltern locken ihre Jungen mit einem weichen »dugg«. Ahmt man diesen Ruf nach, so kann man die Jungen zu sich locken. Sie betteln dann auch einen Menschen um Futter an, indem sie mit ihren bunten Köpfen wackeln und die Stummelflügel ausbreiten. NAHRUNG: Überwiegend tierische Kost.

Kleines Sumpfhuhn

Porzana parva

MERKMALE: Mit 19 cm Länge kaum starengroß. Männchen mit taubenblauer Hals- und Brustseite, Weibchen auf der Unterseite hellbraun-grau. Das Kleine Sumpfhuhn geht und schwimmt mit Kopfnicken, es klettert gut und kann zur Not auch tauchen. LEBENSRAUM: Das Kleine Sumpfhuhn lebt in verwachsenen Schilfwäldern und Rohrkolbendickichten mit stehendem Wasser und mit ungebrochenem Altschilf. FORTPFLANZUNG: Das Nest, ein tiefer Napf aus den Blättern von Schilf- und Rohrarten, liegt mal niedrig, mal bis 1 m über dem Wasserspiegel auf dem umgebrochenen Schilf, auf alten Nestern anderer Wasservögel oder in Seggenbülten. Manche Nester scheinen zwischen den stehenden Halmen zu hängen, sitzen aber auf umgeknickten Stengeln. Oft verraten die Vögelchen ihre Anwesenheit nur durch ihre Nester. 7-8 Eier, Brutzeit Anfang Mai bis Ende Juli. Beide Eltern brüten, die Jungen bleiben bis zu 8 Tagen im Nest und werden von den Eltern gefüttert. Die Partner lösen sich alle paar Stunden beim Brüten ab. Bei einer Störung springen sie aus dem Nest und verstecken sich. Wenn die Jungen nicht mehr zurücksteigen können, bauen die Eltern ihnen ein Hudernest. Die Küken sind kohlschwarz bedunt, im Nacken schimmert die rote Haut durch. NAHRUNG: Insekten, Spinnen, Schnecken und Würmer.

Wasserralle
Rallus aquaticus

MERKMALE: Mit 28 cm Länge deutlich kleiner als ein Teichhuhn, aber von ähnlicher Gestalt. Langer, gelbroter Schnabel, Vorderseite schiefergrau, Flanken schwarz-weiß gestreift, Jungvögel matter gefärbt mit graubrauner, undeutlich gestreifter Brust. LEBENSRAUM: Pflanzendickichte überschwemmter Bruchwälder mit tieferen Wasserlöchern, Verlandungszonen, Röhricht, zwischen Land und Wasser. FORTPFLANZUNG: Wie auch bei ihren Verwandten üblich, besetzt und verteidigt die Wasserralle zur Brutzeit ihr Revier. Sie droht den Mitbewerbern, indem sie den Schwanz aufstellt und seine weißen Federn zum Fächer ausbreitet. Das Nest liegt sehr gut versteckt, allseitig von Wasser umgeben. Der Brutvogel zieht die Halme über sich zu einer Kugel zusammen. Eine Rampe aus Halmen führt nicht selten hinab zum Wasserspiegel. Beide Eltern brüten. Brutzeit Ende April bis Ende Juni, meist eine, selten auch zwei Bruten. Häufig werden Nachgelege nötig. Brutdauer 19-21 Tage, 6-11 Eier von durchschnittlich 36 mm Länge. Die Eltern können nach einer Störung Junge wie Eier im Schnabel davontragen und in ein Notnest bringen. Einen Tag vor dem Schlüpfen zeigen die Eier die ersten Sprünge. Das Dunengefieder der Jungen ist tiefschwarz mit grünem bis blauem Glanz, ihr Schnabel weiß; im Nacken schimmert die rote Haut durch das Dunenkleid. Die Jungen werden in den ersten Tagen gefüttert und notfalls beherzt verteidigt. Nach zwei Wochen finden sie selber genügend Nahrung, aber erst nach 7-8 Wochen beginnen sie zu fliegen; nach 20 Wochen sind sie selbständig. Sie ziehen bald nach dem Flüggewerden weg. NAHRUNG: Wasserinsekten, aber auch große Frösche Wasserrallen fangen nach Reiherart gelegentlich Fischchen aus dem Wasser und erbeuten sogar Kleinvögel.

Stelzenläufer
Himantopus himantopus

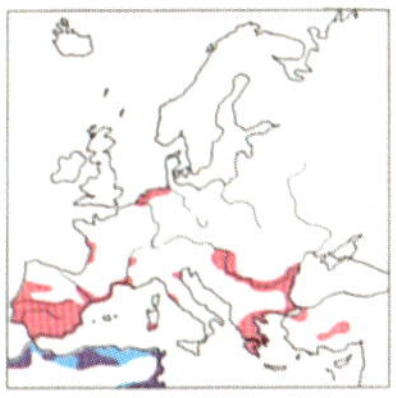

MERKMALE: Länge um 36 cm, Körper knapp taubengroß. Stelzenläufer sind unverwechselbar, darüber hinaus kann man im Feld Alter und Geschlecht der Vögel unterscheiden. Alte Männchen im Brutkleid mit glänzend schwarzen Flügeln, Nacken und Kopfseiten schwarz. Mit fortschreitendem Alter werden die schwarzen Kopfpartien kleiner, und auf dem Brustgefieder kann sich ein Hauch von Rosenrot zeigen. Beim Weibchen im Brutkleid ist die Oberseite glanzlos schwarzbraun, Kopf und Nacken sind weiß. LEBENSRAUM: Der Stelzenläufer brütet in den Tropen und Subtropen der Alten und Neuen Welt. In Ostasien tritt er in einer einheitlich schwarzen Form auf. Er bevorzugt seichte Gewässer mit offenen Ufern, schlickigem Grund und eingestreuten Schilf- oder Binsenhorsten. Dabei akzeptiert er Süß-, Brack- und Bitterwasser, meidet aber meist die Meeresküste. Im Mittelmeerraum ist er ein typischer Lagunenvogel. Die Ausbreitung des Reisanbaus schuf ihm in den überschwemmten Reisfeldern einen neuen Lebensraum. Von zahlreichen Brutversuchen nördlich der Alpen bis zum Nordseestrand wird berichtet, doch ist der Bruterfolg gering, bislang kam es nicht zu einer dauerhaften Ansiedlung in Mitteleuropa. FORTPFLANZUNG: Stelzenläufer brüten meist in lockeren Kolonien. Die Eier, meist vier an der Zahl, sind olivgrün bis aschgrau und fein rötlich-braun gefleckt, etwa 44 mm lang. Sie liegen mit dem zugespitzten Ende zur Nestmitte hin. Die Brutzeit kann sich über einen längeren Zeitraum hinziehen. Legebeginn etwa von Mitte Mai bis Mitte Juni, Brutdauer 25 oder 26 Tage. NAHRUNG: Der Stelzenläufer kann in so tiefem Wasser waten wie kein anderer Watvogel. Er geht meist bis zum Bauchgefieder ins Wasser. Er erbeutet schwimmende und kriechende Tiere, wie Kaulquappen, Wasserwanzen, Schwimmkäfer und Köcherfliegenlarven.

Flußregenpfeifer
Charadrius dubius

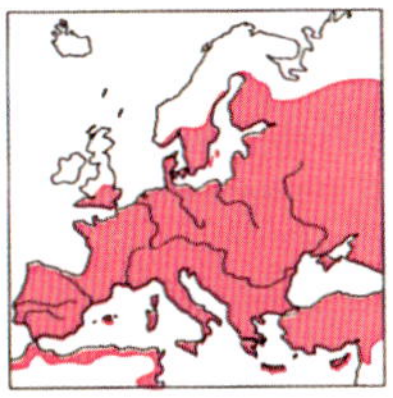

MERKMALE: Mit 15 cm Länge deutlich kleiner als der Sandregenpfeifer. Ohne Flügelbinde, Schnabel schwarz, gelber Augenring, Füße gelblichgrau. Im Winter- und Jugendkleid unscheinbar und den anderen Regenpfeifern ähnlich. Kein weißer Flügelstreif im Flugbild (Oberseite) wie bei den ähnlichen Sandregenpfeifern. LEBENSRAUM: Der einzige Regenpfeifer, der an den Flüssen Mitteleuropas brütet, dafür fehlt er an der Meeresküste. Sein angestammter Lebensraum sind die Kiesinseln der Wildflüsse. Durch Flußregulierungen gingen diese Kiesinseln drastisch zurück. Auf den letzten verbliebenen drängen sich an warmen Sommertagen die Badegäste und vertreiben damit, ohne es zu ahnen, die Regenpfeifer. So wäre der Flußregenpfeifer heute in Deutschland wohl ausgerottet, hätte er nicht in Kiesgruben einen neuen, wenn auch oft nur vorübergehend zugänglichen Lebensraum gefunden. FORTPFLANZUNG: Die Paare besetzen möglichst das vorjährige Revier. Das Männchen balzt mit einem auffälligen, wohlklingenden Trillerruf. Gegen Rivalen droht es an der Reviergrenze, indem es sich verbeugt, den Schwanz senkrecht aufstellt und zu einem Rad entfaltet. Dabei kommt die weiße Färbung der Schwanzfedern voll zur Wirkung. Ganz ähnlich droht der Regenpfeifer auch, wenn ihm ein anderer Watvogel zu nahe kommt. Das Nest ist eine unauffällige Mulde im Kies, manchmal mit einigen Pflanzenteilen ausgelegt. Es enthält in der Regel vier Eier. Nachgelege bis zu drei Eiern möglich. Geht ein Ei der schon fortgeschrittenen Brut verloren, so brüten die Vögel auf dem unvollständigen Gelege weiter. Beide Eltern brüten mit häufigen Brutablösungen. Während ein Partner zum Nest rennt, huscht der andere schon davon. Auf den Eiern spreizt der Vogel das Brustgefieder und rückt sich so zurecht, daß die Eier in Kontakt mit den Brutflecken kommen. Das sind nackte, besonders gut durchblutete und daher warme Hautstellen, die sich nur bei brütenden Vögeln finden. Flußregenpfeifer können die sehr großen Eier, die zusammen etwa 30 g wiegen (gegen 40-45 g des Brutvogels), nur mühsam erwärmen. So kommt es, daß die Brut bei kaltem Wetter bis zu einer Woche länger dauert als an warmen Tagen. Brutzeit 22-27 Tage. Während der Brutzeit zeigen die Vögel ein sehr starkes Verleiten, indem sie erst vom Nest weglaufen und in einiger Entfernung unter Zuckungen und Verrenkungen weiterhinken. Das Schlüpfen der Jungen zieht sich über 2-3 Tage hin. Ein Teil der Brutpaare brütet unter günstigen Bedingungen ein zweites Mal, wenn die erste Brut selbständig geworden ist. Das gesamte Brutgeschäft kann sich dann über dreieinhalb Monate hinziehen. NAHRUNG: Vom Boden und aus dem Flachwasser aufgepickte Kleintiere, als Beikost Pflanzensamen. Im Magen finden sich regelmäßig Steinchen.

Teichwasserläufer
Tringa stagnatilis

MERKMALE: Der kleinste und zierlichste Wasserläufer in unseren Breiten. Körperlänge um 23 cm. Sehr dünner, gerader Schnabel. Im Flug wird wie beim Rotschenkel der weiße Hinterrücken sichtbar, die Beine ragen dann weit über das Schwanzende. Die Flügel sind gleichmäßig dunkel. Beine olivgrün, Stirn und Kehle weiß. Sehr lebhaft, läuft gern über Schwimmblattfluren oder Algenwatten, wohin ihm die schwereren Wasserläufer nicht folgen können. Die Stimme ist wohlklingend und laut, wenn auch nicht so durchdringend wie die der größeren Arten. Im Winterkleid etwas heller als im Sommer. Im südlichen Europa kann man die Vögel als Durchzügler im Winterkleid beobachten. LEBENSRAUM: Der Teichwasserläufer ist ein Brutvogel der asiatischen Steppenseen, der örtlich sehr häufig vorkommt. Auf dem Zuge wurde er schon oft in Süd- und auch in Mitteleuropa gesehen. Die Überwinterungsgebiete liegen in fast allen Tropenzonen der alten Welt, teils an Meeresküsten, teils an Flachufern von Binnenseen, auch an Salz- und Bitterseen. Ein Teil der Vögel übersommert auch an Orten, wo die Art nicht brütet. FORTPFLANZUNG: Die Vögel brüten in ihrem Verbreitungszentrum selbst an den kleinsten Flecken mit Sumpfvegetation, an den Ufern von Flüssen und Seen und in Flachmooren. Im Frühjahr zeigen die Männchen einen lerchenartigen Singflug mit abschließendem Sturzflug zum Weibchen hin. Die Nester liegen stellenweise kolonieartig zusammen. Brutzeit Mitte Mai bis Mitte Juni. Vier, selten auch drei Eier. Die Eltern umfliegen mit eintönigem Schreien jeden Eindringling in das Brutgebiet. Die Jungen bleiben anfangs in der Ufervegetation, später erscheinen sie an offenen Uferstellen. NAHRUNG: Zarte Kleintiere, die meist unmittelbar von der Wasserfläche aufgepickt oder mit dem Schnabel aus Algenwatten herausgestochert werden.

Dunkler Wasserläufer

Tringa erythropus

MERKMALE: Der einzige Wasserläufer mit zwei verschiedenen Federkleidern. Im sommerlichen Brutkleid schieferschwarz mit feiner weißer Fleckung auf dem Rücken. Im Flug wird der weiße, nach vorne keilförmig auslaufende Bürzel sichtbar. Der Schwanz ist fein und dunkel gebändert. Ruhekleid oberseits dunkler, unterseits heller bräunlich-grau mit weißlicher Tüpfelung. Beine im Brutkleid schwärzlich-rot, im Ruhe- und Jugendkleid hellrot. In Bewegung und Haltung ähnelt der Dunkle Wasserläufer dem Rotschenkel, er ist aber etwas größer - Länge um 30 cm - und vor allem schlanker und langbeiniger. Er schwimmt oft und landet sogar auf dem Wasser, wo er korkenleicht in den Wellen liegt. Auf der Flucht vor Greifvögeln taucht er ins Wasser und hat damit meist Erfolg. Beim Auffliegen ruft er laut und melodisch und meist nur einmal. Der Warnruf am Brutplatz klingt wie »tick... tick...« und wird solange wiederholt, bis die Gefahr vorüber ist. LEBENSRAUM: Die Art ist mehr als andere Wasserläufer an das feuchte Lebenselement gebunden. In der Strauchtundra und in Wäldern nahe der nördlichen Waldgrenze nicht selten. Brutvogel in moorigen Heiden und Sümpfen. Die Vögel halten sich außerhalb der Brutzeit an Seen und Weihern mit flachen schlammigen Ufern auf, auch am Brackwasser und in Salinen. Auf dem Zug folgen sie Küsten und Strömen. Sie überwintern in geringer Zahl in Westeuropa und im Mittelmeerraum, vor allem aber in Afrika, ohne jedoch den Äquator in größerer Zahl zu überqueren. FORTPFLANZUNG: Das Nest liegt meist unter niedrigen Ästen von Krüppelkiefern oder am Fuß ähnlicher Gehölze. Meist brütet nur das Männchen. Es schleicht sich bei einer Störung frühzeitig von den vier Eiern. Brutzeit Ende Mai und Juni. NAHRUNG: Der langbeinige Dunkle Wasserläufer watet bei der Nahrungssuche meist in tieferem Wasser als seine Verwandten. Er verhält sich dabei sehr geschickt. Oft laufen die Dunklen Wasserläufer bis zum Bauch im Gewässer. Sie betreiben sogar eine Schwimmjagd, wobei sie mit dem Kopf unter Wasser gehen. Bei Gefahr tauchen sie ab und entkommen so meist ihren Raubfeinden. Auf den Speiseplan gehören Frösche, Fische, Insekten und verschiedene Krebse.

Flußuferläufer

Tringa hypoleucos

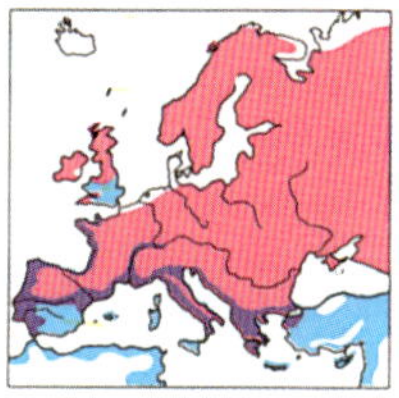

MERKMALE: Etwas über lerchengroß, Länge 20 cm. Die Bauchseite ist weiß, der Rücken wirkt von ferne einfarbig braungrau. Aus der Nähe erweist er sich als verschieden gezeichnet, je nach Jahreszeit: Im Sommerkleid zeigt er ein dunkles Pfeilspitzenmuster, im Winterkleid eine feine, blaßbräunliche Querstrichelung. LEBENSRAUM: Verbreitet in einem etwa 3 000 km breiten Streifen durch das gemäßigte Eurasien und Nordamerika. Der Flußuferläufer brütet vorzugsweise auf sich begrünenden Sand- oder Kiesinseln, in Schluchten, aber auch an anderen dicht bewachsenen Ufern. Ein Paar besetzt einen Flußabschnitt von etwa 1 km Länge. Die Reise von Mitteleuropa bis in die Nähe des Äquators legen die Flußuferläufer in wenigen Tagen zurück. Auf dem Zug tauchen sie an verschiedenen Gewässern auf, auch auf den Schlickbänken, wo große Limikolenscharen rasten. Hier laufen sie meist einzelgängerisch an der Grenze zwischen Schlickufer und beginnender Vegetation entlang. Am Meeresstrand treten die Flußuferläufer wenig in Erscheinung. So ungesellig die Vögel bei der Nahrungssuche sind, so können sie sich außerhalb der Brutzeit doch zu Schlafgesellschaften und Reisegruppen zusammentun. Sie sind Nachtwanderer, die nach Sonnenuntergang viel rufen und flattern und dann plötzlich in den Abendhimmel steigen. Der Herbstzug der Altvögel erreicht in Mitteleuropa schon Ende Juli seinen Höhepunkt, wenige Wochen später folgen die Jungvögel, und Ende September klingt der Durchzug aus. FORTPFLANZUNG: Mitte April beginnen die Balzflüge auf Zickzackbahnen und mit schwirrenden Flügelschlägen über dem Wasser. Dazu trägt das Männchen einen Trillergesang vor und scharrt symbolisch Nestmulden aus. Das Nest liegt meist unerreichbar für Hochwasser rund ein Dutzend Meter vom Wasser entfernt. Es ist stets sehr gut versteckt, und die Vögel schleichen nur dann zum Nest, wenn sie sich unbeobachtet fühlen. Die vier Eier von 36 mm Länge wiegen zusammen etwa so viel wie das Weibchen und werden innerhalb einer Woche gelegt. Beide Eltern brüten, Brutzeit Mai und Juni, Brutdauer 21-22 Tage. Aufgescheucht, stehlen sich die Vögel meist unbemerkt vom Nest. NAHRUNG: Zarte Insekten, Spinnen und Kleinkrebse.

Flußseeschwalbe
Sterna hirundo

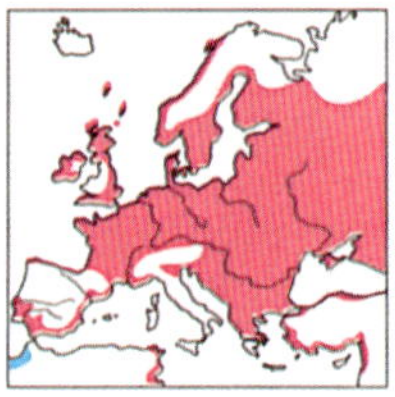

MERKMALE: Rudert, schwebt und rüttelt fast pausenlos über dem Wasser, bei der Jagd mit steil nach unten gerichtetem roten Schnabel mit schwarzer Spitze. Füße hochrot. Schwimmender, schwerelos wirkender Flug. Sitzt mit eingezogenem Kopf und über dem Schwanz gekreuzten Flügeln, schwimmt schlecht, ruht aber gelegentlich, vor allem in den heißesten Stunden auf dem Wasser. Reckt beim Starten und Landen elegant die langen Schwingen in die Höhe. Länge 35 cm, Spannweite um 80 cm. LEBENSRAUM: Die Flußseeschwalbe ist sehr anpassungsfähig. Ihr Idealbiotop sind Flüsse mit weiten flachen Betten, klarem, fischreichen Wasser und vegetationslosen Kies- oder Sandinseln. Sie kommt aber auch an Seen mit grasigen Ufern, in sumpfigen, wasserreichen Niederungen und an der Meeresküste vor. FORTPFLANZUNG: Die Brutkolonien liegen teils auf nacktem Kies oder Sand, meist auf Inseln oder zwischen Dünen, teils auch in schütterer Vegetation, die aber niemals so dicht sein darf, daß sie dem Brutvogel die freie Rundsicht raubt. Brutzeit Mai und Juni, Brutdauer 21-22 Tage. NAHRUNG: Flußseeschwalben sind Stoßtaucher, die die Beute im Rüttelflug anpeilen. So erbeuten sie Fische, Kaulquappen, junge Frösche, Wasserinsekten, Blutegel.

Lachseeschwalbe
Gelochelidon niloltica

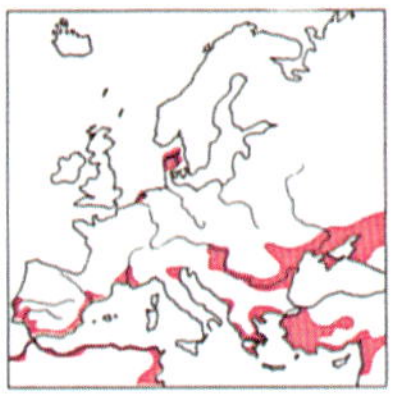

MERKMALE: In allen Kleidern an dem im Vergleich zu den übrigen Seeschwalben viel kürzeren Schnabel zu erkennen. Kein Federschopf. Länge um 38 cm, Spannweite um 95 cm. Die Stimme ist lachend «he-he-he«. LEBENSRAUM: Ihr Idealbiotop scheinen flache Gewässer in wenig bewachsener, sogar halbwüstenhafter Umgebung zu sein. Um die Jahrhundertwende brütete sie sogar im Lechtal, wo die Kolonie zum Exkursionsziel zahlreicher Ornithologen wurde. FORTPFLANZUNG: Die meisten Kolonien liegen in Lagunenlandschaften mit Kiesbänken, sandigen Inseln, Dünen, trockenen Grasflächen und Salzsümpfen. Die Kolonien sind meist klein; nur in Asien umfassen sie mehr als 100 Brutpaare. Gastbruten in Kolonien anderer Seeschwalben sind häufig. Brutzeit Mai und Juni, für Nachgelege auch Juli, Brutdauer 22-23 Tage, 2-4 Eier. Die Brutzeit in einer Kolonie zieht sich über viele Wochen hin. NAHRUNG: Lachseeschwalben fliegen im Suchflug langsam mit nach vorn gerichtetem Schnabel über Grasland und Sümpfe, nur selten über Wasser. Sie folgen dem Pflug und erbeuten vor allem Insekten, daneben Mäuse, Eidechsen, Spinnen und Krabben. Sie betätigen sich auch als Nestplünderer in Seeschwalbenkolonien und bei anderen Bodenbrütern.

Trauerseeschwalbe
Chlidonias niger

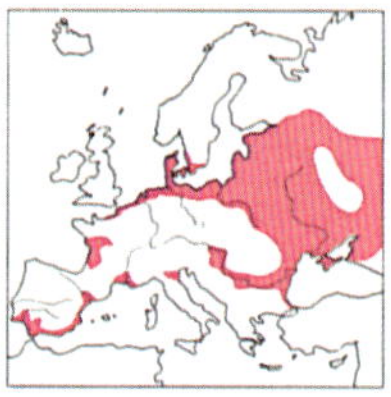

MERKMALE: Im Brutkleid rußigschwarz mit schwarzem Schnabel, im Winterkleid oberseits grau, unterseits weiß mit einem markanten grauen Fleck an den Brustseiten. Länge um 24 cm, Spannweite um 60 cm. Der Flug wirkt etwas taumelnd und flatterig, ist aber doch rasch und wendig. Auf Nahrungssuche fliegen die Vögel dicht über dem Wasser, verhalten hier und da im Rüttelflug und holen die Beute aus dem Wasser, ohne mit mehr als dem Schnabel einzutunken. Sie können aber auch in flachem Stoß ins Wasser eintauchen. LEBENSRAUM: Bis nach Zentralasien und in Nordamerika verbreitet. Der Bestand ist überall in Europa durch Umweltzerstörung rückläufig, und nur an manchen Stellen im südlichen Rußland noch hoch. Die mitteleuropäischen Trauerseeschwalben verschwinden manchmal für Jahre aus ihrem Brutgebiet, brüten aber auch an Orten, wo sie noch nie gesehen wurden. Sie erscheinen im ersten Maidrittel im Brutgebiet und ziehen im August wieder fort. Die Winter verbringen sie an den Küsten des tropischen Afrika. FORTPFLANZUNG: Trauerseeschwalben brüten bei uns in kleinen Kolonien. Die Nester liegen dicht beieinander auf Schilfbruch oder auf trockeneren Fleckchen in Sümpfen. Man kann ihnen mit schwimmenden Inseln leicht Nisthilfen anbieten. Da die Nester den Wasserspiegel nur wenig überragen, sind sie durch Hochwasser sehr gefährdet. Die Brutzeit liegt zwischen Mitte Mai und Juni, zwei oder drei Eier von 34 mm Länge, Brutdauer 20-22 Tage. Beide Eltern brüten und lösen sich regelmäßig ab. Die Küken können schon am ersten Tag schwimmen, bleiben aber, wenn sie nicht gestört werden, etwa zwei Wochen im Nest. In der dritten Woche beginnen sie zu flattern, und in der vierten Woche fliegen sie schon gut. NAHRUNG: Insekten, kleine Fische, teilweise auch Frösche sowie Kaulquappen.

Rohrschwirl
Locustella luscinioides

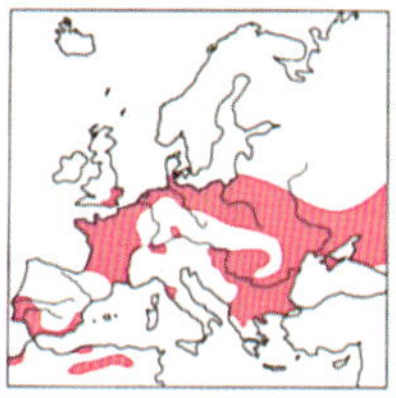

MERKMALE: Länge 14 cm. Gefieder ungefleckt und auf der Oberseite rotbraun, etwas an eine Nachtigall erinnernd. Zur Hauptbalzzeit singen die Männchen von der Spitze eines Schilfhalmes herab. Sie reißen den Schnabel weit auf, sträuben die Kehlfedern und wenden den Kopf beim Singen hin und her, so daß der Sänger schlecht zu orten ist. Bei der geringsten Störung stürzt sich der Schwirl in die Tiefe, beginnt nach einiger Zeit unten im Dickicht wieder zaghaft zu singen, klettert von Strophe zu Strophe höher und sitzt bald wieder auf seiner Singwarte. LEBENSRAUM: Der Rohrschwirl ist auf größere Schilfwälder beschränkt, in denen zwischen dem Schilf noch Schneidgräser und andere Sumpfpflanzen wachsen und ein dichtes Halmengewirr bilden, in dem die anderen Rohrsänger nicht mehr leben können. Offene Wasserstellen müssen im Brutgebiet vorhanden sein. Rohrschwirle sind Zugvögel, die den Winter im südlichen Mittelmeerraum, im Niltal bis in die Tropenzone und in den Euphratsümpfen verbringen. FORTPFLANZUNG: Die Männchen fallen schon am Tage ihrer Rückkehr durch Sangeseifer auf. Etwa 2-3 Wochen später wird das Nest gebaut: Das Männchen trägt im Wasser liegende, bis zu 25 cm lange Schilfblätter zum Nestort. Das Weibchen fügt sie in den Bau ein. Von oben ist das Nest durch Halme vor Sicht und Regen geschützt und liegt nicht mehr als 30 cm über dem Sumpf oder Wasserspiegel. Nur das Weibchen brütet und wird auf den Eiern vom Männchen gefüttert. Brutzeit in Südeuropa von Mitte April bis Juni, im Norden von Mitte Mai bis Juni. Meist zwei Bruten mit je 5-6 Eiern von etwa 20 mm Länge. Brutdauer 12-13 Tage, Nestlingsdauer 12-14 Tage. NAHRUNG: Zarte Insekten wie Raupen, Köcherfliegen, Schlammfliegen und Spinnen.

Drosselrohrsänger
Acrocephalus arundinaceus

MERKMALE: Der größte Rohrsänger, Länge 19 cm. Kräftiger Schnabel und heller Überaugenstreif. LEBENSRAUM: Von der Nadelwaldgrenze im Norden bis zur Wüstenzone im Süden. In Mitteleuropa ist sein Bestand rückläufig, so daß er zu den bedrohten Arten gezählt werden muß. Er bewohnt ausgedehnte und hochwüchsige Schilfwälder. Zur Nahrungssuche verläßt er nicht selten den Schilfwald und besucht naheliegendes Weidengebüsch oder andere Auwaldvegetation. FORTPFLANZUNG: Die 4-6 Eier sind im Durchschnitt 23 mm lang und meist kräftig gefleckt. Brutzeit Ende Mai und Juni, Brutdauer 14-15 Tage. Männchen und Weibchen brüten. NAHRUNG: Insekten, kleine Frösche und Fischchen.

Teichrohrsänger
Acrocephalus scirpaceus

MERKMALE: Länge 12,5 cm. Das Gefieder ist braun mit Rostton im Gegensatz zum Sumpfrohrsänger mit mehr olivbraunem Gefieder. LEBENSRAUM: Der Teichrohrsänger ist nur im dichten Schilfwald heimisch, mag er nun über dem Wasser stehen oder im Sumpf. FORTPFLANZUNG: Teichrohrsänger bauen ein kunstvolles Hängenest zwischen mehreren frischen Schilfhalmen. Der Nestbau beginnt erst im Juni, wenn das Schilf schon hochgeschossen ist. Aus dem sehr tiefen Nestnapf fallen die Eier dann auch nicht heraus, wenn Gewitterböen das Schilf niederbeugen. Sind die Jungen einmal geschlüpft, krallen sie sich schon im zarten Alter in den Nestboden. Gewöhnlich vier, seltener fünf Eier mit olivgrauem Grundton und grober Fleckung.

Wasseramsel
Cinclus cinclus

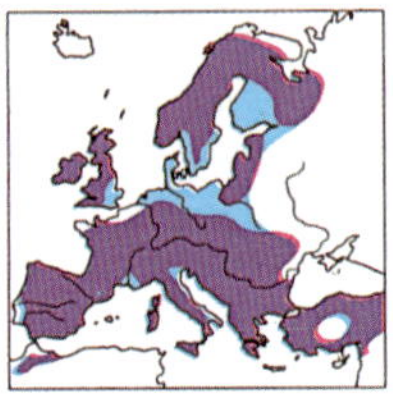

MERKMALE: Mit 18 cm Länge etwa starengroß, kräftige, lange Beine. Dunkelbraun bis schwarzbraun mit weißem Brustlatz. LEBENSRAUM: Bäche und schnellfließende Flüsse mit kaltem Wasser und kiesigem Grund, gern mit eingestreuten Felsbrocken und bewaldeten Ufern. Mit solchen Ansprüchen fehlt die Wasseramsel in den Niederungen, sonst ist sie in vielen Rassen weit nach Asien hinein verbreitet. In Mitteleuropa hat die Wasseramsel viele Brutplätze durch Bachverbauungen verloren. Sie ist »kältefest«; im Gebirge und in Nordeuropa geht sie bis über die Baumgrenze. FORTPFLANZUNG: Im Bach erstirbt das Insektenleben auch im Winter nicht, deshalb kann die Wasseramsel früh im Jahr mit der Brut beginnen. An sonnigen Tagen hört man schon mitten im Winter ihr schwätzendes, etwas an den Wirbel des Zaunkönigs erinnerndes Lied. Das Männchen beginnt ab Februar mit dem Nestbau und weist sich so als Revierinhaber aus. Hat sich ein Weibchen eingefunden, so bauen beide weiter. Das Männchen bringt Nistmaterial - Moos für die Außenwand und Weidenblätter für den Innenausbau -, das Weibchen baut. Das sehr große Kugelnest weist einen seitlichen Eingang auf. Es liegt stets dicht am Wasser in einer Halbhöhle oder einem dunklen Winkel, etwa zwischen unterspülten Wurzeln, in Felsspalten, in Erdabbrüchen, unter Brücken, manchmal auch unter einem Wasserfall, so daß die Vögel durch das stürzende Wasser zu ihrem Nest fliegen müssen. An begradigten Bächen finden die Wasseramseln meist keinen Nistplatz mehr. Man hilft ihr, indem man unter Brücken halboffene Nistkästen an der höchsten und dunkelsten Stelle aufhängt. Nur das Weibchen brütet auf den 4-6 weißen Eiern. Brutzeit März bis Juni, im Norden eine, im Süden zwei Bruten je Jahr. Während der Brutzeit hält sich das Männchen in Nestnähe auf und meldet sich häufig mit Gesang. Die Brutdauer beträgt etwa 16 Tage, die Nestlingsdauer 19-25 Tage. Schachtelbruten, bei denen ein Partner die Jungen versorgt und der andere auf dem nächsten Gelege brütet, kommen vor. Wenn die Jungen ausfliegen, können sie sofort schwimmen und tauchen. NAHRUNG: Wasserinsekten, die sie oft unter kleinen Steinen am Grund finden.

Gebirgsstelze
Motacilla cinerea

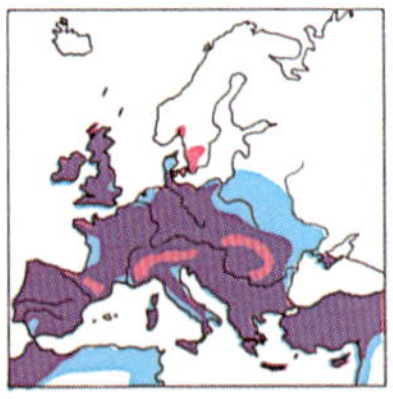

MERKMALE: Länge um 18 cm. Schwanz noch länger als bei der Bachstelze, in der Färbung ähnlich der Schafstelze, bis auf den grauen anstatt olivgrünen Rücken. Die Jungen sind unscheinbar blaß gefärbt, aber am langen Schwanz kenntlich. LEBENSRAUM: Enger an das Wasser gebunden als die übrigen Stelzen. Watet gern bis zum Bauch im Wasser und pickt bei der Nahrungssuche auch ins Wasser. Auf der Wasserfläche treibende Insekten kann sie im Flug aufnehmen. Gebirgsstelzen halten sich am liebsten da auf, wo Wasser rauscht, also vor allem an schäumenden Bergbächen. Wo aber in der Ebene Wasser über ein Mühlenwehr oder eine künstliche Staustufe rauscht, können sie sich ebenfalls ansiedeln. Im Winter erscheinen Gebirgsstelzen an allen offenen Fließgewässern. Bei strengem Dauerfrost, aber auch bei Hochwasser weichen sie in günstigere Landstriche aus. FORTPFLANZUNG: Das Nest wird in Halbhöhlen in Wassernähe, unter Brücken, in Mauerlöchern und an ähnlichen Orten erbaut. Hängt man an rasch strömenden Bächen unter den Brücken Nistkästen mit großer Öffnung (sogenannte Halbhöhlenkästen) auf, kann man die Gebirgsstelze nicht selten zur Ansiedlung bringen. Das Weibchen baut das Nest, das Männchen trägt Nistmaterial herbei. Innen wird das Nest mit Tierhaaren ausgelegt. Gebirgsstelzen legen meist 5-6 Eier. In West- und Südeuropa finden häufig zwei Bruten statt, in Mitteleuropa wird nur eine Brut ausgeführt. NAHRUNG: Insekten und andere Kleintiere vom Gewässerufer oder aus dem Flachwasser. Daneben werden auch gern Spinnen aus dem Ufergebüsch erbeutet.

Eisvogel
Alcedo atthis

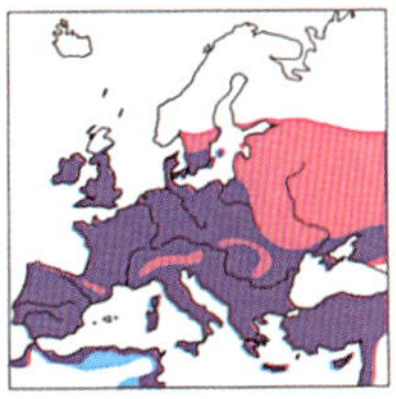

MERKMALE: Länge um 16 cm. In Gestalt, Farbe und Lebensweise unverwechselbar. Die Jungvögel sind etwas matter gefärbt, das Männchen erkennt man am schwarzen, das Weibchen am unterseits schwarzroten Schnabel. LEBENSRAUM: Im Brutgebiet müssen ruhige, klare und fischreiche Gewässer mit genügend Sitzplätzen für die Ansitzjagd vorhanden sein und eine Steilwand aus Sand, Löß oder Torf, in welche die Vögel ihre Bruthöhle graben. FORTPFLANZUNG: Da es das ganze Jahr über Fische gibt, kann der Eisvogel früh mit der Brut beginnen, zuweilen schon im April. Immer wieder wird die Brutzeit so gewählt, daß nach dem Schlüpfen der Eisvögel auch Fischbrut verfüttert werden kann. Am liebsten bezieht der Eisvogel seine vorjährige Bruthöhle; ist dies nicht der Fall, beginnt das Paar damit, im Rüttelflug Erdteilchen aus der Brutwand zu picken. Später hacken die Vögel mit dem Schnabel und scharren mit den Füßen. Die Röhre wird gut armtief und endet in einem Kessel, der immer so gelegen ist, daß der Brutvogel noch unmittelbar hinausschauen kann. Die 6-7 Eier liegen anfangs auf losgescharrter Erde, aber mit der Zeit bildet sich eine pulverige Unterlage aus Fischschuppen und Gräten, welche die Vögel als Gewölle ausscheiden. Beide Eltern brüten, Brutdauer 18-21 Tage, drei Schachtelbruten in einem Jahr beobachtet. NAHRUNG: Eisvögel sind Stoßtaucher. Von einem Sitzplatz aus peilen sie ein Fischchen an und stoßen dann gezielt ins Wasser.

Wasserpieper
Anthus spinoletta

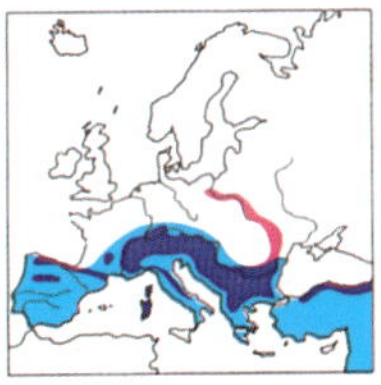

MERKMALE: Merklich größer als der Wiesenpieper - Körperlänge 16,5 cm gegen 14,5 cm. Füße dunkel. Grundfarbe bei den Wasserpiepern der Gebirge grau, an den westeuropäischen Küsten dunkel, in Skandinavien existiert eine Rasse mit brauner Grundfarbe. LEBENSRAUM: Der Wasserpieper kommt in zwei recht verschiedenen Lebensräumen vor: Die Gebirgsrasse siedelt in der Krummholzzone und den sich darüber anschließenden Almwiesen, besonders gern an Bergbächen, die durch Felsgelände rauschen. Sie kommt in den Alpen vor, aber auch im Schweizer Jura, Böhmerwald, Vogesen und Schwarzwald. Die zweite, etwas anders gefärbte Rasse, bewohnt felsige Meeresküsten und Strände. Wasserpieper sind enger an das Wasser gebunden als die anderen Pieper. Sie waten gerne im Flachwasser und gehen dabei zierlich nach Stelzenart mit erhobenem Schwanz. Im Gebirge reicht ihr Lebensraum bis in die Zone des ewigen Schnees, manchmal brüten sie sogar in der Nachbarschaft der Gletscher. FORTPFLANZUNG: Gleich nach der Rückkehr ins Brutgebiet beginnen Balz und Nestbau auf den kurzrasigen Matten oder zwischen Felsspalten. Das Männchen trägt von einem Stein oder Busch aus sein Lied vor oder erhebt sich zu einem Singflug, wobei es singend aufflattert, dann heranschwebt und seine Strophe erst im Sitzen beendet. Das Nest ist ein recht großer Bau aus Halmen und Moos, innen manchmal mit Tierhaaren ausgelegt. 4-5 Eier, oft auch sechs Eier. Die Eiablage beginnt im Hochgebirge noch während der Schneeschmelze, manchmal schon Ende April, meist aber im Mai. Der kurze Bergsommer ermöglicht nur eine Brut. Das Weibchen brütet 14-15 Tage, das Männchen hilft nicht. Wenn die Jungen geschlüpft sind, versuchen die Eltern, Eindringlinge durch auffälliges Herumflattern vom Nest fortzulocken. Haben die Jungen das Nest verlassen, so sind sie nicht mehr auffindbar, zumal die Eltern bei jeder Beunruhigung das Füttern einstellen. NAHRUNG: In der Brutzeit bodenbewohnende Kerbtiere, im Herbst auch Sämereien.

Sumpfrohrsänger
Acrocephalus palustris

MERKMALE: Kleiner als ein Sperling, im Frühsommer auf dem Rücken olivbraun und mit weißlicher Unterseite. Von den anderen Rohrsängern am leichtesten durch den unterschiedlichen Lebensraum zu unterscheiden. Länge 14 cm. Spannweite 20 cm. LEBENSRAUM: Gebüsch, Brennesseldickicht, Auwälder, verwilderte Obstgärten, Getreidefelder, aber niemals Sumpf. Der Sumpfrohrsänger ist also ein dem Schilfwald untreu gewordener Rohrsänger. FORTPFLANZUNG: Bei gutem Wetter beginnt das Männchen schon am Tage seiner Ankunft zu singen. Der Gesang klingt typisch rohrsängerartig: Er knarrt, zwirbelt und stammelt endlos dahin, jede Klangfigur wird mehrmals wiederholt und abgewandelt, erneut mehrfach wiederholt, und dann beginnt das gleiche mit einem ganz anderen Melodiestückchen. Ferner ist der Sumpfrohrsänger ein begabter Spötter: Vogelkenner mit feinem Ohr haben bis zu 20 verschiedene Vogelrufe aus seinem Gesang herausgehört. Das Nest steht in dichtester Staudenflur, oft in Brennesseldickicht und immer nahe an dessen Rand. Es ist zwischen einigen 2-8 mm dicken Stengeln aufgehängt. Die halbkugelige Nestmulde verengt sich ein wenig zum oberen Rand hin, wie es sonst bei den vom Wind gebeugten Nestern üblich ist, welche die anderen Rohrsänger im Schilfwald bauen. So können die Eier auch bei einem Sturm nicht herausfallen. Beide Partner beteiligen sich am Nestbau. Zwei Tage nach der Fertigstellung legt das Weibchen sein erstes Ei, dann folgt jeden Tag ein weiteres, bis das Gelege mit vier oder fünf, ausnahmsweise auch mit sechs Eiern vollzählig ist. Brutbeginn Ende Mai, in wärmeren Gegenden, z.B. im Donaudelta, auch schon Mitte Mai. Geht das Gelege verloren, so fertigt das Paar binnen einer Woche ein neues Nest mit Nachgelege, notfalls auch ein zweites Nachgelege. Beide Eltern lösen sich beim Brüten ab. Brutdauer 11-12 Tage. Die Jungen tragen in ihrem Rachen schwarze Zungenpunkte wie die jungen Rohrsänger. Nach 11-13 Tagen hüpfen sie aus dem Nest, obwohl sie noch nicht fliegen können. Die späten Bruten werden erst im August flügge. Im Juli machen die Eltern eine Mauser durch . Erst im nächsten Mai kommen sie zurück. NAHRUNG: Zarte Insekten, die beim Hüpfen von Halm zu Halm aufgelesen werden. Im Herbst auch Beeren. ALLGEMEINES: Nach der Spätsommermauser ist das Gefieder der Sumpfrohrsänger oberseits dunkler und unterseits heller bräunlich, sie sind dann kaum von Teichrohrsängern zu unterscheiden. Wenn sie aus dem Winterquartier kommen, hat ihr Gefieder den für die Art typischen Ton, der aber im Laufe des Sommers durch den Verschleiß der farbigen Federspitzen verlorengeht und einem unscheinbaren Graubraunton Platz macht. Die Flügelunterseiten sind immer gräulich-lehmfarben. Der Sumpfrohrsänger steht zwar noch nicht auf der Roten Liste der bedrohten Vögel, trotzdem ging in den letzten Jahren sein Bestand vielerorts stark zurück, ohne daß man eine schlüssige Erklärung dafür weiß. Möglicherweise tragen Veränderungen und Gefahren auf den Zugwegen der Sumpfrohrsänger zum Rückgang bei.

Schilfrohrsänger
Acrocephalus schoenobaenus

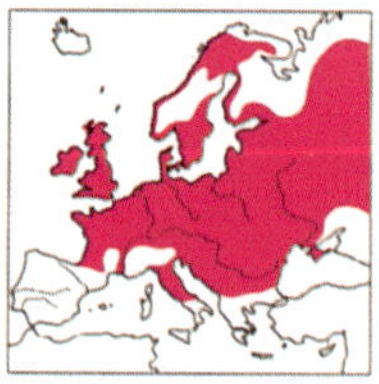

MERKMALE: Ein kleiner Rohrsänger - Länge 13 cm - mit zimtbraunem Rücken und gelblicher Unterseite, leicht kenntlich am schwärzlichen Längsstreifen über Kopf und Nacken. LEBENSRAUM: Der Schilfrohrsänger lebt nicht, wie der Name andeuten könnte, in Schilfwäldern, sondern in der niedrigen Vegetation von Sumpfwiesen, an Wassergräben, im Weidendickicht, in verwilderten Gärten, sofern sie am Wasser liegen und in Auwäldern, also etwa im gleichen Lebensraum wie die Rohrammer. FORTPFLANZUNG: Das Nest ist kein typischer Rohrsängerbau, sondern steht zumeist auf feuchtem Boden, nur selten etwas darüber. Gegen Sicht von oben wird es durch überhängendes Gras gedeckt. Zwei Bruten von Ende Mai bis Ende Juli, Brutdauer 13-15 Tage, beide Eltern brüten. Nestlingsdauer 10 bis 12 Tage. Am ehesten verraten die futtertragenden Eltern den Neststandort. Nähert man sich ihm, so schlüpft das Männchen singend um den Eindringling herum, wogegen das Weibchen nicht auffliegt, sondern im Dickicht untertaucht. NAHRUNG: Zarte Gliederfüßer.

Bartmeise
Panurus biarmicus

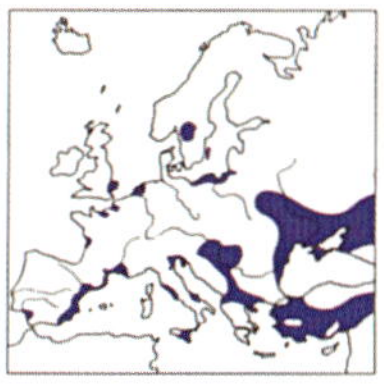

MERKMALE: Das Männchen ist durch seinen schwarzen Bartstreif, Weibchen und Junge sind durch den langen Schwanz gekennzeichnet. LEBENSRAUM: Die Bartmeise ist auf großflächige Schilfwälder beschränkt. Wo sie vorkommt, turnt sie unübersehbar nach Rohrsängerart durch das Schilf, im Sommer paarweise und stets durch einen wohlklingenden Lockruf in Kontakt mit dem Partner. FORTPFLANZUNG: Der Gesang der Bartmeise ist unbedeutend, dafür zeigt das Männchen vor dem Weibchen eine Schaubalz, bei der es die ganze Pracht seines Gefieders entfaltet. Die Jungvögel finden sich noch im Jugendkleid zu Paaren zusammen, die dann für ihr ganzes Leben unzertrennlich bleiben. Auch im Käfig lassen sie sich nur paarweise halten. Stirbt ein Partner, so lebt auch der andere nicht mehr lange, ein Hinweis auf die große Bindungsfähigkeit der Verpaarten. Bartmeisen brüten zweimal im Jahr. Das Nest ist ein tiefer Napf am Grunde des Röhrichts. Es besteht aus vorjährigem Schilf und ist innen mit Schilfrispen ausgelegt. Die Jungen haben unter den europäischen Vögeln die auffälligsten Sperr-Rachen. NAHRUNG: Im Sommer Insekten und Spinnen, im Winter auch Sämereien. Die Vögel verbringen auch den Winter in ihren Schilfwäldern, und in den nördlichen Verbreitungsinseln können harte Winter die gesamte Population ausrotten. Jahre später kommt es dann zur Neubesiedlung der verwaisten Lebensräume durch herumstreifende Bartmeisen. ALLGEMEINES: Die Bartmeise zählt nicht zu den echten Meisen, anatomisch und biologisch gehört sie zur selbständigen Familie der Bartmeisen *(Timaliidae)*, die in Europa nur mit dieser Art vorkommt. Ihre nächsten Verwandten sind die in Asien lebenden Papageischnabel-Timalien.

Bachstelze
Motacilla alba

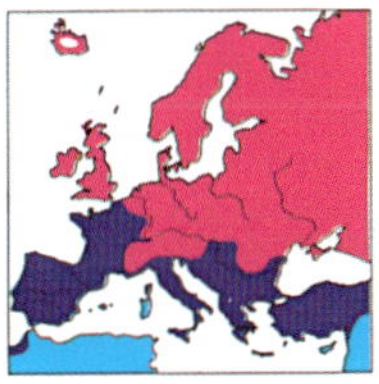

MERKMALE: Je nach Alter, Rasse und Jahreszeit sehr verschieden gefärbt, aber immer in Grau, das bei den Jungen einen bräunlichen Anflug hat, Schwarz und Weiß. Im Winter mit weißer Kehle und dunklem Brustband. Länge mit Schwanz 18 cm. Stimme »philipp«. Läuft mit schnellen Trippelschritten am Boden, macht dabei rhythmische Bewegungen mit dem Kopf und wippt häufig mit dem Schwanz. LEBENSRAUM: Immer in lockerer Nähe zum Wasser, nie im Wald. Als Wasser genügt der Bachstelze schon die Pfütze vor einem bäuerlichen Misthaufen. Auf dem Herbstzug rasten die Wanderscharen auch in Wiesen, Schilf und an Schlickufern. Sobald ein Stück Steppe bewässert wird, stellt sich die Bachstelze dort ein. FORTPFLANZUNG: Die Bachstelzen beginnen oft erst 2-4 Wochen nachdem sie ihr Brutrevier besetzt haben, mit dem Nestbau. Das Nest liegt stets unter einem festen Dach, aber sonst gibt es eine große Auswahl von Standorten: im Gebälk einer Scheune, in Mauerlöchern, Holzstapeln, unter Brücken, in Erdlöchern, Röhren und dergleichen. Das Nest ist außen mit Halmen, innen auch mit Federn und Haaren ausgelegt. Das Nest besteht aus Zweigen, Halmen, Blättern und Moos, die ungeordnet zusammengelegt werden. Zwei Bruten, in seltenen Fällen auch drei. Die erste Brut erfolgt im Mai, wobei das Weibchen täglich ein Ei legt, bis das Fünfergelege vollzählig ist. Brutdauer um zwölf Tage, Nestlingsdauer 14-15 Tage. Die Jungen haben im Nest nicht selten unter blutsaugenden Fliegenlarven zu leiden. NAHRUNG: Rein tierisch, vor allem Insekten, die sich im Wasser entwickeln, bis hin zu großen Libellen. Mit großer Kunstfertigkeit erbeuten Bachstelzen im Jagdflug über das Wasser flatternde Insekten. Auf Wiesen jagen sie mit der gleichen Methode.

Uferschwalbe
Riparia riparia

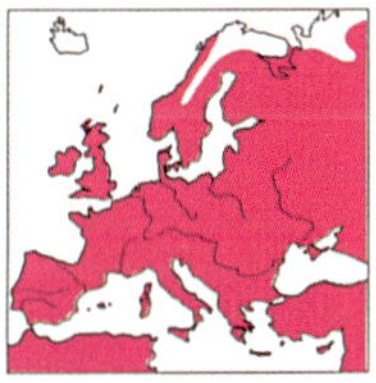

MERKMALE: Mit einer Länge von 12 cm deutlich kleiner als ein Haussperling. Schwanz schwach gegabelt. Oberseite braun, Unterseite weiß mit braunem Brustband. LEBENSRAUM: In der Nähe von lehmigen und sandigen Steilwänden, meist in der Nähe des Wassers, auch an der Meeresküste. Ihr Gesang ist unauffällig zwitschernd. FORTPFLANZUNG: Brutzeit Mai und Juni. Beide Partner graben mit Schnabel und Füßen einen etwa armtiefen Gang in eine meist frisch abgebrochene Wand, den sie zu einem mit Federn ausgelegten Kessel erweitern. NAHRUNG: Im Flug erhaschte Insekten. Vor allem abends jagen die Uferschwalben unermüdlich über der Wasserfläche von Flüssen und Seen, manchmal weitab von ihrer Brutwand.

Lebensraum

MEER UND KÜSTE

Auf den ersten Blick erscheint die Küstenlandschaft als relativ einheitlicher Lebensraum. Sie besteht aus dem offenem Meer, dem Strand und den Dünen und, falls vorhanden, aus Steilhängen oder vorgelagerten Felsinseln. Die genauere Betrachtung zeigt allerdings eine Untergliederung in weitere Biotope. So dürfen wir nicht das vorgelagerte Wattenmeer vergessen mit seinen bei Ebbe freiliegenden Flächen aus Schlick und Sand. Weiterhin zu erwähnen wären die der Küste vorgelagerten Sandbänke oder die Brandungszone mit ihrem Spülsaum, mit der ein Strand beginnt. Etwas tiefer landeinwärts folgen die Sandwälle, vom Wind aufgeschichtete Vorläufer der Dünen. Bei den Dünen selbst lassen sich Weiß-, Grau- und Braundünen aufteilen, je nach Alter und Bewuchs. Andere Strände können auch aus Kieseln oder nur aus Felsen bestehen und wiederum ganz verschiedene Lebensmöglichkeiten bieten. Und schließlich zählt zum Lebensraum Meer und Küste auch noch der Bereich der Salzwiesen. Auf alle diese unterschiedlichen Biotope haben sich bestimmte Vogelarten spezialisiert. Mit Ausnahme der wenigen Schutz bietenden, bewachsenen Flächen müssen die Vögel hier mit sehr ungewöhnlichen Umweltbedingungen fertig werden. Es gibt praktisch keinen Sichtschutz und auch kaum Chancen, den starken Winden zu entkommen. Auch regnet es verhältnismäßig viel, das Wetter kann wochenlang kühl und schlecht sein. Überschwemmungen durch Sturmfluten sind jederzeit möglich und die Nahrung aus dem Meer ist grundsätzlich salzig.

Lachmöwen sind heute typische Meeresvögel. Doch das war nicht immer so. Ursprünglich stammen sie aus dem Binnenland. Doch von Seen und Flüssen aus haben sie inzwischen die Meeresküste erobert.

Anpassung an das Leben an Meer und Küste

Die Existenz an Meer und Küste hat für viele Vögel eine Zweiteilung in der Lebensweise erforderlich gemacht. Auf dem Meer finden speziell die Fischfresser unter ihnen ganzjährig Nahrung, auf dem Land aber müssen sie brüten. Trotz der ungeheuren Vorräte an Nahrung haben sich die einzelnen Arten in bezug auf die Futterbeschaffung differenziert und sind damit einen Konkurrenzdruck ausgewichen. Die Vögel unterscheiden sich dabei in vielen Eigenschaften: in der Vorliebe für größere oder kleinere Fische, wie weit sie sich maximal vom Brutplatz an der Küste entfernen, ob sie gegebenenfalls auch auf andere Futterfische umsteigen können, etc. Aufgrund der günstigen Ernährungslage bleiben typische Hochseevögel wie die Sturmtaucher, die Eistaucher, die Tölpel, die Lummen oder Alken monatelang auf hoher See. Sie sind entweder ausgezeichnete Flieger (Beispiel Sturmvögel), die selbst mit den starken Winden und Stürmen zurechtkommen, oder sie sind wenigstens gute Schwimmer (Beispiel Lummen), die schlechtes Wetter auf der Wasseroberfläche überstehen. Meistens aber können sie beides, ausgezeichnet fliegen und perfekt schwimmen. Ihr Gefieder ist besonders dicht und wasserabweisend konstruiert und wird, etwa bei den Meerenten, regelmäßig eingefettet und somit wasserabweisend gemacht. Zur Brutzeit wandern die Hochseearten dann zurück an die Küste. Hier wiederum besetzen sie die unterschiedlichen Nischen. Etliche Arten gehören zu den Felsbrütern, die sich die Küstenfelsen untereinander aufgeteilt haben. Hierzu zählen etwa Dreizehenmöwe, Lummen, Alken, Papageitaucher, Krähenscharben oder Tölpel. Andere Spezies benutzen die Strandwälle, Sand- und Kiesbänke, die Dünen und Salzwiesen als Brutplatz. In diese Gruppe der Bodenbrüter fallen beispielsweise Silber-, Sturm- und Mantelmöwen, Seeregenpfeifer, Austernfischer und Küstenseeschwalbe. Doch nicht alle Vögel an Meer und Küste brüten auch bei uns. Viele Arten kommen nur auf dem Durchzug in die Winter- und Sommerquartiere vorbei, andere verbringen hier ihren Winter. Sie sind nur Nahrungsgäste, die im Sommer entweder in Skandinavien oder in Nordosteuropa oder sogar in Nordamerika oder Island brüten. Schon allein an der Schnabelform der Küsten- und Meeresvögel kann man auf unterschiedliche Ernährungsgewohnheiten schließen. So eignet sich der breite Schnabel der Ringelgänse zum Abgrasen der Salzwiesen und des Seegrases auf den Wattflächen, während das breite, leicht nach oben gebogene Organ der Brandgänse ein vorzügliches Instrument zum Durchseihen von Pfützen und Flachwasser ist. Säbelschnäbler durchstreifen mit ihrem grazilen Pinzettenschnabel tieferes Wasser.

Brutpflege

Die Vögel an Meer und Küste sind zu Bodenbrütern geworden, die Gelege müssen oft ungeschützt Platz finden. Die Überlebensstrategie liegt in solchen Fällen in möglichst geringer Auffälligkeit. Von daher werden die Eier wie etwa bei Regenpfeifern meist direkt auf den Sand- oder Kiesflächen abgelegt. Da bereits ein ausgepolstertes Nest die Aufmerksamkeit von Räubern auf sich ziehen könnte, unterbleibt in der Regel sogar ein Nestbau. Das Nest wird nur durch eine kleine Mulde angedeutet, die die Eier vor dem Wegrollen bewahrt. Bei solch exponierten Standorten ist eine optimale Tarnung der Eier notwendig geworden, sie dürfen sich vom Umfeld am besten gar nicht unterscheiden. Auch sollten so wenig wie möglich Vögel auf einer Fläche brüten, um nicht unnötig aufzufallen. Die Brüter in der Dünenvegatation haben eine andere Fortpflanzungsstrategie gewählt: Viele brüten zum Schutz vor Feinden nicht vereinzelt, sondern in großen Kolonien vereint. Möwenkolonien können einige Zehntausend Paare umfassen, wobei die besten Brutplätze im Zentrum, die schlechteren am Rand liegen. Wiederum anders waren die Anforderungen an Vogelarten, die auf den Steilfelsen im oder am Meer nisten. Sie genießen zwar optimalen Feindschutz, zumindest vor vierbeinigen Räubern, geraten allerdings automatisch in Platznot. Die Zahl der Brutfelsen ist begrenzt, der Nistraum dort auch. Entsprechend variantenreich sind die Anpassungsleistungen. Jede Art hat auf den Vogelfelsen ihren besonderen Platz gefunden. Ganz oben brüten Papageitaucher und Silber- und Mantelmöwen, in den Zwischenetagen Dreizehenmöwen, Tordalke und Lummen, weiter unten dann Tölpel und Krähenscharben. Der Nistplatz hängt dabei unter anderem von der Körpergröße ab. So brüten die großen Tölpel entweder am Fuß der Vogelfelsen oder - wie die Mantelmöwen - ganz oben. Die kleineren Lummen und Alken finden auf den Felssimsen an der Steilwand Platz, während sich Dreizehenmöwen dort aus Algen, Schlamm und Treibgut ein Nest ankleben.

Flamingo

Fortbewegung

Stürmische Winde und die Weite der Landschaft haben die meisten Meeresvögel zu perfekten Fliegern gemacht. Die Arten, die am offenen Meer leben, wie Albatrosse oder Sturmvögel, beherrschen die Kunst des Vogelflugs bis zur Perfektion. Mit wenigen Flügelschlägen nutzen sie die Kraft des Windes für sich aus. Ausgezeichnete Flieger müssen auch die Brüter der Vogelfelsen sein. Wie leicht könnte sonst eine Böe den Anfliegenden gegen die Felswände schmettern. Ähnlich hohe Anforderungen stellt das Leben in den Dünen, auch hier herrschen scharfe Winde und verlangen nach meisterhaftem Flug. Bei der Nahrungssuche müssen sich viele Arten ins Wasser begeben. Sie können deswegen gut schwimmen und meist auch hervorragend tauchen. Wie weit und wie tief sie dabei gehen, hängt von der Beute und der Fangmethode ab. Ein Baßtölpel als Stoßtaucher verfährt anders als etwa eine Trottellumme oder eine Eiderente, die nicht aus dem Sturzflug, sondern direkt von der Wasseroberfläche abtauchen.

Baßtölpel

Tölpelartige
Der Baßtölpel ist ein treffendes Beispiel für diesen Meeresvogeltyp. Er ist vollkommen an das Leben auf dem offenen Meer angepaßt. Sogar so weit, daß erwachsene Baßtölpel außerhalb der Brutsaison überhaupt nicht an Land kommen. Die gänsegroßen Wasservögel verbringen Tag und Nacht auf hoher See, fischen und schlafen dort. Die Nahrung wird aus dem rasanten Sturzflug erbeutet. Mit bis zu 100 Stundenkilometern und aus bis zu 40 Meter Höhe stürzt sich ein Baßtölpel auf seine Beutefische. Zur Fortbewegung unter Wasser dienen breite Schwimmfüße, die Augen erlauben die Sicht unter Wasser. Der Fisch selbst wird mit einem kräftigen Schnabel gepackt, aus dem es kein Entkommen gibt. Nur einmal jährlich muß ein Baßtölpel an Land, zur Brutzeit auf die Felsen. Doch auch hierin zeigt sich Perfektion. Ein hochentwickeltes Sozialleben ermöglicht den Tieren, das anstrengende Brutgeschäft unter teils Tausenden von Artgenossen zum Ende zu führen. Wie vollkommen sich die Tölpel dem Wasserleben angepaßt haben, belegt auch die Entwicklung der Jungen. Noch bevor sie fliegen können, stürzen sie sich von den Felsen der Brutkolonie ins Meer. Zu dieser Zeit wiegen sie mehr als ihre Eltern. Auf See werden sie anderthalb Wochen umhergetrieben, ehe sie zu fressen und zu fliegen beginnen.

Ernährung
Das Meer ist ungeheuer fischreich, und so haben sich die meisten Bewohner von Küste und Meer der Fischerei verschrieben. Die Jagdstrategien sind dabei verschieden wie die Arten. Daneben dominieren die Arten, die sich auf die Würmer, Krebstiere und Insekten der Wattflächen spezialisiert haben. Sie stochern mit oft langen Schnäbeln im Schlick nach Nahrung, lange Beine erleichtern diesen Wattvögeln die Futtersuche auch im Flachwasser. Einen weiteren Ernährungstyp stellen die Vegetarier, unter ihnen viele Enten und Wildgänse. Sie haben sich auf das Abweiden von Salzwiesen, auf Algennahrung oder Seegras eingestellt. Wie ergiebig diese Ernährungsstrategie ist, zeigt etwa die Anwesenheit Zehntausender von Ringelgänsen auf den Halligen und Inseln der Nordseeküste. Zwischen Oktober und Mai finden die Grasfresser hier ausreichend Nachschub. Hier fressen sich die Wildgänse Fettreserven für den Rückflug nach Osteuropa an. Unter den Meeresvögeln gibt es aber auch Allesfresser und Jäger, etwa die zahlreichen Möwen.

Möwenartige
Sie verdeutlichen den Typus des Generalisten. Die meisten Möwenarten von Meer und Küste überleben dank ihrer Vielseitigkeit. Dies gilt sowohl für den Nahrungserwerb, als auch für die Lebensweise. Möwen sind von Natur aus Allesfresser mit einem Schwerpunkt für tierische Kost. Sie erbeuten und sammeln das, was die Saison gerade bietet. Fische, Krabben, Muscheln, Würmer und neuerdings auch die Abfälle des Menschen. Manche Arten haben sich auch voll auf eine räuberische Lebensweise eingelassen und jagen anderen Arten das Futter ab. Sie vertragen sogar Aas und funktionieren deshalb als Müllschlucker. Ein oft kräftiger Schnabel, ein unempfindlicher Magen und ein geschickter Flug lassen sie unter den verschiedensten Bedingungen überleben. Die Anpassungsfähigkeit hat bei einigen Arten sogar zur Lebensraumerweiterung geführt. Lachmöwen, in letzter Zeit auch Sturmmöwen und Silbermöwen, nutzen mehr und mehr das Futterangebot im Inland. Sie ziehen entlang der Flüsse weit weg vom Meer und etablieren neue Lebensweisen. Dazu gehören selbstredend auch neue Nahrungstraditionen, etwa die Angewohnheit, hinter pflügenden Treckern auf Futtersuche zu gehen oder auf Müllkippen nach Verwertbarem zu suchen. Dadurch haben sich einige Arten stark vermehrt.

Alkenartige
Die Natur hat Alkenvögel zu geborenen Tauchern gemacht. Die Flugkunst hat allerdings unter dieser Festlegung auf das Unterwasserleben gelitten. Die Wasservögel besitzen im Verhältnis zur Körpergröße sehr kleine Flügel. Die Tragflächen dürften nicht kleiner sein und halten Trottellumme und Tordalk, Dickschnabellumme und Papageitaucher nur in der Luft, weil diese die Flügel außerordentlich schnell bewegen. Deshalb haben Alken einen Schwirrflug, der oft mit dem von Libellen verglichen wird. Unter Wasser hingegen zeigen sich die Vögel ganz in ihrem Element. Der Rumpf gibt einen geringen Widerstand im Wasser ab, weil er Spindelform besitzt. Wie alle Wasservögel können auch Alken ihre Nasenlöcher mit Hautklappen verschließen. Die schmalen Flügel werden beimTauchen nur halb geöffnet und geschlossen und tragen das Tier nach Pinguinart voran. Die mit Schwimmhäuten versehenen Paddelfüße dienen vornehmlich der Steuerung. Zu diesem Zweck sitzen sie auch sehr weit hinten an, was den Alken eine seltsam aufgerichtete Gestalt verleiht und sie zu schlechten Fußgängern macht. Doch laufen müssen sie so gut wie nie, allenfalls auf den Bändern und Simsen der Brutfelsen. Zum Abflug springen sie in die Tiefe. Abgesehen von der Brutzeit bleiben die Tiere auf dem Meer.

Papageitaucher

Eissturmvogel
Fulmarus glacialis

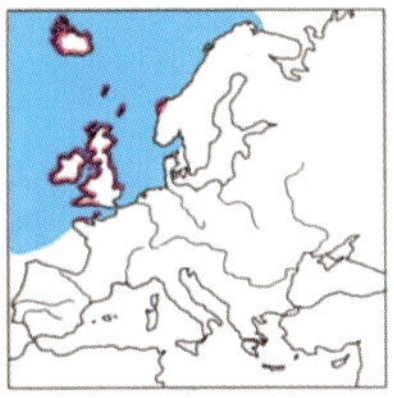

MERKMALE: Auf den ersten Blick der Möwe ähnlich, aber nicht näher mit ihr verwandt und leicht am ganz anderen Flug zu unterscheiden: Möwen rudern mit schwimmendem Flug und segelnden Abschnitten, der Eissturmvogel hält seine Schwingen beim Segeln starr ausgebreitet und neigt den Körper mal auf die eine, mal auf die andere Seite. Es gibt zwei Farbphasen und zwischen beiden kaum Übergänge. Die eine ist unterseits weiß und auf Rücken und Flügeldecken silbergrau, die andere fast einfarbig dunkelgrau. Körperlänge um 47 cm, Spannweite um 112 cm, Gewicht um 800 g. LEBENSRAUM: Die nördlichen Meere von der Packeisgrenze im Norden bis etwa auf die Höhe der Bretagne. Während der Brutzeit halten sich die Vögel nicht mehr als 30-40 km von den Kolonien entfernt auf, ansonsten streifen sie über das offene Meer. Der Eissturmvogel bevölkert die nördlichste Seevogelkolonie überhaupt, an der Nordspitze Grönlands, dicht an der Packeisgrenze. In den letzten hundert Jahren hat er sein Brutgebiet aber weit nach Süden ausgedehnt und sich gewaltig vermehrt. Seine Zahl wird auf etwa eine Million geschätzt. Seit einiger Zeit brütet er auch auf Helgoland. FORTPFLANZUNG: Der Eissturmvogel ist Koloniebrüter in oft riesigen Kolonien, meist in Gesellschaft anderer Meeresvögel. Die Kolonien liegen in der Regel in Felswänden über der Brandung bis in Höhen von einigen hundert Metern. Sie balzen auf dem Wasser, indem sie rhythmisch den Körper hochreißen, mit den Flügeln schlagen und Schreie ausstoßen. Die Eissturmvögel des Pazifiks reißen zudem den Schnabel auf und zeigen dem Partner den leuchtend orangefarbenen Schlund. Die Eiablage findet im Mai statt. Das einzige Ei ist größer als ein Hühnerei und wird von beiden Partner abwechselnd bebrütet, wobei es nur alle paar Tage zur Brutablösung kommt. In den Vogelfelsen besetzt der Eissturmvogel meist die obersten Etagen. Seine Konkurrenten um den Brutplatz bespuckt er mit einem öligen, klargelben Sekret aus dem Magen. Sie können mehrfach hintereinander spucken, wenn auch mit sinkender Ergiebigkeit. Auch die halbwüchsigen Nestlinge verfügen schon über die Spuckwaffe. Die Jungen schlüpfen um Mitte Juni in einem sehr dichten Dunenpelz, der in der hellen Phase weiß und grau, in der dunklen rauchgrau gefärbt ist. Nach 6-8 Wochen Fütterungszeit ziehen die Eltern wieder auf die Hochsee, die Jungen stürzen sich wenig später - 50-60 Tage alt - von den Felsen und treiben, noch nicht flugfähig, auf dem Meer. Von seiner Oberfläche nehmen sie Plankton auf. NAHRUNG: Fische, Schnecken, Krebse, Aas, Abfälle. Die Nahrung wird ohne Tauchen von der Wasserfläche gepickt. Beim Streit um Fischereiabfälle hört man auch die Stimmen der sonst auf hoher See recht schweigsamen Vögel.

Krähenscharbe
Phalacrocorax aristotelis

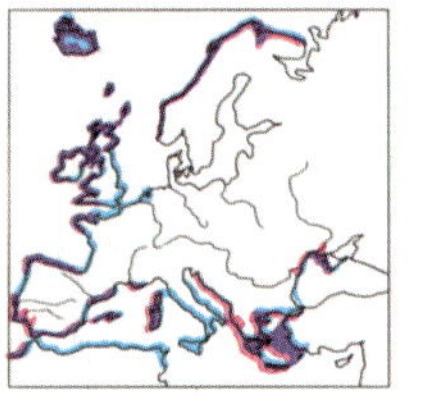

MERKMALE: Deutlich kleiner als der Kormoran, Länge um 76 cm. Altvögel düster mit Metallglanz und gelbem Schnabelgrund. LEBENSRAUM: Die Krähenscharbe ist ein reiner Meeresvogel und brütet von Marokko bis zum Nordkap. Sie lebt an Felsküsten mit reicher Gliederung durch Buchten und vorgelagerte Inseln. FORTPFLANZUNG: Brutzeit März bis Mai. Meist drei Eier, Brutdauer 27-29 Tage, die Jungen werden nach 6-8 Wochen selbständig. NAHRUNG: Krähenscharben werden wie die anderen Kormorane beim Tauchen naß bis auf die Haut. Darum gehen sie nur zum Fischen ins Wasser und trocknen nachher mit Flügelschwenken ihr Gefieder. Andererseits haben sie im Wasser kaum Auftrieb und tauchen daher bis 20 m tief. Sie erbeuten Fische aller Art.

Eistaucher
Gavia immer

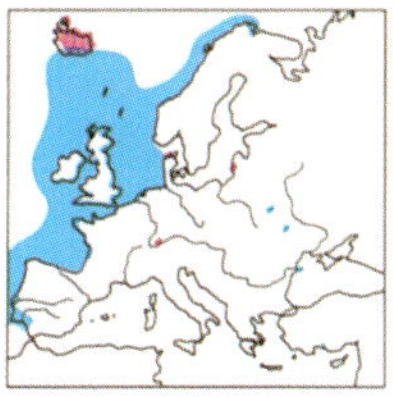

MERKMALE: Im Brutkleid unverwechselbar durch den schwarzen Kopf mit grünblauem Seidenglanz und durch den schwarzgrauen, geraden Schnabel.Länge 68-81 cm, Spannweite 150 cm, Gewicht bis 4,5 kg. LEBENSRAUM: Brutvogel im arktischen Nordamerika, auf Grönland und Island. Einzelne Eistaucher übersommern, ohne zu brüten, bei den Faröern und um Spitzbergen. Im Winter erscheinen Eistaucher vor der Küsten Norwegens, auch in der Nord- und sogar in der Ostsee. FORTPFLANZUNG: Wo Eistaucher brüten, schallt im Dämmerlicht der Mitternachtssonne der eindrucksvoll heulende Balzgesang der großen Vögel über Wasser. Die lebenslang gleichen Partnern verbundenen Eistaucher halten an dem einmal gewählten Brutgewässer fest, auch nach schwereren Störungen. Der Brutbeginn ist abhängig vom Zeitpunkt der Eisschmelze auf dem Brutsee und fällt meist in den Juni. Auch der Neststandort wird über Jahre beibehalten. Das Nest auf festem Grund ist bei manchen Paaren nur eine Bodenmulde, bei anderen aber ein beachtlicher Haufen aus Moos und Wasserpflanzen. Beide Eltern brüten, Brutdauer 29-30 Tage. Bei Gefahr drückt sich der Brutvogel auf die Eier und streckt den Hals flach nach vorne. Notfalls wird das Nest mit Schnabelhieben wirksam verteidigt, von manchen Paaren sogar gegen den Menschen. Zwei Eier von etwa 9 cm Länge, die nicht von den Eiern des Gelbschnabel-Eistauchers zu unterscheiden sind. NAHRUNG: Fische. Die jagenden Taucher bleiben bis drei Minuten unter Wasser und schwimmen tauchend bis 200 m weit.

Papageitaucher
Fratercula arctica

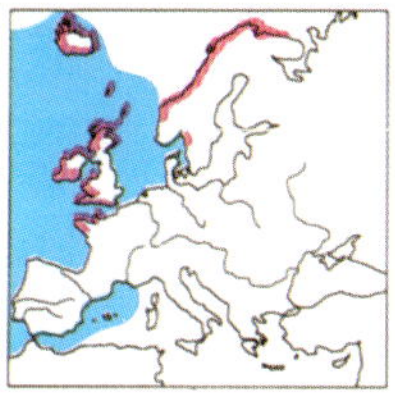

MERKMALE: Taubengroß, dickköpfig, kurzer Hals, plump wirkend; Länge 30-32 cm, Spannweite 60 cm. Altvögel mit unverwechselbarem, sehr hohem Schnabel in Rot, Gelb und Schwarz, dessen Farben im Winter verblassen. LEBENSRAUM: Nur im Nordatlantik verbreitet. Im Nordpazifik lebt eine Zwillingsart, der Schwarzkehlpapageitaucher. Man nimmt an, daß sich beide Arten aufgrund geografischer Isolation im Laufe langer Zeiträume aus gemeinsamer Wurzel zu getrennten Arten auseinanderentwickelt haben. FORTPFLANZUNG: Papageitaucher beteiligen sich regelmäßig an den Brutgemeinschaften der Vogelberge. Sie brüten vereinzelt in natürlichen Höhlen, mehr aber in selbstgebauten Gängen der Grasnarben. Die Höhlen werden mit Schnabel und Krallen gegraben, haben einen Durchmesser von etwa 15 cm und sind meist reichlich metertief, selten auch über zwei und sogar bis 5 m lang. Die Brutzeit hängt unter anderem vom Auftauen des Bodens ab, weil die Vögel erst dann graben können. Die Brutdauer ist mit 35 Tagen recht lang; die Bebrütung beginnt oft erst einige Tage, nachdem das Ei gelegt wurde. Greift man in die Bruthöhle, so verbeißt sich der Vogel in der Hand und läßt sich herausziehen. In manchen Landstrichen des hohen Nordens werden die Papageitaucher oder »Lunde« gegessen. Von Zeit zu Zeit starten alle flugfähigen Lunde einer Kolonie zu gemeinsamen Rundflügen um ihren Brutfelsen. Bei dieser Gelegenheit werden die Papageitaucher mancherorts mit großen Käschern aus der Luft gefangen. An guten, auch für den Fänger nicht ungefährlichen Plätzen, kann ein Mann bis zu 1 000 Vögel am Tag erbeuten. Papageitaucher tragen gefangene Fische quer im Schnabel und können damit ihre Unterwasserjagd fortsetzen. Der Vogel klemmt die Fische mit seiner Zunge gegen den Oberschnabel, bis die ganze Schnabellänge mit Fischen belegt ist. Dabei dehnt sich ein elastisches Band im Schnabelwinkel. NAHRUNG: Zur Jungenaufzucht Fische, die Altvögel erbeuten überwiegend Krebse und andere niedere Meerestiere. Der überaus kräftige Schnabel dürfte beim Aufknacken gepanzerter Meerestiere eine Rolle spielen.

Trottellumme
Uria aalge

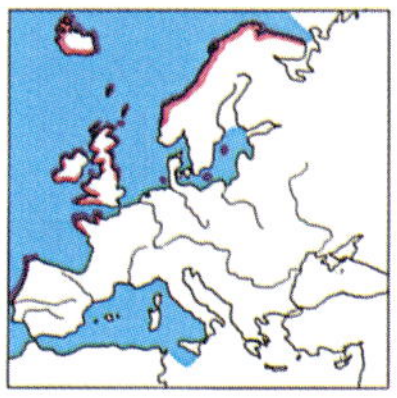

MERKMALE: Entengroß, Länge 42 cm, Spannweite bis 70 cm. Im Sommer mit schwarzer, im Winter mit weißer Kehle. Manche Lummen tragen um das Auge einen dünnen weißen Ring, von dem ein feiner weißer Strich zum Nacken weist; sie werden als Ringellummen bezeichnet, stellen aber keine eigene Art oder Rasse dar. LEBENSRAUM: Kein Alkenvogel brütet so weit südlich wie die Trottellumme. Ihre südlichsten Vogelfelsen liegen an der spanischen Atlantikküste. Der Lummenbestand in der Ostsee war um 1880 durch Eiersammeln auf etwa 20 Paare gesunken, unter dem dann durchgesetzten Schutz hat er sich bis heute auf einige 10 000 Paare erholt. Auch Helgoland hat seinen Lummenfelsen. Um die Jahrhundertwende war er alljährlich am 24. Juli Ziel des unter den Badegästen sehr beliebten Helgoländer Lummenschießens. Dabei fuhren in volksfestartigem Rahmen Boote am Fuß der Brutkolonie auf, aus denen die zu ihren Jungen heimkehrenden Lummen erschossen wurden. Der Lummenbestand überlebte diese Zeit. Jedoch wurden die Papageitaucher auf Helgoland ausgerottet. Den Weltbestand an Trottellummen schätzt man heute auf etwa 20 Millionen. Davon werden jährlich vielleicht eine Million für Speisezwecke gefangen. FORTPFLANZUNG: Lummen brüten in volkreichen Kolonien. Jeden Neuankömmling begrüßen die Nachbarn mit lautem Krächzen und Verbeugungen. Die Lummen fliegen dicht über dem Wasser dahin und steigen dicht vor den Felsen steil in die Höhe. Die abfliegenden Vögel werfen sich in die Tiefe und fangen den Sturz erst dicht über dem Meer auf. Beim Niedergehen schlagen sie mit dem Bauch auf das Wasser. In den Vogelfelsen besetzen die Lummen die mittleren Etagen, unter sich die Krähenscharben und Gryllteisten, Papageientaucher und Eissturmvögel. Die Paare sitzen meist eng zusammengeschmiegt. Sie schnäbeln sich und reiben die Hälse aneinander. Kommt ein Partner um, so brütet der andere weiter und zieht auch das Junge auf, unter Mithilfe nichtbrütender Vögel, die sich auf jedes unbewachte Ei niederlassen. Die Eier liegen auf dem nackten Fels, oft nur 25-50 cm voneinander entfernt. Beim Brüten wenden die Lummen ihren Kopf dem Meer zu. Die Lummeneier sind sehr veränderlich gefärbt und fast so groß wie Gänseeier - um 81 mm - manche so schön wie Schmucksteine. Jede Lumme kennt ihr eigenes Ei. Brutdauer 30-35 Tage. Die Jungen schlüpfen mit offenen Augen und grauwolligem Dunenkleid, sind aber noch sehr hilflos. Sie werden zwei-bis dreimal am Tag mit je einem um 10 g schweren Fischchen gefüttert und erreichen nach etwa 20 Tagen gut Faustgröße. Um diese Zeit springen sie aus den Wänden flatternd in die Tiefe. Sie sind so flaumleicht, daß sie sich bei dem schrägen Fall gewöhnlich nicht verletzen. Stürzen sie jedoch in Felsspalten, kommen sie um. Die Überlebenden ziehen mit den Eltern aufs Meer und werden dort großgezogen.

Tordalk
Alca torda

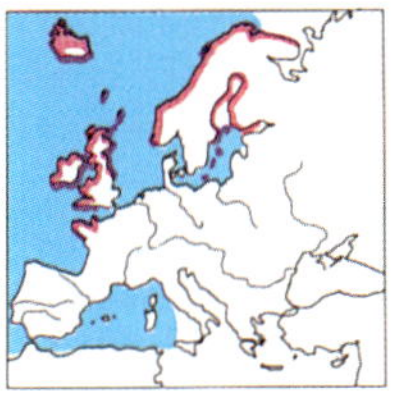

MERKMALE: Etwa so groß wie die Lumme, Länge 41-48 cm, Spannweite 62-78 cm, Gewicht um 700 g. Der Schnabel wirkt seitlich zusammengedrückt und in der Brutzeit aufgewölbt mit mehreren Querrinnen, eine mit weißer Füllung. LEBENSRAUM: Tordalken nisten südlich bis in die Bretagne. Nach langer Pause kehrten sie auch wieder als Brutvögel auf den Lummenfelsen vor Helgoland zurück. FORTPFLANZUNG: Meist brüten die Tordalken einzeln oder in kleinen Gruppen inmitten der Lummenfelsen. Dort besetzen sie Felsspalten, Höhlen oder Brutplätze unter überhängenden Felsen, die sie alljährlich wieder beziehen. Im Süden brüten sie im Mai, im Norden Ende Mai oder Anfang Juni. Beide Eltern brüten auf ihrem einzigen Ei für 30-35 Tage. Das Küken braucht etwa drei Tage, um die Eischale zu sprengen. Anfangs ist es völlig hilflos und noch etwa eine Woche lang auf Wärmezufuhr von außen angewiesen. Im Alter von 19 oder 20 Tagen springen oder kullern die Jungen in die Tiefe. Manche haben dann noch bis 150 m Fußmarsch bis zum Meer. NAHRUNG: Die Jungen werden ausschließlich mit Fischen aufgezogen. Die Altvögel erbeuten neben Fischen auch Krebse, Würmer und anderes Meereskleingetier.

Dickschnabellumme
Uria lomvia

MERKMALE: Etwas größer und gedrungener als die Trottellumme - Länge 42-45 cm, Spannweite 70-75 cm - und mit kürzerem und dickerem Schnabel. Aus der Nähe erkennt man eine helle Linie zwischen Mundwinkel und Nasenloch. LEBENSRAUM: Die Dickschnabellumme ist der nördliche Vertreter der Trottellumme. Sie brütet üblicherweise nicht in Norwegen, wohl aber auf gleicher Höhe in Island, Grönland und Nordamerika, wo kalte Meeresströme nach Süden ziehen. Stellenweise brütet sie in gemischten Kolonien mit der Trottellumme, steht dann aber zu ihren Artgenossen und geht keine Mischehen ein. FORTPFLANZUNG: Die arktischen Brutkolonien, die sich etwa soweit nach Norden ausbreiten, wie der Eisbär wandert, können Hunderttausende von Brutpaaren beherbergen. Jede Dickschnabellumme kehrt alljährlich zu ihrem kleinen Fleckchen in der großen Kolonie zurück. Die Brutplätze liegen stets in Steilwänden, manche davon sind so hoch und steil, daß sie auch vor den kühnsten Eiersammlern verschont bleiben. Ab Ende März im Süden, später im Mai an weiter nördlich gelegenen Plätzen, kehren die Dickschnabellummen zu ihrem Brutfelsen zurück und besetzen die Felsstufen. Meist sitzen sie in regelmäßigem Abstand in langen Reihen, alle mit der weißen Brust zum Meer gewandt, in den Wänden, während die Luft erfüllt ist von kommenden und abfliegenden Vögeln. Die Brutzeit beginnt für die ganze Kolonie einheitlich innerhalb etwa einer Woche. Geht das eine Ei verloren, etwa durch das kommerzielle Absammeln, so machen die Vögel ein Nachgelege. Das Ei ist mit 75-87 mm Länge und einem Gewicht bis 120 g etwa so groß wie ein Gänseei und mit einem individuellen Muster aus Schnörkeln und Flecken bedeckt, an dem die Eltern ihr Ei in der Kolonie erkennen. Das eine Ende ist auffallend kegelförmig. Man war früher der Meinung, daß ein solches Ei, einmal angestoßen oder vom Wind gerollt, sich auf einer Kreisbahn bewege und darum nicht allzu leicht von der Felsstufe falle. Das ist aber wohl nicht der Fall, denn im Experiment rollt das Lummenei so gut oder schlecht wie andere Eier auch, und tatsächlich fallen viele von den Klippen. Beide Eltern brüten abwechselnd für 30-35 Tage. Sie nehmen das Ei zwischen ihre Füße, hüllen es ganz in ihr Gefieder ein und bringen es an ihre warme Haut. So können sie ohne Nest, sogar auf einer Schneeunterlage, erfolgreich brüten. Das Junge bleibt nur 19-20 Tage am Brutplatz, dann springt es in die Tiefe. NAHRUNG: Fische, Krebse, Meereswürmer, Muscheln und sogar Quallen.

Gryllteiste
Cepphus grylle

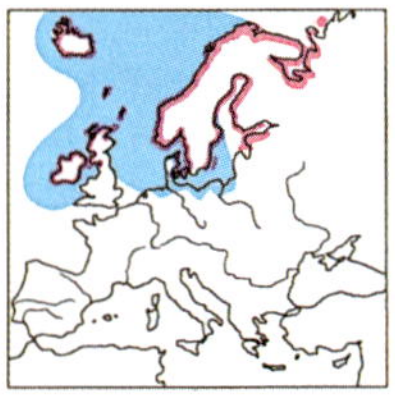

MERKMALE: Etwas kleiner als die Lumme, Länge 34 cm, Spannweite 68 cm. Im Sommer der einzige Alk mit auch unterseits schwarzem Federkleid - ein scharf begrenztes Flügelfeld ist in allen Kleidern weiß. LEBENSRAUM: Zirkumpolar in den kühlen und kalten Meeren verbreitet. In Europa reicht das Brutgebiet von den Küsten Irlands im Süden bis zu den nördlichsten Inseln am Rande des Packeises, wo die Wassertemperatur auch im Sommer nicht über 0 °C ansteigt. Die Gryllteiste ist kein Vogel des offenen Meeres, sondern lebt in Stillwasserzonen hinter vorgelagerten Inseln, in Fjorden und Flachwasserzonen; dort hält sie sich das ganze Jahr über auf. In den Vogelfelsen besetzt sie meist die Geröllhalde am Fuß der Steilwände. Gelegentlich findet man reine Gryllteistenkolonien auf geröllbedeckten unbewohnten Inseln. FORTPFLANZUNG: Gryllteisten brüten in Kolonien mit einigen Dutzend Paaren oder als Einzelgänger am Fuße der Vogelberge. Abweichend von den anderen Alken legen die Teisten häufig zwei Eier, aber gewöhnlich wird doch nur ein Junges flügge. Beide Eltern bebrüten die einen grellroten Dotter enthaltenden Eier, Brutdauer 21-24 Tage, Brutzeit Juni und Anfang Juli. Die Brutvögel lassen sich beim Brüten oft mit Händen greifen. Das Junge schlüpft mit einem grauen Dunenkleid und bleibt 35-39 Tage in der Höhle, wie überhaupt Höhlenbrüterküken sich viel länger im Nest aufhalten als vergleichbare Freibrüter. Wenn sie dann aber das Nest verlassen, so können sie gut fliegen und sind selbständig. NAHRUNG: Grylltteisten finden ihre Nahrung hauptsächlich am Gewässergrund. Fische bilden bei ihnen gewöhnlich nur die Beikost. Hauptsächlich ernähren sie sich von Krebsen aller Art, von Meereswürmern, Muscheln und Polypen.

Baßtölpel
Sula bassana

MERKMALE: Ein gänsegroßer Meeresvogel (um 92 cm) mit einer Spannweite um 175 cm, weiß mit schwarzen Flügelspitzen. LEBENSRAUM: Außerhalb der Brutzeit meist nicht in Sichtweite der Küsten, aber auch selten mehr als 200 km vom Festland entfernt.

Brutvogel in etwa 30 großen Kolonien, von denen gut ein Dutzend auf den Britischen Inseln liegen, zwei an der norwegischen Küste (Runde und Vatsö) und zwei an der Küste der Bretagne. FORTPFLANZUNG: Ab Februar sammeln sich die Tölpel vor ihrem Brutfelsen, aber sie tragen meist erst im April das korbgroße Nest aus Tang und Treibgut zusammen, auf dem sie dann für 42-45 Tage ihr 8 cm langes Ei bebrüten. Dabei halten sie es zwischen ihren zur Brutzeit besonders warmen Schwimmhäuten. Im August, wenn das Junge rund 75 Tage alt ist, stellen die Eltern das Füttern ein. Das Junge wiegt dann bis über 4 kg und damit rund 1 kg mehr als die Altvögel. Die Jungen bleiben noch einige Zeit im Nest, dann stürzen sie sich vom Brutfelsen ins Meer, wo sie noch etwa zehn Tage lang von der Strömung abgetrieben werden, ehe sie zu fliegen und zu fischen beginnen. NAHRUNG: Wenn der Tölpel einen Fisch erspäht hat, läßt er sich aus 10-40 m Höhe abkippen und stößt steil nach unten. Anfangs steuert er noch mit den Flügeln, dann legt er sie nach hinten und stößt mit bis zu 100 km/h in die Wogen. Unter Wasser rudert er mit den Füßen und taucht 15 m tief.

Saatgans
Anser fabalis

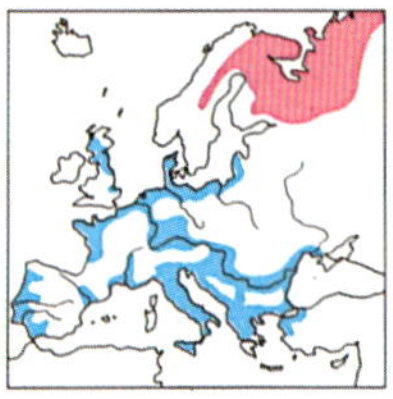

MERKMALE: Sehr ähnlich der Graugans, auch in der Größe: Länge um 80 cm, Spannweite um 165 cm, Gewicht um 3,5 kg. Das Gefieder ist insgesamt und besonders am Vorderkörper deutlich dunkler und bräunlicher. LEBENSRAUM: Die Saatgans brütet in der Tundra und der nördlichen Nadelwaldzone Eurasiens. Im September sammeln sich die Gänse in Buchten der europäischen Nordküsten und ziehen im August und September in südwestlicher Richtung bis in die Überwinterungsgebiete der Norddeutschen Tiefebene und bis nach Holland. FORTPFLANZUNG: Die Saatgänse führen Ehen auf Lebenszeit. Im Winter scheinen sich die Partner in den Wanderscharen aus den Augen zu verlieren, aber zur Brutzeit sondern sie sich wieder paarweise ab. Im Brutgebiet kommt es zur Begattung nach einem wenig auffälligen Vorspiel in Form von Halseintunken. Die Begattung gelingt nur im Wasser. Der Ganter besteigt die Gans, so daß sie versinkt. Nachher recken sich beide in die Höhe und schlagen mit den Flügeln. Die Gans wählt den Platz für die Nestmulde, meist unter Zweigen oder zwischen den Wurzeln eines Baumes. Dann legt sie die Mulde mit Halmen aus und mit dem Fortschreiten der Brut auch mit reichlich Dunen. Die Brutzeit beginnt am Südrand des Brutgebietes Mitte Mai und nach Norden zu immer später bis in die Junimitte. Nur die Gans brütet, während der Ganter in der Nähe wacht. Brutdauer 27-29 Tage, Brutbeginn nach Ablage des letzten Eies. So wird erreicht, daß alle Gössel etwa gleichzeitig schlüpfen. Sie tragen anfangs ein olivbräunliches Dunenkleid mit schwarzen Kopfstreifen. Beide Eltern führen die Gössel zum Wasser, wo sie die frischen Sumpfpflanzen abweiden. Im Alter von zwei Monaten beginnen sie zu fliegen und ziehen mit ihren Eltern zunächst zum Meer. Die einzelnen Familien halten noch über den Winter zusammen, so daß auch der Zug in die Winterquartiere von Alt- und Jungvögeln gemeinsam bewältigt wird. NAHRUNG: Im Brutgebiet fressen die Gänse alles frische Grün, daneben auch Beeren und Flechten. In den Überwinterungsgebieten bilden Gras und Wintersaat die Hauptnahrung der Wildgänse.

Ringelgans
Branta bernicla

MERKMALE: Etwas kleiner als die Zwerggans, Länge knapp 60 cm. Vom Schnabel bis zur Brust mattschwarz mit weißem Halsring, der den Jungvögeln fehlt. LEBENSRAUM: Die nördlichste aller Gänse, Brutvogel der Tundra am Nordrand Eurasiens und auf den vorgelagerten Inseln, zwischen Schnee- und Eisresten. Die westsibirischen Gänse ziehen auf einer schmalen Zugstraße über die Ostsee bis in die Nordsee, wo sie im Wattenmeer überwintern. Bis zur Jahrhundertwende kamen Hunderttausende. Ihre Stimmen übertönten die Brandung, im Flug sahen sie von fern aus wie ziehender Rauch, und ihre Wolken verfinsterten den Himmel. Heute überwintern in der Nordsee noch etwa 20 000 Ringelgänse; ihr Bestand brach zusammen, als ihre Hauptfutterpflanze, eine Seegrasart, in den frühen dreißiger Jahren durch einen Pilz weitgehend vernichtet wurde. FORTPFLANZUNG: Die Gänse haben im Polarsommer nur rund 110 Tage Zeit zum Brüten. Zehn Tage nach der Ankunft ist das Gelege fertig; die Gans brütet 24-26 Tage auf den 3-6, 70 mm langen Eiern. Ende Juli schlüpfen die ersten Jungen, die Eltern führen sie gleich zum Wasser. Oft vereinigen sich mehrere Familien zu größeren Gemeinschaften. Gegen Ende der Brutzeit mausern die Altvögel und sind dann für einige Zeit flugunfähig. NAHRUNG: Im Sommer Moos und Gräser, im Winter hauptsächlich Seegras und dessen Wurzeln mit den daran hängenden Tieren, ferner Tang und salzliebende Pflanzen der Verlandungszonen.

Nonnengans, Weißwangengans
Branta leucopsis

MERKMALE: Eine mittelgroße Gans - Länge um 63 cm, Spannweite um 140 cm -, die von Ferne oberseits schwarz und unterseits weiß wirkt. Bei den Jungvögeln sind in ihrem ersten Winter die weißen Kopfteile von einzelnen schwarzen und braunen Federchen durchsetzt. Obwohl gesellig, mischen sich Nonnengänse nicht unter andere Wildgänse. LEBENSRAUM: Brütet nur auf Inseln, wo feuchte Senken mit frischem Grün oder begrünte Flußauen zwischen steilen Geröllhalden liegen. Außerhalb der Brutzeit ausschließlich an Küsten. Sie überwintert vor allem in Meeresbuchten von Irland und Schottland, auch an der mitteleuropäischen Nordseeküste und im holländischen Friesland. Die Nonnengänse halten sich im Watt auf. FORTPFLANZUNG: Nonnengänse brüten möglichst im Fels oder Geröll. Im Laufe der Brutzeit wächst ein Kotwall rund um das Nest, an dem man es von anderen Gänsenestern leicht unterscheiden kann. Meist wird der Brutplatz alljährlich wieder benutzt, dann sprießt dank der Düngung rundum ein grüner Pflanzenring. Im übrigen liegen die Nester offen; deckt die Gans ihre Eier mit Dunen zu, so erscheint das Nest von fern als graue Halbkugel. Brutzeit Ende Juni und Juli, 3-6 Eier.

Bläßgans
Anser albifrons

MERKMALE: Altvögel mit groben und unregelmäßigen Querstreifen auf der Brust, so daß jeder Vogel anders gemustert ist. LEBENSRAUM: Die Bläßgans, häufigste Gans Eurasiens, brütet nördlich der Waldgrenze in der Tundra bis zur Eismeerküste. FORTPFLANZUNG: Das Nest liegt in sumpfiger, von Gewässern durchsetzter Tundra an erhöhten, trockeneren Stellen. Die Gans legt meist nur eine schon vorhandene Mulde mit Dunen aus. Brutzeit zweite Junihälfte und Juli, Brutdauer 28 Tage. Während die Gans brütet, wacht der Ganter. Beide Eltern führen gemeinsam die Jungen, die Ende August flügge werden. Die Eltern leben in Dauerehe. NAHRUNG: Wie bei den anderen Gänsen nur vegetarisches Futter.

Kurzschnabelgans
Anser brachyrhynchus

MERKMALE: Eine verkleinerte Ausgabe der Saatgans, mit dunklem Kopf und Hals und teils schwarzem, teils fleischfarbenem Schnabel. Füße im Gegensatz zur Saatgans fleischfarben. Länge um 68 cm, Spannweite um 150 cm. LEBENSRAUM: Die zierliche Gans brütet in Quellmooren des Binnenlands von Island, Spitzbergen und Ostgrönland. Die Brutgebiete liegen als grüne »Oasen« zwischen vegetationsarmen Geröllfluren. FORTPFLANZUNG: Die Kurzschnabelgans brütet in lockeren Kolonien. Die Brutzeit setzt in Island im zweiten Maidrittel, auf dem nördlicher gelegenen Spitzbergen in der ersten Junihälfte ein. NAHRUNG: Kurzschnabelgänse fressen Beeren, Moose, Flechten und verschiedene Gräser.

Zwerggans
Anser erythropus

MERKMALE: Eine verkleinerte Ausgabe der Bläßgans. Kennzeichnend ist der kurze und hohe Kopf mit kurzem, rötlichem Schnabel. Die Augen umgibt schon bei den Jungvögeln ein gelber Ring; die Stirnblässe der Altvögel reicht vom Schnabel bis über die Augen. LEBENSRAUM: Die Zwerggans brütet nahe der nördlichen Waldgrenze, also etwas südlicher als die Bläßgans, beide Brutgebiete überlappen sich. FORTPFLANZUNG: Die mit Moos, später auch mit Dunen ausgelegten Nester liegen meist in der Nähe von Bergseen. Nur die Gans brütet, während der Ganter in der Nähe wacht. Brutzeit Mai und Juni, 4-8 Eier . Die Gössel laufen gleich gut und fliehen, wenn sie sich bedroht fühlen, auf das Wasser. An Land verstecken sich in Felsspalten oder im Gebüsch.

Brandgans, Brandente

Tadorna tadorna

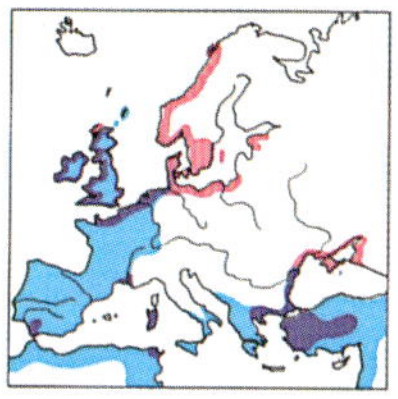

MERKMALE: In der Gestalt mehr Ente als Gans; beide Geschlechter sind gleich gefärbt. Das Männchen trägt im Sommer einen roten Höcker an der Schnabelwurzel. Länge um 60 cm, Spannweite um 110 cm. Stimme des Männchens pfeifend, die des Weibchens quakend. LEBENSRAUM: An Brackwasserseen und Meeresküsten, wo sich entweder Sanddünen oder natürliche Höhlen zur Anlage des Nestes finden. Außerhalb der Brutzeit in großen Scharen in überfluteten Salzsümpfen und flachen Meeresteilen. FORTPFLANZUNG: Brandgänse sind Höhlenbrüter mit Vorliebe für Kaninchenbauten, die sie nicht selten mit den Kaninchen bewohnen. Auch von Bruten in bewohnten Fuchsbauten wird berichtet. Daneben kommt es zu Bruten in Scheunen, unter Brettern, zur Not auch unter dichtem Gebüsch. Männchen und Weibchen suchen sich alljährlich auf langen Fußmärschen neue Brutplätze. Nur das Weibchen brütet und macht dabei etwa alle drei Stunden eine Pause, die um so kürzer ausfällt, je weiter die Brut fortschreitet. Der Ganter bringt das Weibchen nach der Brutpause zum Nest und entfernt sich anschließend, vielleicht ein Ablenkungsmanöver für potentielle Nestplünderer. Täglich wird ein Ei gelegt, bis das Gelege mit 8-13 Eiern vollzählig ist. Brutbeginn nach Ablage des letzten Eies, meist Mitte bis Ende Mai, Brutdauer um 30 Tage. Die Gössel sind schon Stunden nach dem Schlüpfen überaus beweglich, können springen und klettern. Sie bleiben in der Höhle, bis alle Geschwister trocken sind. Meist frühmorgens verlassen sie dann für immer die Bruthöhle und werden von beiden Eltern aufs Wasser geführt. Sie sind gleich sehr selbständig und können zur Not schon im Alter von einer Woche ohne elterlichen Beistand überleben und heranwachsen. Anfangs führt das Elternpaar die Jungen; sind sie etwa zwei Wochen alt, so schließen sich die Jungen benachbarter Paare zusammen, die oft von solchen Paaren betreut werden, die ihre eigenen Kinder verloren haben. Wenig später verlassen die Eltern die nun schon selbständigen Kinder und ziehen zu ihren überkommenen Mauserplätzen. NAHRUNG: Überwiegend tierische Kost, vor allem kleine Schnecken, Muscheln und Würmer aus dem Flachwasser aus dem Wattenmeer. Die Jungen fangen auch Heuschrecken. Als Zukost werden Algen und die Pflanzensprosse der Salzsümpfe verzehrt.

Scheckente

Polysticta stelleri

MERKMALE: Kopf, Brust und Flanken der Männchen sind im Prachtkleid weiß, Kehle, Hals und Rücken schwarz, die Bauchmitte ist kastanienbraun. Beide Geschlechter tragen eine kleine Federlocke am Hinterkopf. Das Verhalten ist unverwechselbar: Scheckenten schwimmen in dicht gedrängten Scharen, die in Alaska viele 10 000 Tiere enthalten können. Auch größere Gruppen zeigen ein an das Exerzieren erinnerndes Gemeinschaftstauchen: Eine nach der anderen taucht in rascher Folge unter, bis alle verschwunden sind. Dann tauchen alle in der gleichen Reihenfolge wieder auf; nach einer kurzen Atempause wiederholt sich dieser Vorgang. LEBENSRAUM: Eine hochnordische und rund um den Pol verbreitete Ente, deren Südgrenze heute noch nördlich des Nordkaps verläuft. Man kann aber in jedem Sommer Trupps von nichtbrütenden Scheckenten, teils im Übergangskleid, manchmal auch im Prachtkleid, im Varanger-Fjord beobachten. Sie tauchen dort in ruhigen Buchten über wenige Meter tiefem Wasser und sind von der Küstenstraße aus zu sehen, vor allem bei Vatsö. FORTPFLANZUNG: Aus dem Varanger-Fjord liegen über 50 Jahre alte Brutnachweise vor, aber seither hat sich das Nordmeer merklich erwärmt, und daran könnte es liegen, daß dieses Brutvorkommen heute als erloschen gilt. Scheckenten brüten landeinwärts in der von Seen und Sümpfen durchsetzten Tundra, von wo sie zur Nahrungssuche aufs Meer fliegen. NAHRUNG: Tauchend, selten auch im Flachwasser gründelnd gesuchte tierische Kost, vor allem kleine Schnecken, Krebschen, Würmer, Seeigel. Die Nahrung wird auch aus dem Wasser gegriffen.

Samtente
Melanitta fusca

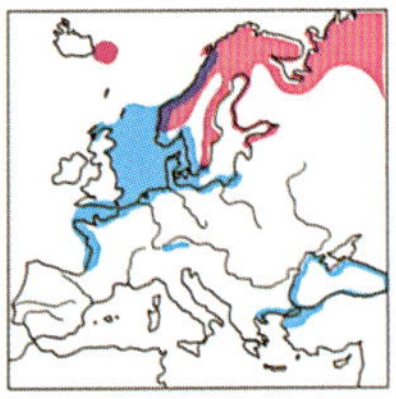

MERKMALE: Länge um 56 cm, etwa so groß wie die Eiderente, Gewicht bis über 2 kg. LEBENSRAUM: Nicht so weit im Norden wie die Trauerente. Das Brutgebiet deckt sich etwa mit dem nordischen Nadelwaldgürtel, wobei die Ente aber in weiten Gebieten fehlt. In Finnland brütet sie verstreut an Binnenseen und in den Schären der Ostseeküste. Viele Samtenten überwintern an der Nord- und Ostsee. FORTPFLANZUNG: Das Nest liegt oft einige Meter vom Wasser entfernt. Eizahl 6-10, Brutdauer 26-28 Tage. Die Weibchen verlassen ihre Jungen, wenn sie mit 4-5 Wochen selbständig geworden sind. NAHRUNG: Samtenten tauchen bis 14 m tief. Sie fressen Muscheln, Schnecken, Krebse, Stachelhäuter, kleine Fische.

Eiderente
Somateria mollissima

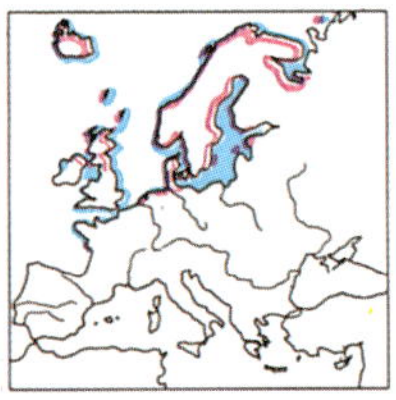

MERKMALE: Eine große, eher plump wirkende Tauchente mit kurzem Hals. Länge um 58 cm, Gewicht um 2,5 kg. Die Erpel sind im Prachtkleid - bis Juli - kaum zu verwechseln, die Enten dunkelbraun mit dichter schwarzer Querstreifung. Sie sehen aus der Ferne schwärzlich aus. Neben den Alterskleidern kommen verschieden gefärbte und meist gescheckte Jugend- und Übergangskleider vor. Kennzeichnend sind der keilförmige Schnabel mit seitlich hereinlaufender Wangenbefiederung und die flache Stirn. An der Schnabelwurzel liegt eine Salzdrüse, die das zusammen mit der Nahrung aufgenommene überschüssige Salz ausscheidet. Wenn sich die Enten längere Zeit, etwa ein Jahr, im Süßwasser aufhalten, so verkümmert die Salzdrüse, und die Schnabelwurzel sinkt ein. Eiderenten fliegen mit gleichmäßigem Flügelschlag und mit etwa 55 km/h dicht über dem Wasserspiegel. Die Erpel im Prachtkleid wirken im Flug schwarzweiß mit schwarzer Kopfplatte. Das Dunenkleid der Küken ist unscheinbar grau. Der Erpel trägt seinen Balzruf, ein leises »Aguuu«, mit einer charakteristischen Kopfbewegung vor. Die Weibchen rufen kumpf »korr«. LEBENSRAUM: Die Eiderente ist eine Meerente, die sich am liebsten zwischen vorgelagerten Inseln und in der Nähe geschützter Meeresbuchten aufhält, in die sie sich bei stürmischer See zurückzieht. Seit rund 100 Jahren beobachtet man, daß die Vögel ihr Brutgebiet nach Süden ausdehnen. Heute sind sie in England, auf den westfriesischen und nordfriesischen Inseln zahlreich vertretene Brutvögel, die sich besonders vermehrt haben, seitdem das Sammeln von Eiern und Dunen verboten ist. Die nördlichen Populationen sind Zugvögel. Sie gelangen im Winter bis an die Küste der Nord- und Ostsee, die Brutvögel der Nordseeinseln überwintern im Wattenmeer. Im hohen Norden ist die Eiderente ein sehr häufiger Vogel. Der Bestand auf Island wird auf 500 000 Paare geschätzt. Hier finden sich die Vögel während der Brutzeit an und auf küstennahen Süßwasserseen ein. Mit der Zunahme der Bestände in der Nordsee mehren sich auch Winterfunde auf den Voralpenseen, wo sich eine Überwinterungstradition herauszubilden scheint, gefördert durch die Zunahme der Wandermuschel, die von den Eiderenten gern als Nahrung genommen wird. FORTPFLANZUNG: Eiderenten sind Koloniebrüter. Die Jungen schlüpfen gleichzeitig und werden von der Ente so bald wie möglich zum Wasser geführt, meist auf einen Süßwassersee oder an eine Flußmündung. NAHRUNG: Eiderenten tauchen bis 25 m tief und bis drei Minuten lang. Unter Wasser rudern sie mit Beinen und Flügeln. Sie fressen Muscheln, Schnecken, Krebse, Seesterne, Seeigel, Seegurken, Tintenfische und kleine Fische. Durch Schadstoffanreicherung in der Nahrung kommt es immer wieder zu Vergiftungen.

Prachteiderente
Somateria spectabilis

MERKMALE: Die Männchen sind im Prachtkleid - von Januar bis August - unverwechselbar. Aus der Ferne erscheinen sie von vorne weiß und hinten schwarz. Aus der Nähe erkennt man den großen orangeroten, seitlich zusammengedrückten Stirnhöcker. Die Weibchen sind nicht leicht von weiblichen Eiderenten zu unterscheiden. Ihr Schnabel ist von der Seite gesehen etwas höher, ihr Gefieder auf Brust und Rücken nicht deutlich quergestreift, sondern vorderseits mehr getropft und auf dem Rücken mehr aus hellen V-Zeichen auf dunkelbraunem Grund zusammengesetzt. LEBENSRAUM: Die Prachteiderente ist ein reiner Meeresvogel, der nur zum Brüten an küstennahe Seen, Tümpel und Flüsse kommt. FORTPFLANZUNG: Das Weibchen wählt eine Nestmulde und polstert sie dick mit Dunen aus, dann beginnt es zu legen. Wenn das Gelege mit meist 4-7 Eiern vollzählig ist und die Brutzeit beginnt, wird das Prachteiderentenweibchen vom Männchen verlassen. Die Männchen nehmen während ihrer Landzeit keine Nahrung zu sich. Im Juli und August sammeln sie sich von weither auf bestimmten Meeresteilen und mausern dort in das Schlicht- oder Winterkleid. Dabei werden sie vorübergehend flugunfähig. In Rußland bejagt man die mausernden Männchen. Jährlich über 10 000 Tiere werden als Wildbret in den Handel gebracht. Die Prachteiderente bleibt mit den Küken zunächst auf dem Süßwasser. In dieser Zeit ernährt sich die Familie von Mücken- und Köcherfliegenlarven. Oft werden Großfamilien mit bis zu 20 Küken und mehreren Müttern gebildet. Wenn die jungen Prachteiderenten zu fliegen beginnen, ziehen sie auf das rauhe Meer und bilden große Scharen, in denen sich die Familienmitglieder verlieren. NAHRUNG: Tauchend erworbene Muscheln, Schnecken, Krebse, Seeigel und Seesterne.

Kragenente
Histrionicus histrionicus

MERKMALE: Eine kleine, hoch auf dem Wasser liegende, häufig tauchende Ente. Länge 43 cm. Das Männchen im Prachtkleid kann durch die weißen Hals- und Bruststreifen und die rotbraunen Flanken kaum mit anderen Enten verwechselt werden. Die Weibchen und Jungen sind düsterbraun gefärbt mit drei hellen Flecken auf jeder Kopfseite. LEBENSRAUM: Heimisch in Ostsibirien, Alaska, Südgrönland und Island. Kragenenten brüten in einem für Enten sehr ungewöhnlichen Lebensraum: Im Oberlauf der Flüsse zwischen Stromschnellen, Sturzwasser und Wasserfällen, wo man allenfalls Wasseramseln vermuten würde. FORTPFLANZUNG: Brutzeit Mai und Juni, 6-8 Eier. NAHRUNG: Im Süßwasser vor allem Köcherfliegen und Mückenlarven, im Meer hauptsächlich Krebse.

Eisente
Clangula hyemalis

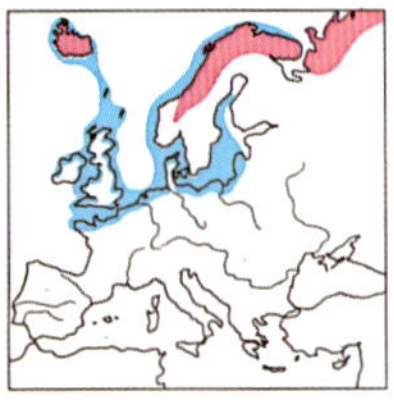

MERKMALE: Eine kleine Meerente, die fast wie eine Seeschwalbe mit tief im Wasser liegendem Vorderkörper und in der Erregung hochgehobenen Schwanzspitzen schwimmt. Dieser nur dem Erpel eigene Schmuck verlängerter mittlerer Schwanzfedern, die allerdings auch oft im Wasser liegen, vergrößern die Körperlänge auf 53 cm (Weibchen um 41 cm). Der Erpel trägt die Schwanzspitze auch im Schlichtkleid des Spätsommers. Es fällt mit schwarzem Kopf und Hals, mit weißen Wangen und Flanken ähnlich auf wie das schwarzweiße Prachtkleid. Die unscheinbare Ente wird durch einen verwaschenen dunklen Wangenfleck auf hellerem Grund gekennzeichnet. LEBENSRAUM: Hoher Norden von der Grenze der Waldtundra bis zum Packeisgürtel. Je weiter südlich die Brutplätze gewählt werden, desto mehr liegen sie im Gebirge und stets über der Waldgrenze. FORTPFLANZUNG: Die Eisenten brüten an kleinen und flachen Weihern in der Tundra, mit Vorliebe auf kleinen Inseln. Brutbeginn Ende Mai und Anfang Juni, 5-10 Eier. Brutdauer 23-24 Tage. Während der ersten Hälfte der Brutdauer wartet der Erpel auf dem Wasser auf seine Ente. Wenn sie nachts zum Fressen von den Eiern schleicht, gesellt er sich zu ihr. Nach dem Schlüpfen der Küken hat die Mutter manchmal schwere Kämpfe mit Raub- und Großmöwen um ihre Kinder auszufechten. Greifen die Räuber zu zweit an, dann gewinnen sie den Kampf. In den ersten Tagen nach dem Schlüpfen bleiben die Jungen auf den Tundraweihern. Wenn sie zu fliegen beginnen, führt sie die Mutter fluß- oder bachabwärts zum Meer. NAHRUNG: Die Eisente ist zwar die kleinste, aber auch die leistungsfähigste Tauchente. Im Meer taucht sie auf der Nahrungssuche zum Grund bis in 30 m Tiefe. Im Süßwasser, das weniger Auftrieb gibt, wurden Eisenten schon in Fischernetzen gefunden, die in 55 m Tiefe lagen. Die Eisente »fliegt« unter Wasser wie die Alken mit halb geöffneten Flügeln. Sie kann beim Auftauchen gleich in die Luft starten und sich aus der Luft unmittelbar in die Tiefe stürzen. Sie taucht zwei Minuten und verzehrt ihre Nahrung unter Wasser, vor allem Muscheln, aber auch Krebse und andere Meerestiere einschließlich kleiner Fische. Die Jungen auf den Süßwasserseen fressen vor allem Kleinkrebse und Mückenlarven. Solche Nahrung gibt dem Fleisch einen tranig-ranzigen Geschmack. Dennoch werden Eisenten gefangen.

Trauerente
Melanitta nigra

MERKMALE: Körperlänge bis zu 48 cm. Erpel im Prachtkleid einfarbig schwarz, mit markantem Schnabelfleck und Schnabelhöcker. Das Schlichtkleid des Erpels und das Weibchenkleid sind dunkelbraun mit hellen Kopf- und Halsseiten. Sie ähneln dabei etwas dem Weibchenkleid der Kolbenente, sind aber viel dunkler. Die Flügel sind stets einfarbig dunkel. Die Trauerente hält beim Schwimmen oft den Schnabel leicht aufwärts gerichtet und stellt gelegentlich den Schwanz steil auf. Ihr Flug ist stark rauschend und deshalb nicht zu überhören. Die Vögel ziehen meist in langen schrägen Reihen 2-10 m über dem Wasser dahin. Dabei fliegt die ganze Reihe in flachen Bogen auf- und abwärts wie über unsichtbare Hindernisse. Sehr geselliger Wasservogel, aber nur gegenüber Artgenossen. Die Vögel einer Gruppe tauchen zusammen unter und auch zusammen wieder auf. Der Balzruf ist ab September zu hören und klingt flötend »düit«. LEBENSRAUM: Trauerenten halten sich stets weit draußen vor der Brandungszone auf dem Meer auf. Sie bleiben meist in 1-6 km Abstand von der Küste, so daß man die Vogelscharen vom Land aus nur mit einem Fernglas und wegen der Erdkrümmung nur von einem erhöhten Punkt aus erkennt. Sie betreten außerhalb der Brutzeit nie das Land. Trauerenten geraten häufig in treibende Ölfelder. Später werden ihre verölten Kadaver an die Strände gespült. Trauerenten sind Brutvögel des Nordens, die in diesem Jahrhundert weite Teile Finnlands geräumt haben. Sie brüten aber noch stellenweise auf den Britischen Inseln und häufig auf Island um den Myvatn-See. Die Vogelheere überwintern auf der westlichen Ostsee, der Nordsee und an den Westküsten Europas. FORTPFLANZUNG: Nester ab Anfang Juni unter dichtem Gebüsch an Seen und trägen Flüssen. NAHRUNG: Hauptsächlich Muscheln und Schnecken, die in Tauchgängen erbeutet werden.

Mittelsäger
Mergus serrator

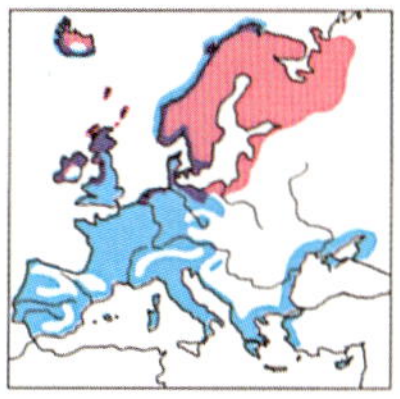

MERKMALE: Mit etwa 58 cm Länge etwas kleiner als eine Stockente. Bei beiden Geschlechtern zweizipfelige Federhaube. Männchen im Prachtkleid durch rotbraunes Brustband von den anderen Sägern zu unterscheiden. Flanken grau. Schlichtkleid und Weibchenkleid sehen den entsprechenden Kleidern des Gänsesägers recht ähnlich. Da auch der Größenunterschied nicht markant ist, gilt als Hauptmerkmal der allmähliche Übergang des rostfarbenen Kopfgefieders zum bräunlich-grauen Körpergefieder. Die Säger liegen tiefer im Wasser als die Enten. Sie sind recht gut zu Fuß und ruhen gern am Ufer, ein paar Schritte vom Wasser entfernt. Sie können sowohl vom Land als auch vom Wasser nach kurzem Anlauf auffliegen. Das sausende Fluggeräusch ist für den Kenner ein Bestimmungsmerkmal, auch in der Nacht. Im Flug ordnen sich meist mehrere Säger zu schrägen Linien. Sie können aus dem Gleitflug heraus unmittelbar ins Wasser tauchen. Fluggeschwindigkeit bis über 100 km/h. LEBENSRAUM: Brutvogel am Meer in ruhigen Buchten und von kleinen Inseln durchbrochenen Stillwasserzonen, daneben auch an Seen und Flüssen in der nordischen Nadelwaldzone. Die Südgrenze des Brutgebietes liegt in den Masurischen Seen und an der Ostseeküste. Im Winter zahlreich an der Ostseeküste, vor Norwegen und um die Britischen Inseln. FORTPFLANZUNG: Freibrüter unter dichtester Bodenvegetation. Das Nest wird nicht, wie bei den Höhlenbrütern, mit auffälligen weißen Dunen, sondern mit dunkelbraunen Dunen ausgelegt. Brutbeginn Mai oder Juni, Brutdauer 29-35 Tage, 5-12 Eier. NAHRUNG: Fische, meist in Gemeinschaftsjagd erbeutet. Der Mittelsäger taucht selten länger als 20 Sekunden, beim Fluchttauchen bleibt er aber bis zu zwei Minuten Dauer unter Wasser.

Säbelschnäbler
Recurvirostra avosetta

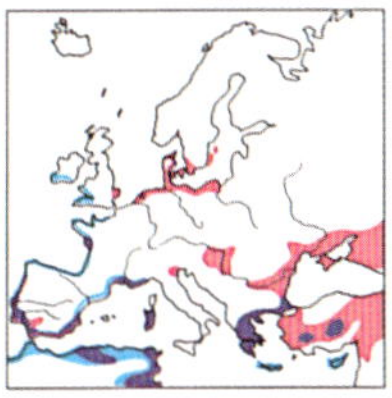

MERKMALE: Körper gut taubengroß, Gesamtlänge um 43 cm, Beine blaugrau, Füße mit kleinen Schwimmhäuten. Die Alterskleider beider Geschlechter sehen im Winter und im Sommer fast gleich aus, nur das Jugendkleid bis zum ersten Winter ist weiß und fahlbraun mit schwarzen Schwingen. LEBENSRAUM: Säbelschnäbler sind an Salzwasser gebunden. Wo, wie in der Camargue, ein Gewässer durch Einleiten von Flußwasser aussüßt, verschwinden sie. Sie brüten an Lagunen, schlammigen Meeresbuchten, an Salz- und Bitterseen mit freien Schlammflächen. An der Nordseeküste nimmt ihr Bestand zu. Die meisten Brutvögel der Nordsee versammeln sich im Juli und August im Jadebusen, der ihnen mit seinen weiten Schlickflächen reichlich Nahrung bietet. FORTPFLANZUNG: Säbelschnäbler brüten in lockeren Kolonien, oft im Verein mit Lachmöwen, Flußseeschwalben und anderen geselligen Strandvögeln. Das Nest ist eine meist bescheiden ausgelegte Mulde in der Salzsteppe, auf Viehweiden oder in der Strandvegetation. Beide Eltern brüten auf meist vier, seltener auch drei Eiern, Brutzeit Mai und Juni, Brutdauer 23-25 Tage. Die Jungen haben auffällig verdickte Fersengelenke. Zum Aufwärmen läßt sich die Mutter oft auf die Fersen nieder, die Jungen stellen sich dann unter die leicht angehobenen Flügel. Ihre Nahrung finden sie alleine. NAHRUNG: Der aufwärtsgebogene, von der Seite schmale, von oben gesehen aber breite Schnabel weist den Säbelschnäbler als Nahrungsspezialisten aus. Er benötigt salzigen Schlamm, in dem bestimmte Kleinkrebse zur Massenentfaltung kommen. Bei der Nahrungssuche schreitet er hurtig durch den Schlick, wo dieser ganz flach mit Wasser bedeckt ist und zieht bei jedem Schritt mit einer mähenden Bewegung den Schnabel durch die obersten Schlammschichten und erbeutet Kleinorganismen.

Austernfischer
Haematopus ostralegus

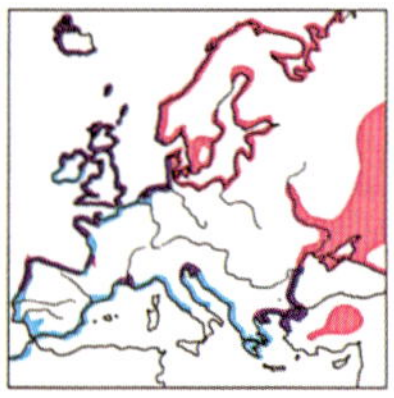

MERKMALE: Unverwechselbar, Länge um 43 cm, Gewicht um 500 g. Die Jungvögel sind im ersten und oft auch noch im zweiten Sommer an ihrer schwarzbraunen Schnabelspitze und einer weißen Kinnbinde kenntlich, welche die Altvögel nur im Winterkleid anlegen. LEBENSRAUM: In Westeuropa leben sie als echte Meeresvögel und wurden charakteristisch für die deutschen Nordseeküsten. Die im Norden brütenden Austernfischer sind Zugvögel, die im August aufbrechen und in großen Gesellschaften hoch und ziemlich schweigsam dem Lauf der Küsten folgend nach Süden ziehen. FORTPFLANZUNG: Brutbeginn im zweiten Maidrittel bis in den Juni hinein. Nachgelege auch im Juli. Das zweite der hühnereigroßen Eier wird etwa 24 Stunden nach dem ersten gelegt, das dritte und meist auch letzte 48 Stunden später. Den Jungen wird anfangs das Futter vorgehalten, bei den auf Muschelkost spezialisierten Paaren sogar noch bis über das Flüggewerden hinaus. Offenbar wird der Schnabel erst recht spät dazu tauglich, die Muscheln aufzubrechen. Die Eltern und alle benachbarten Austernfischer verteidigen ihre Brut mit gellendem Geschrei und Schnabelhieben gegen Nestplünderer wie Krähen und Großmöwen. Viele ertrinken, wenn die Eltern sie bei Ebbe hinaus in das Watt führen und dann die Flut hereinbricht. Die Austernfischer haben Aussicht auf ein langes Leben; sie sollen in Freiheit bis 36 Jahre alt geworden sein. NAHRUNG: Kleintiere des Meeresstrandes. Austernfischer stoßen ihren schmalen, scharfen Schnabel in spaltenbreit geöffnete Muscheln und durchtrennen deren Schließmuskel, ehe sie zuklappen. Es kommt vor, daß die Muschel schneller ist und den Schnabel einklemmt. Dann schleppt der Vogel sie mit sich herum, bis sie ermüdet losläßt.

Thorshühnchen
Phalaropus fulicarius

MERKMALE: Etwa starengroß, Länge um 20 cm. Schwimmt möwenartig. Im Brutkleid mit rostfarbener Brust und Unterseite, weißen Wangen und schwarzem Scheitel. Weibchen etwas kräftiger gefärbt als Männchen und gut 1 cm länger. Kurzer und kräftiger, dunkelgelber Schnabel mit schwarzer Spitze. Das Ruhekleid ähnelt dem Odinshühnchen, allerdings sind die Zeichnungen auf der helleren Oberseite nicht ganz so deutlich. LEBENSRAUM: Brutvögel der hohen Arktis, nördlicher als das Odinshühnchen. In Europa kommt das Thorshühnchen auf Spitzbergen und Island vor und setzt sich über die sibirische Küste fort bis in den arktischen Norden von Nordamerika. Auch auf Grönland ist das Thorshühnchen ein häufiger Brutvogel. Im Winter Hochseebewohner über Meeresteile verstreut. Bekannter Überwinterungsplatz im Atlantik vor der marokkanischen und mauretanischen Küste. Auf dem Zug auch in der Nordsee. FORTPFLANZUNG: Die Vögel erscheinen im Juni in ihrem Brutgebiet an den Küsten mit arktischer Tundrenvegetation. Das Nest liegt gut versteckt unter niedrigen Pflanzen an feuchten Standorten. Vier, manchmal auch drei Eier. Nur das Männchen hat Brutflecken und brütet. Brutzeit zweite Junihälfte und Juli. Mit dem Flüggewerden der Jungen bilden sich große Gesellschaften vor den Küsten. NAHRUNG: Kleine Insekten, Spinnen, Krebstiere, Würmer und Schnecken.

Seeregenpfeifer
Charadrius alexandrinus

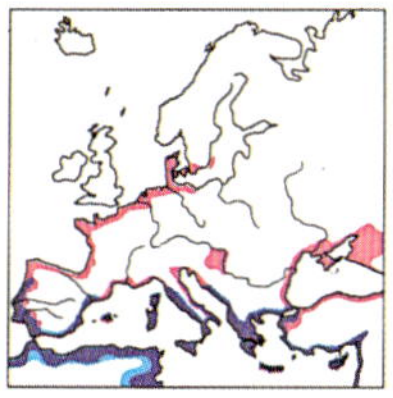

MERKMALE: Lerchengroß, Länge 17 cm, Spannweite 35 cm, hochbeiniger als Sand- und Flußregenpfeifer. Brustband vorn nicht geschlossen, Schnabel und Füße schwarz. Im Brutkleid kann man die Geschlechter leicht unterscheiden: das Männchen am zimtbraunen Scheitel, am schwarzen Zügelstreifen und an den schwarzen Kropfflecken. Beim Weibchen sind die Kropfflecken nur angedeutet, der Scheitel ist grau wie der Rücken, und die Zügelstreifen fehlen. LEBENSRAUM: Über alle Erdteile und Klimazonen vom Eismeer bis zum Äquator verbreitet, aber streng an Salzbiotope gebunden, also an Meeresküsten, Salz- und Bitterseen, Salzpfannen und ausgetrocknete Seebecken. An der Ostsee schon seltener als an der Nordsee. Zugvogel, der in Mitteleuropa im April erscheint und im September verschwindet. FORTPFLANZUNG: Das Männchen führt über dem Brutgebiet einen gaukelnden Balztanz vor. Schaut das Weibchen zu, zeigt ihr Partner besonders eifrig eine Bodenbalz, indem es Nestmulden ausscharrt und Nistmaterial in die Mulde wirft. Die Werbung gilt als angenommen, wenn sich das Weibchen in eine der angebotenen Mulden begibt und weiterscharrt. Die Nester liegen meist mit Sichtschutz nach oben, nicht weit von der Hochwasserlinie entfernt. Brutzeit in Europa Ende April bis Mitte Juli, vor allem aber Mai. Stets drei Eier von etwa 33 mm Länge, Brutzeit 25-27 Tage, beginnend mit dem Tag, an dem das Gelege vollständig wurde. Beide Eltern brüten und lösen sich einige Male am Tag ab. Kommt einer der Partner um, so brütet der andere noch ein paar Tage weiter, gibt dann aber das Gelege auf. Kommt dagegen die Brut um, so beginnen die Eltern ein Nachgelege, auch wenn die Küken schon ein paar Tage alt waren. Als Vögel des Strandes sind die Regenpfeifer auf Katastrophen vorbereitet: Schüttet Treibsand das Gelege zu, so graben sie es wieder aus, schwemmt eine Sturmflut die Eier auseinander, so rollen die Eltern sie wieder zusammen und brüten in einem Notnest weiter. Nachts brütet meist das Männchen. Erscheint ein Partner zur Brutablösung, so wirft er ein Steinchen oder einen Halm in Richtung Nest. So kann mit der Zeit in manchen Nestern eine hübsche Auskleidung aus Muschelschalen entstehen. Die Vögel erkennen nicht befruchtete Eier, wahrscheinlich über die Temperatur; denn ein totes Ei ist kalt wie ein Stein, während in einem lebendigen Ei der Stoffwechsel des sich entwickelnden Kükens Wärme erzeugt. Ein totes Ei wird aus dem Nest befördert. Die Vögel erlauben es den fremden Regenpfeifern nicht, sich dem Nest zu nähern, was zu schwerem Streit führen kann, wenn die Nachbarn schon Küken haben, die umherlaufen und in das verbotene Revier eindringen. Dann kommt es vor, daß die Revierinhaber die fremden Küken unter ihre Fittiche nehmen und die rechtmäßigen Eltern nicht mehr heranlassen. Die Küken kennen ihre Eltern nicht von Geburt an, sondern müssen sie erst gleichsam persönlich kennenlernen. Als reine Nestflüchter laufen die Jungen schon Stunden nach dem Schlüpfen aus dem Nest. Um diese Zeit beginnen die Eltern, auf eine Bedrohung hin zu verleiten. Die Jungen aber rennen bei einer

Störung auseinander und lassen sich in ein Versteck fallen. NAHRUNG: Die Seeregenpfeifer suchen ihre Nahrung im Spülsaum auf, auf Schlickflächen und im Flachwasser, das allerdings nicht tiefer sein darf als ihre Schnabellänge, und das sind reichlich 10 mm.

Kiebitzregenpfeifer
Pluvialis squatarola

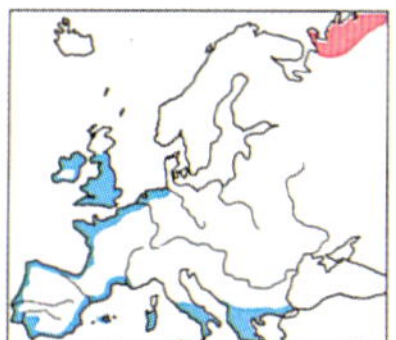

MERKMALE: Gestalt ähnlich dem Goldregenpfeifer, gedrungen wirkend. Im Sommer an tiefschwarzer Unter- und weißgrauer Oberseite ziemlich leicht zu erkennen. Im Winterkleid erscheint der Rücken bräunlichgrau, Stirn, Gesicht und Unterseite sind weißlich gefärbt, und die Brust ist bräunlichgrau gefleckt. Im Flug werden in allen Kleidern schwarze Achseln sichtbar. Die Stimme klingt melancholisch flötend. LEBENSRAUM: Der Kiebitzregenpfeifer ist ein typischer Brutvogel in der Flechtentundra nördlich des Brutgebietes der Goldregenpfeifer. Auf ihrem Durchzug findet man Kiebitzregenpfeifer auch an den Küsten Mitteleuropas, seltener im Binnenland. Sie rasten meist auf blanken Kiesufern, auf dem Grunde abgelassener Teiche, auf umgepflügten Äckern, waten aber praktisch nicht im Schlamm. Auf dem Zug in kleinen Trupps oder auch in Gesellschaft von Kiebitzen, Goldregenpfeifern, Kampfläufern oder Zwergstandläufern und anderen mit ihnen ziehenden Limikolen. Der Frühjahrszug im April und Mai fällt in Mitteleuropa wenig auf, obwohl ein Teil der Vögel bereits im Brutkleid unterwegs ist. Auf dem Herbstzug im September und Oktober, ausklingend bis in den Dezember hinein, tragen die Vögel schon das unscheinbare Winterkleid. Die kalte Jahreszeit verbringen Kiebitzregenpfeifer an den sandigen bei steinigen Meeresküsten fast aller Tropenländer bis weit über den Äquator hinaus. FORTPFLANZUNG: Die Vögel erscheinen gleich nach der Schneeschmelze in der ersten Junihälfte im Brutgebiet und paaren sich wenig später. Der Brutbeginn liegt für gewöhnlich im letzten Junidrittel. Die Brutvögel schützen durch Verleiten ihr Nest , indem sie versuchen, dadurch Raubfeinde abzulenken. NAHRUNG: Im Norden Insekten mit Samen als Beikost, am Meer hauptsächlich kleine Krebse sowie Schnecken und diverse Muschelarten.

Sandregenpfeifer
Charadrius hiaticula

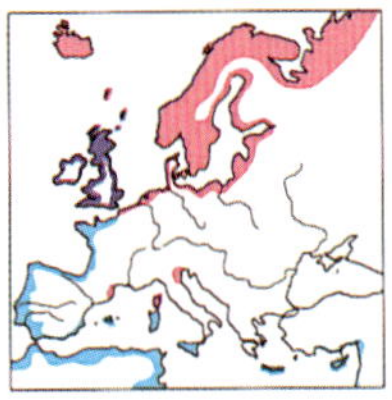

MERKMALE: Länge 19 cm, etwa lerchengroß. Im Brutkleid am schwarzen Brustband, den lebhaft gelben Beinen und dem an der Basis gelben, an der Spitze schwarzen Schnabel zu erkennen. Im Flug wird eine helle Flügelbinde sichtbar. Im Winterkleid den anderen Regenpfeiferarten ähnlich, aber mit helleren Beinen und höherer weißer Stirn. LEBENSRAUM: Zur Brutzeit an sandigen Ufern, meist am Meer, im Norden auch am Süßwasser, vereinzelt an Seen mit Salz- oder Bitterwasser. In England Jahresvogel, sonst Zugvogel und im Winter häufig an allen Küsten der gemäßigten, subtropischen und tropischen Meere. Im mitteleuropäischen Binnenland nur spärlicher Durchzug, Rast an sandigen oder kiesigen Fluß- und Seeufern. Nachtzieher, dessen melancholisch klingende Wanderrufe man aus der Höhe vernehmen kann. FORTPFLANZUNG: Balz mit einer Strophe, die langsam trillernd beginnt, sich zu einem Wirbel steigert und mit einer Art Jodler ausklingt. Sie wird auch im Balzflug mit »übertriebenen« Flügelschlägen vorgetragen. Das Nest ist eine Mulde im Sand, meist nahe der Flutmarke, manchmal mit Steinchen ausgelegt. Beide Eltern brüten mit häufiger, formloser Ablösung. Die meist (aber nie mehr als) vier Eier liegen mit der Spitze zur Mitte. Brutdauer 22-25 Tage; zwei Tage vor dem Schlüpfen springen die Schalen. Bei Störungen zeigen die Eltern das »Verleiten« von Eindringlingen. Die Jungen können sich dank ihrer Tarnfarbe sehr gut verstecken. Sie beginnen mit 22-23 Tagen zu fliegen. NAHRUNG: Kleintiere in Wassernähe, sie werden vom Boden aufgepickt. Im Schlick trommeln die Vögel oft mit einem Bein auf den Boden, dann picken sie nach den Organismen, die sich durch Fluchtbewegungen verraten haben.

Knutt
Calidris canutus

MERKMALE: Gedrungen und mit 26 cm etwa drosselgroß. Im Winterkleid grau, oberseits dunkel längsgestreift und mit dunklen Federsäumen, unterseits hellgrau. Im Sommerkleid ist die Unterseite der Männchen einfarbig rostrot, bei den Weibchen rostrot mit weißlichen Tupfen. Auf dem Zug sehr gesellig. Knutts rasten in dicht gedrängten Scharen, oft zu Tausenden oder gar zu Hunderttausenden von Tieren. Zur Feindabwehr fliegen sie in dichtesten Schwärmen, in die sich kein Greifvogel hineintraut. Solche Schwärme vollführen phantastische Flugmanöver. Einzelvögel können äußerst zutraulich sein. LEBENSRAUM: Brutvogel auf Island, in Alaska und stellenweise in Sibirien. Die Vögel brüten nördlich der Baumgrenze in der Stein- und Flechtentundra, bevorzugt in der Nähe von Sümpfen und meist auf Hochebenen, zuweilen weit vom Meer entfernt. Auf dem Zug, vor allem im September, findet man sie häufig an den Nordseeküsten, in der Regel schon im Winterkleid. Die Überwinterungsgebiete liegen im Mittelmeerraum und an der Westküste Afrikas. FORTPFLANZUNG: In den begrenzten Brutgebieten durchaus häufig. Das Nest wird in der Gras- und Flechtentundra meist in trockenen, seltener auch in feuchten Lagen in den Boden gescharrt und dürftig ausgelegt. Das Männchen zeigt im Juni über dem Brutgebiet einen Singflug, bei dem es teils schwebt, teils flattert. Brutzeit Juni und Juli. Nur das Männchen brütet, während das Weibchen in der Nähe weilt. Manche Männchen lassen sich während des Brütens berühren. 3-4 Eier von rund 42 mm Länge. Die Jungen werden in feuchte Senken geführt. NAHRUNG: Im Brutgebiet Mückenlarven, Würmchen, auf dem Zug kleine Muscheln, Krebse, Insekten, notfalls auch Pflanzenteile.

Sichelstrandläufer
Calidris ferruginea

MERKMALE: Mit 19 cm Länge knapp starengroß. Im Brutkleid an der Kombination von gebogenem Schnabel und rostroter Brust zu erkennen. Im Flug wird der auffallend weiße Bürzel sichtbar. Im Winterkleid mit dem Alpenstrandläufer zu verwechseln, aber schlanker, hochbeiniger als dieser. Der Schnabel kann verschieden lang und verschieden stark gebogen sein, er ist daher kein sicheres Merkmal. Übergangskleid im April und August. LEBENSRAUM: Brutvogel im nördlichen Asien mit recht kleinem Verbreitungsgebiet. Bei uns rasten die Vögel im August und September bei ihrem Zug nach Süden. FORTPFLANZUNG: Juni bis Juli, 4 Eier. NAHRUNG: Insekten, Kleinkrebse und Samen als Beikost.

Sanderling
Calidris alba

MERKMALE: Etwa so groß wie der Alpenstrandläufer, Länge 18-20 cm. Im Winter unterseits fast weiß mit hell aschgrauem Rücken und dunklen Schwungfedern sowie einem schwarzen Fleck am Handgelenk des Flügels (Flügelbug etwa auf der Mitte des Flügelvorderrandes). Breite weiße Flügelbinden im Flugbild aller Kleider sowie dunkle mittlere Schwanzfedern zwischen hellen äußeren. Im Sommer Rückengefieder schwarzbraun mit rostfarbenen Federsäumen, Vorderstirn und Bauch in allen Kleidern weiß. Schnabel und Füße lackschwarz, ohne Hinterzehe. Die Vögelchen rennen vor den anrollenden Wogen am Strand hoch und mit dem ablaufenden Wasser wieder seewärts. Dabei picken sie die freigespülten Meerestiere auf. Meist gehen sie der Nahrungssuche in kleinen Gesellschaften nach, die vor dem Strandwanderer lange zu Fuß voranlaufen, dann aber aufs Meer hinausfliegen und nach einem Bogen wieder zum Strand zurückkehren. Oft sehr zutraulich. Sitzt oder liegt man ganz ruhig am Strand, so kommen die Sanderlinge bei ihrer Nahrungssuche sehr nahe heran. Sanderlinge können schwimmen, tun es aber nicht freiwillig. LEBENSRAUM: Brutvogel der arktischen Tundra, meist an sandigen Küsten oder auf Sandboden. Auf dem Zug an sandigen und kiesigen Stränden, auch einige Meter vom auflaufenden Wasser entfernt auf trockenem Grund. Im Binnenland eher seltener Durchzügler, vor allem von August bis Oktober, viel seltener noch auf dem Rückzug mit einem Maximum im Mai. NAHRUNG: Schon ehe der Schnee getaut ist, stehen die Brutpaare auf Sammelplätzen bereit, um ihre Eier auf den ersten abtauenden Hügel zu legen. Das Weibchen bringt mit kurzer Pause zweimal vier Eier hervor, die zusammen fast doppelt soviel wiegen wie die Mutter. Jeder Elternteil bebrütet dann eines der beiden Gelege und führt die von ihm erbrüteten Jungen. Wenn die Jungen nach 23-24 Tagen Brut und einigen Wochen Führungszeit fliegen können, setzt schon wieder der Polarwinter ein und zwingt zum Abzug.

Temminckstrandläufer
Calidris temminckii

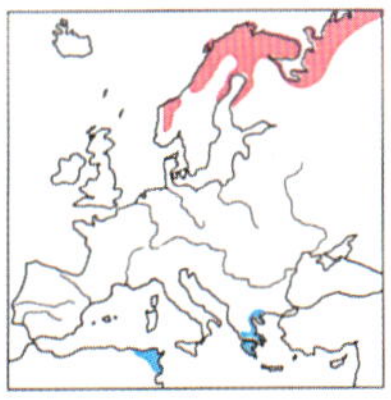

MERKMALE: Mit etwa 14 cm Länge etwa so groß wie der Zwergstrandläufer. Gestalt aber etwas schlanker. Wichtigstes Merkmal sind die bei Jungvögeln grüngelbgrauen, bei Altvögeln grünlich-schwarzgrauen Beine. Der Schnabel ist in der Jugend schwarzbraun, später schwarz. Die Oberseite ist mausgrau, bei Zwergstrandläufern rostfarben braun. Sehr zutraulich. Mittags träge, am lebhaftesten in der Abenddämmerung. Flug wendig und meist dicht über das Wasser führend. Die Stimme ist ein schwirrender Triller. LEBENSRAUM: Brutvogel der Tundra, meist in Wassernähe. Auf dem Zug auf freien Schlickflächen, anders als die übrigen Strandläufer aber auch zwischen Strandpflanzen, oft etwas abseits von den großen Limikolenscharen. Stets nur in kleinen Trupps, mit Vorliebe an Stellen, wo der Wind auf dem Wasser treibendes Gut zusammenweht. Der Herbstzug beginnt sehr früh. Im Juli erscheinen die ersten Durchzügler im mitteleuropäischen Binnenland, im August erreicht der Wegzug seinen Höhepunkt und klingt Ende September aus. Die Vögel überwintern im Mittelmeerraum und an den Küsten Afrikas und Asiens, ohne aber den Äquator zu erreichen. Die Rückzieher werden im Mai und Juni in Mitteleuropa beobachtet. Einzelne Vögel übersommern an Nord- und Ostsee. FORTPFLANZUNG: Die Männchen zeigen einen Singflug mit zitternden Flügeln, Schwebe- und Rüttelflug. Balztriller: »ti-tick... ti-tick...«. Das Nest liegt in Wassernähe, Brutzeit Juni, vier Eier. Wenn die Altvögel den Besucher ängstlich umflattern, kann man sich hinsetzen, und wenig später rufen die Eltern die Jungen wieder zusammen.

Meerstrandläufer
Calidris maritima

MERKMALE: Mit etwa 21 cm Länge etwas größer als der Alpenstrandläufer und unverwechselbar durch die gelbe Farbe seiner verhältnismäßig kurzen Beine. Oft in Gesellschaft von Steinwälzern. Das Gefieder wirkt dunkel und ohne jeden Rostton. Die Weibchen sind etwas größer als die Männchen, bis 24 cm lang. Außerhalb der Brutzeit in kleinen Trupps. LEBENSRAUM: Im Sommer in Geröllfluren in der Nähe der Küste oder an Fließgewässern, auch auf dem von der Brandung angespülten Geröllstreifen. Nirgends häufig. FORTPFLANZUNG: Vier Eier, Brutzeit ab Mitte Juni und im Juli. Teilweise schlüpfen die Jungen erst im August. Wenn sie mit vier Wochen zu fliegen beginnen, setzt schon der nordische Winter ein.

Alpenstrandläufer
Calidris alpina

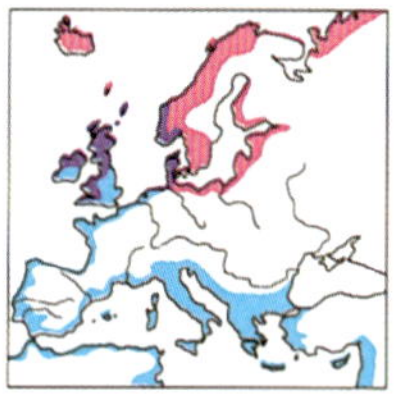

MERKMALE: Etwas kleiner als ein Star, Länge je nach Herkunftsgebiet 18-22 cm. Im Winter unscheinbar, Schnabel leicht gebogen, Brust bräunlichgrau. Im Sommer am schwarzen, hell umrandeten Bauch zu erkennen. LEBENSRAUM: Häufiger Brutvogel in der Arktis bis in den Bereich der Strauchtundra, in einer kleineren Rasse auch auf den Britischen Inseln und als einziger Strandläufer an den Küsten von Nord- und Ostsee. Stets in recht feuchten, offenen Moor- und Wiesengründen. FORTPFLANZUNG: Das Nest liegt gut verborgen an den trockensten Punkten der nassen Umgebung. Brutbeginn Anfang bis Mitte Juni, vier Eier. NAHRUNG: Muscheln, Schnecken, Krebse, Würmer, Insekten, Spinnen.

Zwergstrandläufer
Calidris minuta

MERKMALE: Länge 14-16 cm, im Durchschnitt geringfügig kleiner als der Temminckstrandläufer. Altvögel im Sommer bräunlich mit weißem Bauch, im Winter auch mit weißer Brust. Stets mit schwarzen Beinen und schwarzem Schnabel. LEBENSRAUM: Brutvogel der Tundra, südlich bis in die Strauchtundra. Fehlt oder ist selten, wo der Temminckstrandläufer häufig ist. FORTPFLANZUNG: Das Nest liegt meist auf einer trockenen Erhöhung in Wassernähe. Vier Eier, Brutzeit Ende Juni und Juli. Die Brutdauer gilt als unbekannt, aber die meisten Jungen schlüpfen in der zweiten Julihälfte. NAHRUNG: Nahrungssuche bei Tag und Nacht im Seichtwasser am schlammigen Ufer nach Insektenlarven, Kleinkrebsen und ertrunkenen Landinsekten.

Steinwälzer

Arenaria interpres

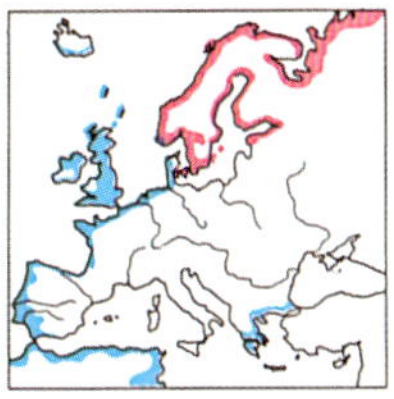

MERKMALE: Drosselgroß, Länge 23 cm. Im Sommerkleid bunt und unverkennbar; dann einer der am buntesten gefärbten Schnepfenvögel. Im Winterkleid sind Kehle und Bauch weiß, das übrige Gefieder ist schwarzbraun mit weißen Federsäumen. LEBENSRAUM: In der Brutzeit ein nordischer Vogel, der auch schon in Deutschland gebrütet hat. Häufig im Schärenmeer der Ostsee, wo fast jede geeignete Schäre von einem Brutpaar besetzt ist, weiter entlang steiniger Küsten rund um den Pol. Außerhalb der Brutzeit an den Küsten alle Meere zu sehen, mit Ausnahme der Südspitze Südamerikas und der Antarktis. Seltener Durchzügler auch im Binnenland. Ein Steinwälzer wurde in Holland beringt und einen Tag später 800 km weiter südlich gefangen. FORTPFLANZUNG: Das Nest liegt meist gut versteckt unter Gestein oder dichter Vegetation. Während der Balzzeit scharrt das Männchen mehrere Balzmulden aus, aber das Weibchen bestimmt den endgültigen Nistplatz, der oft über Jahre hin beibehalten wird. Vier Eier, die in recht großen Abständen gelegt werden, so daß sich die Legetätigkeit über eine Woche hinziehen kann. Beide Eltern brüten. Brutzeit Juni, Brutdauer 23-27 Tage. NAHRUNG: Er erschließt sich eine Futternische, indem er Kleintiere durch Umdrehen von Steinen freilegt. Er pickt auch die Eier anderer Seevögel an und trinkt sie aus.

Skua, Große Raubmöwe

Stercorarius skua

MERKMALE: Etwa bussardgroß und gedrungen, Länge um 58 cm, Spannweite um 135 cm. Düsterbraun mit auffallendem hellem Feld in den Handschwingen. Der Schwanz ist gerundet, doch überragen im Alterskleid die mittleren Steuerfedern geringfügig alle übrigen. LEBENSRAUM: Die Skua hat eine ungewöhnliche Verbreitung: Sie ist rund um den Südpol heimisch, aber auch im Nordatlantik auf Island, den Färöern, den Shetlandinseln und in Nordschottland. Die Skuas der Südhalbkugel kommen auf ihrem jährlichen Zug nach Norden bis in die Höhe des Äquators. Auch die Skuas des Nordatlantik sind Zugvögel, die Ende September ihre Brutgebiete verlassen und gegen Mitte April wieder besetzen. Sie ziehen über das offene Meer, halten sich aber meist in Küstennähe auf und erreichen äquatoriale Breiten, so daß sie ihren Artgenossen von der Südhalbkugel begegnen können. FORTPFLANZUNG: Skuas brüten in lockeren Kolonien auf Hochflächen und flachen Abhängen, die mit dürftiger Vegetation bedeckt sind . Das Nest ist eine ausgescharrte Mulde zwischen Flechten, Gras und Moos. Brutzeit Mai und Juni, ein oder meist zwei Eier von rund 69 mm Länge, die von beiden Eltern abwechselnd 28-30 Tage bebrütet werden, und zwar ab dem ersten Ei. Von zwei Jungvögeln wird das zuletzt Geschlüpfte nicht selten an den Stärkeren verfüttert. Die Jungen werden anfangs mit halbverdauten Bissen gefüttert. Sie bleiben einige Tage im Nest, hocken dann meist in der Nähe und laufen rasch und geschickt. Sobald ein Eindringling erscheint, suchen sie sich ein Versteck zwischen Steinen oder der Bodenvegetation. Sie tragen ein langes, dichtes Dunenkleid mit oberseits brauner, unterseits bleichgelber Farbe. Halbwüchsig geworden, beginnen sie, Beeren zu fressen, die im Bereich der Brutkolonie wachsen. Anfang August werden sie flügge, bleiben aber noch bis in den September hinein in der Nähe des Brutplatzes. Ihre Brut verteidigen die Skuas mit Schnabelhieben aus dem Sturzflug. NAHRUNG: In der Luft ist die Skua allen anderen Meeresvögeln überlegen. Sie hetzt und bedrängt ein Opfer so lange mit Fußtritten, Flügelschlägen und Schnabelhieben, bis es in seiner Todesangst Nahrung auswürgt, um besser fliegen zu können. Die Angst ist begründet, denn Skuas erbeuten auch erwachsene, bevorzugt geschwächte oder kranke Vögel bis zur Größe von Bläßhühnern, Brandgänsen und Eissturmvögeln. Die ausgewürgte Nahrung wird von der nachstoßenden Skua noch im Fallen eingeholt und aufgefangen. Lassen sich die gehetzten Vögel auf dem Wasser nieder, so wendet sich die Skua meistens ab. Auf dem Erdboden erbeutet sie Mäuse, Ratten und sogar Wildkaninchen. Außerdem greifen Skuas unbewachte Eier oder Jungvögel und suchen am Spülsaum angeschwemmte tote Tiere.

Dreizehenmöwe
Rissa tridactyla

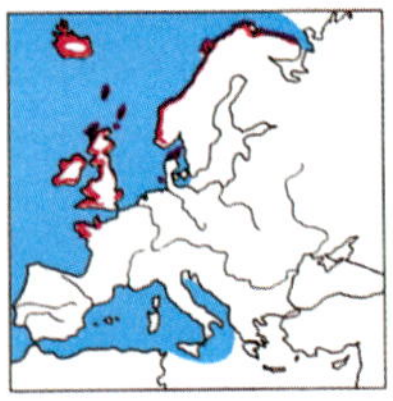

MERKMALE: In Größe und Färbung sehr ähnlich der Sturmmöwe, aber mit schwarzen Beinen. Flügelspitzen schwarz. Länge 41 cm. Die Hinterzehe ist noch mehr verkümmert als bei den anderen Möwen und bei der europäischen Rasse ohne Kralle. LEBENSRAUM: Die Dreizehenmöwe ist die einzige Hochseemöwe und der häufigste Vogel des Nordatlantiks. Außerhalb der Brutzeit leben die Dreizehenmöwen auf dem offenen Meer. Sie fliegen sowohl niedrig über den Wellen wie in großen Höhen. Sie widerstehen auch schweren Stürmen und schlafen auf dem oft stark bewegten Wasser. Die im Norden brütenden Populationen ziehen im Winter südwärts bis in gemäßigte Breiten, die südlicher brütenden bleiben teilweise auch im Winter in der Nähe ihrer Kolonien. Die nördlichsten Möwenfelsen liegen auf Spitzbergen, die südlichsten in der Bretagne.

Auch der Vogelfelsen auf Helgoland beherbergt eine kleine, aber dennoch eindrucksvolle Kolonie. Nicht selten verfliegen sich Dreizehenmöwen ins Binnenland und werden hier gewöhnlich ermattet und abgemagert aufgegriffen, da sie sich nur auf dem Meer und vom Meer ausreichend ernähren können. FORTPFLANZUNG: Die Kolonien der Dreizehenmöwen bestehen teilweise schon seit Menschengedenken. Sie werden meist im April bezogen, im höchsten Norden auch im Mai, und im August oder September wieder verlassen. Männchen und Weibchen der Dreizehenmöwen kleistern aus Schlamm, Tang und Treibgut ein tiefnapfiges Nest, das 5-10 kg wiegen kann. Meist genügt es aber, eines der vorjährigen Nester auszubessern und aufzustocken. In diesen Baukünsten liegt ein Erfolgsgeheimnis der Dreizehenmöwen, denn sie können auch in abschüssigen Felsen brüten, wo die anderen Seevögel kein waagrechtes Plätzchen für ihr Ei finden. Sollten irgendwo Küken ihre Eltern verlieren, so finden sie rasch liebevolle Pflegemütter. Hauptbrutzeit ist im Süden der Mai, im Norden der Juni. Meist zwei Eier von etwa 57 mm Länge, beide Eltern brüten 24-25 Tage und lösen sich alle 12-24 Stunden ab. Die Jungen sind Nesthocker, sie können in der ersten Woche noch nicht stehen und werden von den Eltern gewärmt. NAHRUNG: Kleine Fische und auf der Oberfläche treibende Planktonorganismen. Bei der Nahrungssuche schwimmen die Möwen teils auf dem Wasser, teils stürzen sie in flachem Winkel auf das Wasser.

Silbermöwe
Larus argentatus

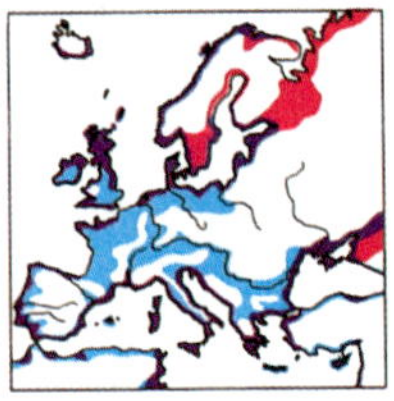

MERKMALE: Etwas größer als Heringsmöwe, Länge 56-66 cm, Spannweite um 150 cm, Rücken und Flügeldecken hell aschgrau bis dunkelschiefergrau. LEBENSRAUM: Die Silbermöwe ist äußerst anpassungsfähig. Sie brütet südwärts bis zu den Kanarischen und Kapverdischen Inseln, im Norden auf den Inseln des nördlichen Eismeeres und tief im asiatischen Binnenland bis in die Innere Mongolei. Sie ist in Europa und in Amerika die am häufigsten vertretene und am weitesten verbreitete Großmöwe. FORTPFLANZUNG: Die Silbermöwe brütet in zum Teil riesigen Kolonien, meist auf flachen Inseln vor der Küste. Ihre Nester stehen locker im Abstand von mehreren Metern. Brutzeit Ende April bis in den Juli. Bei der Begattung balanciert das Männchen flügelschlagend auf dem Rücken des Weibchens. Flugunfähig gemachte Zoomöwen können sich nicht auf dem Weibchen halten. Meist drei Eier von durchschnittlich 73 mm Länge. 1-2 Nachgelege möglich. Brutdauer 28-29 Tage. Die Jungen bedürfen schon am zweiten Tag nicht mehr der mütterlichen Wärme. Sie betteln, indem sie nach der roten Markierung am Unterschnabel des Altvogels picken. Dieser würgt daraufhin die vorverdaute Nahrung auf den Boden, wo sie die Jungen aufpicken. Ende Juli, im Alter von etwa 40 Tagen, werden die ersten Jungen flügge. NAHRUNG: Silbermöwen sind Allesfresser. Sie suchen Genießbares im Spülsaum und im Müll, versammeln sich um angespülte Kadaver, jagen Tauchenten die heraufgeholten Muscheln ab. Sie sind auch in der Lage, Krabben und Muscheln aus großer Höhe auf Steine zu werfen, bis sie zerspringen. In Vogelkolonien stehlen sie Eier und Küken. Wo sich im hohen Norden Lemminge stark vermehrt haben, werden sie vorübergehend zu Landvögeln. Die Silbermöwen der asiatischen Steppenseen erbeuten sogar Springmäuse und Erdhörnchen.

Sturmmöwe
Larus canus

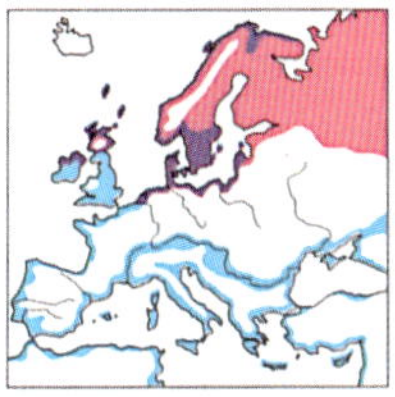

MERKMALE: In der Färbung ähnlich der Silbermöwe, aber mit 45 cm Länge und um 112 cm Spannweite viel kleiner und zierlicher. Beine grünlichgrau, ohne roten Fleck am Unterschnabel. LEBENSRAUM: In Mitteleuropa ist sie weitgehend ein Küstenvogel, scheint aber auch hier langsam landeinwärts vorzudringen. Sie hat in diesem Jahrhundert ihr Brutgebiet erweitert und beispielsweise Holland und Island besiedelt. An der Ostsee ist sie häufiger als an der Nordsee und hat hier auch ihre größten Kolonien bei Graswarder und Langenwerder mit zusammen über 12 000 Brutpaaren. Hier werden die ersten Eier für Speisezwecke gesammelt. Die Möwen erhalten ihren Bestand durch Nachgelege. Bei Sturm flüchten die Tiere weit ins Binnenland, was ihnen denNamen gab. Sie sind Strich- und Zugvögel. In geringer Zahl überwintern Sturmmöwen bereits in Städten. FORTPFLANZUNG: Meist drei, oft auch zwei Eier von etwa 57 mm Länge. Brutzeit Mai und Juni, für Nachgelege auch Juli. Beide Eltern lösen sich beim Brüten ab. Brutdauer 22-23 Tage. Die Jungen bedürfen in der ersten Woche noch der elterlichen Wärme und bleiben meist im Nest. Bald hocken sie in der Nähe und warten auf ihre Eltern. Anfangs stecken die Altvögel ihren Kindern das Futter in den Schnabel, später legen sie es vor sie hin auf den Boden. Mit drei Wochen finden die Jungen schon einen Teil ihrer Nahrung selber, mit fünf Wochen beginnen sie zu flattern und mit sechs Wochen richtig zu fliegen. NAHRUNG: Sturmmöwen sind findige Allesfresser, man nennt sie die Krähen des Meeres. Sie suchen am Strand angespülte Fische und Kadaver aller Art, folgen in dichten Scharen dem Pflug und untersuchen von früh bis spät die Müllplätze, sie erbeuten Mäuse, fressen auch Getreide und Beeren und jagen schwächere Möwen, Seeschwalben und Enten die Beute ab. Sie suchen im Schlick Kleintiere und schmarotzen in Seevogelkolonien. Fische, die sie etwa den Papageitauchern aus dem Schnabel gerissen haben, müssen sie jedoch nicht selten der stärkeren Schmarotzerraubmöwe überlassen.

Heringsmöwe
Larus fuscus

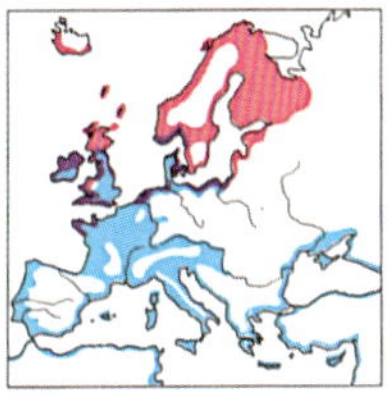

MERKMALE: Etwas kleiner als die Silbermöwe, doch ist der Unterschied ohne Vergleichsmöglichkeit kaum zu sehen. Länge 52-56 cm, Spannweite um 140 cm. LEBENSRAUM: Die helle Westrasse lebt in England und Frankreich und hat in diesem Jahrhundert auch die Küsten von Holland und Deutschland besiedelt. Die dunkle Rasse im Nordosten ist nur mit Mühe von der sich weiter östlich anschließenden Silbermöwe zu unterscheiden, die manche Vogelkundler nur als Rasse der Heringsmöwe ansehen. FORTPFLANZUNG: Heringsmöwen brüten mit Vorliebe auf felsigen Inseln.

Lachmöwe
Larus ridibundus

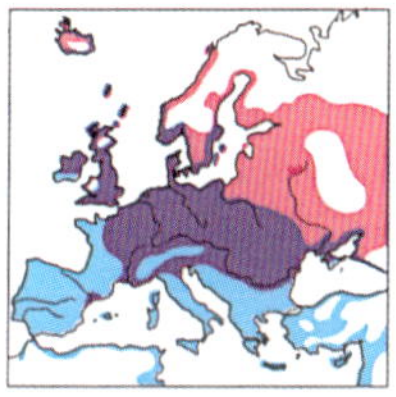

MERKMALE: Im Sommer mit schwarzbrauner Gesichtsmaske, roten Beinen und rotem Schnabel, gesellig und lärmend. LEBENSRAUM: Die Lachmöwe ist durch das gesamte gemäßigte und stellenweise auch kalte Eurasien verbreitet. Ihre Brutkolonien liegen im Uferbewuchs mooriger Weiher und Seen, in Lagunen, Salzsümpfen und zunehmend auch auf Inseln am Meer. Oft schließen sich andere Arten, wie Sturmmöwen und verschiedene Seeschwalbenarten, den Lachmöwen an. FORTPFLANZUNG: Die begehrtesten Nistplätze in den volkreichen Kolonien bilden die von Wasser umgebenen Seggenbülten. Die Brutzeit liegt zwischen Mai und Juni und dauert 22-24 Tage. Sobald die Jungen flügge sind, verlassen sie das Brutgebiet und wandern weit weg. Viele mitteleuropäische Lachmöwen überwintern in Westeuropa und in der Schweiz. Dafür rücken Lachmöwen aus Osteuropa in unsere Städte ein. NAHRUNG: Lachmöwen sind überwiegend Fleischfresser mit vielseitigem Nahrungserwerb: Insekten und Würmer bis zu Fischchen und Aas. Sie folgen dem Pflug, fangen Heuschrecken in der Wiese, erbeuten Jungfische mit einem angedeuteten Stoßtauchen, bei dem sie sich kurz vor dem Wasserspiegel abfangen und nur mit dem Kopf ins Wasser stoßen. Lachmöwen nützen auch die Müllplätze von Ortschaften. Die uns heute selbstverständlich scheinende Verstädterung der Möwen ist nicht alt: Sie begann um die Jahrhundertwende.

Mantelmöwe
Larus marinus

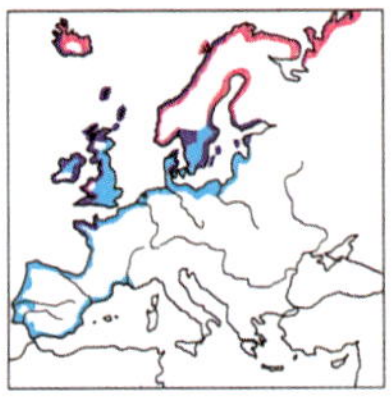

MERKMALE: Eine gewaltige, gänsegroße Möwe. Länge um 70 cm, Spannweite bis 170 cm. Flügelränder und -spitzen sind weiß, Rücken und Oberseite der Flügel schieferschwarz. LEBENSRAUM: Die Mantelmöwe hat in den vergangenen Jahrzehnten ihr Brutrevier nach Norden und Süden ausgedehnt. Sie siedelte sich auf Spitzbergen an und weitete innerhalb von 20 Jahren ihr Verbreitungsgebiet an der amerikanischen Ostküste um 700 km nach Süden aus. FORTPFLANZUNG: Mantelmöwen brüten einzeln, in kleinen Gruppe oder in lockeren Kolonien, manchmal mit Silbermöwen zusammen. Die Nester liegen einige Dutzend Meter auseinander. Manche Paare nisten hoch in den Felsen in der Nähe von Seevogelkolonien. Beide Eltern brüten auf dem mit rund 70 cm Durchmesser recht stattlichen Nest. Meist enthält ein Gelege drei Eier von etwa 78 mm Länge. Brutzeit Mai und Juni, Brutdauer 26-28 Tage. NAHRUNG: Mantelmöwen sind räuberische Vögel mit der Aufgabe einer Gesundheitspolizei. Sie erbeuten nicht nur Eier und Küken der Meeresvögel, sondern auch erwachsene Krabbentaucher, Papageitaucher, Bläßhühner und andere, sogar Enten, wobei ihnen in erster Linie kränkelnde Tiere zum Opfer fallen. Sie erbeuten Fische, wenn sie zum Laichen das Flachwasser aufsuchen, sogar den meterlangen Lachs. Sie stoßen aus dem Flug ins Wasser und können etwa mit dem halben Körper untertauchen. An Land schlagen sie den Lemming. Sie lassen gepanzerte Krebse aus großer Höhe auf Felsplatten fallen, bis sie zerbrechen. Sie laufen über weite Strecken am Spülsaum des Meeres entlang und sammeln alles Freßbare auf. Dabei waten sie oft bis zum Bauchgefieder ins Flachwasser und tauchen den Kopf ein.

Küstenseeschwalbe
Sterna paradisea

MERKMALE: Ähnelt stark der nur wenig kleineren Flußseeschwalbe - 38 gegen 35 cm Länge. Als Hauptunterscheidungsmerkmal gilt der Schnabel: Er ist bei der Küstenseeschwalbe während der Brutzeit durchgehend rot, allenfalls mit einem kleinen schwarzen Fleck an der Spitze, während die Flußseeschwalbe eine schwarze Spitze des sonst gleichfalls roten Schnabels aufweist. LEBENSRAUM: Die Küstenseeschwalbe ist der nördliche Vertreter der Flußseeschwalbe, wenngleich beide Arten sich in ihren Verbreitungsgebieten überlappen und zuweilen in gemischten Kolonien brüten, etwa an der deutschen Nord- und Ostseeküste. Küstenseeschwalben kommen in allen Ländern rund um den Nordpol vor. Im Schärengürtel der Ostsee brütet sie auf den äußersten, der Brandung ausgesetzten Klippen, während die Flußseeschwalbe die Inseln im Stillwasser dicht vor der Küste besetzt. Im Norden brütet die Küstenseeschwalbe auf flachen Felseninseln, in den Kiesbetten der Küste, in Sanddünen, Strandwiesen, küstennaher Flechtentundra und an ähnlichen Orten. Vereinzelt findet man sie auch im Binnenland an Flüssen und Seen. Außerhalb der Brutzeit ist die Küstenseeschwalbe ein Meeresvogel. Unter den Zugvögeln legt sie die weitesten Wanderwege zurück: Die Vögel folgen den Küsten, überfliegen aber auch den Atlantik und überwintern schließlich in der Treibeiszone der Antarktis. FORTPFLANZUNG: Küstenseeschwalben brüten in lockeren und meist kleinen Kolonien, in denen die Nester rund ein Dutzend Meter voneinander entfernt liegen. Nicht selten suchen sie alljährlich einen neuen Ort für die Kolonie. Die Vögel zeigen um diese Zeit die bei vielen Seeschwalben vorkommende Fischchenbalz mit besonders schönen Posen: Das Männchen umtrippelt mit einem Fisch im Schnabel die Umworbene und übergibt ihr die Beute. Während sie das Geschenk verzehrt, steht er mit abgespreizten Flügeln daneben, Verhaltensforscher haben beobachtet, daß sich manche Männchen wie Weibchen anbalzen lassen und das Fischgeschenk von dem werbenden Männchen übernehmen. Dann aber fliegen sie davon und verzehren den Fisch selber oder überreichen ihn gar diesmal ihrem hoffentlich echten Weibchen. Brutzeit Mai und Juni, zwei Eier, seltener drei oder ein Ei von rund 40 mm Länge. Brutdauer 21-22 Tage. Beide Eltern brüten und verteidigen notfalls die Brut mit Sturzangriffen, dennoch werden viele Eier und Junge von Möwen und Raubmöwen erbeutet. NAHRUNG: Als Meeresvogel ist die Küstenseeschwalbe ein besonders geschickter und erfolgreicher Stoßtaucher. Sie erbeutet Fischchen, Wasserinsekten, Krebse; in ihren Winterquartieren auf der Südhalbkugel lebt sie fast ausschließlich vom Krill, den als Plankton im Wasser treibenden Kleinkrebsen.

Raubseeschwalbe
Hydroprogne caspia

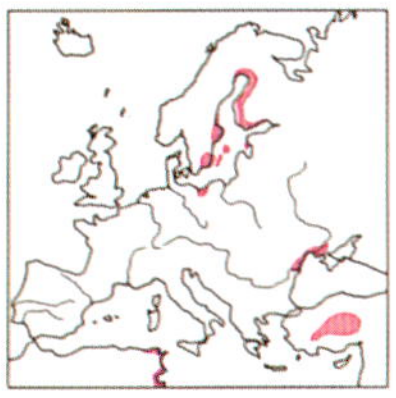

MERKMALE: Die größte aller Seeschwalben, nur wenig kleiner als eine Silbermöwe, Länge 53 cm, Spannweite 130 cm, Schnabellänge 6-7 cm. Plumper als die kleineren Seeschwalben und mit möwenartigem Flug, wobei sie auf der Jagd wie die meisten Seeschwalben den Schnabel nach unten richtet und gelegentlich im Rüttelflug auf der Stelle verharrt. LEBENSRAUM: Mit Ausnahme von Südamerika in allen Erdteilen und mit Ausnahme der Tundra in allen Klimazonen beheimatet; aber nur an wenigen Stellen wirklich vorhanden. Die Raubseeschwalbe benötigt flache, klare, fischreiche Gewässer größerer Ausdehnung mit flachen, vegetationslosen Inseln. FORTPFLANZUNG: Raubseeschwalben brüten meist in kleinen, manchmal in sehr großen Kolonien. Die Nester sind höchstens mit einigen Halmen oder Gräten ausgelegt. Brutzeit Ende Mai und Juni, Brutdauer 20-22 Tage, 2-3 Eier von etwa 65 mm Länge. Beide Eltern brüten vom ersten Ei an. Die Jungen beginnen mit 30-35 Tagen zu fliegen. NAHRUNG: Fische, Krebse, durch Stoßtauchen erworben, gelegentlich Vogeleier, Jungvögel und erwachsene Kleinvögel.

Rosenseeschwalbe
Sterna dougallii

MERKMALE: Mit 38 cm Länge so groß wie die Küstenseeschwalbe; besonders lange, die Flügel in der Ruhe weit überragende Schwanzspieße. Schnabel schwarz, im Sommer mit roter Basis. LEBENSRAUM: Das fast weltweite Verbreitungsgebiet ist in kleinste, isolierte Brutvorkommen aufgesplittert. FORTPFLANZUNG: Seltener Gast in den Kolonien von Fluß- oder Brandseeschwalben.

Brandseeschwalbe
Sterna sandvicensis

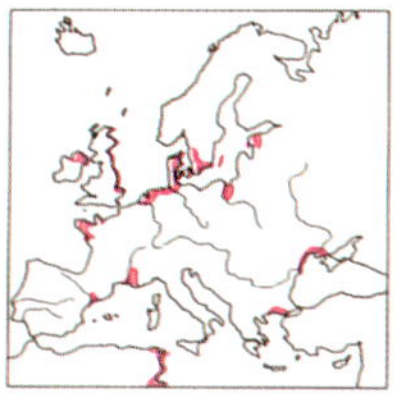

MERKMALE: Mit 41 cm Länge größer als eine Lachseeschwalbe, der sie sonst stark ähnelt. Spannweite 110 cm. Im Nacken mit struppiger Federhaube, Schnabel lang und schlank, schwarz mit gelber Spitze. LEBENSRAUM: Große Kolonien gibt es in Holland, wo etwa 30 000 - 40 000 Paare brüten. FORTPFLANZUNG: In den Brutkolonien der Brandseeschwalben liegen die Nester so dicht, daß sich die brütenden Vögel mit den Schwanzspießen berühren können. Dringen Feinde in die Kolonie ein, so fliegen alle Vögel auf und umwirbeln den Eindringling in so dichten Wolken, daß sich die flatternden Vögel mit den Schwingen berühren; dazu erheben sie ein Geschrei, das sowohl die menschliche Stimme als auch die Meeresbrandung übertönt; zudem geht ein Kotregen auf den Störenfried nieder. Räuberische Möwen trauen sich nicht in dieses Inferno, und darin liegt der Vorteil des Brütens in riesigen, dicht gedrängten Kolonien. Im Schutz der großen Schar brüten meist auch andere Seeschwalben und Meeresvögel; in den Kolonien am Kaspischen Meer beispielsweise Flußseeschwalben, Zwergseeschwalbe und Dünnschnabelmöwen. Dem Vorteil steht allerdings der Nachteil gegenüber, daß die Nahrung für so viele Vögel in der Umgebung der Kolonie leicht knapp wird. Darum können große Kolonien nur an ganz wenigen, besonders günstigen Orten entstehen. Die Brutplätze der Brandseeschwalben liegen meist zwischen Stranddünen, in schütteren Strandwiesen oder auf Sandbänken dicht über der Hochwasserlinie und sind deshalb durch Sturmfluten bedroht. Brutzeit in Mitteleuropa Ende Mai und Juni, Brutdauer 22-23 Tage. Zwei, seltener auch ein oder drei Eier, die von beiden Eltern von der Ablage des ersten Eies an bebrütet werden. Die Küken bleiben zwei Tage im Nest. Danach wandern sie umher und scharen sich mit den anderen Küken zu »Kindergärten« zusammen, die sich gemeinschaftlich oft weit von den Nestern entfernen. Sie bilden gleichsam eine wandelnde Kolonie. Die Eltern erkennen aber selbst in demKükenheer ihre Kinder nach Aussehen und Stimme und bringen nur ihnen die Fische, die sie in der Umgebung erbeuten und einzeln im Schnabel herbeitragen. Im Alter von etwa 35 Tagen beginnen die Jungen zu fliegen, werden aber auch dann noch von den Eltern mit Nahrung versorgt. NAHRUNG: Brandseeschwalben sind treffsichere Stoßtaucher, die auch in die rollende Brandung stoßen und wenn nötig völlig untertauchen. Hauptnahrung sind kleine Fische. Als Beikost verschmähen sie Krebse, Schnecken, Würmer, Heuschrecken und Käfer nicht.

Lebensraum

FELD UND FLUR

Unsere Felder und Fluren sind ein künstlicher Lebensraum. Erst der Mensch schuf durch die Rodung der flächendeckenden Urwälder in Mitteleuropa die großen Freiflächen, die wir heute kennen. Es entstand eine Vielzahl von Biotopen für Vogelarten, die ihre Heimat natürlicherweise in Steppenlandschaften haben. Doch die Landschaft blieb nicht vollkommen kahl. So pflanzten die Menschen zwischen den Feldern Hecken. Auch nicht genutzte Restflächen verbuschten mit der Zeit. Feldgehölze entstanden so von selbst. Andere, die ab und zu gemäht wurden, entwickelten sich zu blumenreichen Feldrainen. Ökologisch wertvoll für die Vogelwelt wurden auch die Böschungen, gleichfalls mit Wildpflanzen bewachsen. Selbst die befahrenen Wege in Feld und Flur waren ein Lebensraum für sich. Im Idealfall prägt heute ein abwechslungsreiches Biotopmosaik das Landschaftsbild. So unterschiedlich wie jeder dieser Lebensräume sind auch die Lebensbedingungen. Die Hecken schaffen Windschutz, Zufluchtsorte und Schatten. Sie sorgen auch für Feuchtigkeit. An den in praller Sonne gelegenen Wegrainen und den Feldwegen hingegen kann es stechend heiß werden, während über die größeren Freiflächen oft ein kühler Wind geht. Ein weiteres wichtiges Kennzeichen dieser Landschaft ist die durch die Bewirtschaftung entstehende Jahresperiodik. Den Winter über sind die Felder abgeerntet und weitgehend kahl. Im Frühjahr entsteht durch die Einsaat erste Deckung und Nahrung. Im Sommer bieten alle Flächen Schutz und vielfach auch Ernährungsmöglichkeiten, wogegen im Herbst schon wieder das Abräumen der Felder beginnt.

Hungrige Weißstörche landen überall da, wo sich reichlich Futter fangen läßt. Das können gemähte Wiesen sein, Überschwemmungsflächen oder Stoppelfelder. Der Horst wiederum liegt meist in Dörfern.

Anpassung an das Leben in Feld und Flur

Steppenvögel, und dazu zählen viele Arten aus Feld und Flur, haben zeitlebens ein Problem: Wie können sie in einer deckungsarmen Landschaft ihren Feinden entgehen? Eine der wichtigsten Antworten auf diese Frage hieß in der Evolution: Tarnung. Praktisch alle Bodenbrüter (speziell die brütenden Tiere) zeigen sich optimal an den Untergrund angepaßt. Wenn es sich nicht bewegt, gleicht das Spießflughuhn einem Steinbrocken, und auch eine ins Gras gedrückte Rebhenne wird nur versehentlich entdeckt, wenn sie unmittelbar vor einem auffliegt. Genau letzteres, die späte Flucht gehört nämlich ebenso zur Feindabwehr solcher Vogelarten. Zunächst vertrauen sie auf die Tarnwirkung, werden sie aber entdeckt, fliehen sie in rasantem Tempo, dabei alle Vorteile des Überraschungseffektes nutzend. Eine andere sinnvolle Strategie wäre bei einem an Verstecken armen Lebensraum höchstens die Flucht. Doch sie muß zumindest gegenüber Jagdgreifen schon bei einem sehr großen Sicherheitsabstand erfolgen, den auch der schnellste Raubvogel nicht mehr aufholen kann. Auch diese zweite Anpassungsstrategie existiert tatsächlich, etwa bei den Großtrappen. Die Siedler in deckungsarmen Steppen fliehen schon auf eine Distanz von einigen Hundert Metern. Doch weil die Steppenvögel ihre Verteidigungstricks auf der einen Seite verbesserten, mußten ihre Feinde auf der anderen Seite die Angriffsmöglichkeiten optimieren. Auch dies zeigt ein kurzer Überblick. In der Regel wappneten sich die Greife mit einem exzellenten Gesichtssinn. Ein Bussardauge macht auch noch aus hundert Höhenmetern ein an den Boden gedrücktes Rebhuhn aus. Die zweite Strategie war, solange auf der Lauer zu liegen, bis sich die potentielle Beute bewegt und damit verrät. Warteschleifen hoch in der Luft dienen diesem Zweck. Der Adlerbussard ist bekannt für solche Spähflüge. Die Steppenweihe wiederum zeigt eine dritte Möglichkeit. Sie schaukelt im Jagdflug dicht über dem Boden und erschreckt und überrascht so gleichzeitig ihre Beute. Eine vierte Methode demonstriert der Steppenadler, etwa wenn er auf der Zieseljagd unmittelbar vor dem Erdloch der Nager ansitzt und sie so überwältigt. Eine nicht weniger perfekte Methode kennen wir von Schleiereulen. Sie sind deshalb erfolgreich, weil sie sich auf ihre Augen nur noch wenig, dafür um so mehr auf das Gehör verlassen: Wie viele Verwandte jagt auch die Schleiereule nach einem Hörbild. Mit ihrem hypersensiblen Gehörorgan hört sie noch ein Mäuschen in 30 m Entfernung im Laub rascheln. Ihre Überlebenschance lag in der Umorientierung auf die Nacht. Da viele der Beutetiere von Taggreifen ebenfalls nachtaktiv wurden, war dies ein richtiger Schritt.

Ernährung

Sie ist so vielseitig wie die Landschaft es zuläßt. Wobei für die Vögel in Feld und Flur grundsätzlich vier Möglichkeiten der Futterbeschaffung in Frage kommen. Erstens die des überwiegenden Vegetariers. Der Hänfling, ein Samenfresser, das Rebhuhn oder die Goldammer könnten hier als Beispiel stehen. Ihr verhältnismäßig dicker Schnabel weist sie als Körnerknacker aus. Der zweite Typ wäre der des überwiegenden Insektenfressers, zum Beispiel etwa eine Brachschwalbe oder der Triel. Ein präzise zupackender Schnabel läßt Insekten oder Würmer nicht wieder los. Der Ziegenmelker, eine Nachtschwalbe, hingegen jagt nach Schwalbenmanier mit aufgerissenem Schnabel. Als drittes wiederum muß hier der Typus des Allesfressers angeführt werden, etwa in Form von Elster oder Nebelkrähe. Sie profitieren als Gemischtköstler vom Angebot der Saison - mal sind es Wildfrüchte, mal Nestlinge, mal Getreidekörner, mal Mäuse. Als letztes schließlich bevölkern das Kulturland eine große Schar oft hochspezialisierter Räuber. Die bekanntesten heimischen Arten sind Mäusebussard und Turmfalke, etwas ungewöhnlicher und deshalb auch exotischer klingen hier Namen wie Gleitaar oder Steppenweihe. Jede dieser Arten weist sehr spezifische Jagdmethoden, worin sich auch nahe verwandte Spezies unterscheiden, auf. Aus Gründen der Konkurrenzvermeidung bleiben sich in ihren Ernährungsgewohnheiten ähnliche Arten fern, während sich Arten mit geringen oder gar keinen Überschneidungen im Beutespektrum durchaus überlappen können. Und falls dies tatsächlich der Fall sein sollte, so gibt es immerhin noch die Möglichkeit der zeitlichen Abgrenzung. Eulen und Taggreife von Feld und Flur führen uns das vor Augen. Wo der Turmfalke tagsüber rüttelt, da schwebt nachts die Schleiereule. Beide sind Mäusejäger, wenn auch mit unterschiedlicher Abhängigkeit von den Kleinnagern. Die Raum-Zeit-Aufteilung hat übrigens auch den Effekt, eine größere Futtertierpalette nutzen zu können. Jede Art füllt so ihre ökologische Nische aus.

Goldammer

Brutpflege

Die Brutpflege bei den Bewohnern von Feld und Flur unterscheidet sich grundlegend, je nachdem, ob die Art am Boden brüten muß oder einen Nistplatz in Bäumen und Sträuchern hat. Bodenbrüter suchen sich eine verborgene Stelle in der Gras- und Krautschicht. Die Jungen, denken wir an das Beispiel von Rebhuhn und Fasan, sind oft Nestflüchter, können also schon nach kurzer Zeit das Nest verlassen und sich bei Gefahr verbergen. Auch geht die Jugendentwicklung oft sehr schnell vonstatten, Jungwachteln etwa können schon im Alter von zehn Tagen flattern und sind mit zwei Wochen praktisch selbständig. Busch- und Baumbrüter hingegen lassen sich bei der Brut und Kükenaufzucht bedeutend länger Zeit. Ihr Nachwuchs schlüpft nackt und blind, zählt deshalb zu den Nesthockern und verläßt Wochen später als vergleichbare Nestflüchter den Schlupfort. Besonders lange dauert die Aufzuchtphase bei den Taggreifvögeln und Eulen. So brütet das Steppenadlerweibchen anderthalb Monate, die Jungen bleiben zehn Wochen im Nest.

Rebhuhn

Falkenartige
Im Lebensraum Feld und Flur sind sie die Herrscher der Lüfte. Einerlei, ob Turmfalke, Rötelfalke oder Rotfußfalke, die kleinen Taggreife sind gewandte und dazu gefährliche Jäger. Ein schlanker Rumpf mit den langen, schnittigen Flügeln und eine kraftvoll ausgeprägte Brustmuskulatur läßt sie bei Bedarf sehr schnell werden. Wenige Flügelschläge beschleunigen den Turmfalken auf ein Tempo, das ausreicht, jeden Kleinvogel einzuholen. Andererseits ist aber auch Wendigkeit gefragt: Denn wenn der Rotfußfalke Heuschrecken oder Käfer im Flug erwischen will, muß er nicht nur reaktionsschnell sein, sondern eben auch des öfteren Kurven und Spiralen fliegen. Und daß auch Kunstflieger wie Libellen auf den Speiseplan von Rotfußfalken passen, bestätigt einmal mehr sein Jagdgeschick. Noch eine weitere Eigenschaft zeichnet viele der Falkenartigen aus: Sie können im Rüttelflug auf der Stelle stehen und so eine einmal erspähte Maus anpirschen. Dieses Kunststück gelingt selbst bei ziemlich starkem Gegenwind noch mit großem Erfolg. Eine Anpassung, die man von derart professionellen Fliegern am wenigsten erwarten würde, zeigt wiederum der Rotfußfalke. Er ist fix genug, um zu Fuß auf dem Boden Insekten nachzustellen und diese mit seinen Krallendolchen tatsächlich zu erbeuten.

Hühnerartige
Viele der Hühnervögel sind wie gebaut für den Lebensraum der Felder und Flure. Als typische Laufvögel fühlen sie sich in Grasländern und verbuschten Landschaften besonders wohl. Die stämmigen, muskulösen Füße eignen sich aber nicht allein für die Fortbewegung, sondern dienen auch zum Freischarren von Sämereien, Insekten und Würmern aus dem Laub und Erdreich. Zum Festhalten auf Bäumen oder gar zum Klettern taugen die Beine von Rebhuhn und Wachtel, Spießflughuhn oder Trappe verständlicherweise nicht. Der Körperbau ist gedrungen, der kräftige gebogene Schnabel vielseitig verwendbar. Mit ihm können sowohl Insekten aufgepickt als auch Sämereien geknackt werden. In Anpassung an die oft hartschalige und schlecht verdauliche Körnerkost weisen Hühnerartige einen Kropf und einen Kaumagen auf. Im Kropf wird das Futter eingeweicht, im Kaumagen dann mit Hilfe von Magensteinchen zerrieben. Die Flugmuskulatur der einzelnen Arten ist zwar meist kräftig entwickelt, wegen ihres verhältnismäßig hohen Körpergewichts erweisen sich die Tiere aber oft als schlechte Flieger. Sie legen nur Kurzstrecken zurück, in der Regel geradeaus. Wendigkeit wie bei Falken war kein Tauglichkeitsprinzip für die Evolution von Fasan oder Rebhuhn. Sie vertrauen auf den Überraschungseffekt.

Lerchenartige
Hierzu zählt vor allem die charakteristische Gruppe der Sperlingsvögel. In ihrem Erscheinungsbild weichen Lerchenartige vom typischen Sperlingsvogel nur wenig ab. Sie sind Kleinvögel, die sich auf das Bodenleben spezialisiert haben. Demzufolge müssen Lerchen über eine gute Tarnfärbung, ein meist erdbraunes Federkleid, verfügen, sonst würden sie während der Brut und Aufzuchtzeit der Jungen schnell Feinden zum Opfer fallen. Wie andere Bodenbrüter sind Lerchen gute Läufer, die mit schnellen Trippelschritten weite Strecken zurücklegen. Als Anpassung ans Bodenleben lassen sich auch die verlängerten Beine interpretieren, die eine größere Schrittweite und ein besseres Vorwärtskommen in niedriger Vegetation ermöglichen. Auf dem Boden liegt auch ihr Jagdrevier. Der nicht so kräftige Schnabel wie bei typischen Körnerfressern deutet auf eine Mischernährung hin. Tatsächlich erbeuten sie Insekten und suchen Sämereien, je nach Saison und Futterangebot. Auffällige Anpassungen zeigen Lerchenartige auch im Sozialverhalten. Weil Singwarten in Büschen und Bäumen in der offenen Landschaft fehlen, üben Lerchenmännchen den Revierflug aus. Hoch über ihrem Territorium jubilierend, zeigen sie an, wer Besitzer des kleinen Fleckchens Erde unter ihnen ist.

Fortbewegung
Sie hängt stark von der Lebensweise ab. Bodenlebende Vögel wie Trappe, Laufhühnchen oder Spießflughuhn laufen einen Großteil des Tages. Solche Arten sind oft schlechte Flieger, die sich nur gezwungenermaßen erheben. Anders die Greife und Eulen, die ihren Lebensunterhalt mit der Jagd bestreiten müssen. Ob Rötelfalke oder Adlerbussard, ob Rotfußfalke oder Schleiereule, die Jäger aus der Luft sind oft gewandte, öfters sogar hervorragende Flugakrobaten. Schleiereulen beherrschen nebenbei noch den nahezu geräuschlosen Flug, der ihnen die Pirsch nach dem Gehör erleichtert. Obwohl auch der Steinkauz, ein Bewohner von Streuobstwiesen, nicht schlecht fliegt, bleibt er doch des öfteren unten. Doch dies nur zu Jagdzwecken. Im Laufschritt erbeutet die Kleineule Bodeninsekten und zieht sogar Regenwürmer aus ihren Löchern. Ein Verhalten, in dem ihm ein Mäusebussard in nichts nachsteht. Allerdings nutzt der Taggreif so auch den Überraschungseffekt ungewöhnlicher Fortbewegung aus und schlägt Wühlmäuse - per pedes.

Schleiereule

Gleitaar
Elanus caeruleus

MERKMALE: In der Größe ähnlich dem Turmfalken, bis 33 cm lang bei einer Flügelspannweite um 75 cm. Der taubenblaue Rücken und die roten Augen machen ihn jedoch unverwechselbar, besonders wenn er langsam rüttelnd in der Luft steht. Die Stirnregion ist auffällig weiß, die Flügeldecken und der Schulterbereich sind schwarz gefärbt. Über dem Auge ein schwarzer Längsstrich bis zur Schläfe. LEBENSRAUM: In der Tropenzone Asiens und Afrikas ist der Gleitaar sehr verbreitet, in Savannen, Steppen und Halbwüsten kommt er nur vereinzelt vor. FORTPFLANZUNG: Anders als die Falken erbaut der Gleitaar einen Horst, der meist niedrig in Dornbüschen liegt. Er brütet im Frühling. NAHRUNG: Überwiegend Insekten, vorzugsweise Heuschrecken, die er von einer Warte aus oder im segelnden Suchflug erspäht. Wegen ihrer verhältnismäßig kleinen und schwach ausgebildeten Krallen können Gleitaare nur Beute mit geringer Körpergröße jagen. Außer Großinsekten gehören noch Eidechsen und Mäuse auf den Speiseplan. Gelegentlich vergreifen sie sich allerdings auch an Tieren bis zum Rattenformat.

Mäusebussard
Buteo buteo

MERKMALE: Spannweite 130 cm. In der Gefiederfärbung ist der Mäusebussard ziemlich variabel, von dunkelbraun bis fast weiß. Der Mäusebussard sitzt offen auf Zaunpfählen und Masten oder kreist im Aufwind. Er gibt miauende Rufe von sich. LEBENSRAUM: Kulturland mit eingestreuten Wäldern. In Mitteleuropa ist er der weitaus häufigste Greifvogel, nach Osten durch ganz Eurasien hindurch verbreitet. FORTPFLANZUNG: Ende April wird meist das erste Ei gelegt und auch sofort bebrütet. Die Eizahl hängt vom Nahrungsangebot ab und liegt meist bei zwei oder drei. Beide Eltern lösen sich beim Brüten ab, doch sitzt das Weibchen die längere Zeit. Nach 30-35 Tagen schlüpfen die Jungen mit offenen Augen und sind, wie alle Greifvogelküken, in einen weißlichen Dunenpelz gekleidet. Nach einer Nestlingszeit von etwa 40 Tagen, meist gegen Ende Juni, fliegen die Jungen aus. In den ersten Wochen werden sie als Ästlinge weiter mit Futter versorgt und machen um diese Zeit durch lautes Geschrei auf sich aufmerksam. Im August, mit Beginn der Zugzeit, zerfällt die Familie: Die Jungen verstreichen oder ziehen nach Süden, die Altvögel Mitteleuropas bleiben und harren vielerorts über Winter in ihrem Brutgebiet aus. In harten Wintern gehen viele von ihnen zugrunde, aber im Frühjahr werden die meisten Reviere durch Heimkehrer aus dem Süden neu besetzt. NAHRUNG: Die schwachen Füße und kurzen Krallen weisen den Bussard als Jäger von Kleintieren - etwa bis zur Größe eines Eichhörnchens - aus. Die Hauptnahrung besteht aus Mäusen, hinzu kommen Eidechsen, Schlangen, Jungvögel und sogar Insekten. Die Bussarde sind recht anpassungsfähig und greifen stets die Nahrung, die für sie am leichtesten erreichbar ist. In guten Mäusejahren legen sie mehr Eier und ziehen mehr Junge auf als in schlechten. ALLGEMEINES: Die Jagd auf den Mäusebussard ist aus der Sicht des Naturschutzes sehr umstritten. Teile der Jägerschaft fordern seinen Abschuß; die Naturschützer weisen jedoch darauf hin, daß dort, wo der Bussard zum Abschuß freigegeben wird, auch der Bestand seltener Greifvögel zurückgeht, da diese mit dem Mäusebussard verwechselt und auch abgeschossen werden.

Rötelfalke
Falco naumanni

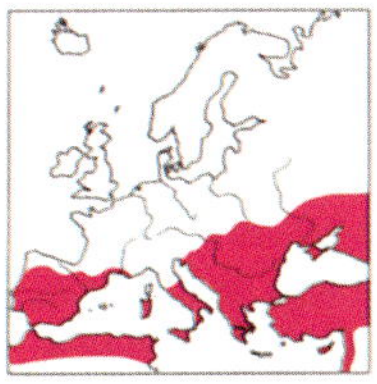

MERKMALE: Spannweite 65 cm. Der Rötelfalke ist der nächste Verwandte des Turmfalken. Die Männchen zeigen im Alterskleid - im Unterschied zum Turmfalkenmännchen - einen einfarbig rostroten Rücken, etwas Grau im Flügel und keinen Backenstreif. Weibchen und Jungvögel kann man am ehesten durch die hellen Krallen vom Turmfalken unterscheiden; beim Turmfalken sind die Krallen immer schwarz. LEBENSRAUM: Sonnenbeschienenes Gras- und Gartenland. Fernzieher, der teilweise südlich des Äquators überwintert. FORTPFLANZUNG: Der Rötelfalke brütet in Kolonien, die über viele Jahre Bestand haben, teils in menschenfernen Felswänden und Ruinen, teils aber auch auf Speichern inmitten orientalischer

Städte und Dörfer, hoch oder niedrig über dem Menschengedränge der Straßen. Er ist der »strengste« Höhlenbrüter unter den Falken und ist nie auf Bäumen zu finden. Dafür verträgt er als Kulturfolger Menschennähe. Auch das Männchen brütet, vor allem um die Mittagsstunde. Nach der Brutzeit im Mai und Juni legt das Weibchen 4-5 Eier von 35 mm Länge. Brutdauer um 28 Tage, Nestlingsdauer 26-28 Tage. Nahrung: Heuschrecken, Eidechsen und kleine Schlangen. Der Rötelfalke jagt meistens nicht weit von seiner Brutkolonie entfernt.

Adlerbussard
Buteo rufinus

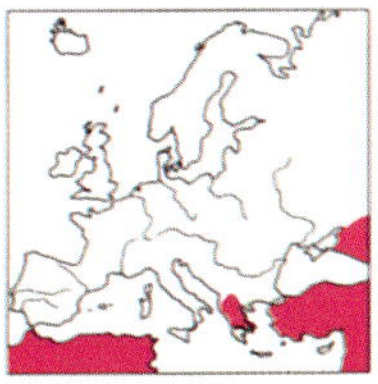

MERKMALE: Spannweite 145 cm. Wirkt in Gestalt und Erscheinung wie ein großer Mäusebussard. Das eindeutigste, auch im Flug sichtbare Kennzeichen, ist der zimtrote Schwanz. LEBENSRAUM: Der Adlerbussard nimmt in den sommertrockenen Steppen Asiens die Stelle des Mäusebussards ein. In Europa reicht sein Brutgebiet bis Mazedonien; in Nordafrika lebt eine Unterart. FORTPFLANZUNG: Die Brutzeit beginnt im April oder Anfang Mai. Die Jungen werden etwa Ende Juni flügge, wenn in der Steppe die Sommerdürre das Leben lähmt. NAHRUNG: In seinen europäischen und asiatischen Brutgebieten ist er vor allem auf die Jagd von Zieseln spezialisiert, denen er von einer Warte aus auflauert oder die er im Segelflug erspäht.

Steppenadler
Aquila rapax

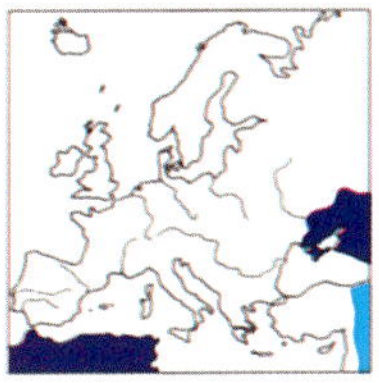

MERKMALE: Spannweite 180 cm.Mit etwa fünf Jahren erreicht er das je nach Rasse mehr oder weniger dunkelbraune Alterskleid. LEBENSRAUM: Ehemals weit verbreitet in den Steppen Asiens sowie, in einer sandfarbenen Rasse, in den Savannen Afrikas, wo der Vogel auch als »Raubadler« bezeichnet wird. FORTPFLANZUNG: Eiablage in der zweiten Aprilhälfte, so daß die Jungen nach 45 Tagen Brutzeit Anfang Juni schlüpfen. Im August werden sie flügge. NAHRUNG: Die asiatischen Steppenadler sind ganz auf den Fang von Zieseln spezialisiert. Sie jagen in den Morgen- und Abendstunden, wenn die Ziesel aus ihren Bauten kommen, lauern dabei oft am Erdboden vor dem Zieselloch. Geht die Beute in den Winterschlaf zurück, wandern die Steppenadler ab.

Rotfußfalke

Falco vespertinus

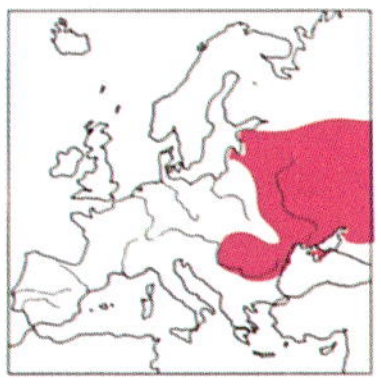

MERKMALE: Mit einer Spannweite von 75 cm ist er deutlich kleiner als der Turmfalke. Männchen dunkel schieferblau mit rotem Schnabel und roten Beinen; das Weibchen könnte mit dem Baumfalken verwechselt werden, hat aber rote Beine, einen rötlichen Nacken und einen hellen Scheitel. Die Jungen sind schwerer zu bestimmen, tragen aber stets einen hellen Scheitel. Rotfußfalken sind langflügelig, mit auffällig quergebändertem Schwanz. Sie fliegen langsamer als Turmfalken, auch sind sie zutraulich, gesellig und besonders in der Brutkolonie recht laut. LEBENSRAUM: Steppe, Wald- und Kultursteppe, Parklandschaften. Er kommt nur in Tiefebenen und im Hügelland vor, in großen Wäldern fehlt er. Der Rotfußfalke verbreitet sich inselartig; oft lebt er in Kolonien von einigen Dutzend Paaren. Der Rotfußfalke ist weitverbreitet von Osteuropa bis nach Mittelsibirien und dann nach Zentralasien. Nach Westen hin liegen die uns nächsten Brutplätze in der Ungarischen Tiefebene. Dennoch läßt der Greif sich manchmal bei uns blicken, so etwa als Sommergast zwischen Mai und Oktober, aber auch im Herbst oder Frühling. In Jahren mit einem großen Überschuß kommt es gelegentlich auch zu invasionsähnlichen Einflügen, denen selten Einzelbruten folgen. Hierzulande bekommt man den Steppenbewohner am wahrscheinlichsten in Heidegebieten zu Gesicht. Er zeigt aber auch eine Vorliebe für Moore und siedelt sich vorübergehend an den Ufern größerer Seen an. FORTPFLANZUNG: Koloniebrüter, meist in Saatkrähenkolonien, die schon verlassen wurden, weil die Krähenjungen flügge sind, wenn die Falken mit dem Brutgeschäft beginnen. Sie können aber auch ein Elsternpaar mit beharrlichen Luftangriffen vom Nest vertreiben. Auch nicht besser ergeht es den Reihern, wenn ein Falkenpaar deren Nest benutzen will. Die Eiablage beginnt meist Ende Mai oder Anfang Juni, so daß die Jungen ins beste Wachstumsalter kommen, wenn die Heuschrecken groß sind. Beide Elternteile bebrüten die drei oder vier Eier; bei Nacht und gegen Ende der Brutzeit sitzt nur das Weibchen. Die Jungen schlüpfen nach 28 Tagen. Nur selten werden mehr als drei Junge flügge. Wenn sie geschlüpft sind, übergibt das Männchen die Nahrung dem Weibchen am Nest, und dieses reicht sie an den Jungvogel weiter, der am energischsten bettelt. Schwächlinge und spätgeborene Jungvögel kommen bei diesem Vorgehen zu Tode. Sobald den jungen Falken Federn wachsen, geht auch das Weibchen auf die Jagd, beschützt die Nestlinge aber noch bei intensiver Sonneneinstrahlung mit ausgebreiteten Flügeln. Mitte Juli fliegen die ersten Jungen aus, Anfang August die letzten. NAHRUNG: Hauptsächlich Insekten wie Heuschrecken und Libellen, die nach Greifvogelart mit den Füßen erfaßt werden. Oft fliegen die Falken hinter dem Pflug her, greifen Libellen aus der Luft und lesen als »Fußgänger« kleinere Kerbtiere vom Boden auf. Gerne mustern sie ihr Revier von einem Telegraphenmast oder einer Telefonleitung aus. Sie jagen abends bis fast zum Einbruch der Nacht. Vor allem im insektenarmen Frühjahr erbeuten sie auch Mäuse, Eidechsen und sogar Knoblauchkröten, die in ihrer Heimat häufig sind, weil sie aufgrund ihrer giftdrüsenreichen Haut von kaum einem Jagdtier verzehrt werden. Die Falken ziehen ihnen jedoch die Haut ab und verzehren nur das genießbare Innere. ALLGEMEINES: Der Zug der Rotfußfalken hat eine stark nach Westen gerichtete Komponente. So werden die Falken alljährlich in wechselnder Zahl vor allem in Süddeutschland beobachtet, wo sie über Schilfwäldern Libellen jagen. Der Herbstzug beginnt Mitte August, etwa zwei Wochen nach dem Ausfliegen der Jungvögel, und kann zu invasionsartigem Auftreten in Mitteleuropa führen. Den Winter verbringen die Falken gesellig in Südafrika. Auch auf dem Frühjahrszug im April und Mai zeigen sich regelmäßig Rotfußfalken in Mitteleuropa.

Turmfalke
Falco tinnunculus

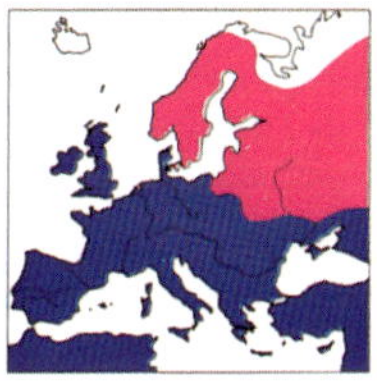

MERKMALE: Ein schnittiger Falke mit etwa 75 cm Spannweite, der über dem freien Felde jagt und dabei oft im Rüttelflug, also gegen den Wind gerichtet und in der Luft stehend, nach Beute sucht. Bei günstigem Licht leuchtet der Rücken rostrot auf. Männchen mit grauem Kopf und schwarzem Bartstreif sowie grauem Schwanz mit schwarzer, weiß gesäumter Endbinde, Weibchen mit bräunlichem Kopf und Schwanz. Ruflustig, Stimme »gickernd«. LEBENSRAUM: In Mitteleuropa mit weitem Vorsprung der häufigste Falke, der überall vorkommt, wo es noch Wiesen gibt. Er meidet geschlossene Großwaldungen. FORTPFLANZUNG: Turmfalken brüten in verlassenen Nestern anderer größerer Vögel, vor allem von Krähen und Elstern. Sie kommen in Wohnungsnot, wo der »Hegeabschuß« oder, wie es früher hieß, die »Raubzeugbekämpfung« rücksichtslos durchgeführt wird. Turmfalken brüten auch in Gebäuden aller Art, und zwar möglichst hoch. Sie wählen dafür windgeschützte Mauerlöcher. An hohen Kirchtürmen kann es zu lockeren Kolonien kommen. Die ersten Eier werden im letzten Aprildrittel, häufiger aber im Mai gelegt. Die Brutdauer ist mit 28-30 Tagen recht lang. Das Männchen füttert das allein brütende Weibchen. Wenn es nicht genügend Nahrung herbeischaffen kann, wird die Brut abgebrochen. Man kennt diese »Geburtenregelung« bei den Falken; sie ist eine Anpassung an das wechselnde Nahrungsangebot. Die Jungen schlüpfen in weißem Dunenkleid und mit offenen Augen. Sie werden noch acht Tage streng und weitere acht Tage mit nachlassendem Eifer gehudert. Danach sind sie von der Wärme der Mutter unabhängig. Jetzt tragen beide Altvögel Nahrung herbei. Bei der Fütterung hält die Mutter anfangs den Jungen mundgerechte Nahrungsbissen vor. Es gibt kein Vordrängen und wildes Gerangel, wie man es im Singvogelnest erlebt. Um den 30. Tag herum, verlassen die Jungen das Nest. Auch die jungen Männchen sind dann weibchenfarben. Die flüggen Jungen werden noch vier Wochen mit Futter versorgt. So ist nur eine Brut im Jahr möglich. Turmfalken können 20 Jahre alt werden, aber kaum ein Vogel in Freiheit erreicht dieses Alter. NAHRUNG: Der Turmfalke fängt seine Nahrung fast ausschließlich am Boden. Bei der Jagd sucht er sein Revier mit hastig wirkendem Flug ab und schiebt nur gelegentlich einen Halb- oder Dreiviertelbogen im Segelflug ein. Oft hält er im Rüttelflug inne, läßt sich auch stufenweise tiefer sinken und stößt auf den letzten Metern mit angelegten Flügeln und großer Wucht zu Boden. Er erbeutet im Sommer vor allem Insekten, besonders Heuschrecken, daneben Mäuse, Eidechsen, Frösche, Jungvögel, aber auch erwachsene Bodenvögel wie Lerchen, Ammern und Haussperlinge. Größte Beute sind Mauswiesel, Hamster, Amsel und Wachtel.

Steppenweihe
Circus macrourus

MERKMALE: Spannweite 100 cm. Die hellsten Weihenmännchen tragen kein Weiß im Bürzel und haben keine dunkle Flügelbinde. Sie sind etwas kleiner als die Kornweihenmännchen, lassen sich aber trotz ihres insgesamt helleren Aussehens leicht damit verwechseln. Die Weibchen der Steppenweihe sind von den Kornweihenweibchen durch den kürzeren weißen Bürzelstreifen zu unterscheiden. Eine sichere Unterscheidung vom Wiesenweihenweibchen ist im Gelände kaum möglich. Im Flug wirkt die Steppenweihe fast möwenartig. LEBENSRAUM: Grassteppen in Osteuropa, auf dem Zug auch in Mittel- oder sogar Westeuropa, manchmal invasionsartiger Einflug nach Westen. Charaktervogel von Westrußland bis hin zur nördlichen Mongolei. Der Bestand ist durch das Vordringen des Ackerbaus stark rückläufig, wahrscheinlich, weil die Bodennester der Steppenweihen durch Landmaschinen stark gefährdet sind. FORTPFLANZUNG: Ende April und Anfang Mai zeigt das Männchen, oft begleitet vom Weibchen, über dem Brutgebiet artistische Flugfiguren. Das Nest ist ein sehr bescheidener Bau aus Grashalmen am Erdboden. Brutbeginn im Mai; meist 3-5 Eier; Brutdauer etwa 30 Tage, so daß die Jungen Anfang Juni schlüpfen. Da das Gelege von der Ablage des ersten Eies an bebrütet wird, sind die Jungen recht unterschiedlich alt und groß. Während der Brut- und Huderzeit trägt das Männchen die Nahrung zum Nest und übergibt sie dem Weibchen, das sie dann an die Jungen verfüttert. Mitte Juli beginnen die Jungen zu fliegen, bleiben aber bis August in der Familie. NAHRUNG: Hauptsächlich Kleinsäuger, aber auch Jungvögel, Eidechsen und Insekten. Jagdweise, wie bei den übrigen Weihen, aus niedrigem, gaukelndem Suchflug heraus, der auf immer den gleichen Luftstraßen über das oft erstaunlich kleine Nahrungsrevier führt.

Steinkauz
Athene noctua

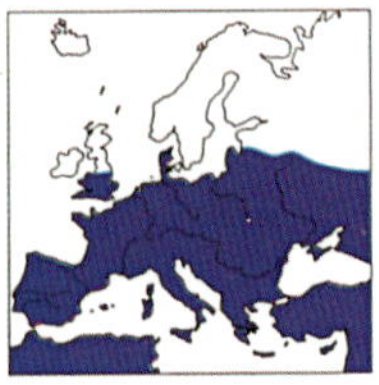

MERKMALE: Eine kleine Eule - gut faustgroß - mit einer Spannweite von rund 50 cm. Vorwiegend dämmerungs- und nachtaktiv, jedoch auch am Tage rege. LEBENSRAUM: Von der Wüste bis an den Rand der nordischen Nadelwaldzone, aber nach Norden schnell seltener werdend. Halbwüsten, Steppe, Kulturlandschaften und Obstgärten, meist in der Nähe menschlicher Ansiedlungen. Sehr gefährdet durch den Autoverkehr. FORTPFLANZUNG: Eiablage Ende April oder Anfang Mai, im Süden auch früher. Nachgelege möglich. Brutdauer um 28 Tage. Das Weibchen brütet alleine und wird dabei vom Männchen mit Futter versorgt, das in guten Jagdnächten einen Vorrat an getöteter Beute in der Nisthöhle zusammenträgt. Wie man aus der etwa gleichen Größe der Jungen schließen muß, beginnt die Bebrütung im Unterschied zu den anderen Eulen erst, wenn das letzte Ei gelegt ist. Das Weibchen sitzt so fest auf den Eiern, daß man es manchmal mit den Händen greifen kann. Die Jungen bleiben etwa einen Monat in der Bruthöhle, so daß sie meist Anfang Juli ausfliegen. Im August werden sie selbständig und verlassen das elterliche Revier. NAHRUNG: Im Sommer hauptsächlich Insekten, daneben auch Mäuse und Vögel, wobei tagsüber fast nur Insekten erbeutet werden, während bei Dunkelheit die nachtblinde Lerche oder die nachtaktiven Mäuse die Beute bilden, die der Steinkauz unzerrissen hinunterwürgen kann. Er ist ein kämpferischer Vogel, der sogar die Ratte und das Wiesel angreift. Sein Nest kann er gegen eine Katze verteidigen, nicht aber gegen den Marder, der das Weibchen auf den Eiern tötet. Der Steinkauz ist als strenger Standvogel voll der Winternot ausgeliefert. Er weicht im Winter auf Kleinvögel als Beute aus. Der Steinkauz nimmt künstliche Bruthöhlen an. Es ist wichtig, die Nisthöhle gegen Marder zu sichern. Sitzt ein Steinkauz bei Tage offen in der Landschaft, versammeln sich die kleinen Brutvögel eines Gebietes um ihn herum und pfeifen ihn erregt an.

Schleiereule
Tyto alba

MERKMALE: Geperltes, duftiges Gefieder. Auffallend ist der helle, herzförmige Gesichtsschleier, der beweglich ist und eine ausdrucksstarke, dem Menschen unverständliche Mimik ermöglicht, die wir als Grimassenschneiden empfinden. Lange, verhältnismäßig spitze Flügel. Spannweite um 90 cm. Nachtaktiv. LEBENSRAUM: Die Schleiereule hat ein weltweites, überwiegend tropisches Verbreitungsgebiet. In Europa ist sie fast nur in der Nähe menschlicher Siedlungen heimisch und brütet in Kirchtürmen, Feldscheunen, Ruinen und anderen wenig belebten Gebäuden. FORTPFLANZUNG: Hauptbrutzeit im Mai, im Süden im April und sogar noch früher. Die Eier liegen ohne Unterlage stets im verstecktesten Winkel, wobei selbst die Nähe eines Glockengeläutes die Eule nicht stört. Manchmal brütet sie auch in einem Taubenschlag. Teils ziehen dann die Tauben aus, teils gewöhnen sie sich an die fremdartigen Einmieter. Das Weibchen brütet vom ersten Ei an auf den 4-7 Eiern, in Jahren mit reicher Nahrung auch bis zu elf Eiern, so daß die Jungen später sehr verschieden groß sind. Brutdauer 30-34 Tage, Nestlingsdauer acht Wochen. In der ersten Woche bleibt das Weibchen auf den Jungen sitzen, und das Männchen bringt die Nahrung für die ganze Familie. Um diese Zeit braucht eine Eulenfamilie etwa 100 Mäuse je Monat. In schlechten Mäusejahren bleiben die schwächsten Jungen bald in der Entwicklung zurück, kommen schließlich um und werden von den Eltern verzehrt oder an ihre Geschwister verfüttert. In sehr guten Mäusejahren können manche Paare auch zu einer zweiten Brut im Herbst schreiten. Die Jungvögel machen teils weite Wanderungen. Nach ihrem ersten Winter werden sie geschlechtsreif, und wo sie dann brüten, bleiben sie für den Rest ihres Lebens. Wo es an Nistmöglichkeiten fehlt, können Naturfreunde den Schleiereulen Nistkästen mit reichlich faustgroßem Einschlupf und dunklen Winkeln anbieten. Meist werden sie allerdings von Straßentauben bezogen. NAHRUNG: Vor allem Mäuse. Bei reichlichem Angebot stapeln die Eulen an ihrem Schlaf- und Brutplatz einen Vorrat von Mäusen. In mäusearmen Jahren machen dagegen Kleinvögel einen höheren Prozentsatz der Nahrung aus, vor allem Jungvögel und leicht zu erbeutende Bodenvögel; auch Nachtfalter kommen vereinzelt hinzu. Als strenger Standvogel ist die Schleiereule voll der Winterhärte ausgeliefert: Sobald die Schneedecke höher ist als 7 cm, wird ihre Lage schwierig, und in Gegenden mit mehr als 40 Schneetagen im Jahr kann sie sich auf die Dauer nicht halten.

Rebhuhn
Perdix perdix

MERKMALE: Altvögel mit grauem Hals und rostfarbenem Gesicht, Männchen mit braunem Hufeisenfleck auf der Brust, Jungvögel braun mit gelblichen Füßen. LEBENSRAUM: Abwechslungsreiche, trockene Kulturlandschaft des Tieflandes mit Ackerrainen, Hecken, Hochstauden, Brachäckern und Wiesen. FORTPFLANZUNG: Die Henne legt im Mai oder Juni ihre etwa zwölf Eier in die sorgsam unter der Bodenvegetation versteckte, mit Pflanzenmaterial ausgelegte Nestmulde, die häufig im Schutz von Feldrainen liegt. NAHRUNG: Das Rebhuhn ist in seinen Nahrungsansprüchen festgelegt: Es benötigt 10-15 verschiedene Futterpflanzen, dazu verschiedene Insekten, den Kartoffelkäfer mit eingeschlossen. In der artenmäßig verarmten und mit Herbiziden und Insektiziden regelmäßig begifteten Agrarlandschaft von heute kann es sich nicht halten. Es widersteht dagegen auch härtesten Wintern, wenn nur genügend Hecken und Feldraine die Schneedecke unterbrechen. Nachts drängt sich dann das »Volk«, Eltern und letztjährige Kinder, zu einer Federkugel zusammen, damit sich die Tiere gegenseitig wärmen. So überstehen sie Frostnächte. Erst mit dem Aufkommen der Paarungsstimmung im Frühjahr zerfällt diese »Kette«, schließt sich aber bei einem Kälteeinbruch wieder zur Schutzgemeinschaft zusammen. In der intensiv bewirtschafteten, maschinengerecht ausgeräumten und flurbereinigten Landschaft finden die Tiere keine Verstecke mehr und sind Feinden schutzlos ausgesetzt. Die chemische Unkrautbekämpfung vernichtet die Nahrungskräuter mit ihren Insekten.

Wachtel
Coturnix coturnix

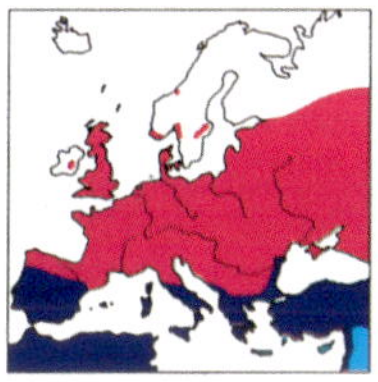

MERKMALE: Ein reichlich starengroßes Hühnchen, das überraschend vor den Füßen auffliegt und mit geradem Purrflug abstreicht. Dabei werden auf dem Rücken zwei klar abgegrenzte gelbliche Längsstreifen sichtbar. Fast schwanzlos. LEBENSRAUM: Weite Wiesengründe in warmen, nicht zu trockenen Lagen, auch Getreidefelder, aus denen die Hennen mit ihren Küken oft schon vor der Mahd in Kartoffeläcker überwechseln. FORTPFLANZUNG: Das Nest ist eine mit Halmen ausgelegte Mulde, gut gegen Sicht von oben geschützt, in Feldern und Wiesen, gerne auch im Klee. Das Weibchen bebrütet seine 7-14 Eier allein und führt auch alleine die Küken. In den Brutpausen deckt es das Gelege zu, sitzt aber sonst so fest auf den Eiern, daß es schon mit der Sense verletzt oder getötet wurde. Alle Jungen verständigen sich schon vor dem Schlüpfen durch Pieplaute über den Schlüpftermin, wahrscheinlich, indem die Nachzügler die weiter entwickelten Geschwister zurückhalten. Schließlich brechen alle in der gleichen Stunde aus den Schalen und bleiben noch etwa einen Tag in der Nestmulde. Die Mutter legt ihnen das Futter, z.B. Ameisenpuppen, vor, und die Küken fressen sofort selbständig. Mit etwa zehn Tagen können sie fliegend flüchten, und mit zwei Wochen könnten sie bereits allein überleben. Solange sie noch wachsen, ernähren sie sich hauptsächlich von Insekten, später zunehmend von pflanzlicher Kost. NAHRUNG: Mehr als andere Hühner nehmen die Wachteln tierische Kost zu sich: Insekten, Spinnen, Würmer, Schnecken, dazu Triebspitzen, Blüten und Samen. Nach der Mahd auch ausgefallene Getreidekörner. ALLGEMEINES: Trotz anscheinend mangelnder Flugleistung ist die Wachtel ein Fernzieher, der das Mittelmeer wie die Sahara im Nonstop-Flug überqueren kann und bis nach Ostafrika vordringt. Viele Vögel überwintern auch in den Atlasländern. Sie ziehen einzeln oder in kleinen Trupps, immer dicht über der Erde oder dem Wasser und immer nachts. In Nordafrika werden die Herbstwanderer von einem Heer von Vogelfängern mit Netzen erwartet. Der herbstliche Aufbruch erfolgt zwischen August und November; Anfang Mai erscheinen die Überlebenden wieder im Brutgebiet. Die moderne Landwirtschaft schadet den Wachteln. Die Düngung der Wiesen und die Verwendung des Grases zur Herstellung von Silofutter ermöglichen dem Bauern drei Grasernten im Jahr, die erste schon im Mai, so daß die Bodenbrüter in der Wiese kaum eine Chance haben, ihre Eier auszubrüten. Am ehesten trifft man die Art noch im Südosten Europas in größeren Beständen.

Brachschwalbe
Glareola pratincola

MERKMALE: Gesellige, ruflustige Vögel von Drosselgröße, meist in schnittigem Flug in der Luft zu sehen. Der kurze Schnabel ist raubvogelartig leicht nach unten gebogen. Schwanz schwarz und leicht gegabelt. Oberseits olivbraun, Flügel mit Handschwingen teilweise rostfarben. Im Flug wird die rostrote Unterseite der Flügel sichtbar. Die etwa starengroße Brachschwalbe ähnelt beim Stehen und im Flug mehr einer kleinen Seeschwalbe oder gar einer echten Schwalbe als einem Regenpfeifer, zu deren Verwandtschaft sie zählt. LEBENSRAUM: Vorzugsweise in von der Sonne ausgedörrten Sumpflandschaften, wobei nicht zwischen Süßwasser und Salzwasser unterschieden wird. Meist nicht weit vom Wasser, auch in Magersteppen mit lockerer Bodenvegetation zu finden. In Europa auf dem südlichen Teil der Iberischen Halbinsel, in den Sumpfgebieten der Camargue, stellenweise in Italien, auf dem Balkan. Weit verbreitet in Asien bis Turkestan und Nordwestindien sowie in Afrika. FORTPFLANZUNG: Koloniebrüter an von Jahr zu Jahr wechselnden Orten. Die drei oder seltener zwei grauen bis braunen, dem Untergrund hervorragend angepaßten Eier liegen in einer Bodenmulde, häufig in einem Viehtritt. Auch direkt auf den Schlammflächen oder inmitten der Quellervegetation am Meeresstrand wird das Nest angelegt. Die Eiablage beginnt im letzten Maidrittel, beide Eltern beteiligen sich am Brutgeschäft, Brutdauer 17-18 Tage. Die Jungen werden im Laufe des Juli selbständig. Feinde, die in die Kolonie eindringen, werden von allen Altvögeln dicht umschwärmt und mit lautem Geschrei heftig angegriffen. Bleibt das ohne Erfolg, läßt sich ein Teil der Vögel nieder und versucht, mit ungewöhnlichen Flügelstellungen den Eindringling zu verleiten. NAHRUNG: Brachschwalben jagen vor allem in den Morgen- und Abendstunden, während sie in den heißen Mittagsstunden, wenn sich auch die Futtertiere verbergen, am Wasser rasten und baden. Den Hauptteil ihrer Nahrung erjagen sie in schwalbenartigem Flug, gerne in der Nähe von Viehherden, die Insekten aufscheuchen und auch anziehen. Bis in die späte Dämmerung, wenn die ersten Nachtfalter aufsteigen, kann man die Brachschwalben auf dem Jagdflug beobachten. Daneben trippeln sie auch nach Regenpfeiferart am Boden, lesen dort Insekten auf oder holen sie im Sprung von den Halmen. Hauptbeute sind Käfer und Heuschrecken, aber auch Bienen und Wespen werden nicht verschmäht. Wenn die Jungen flügge sind, bilden die Brachschwalben Schwärme, die ab Ende August allmählich in die nordafrikanischen Winterquartiere ziehen.

Fasan
Phasianus colchicus

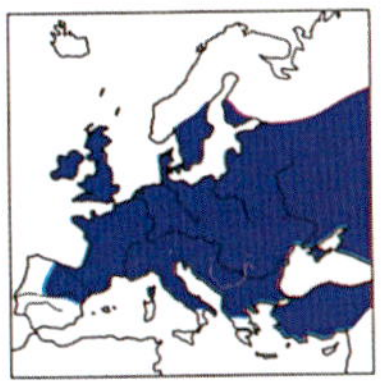

MERKMALE: Obwohl bei uns die verschiedensten Fasanenrassen eingebürgert wurden, z.B. solche mit und ohne weißen Halsring, sind doch alle deutlich von anderen Wildhühnern unterscheidbar. Die Henne mißt 50 cm , der Hahn 90 cm. LEBENSRAUM: Für den Abschuß ausgesetzt, gibt es die Fasane nahezu überall, aber spontan und dauerhaft sich vermehrend nur in eher feuchten Lagen, wo sich Wiesen, Wald und Buschwerk abwechseln. FORTPFLANZUNG: Ab Mitte Mai findet man die Gelege der Henne mit 8-12 Eiern. Die Jungen schlüpfen nach 22-27 Tagen und folgen nach Hühnerart gleich der Mutter. Bei der Geburt wiegen sie etwa 20 g, am zwölften Tag bereits knapp 100 g. Sie können dann schon etwas fliegen. Nähert man sich einer Henne mit ihren Küken, so stürzen die Kleinen in das nächste Versteck und drücken sich. Kommt man noch ein Stückchen näher, so fliegen sie mit lautem Piepsen nach allen Seiten auseinander, aber nicht wie die Rebhuhnfamilie gleichzeitig, sondern jedes Junge einzeln, im Abstand von einigen Sekunden. Ist dann wieder Ruhe eingekehrt, so lockt die Mutter ihre Kinderschar mit leisen Glucktönen zusammen. Im Alter von drei Wochen baumen die Jungen gemeinsam mit der Mutter zum Schlafen auf. NAHRUNG: Frische und trockene Pflanzenteile, Insekten (auch Kartoffelkäfer) und Würmer. ALLGEMEINES: Die bei uns lebenden Fasane sind ein Rassengemisch, entstanden durch immer wieder neue Aussetzungen aus den verschiedensten Herkunftsländern. In allzu waldreichen Gegenden kann man den Fasanenbestand nur durch ständigen Nachschub aus Fasanerien erhalten. Aber auch aus strauch- und baumlosen Gegenden wandert der Fasan ab, da er zum Übernachten der Bäume bedarf. Er kann leicht im Hühnerstall gehalten werden - in allen Jagdzeitschriften findet man ihn angeboten.

Triel
Burhinus oedicnemus

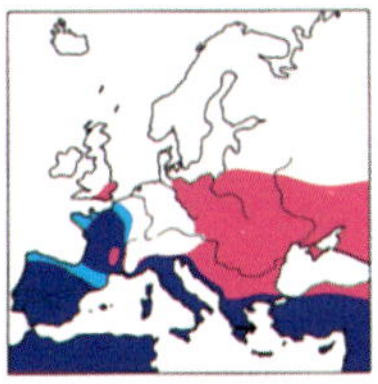

MERKMALE: Mit einer Spannweite von 85 cm ist der Triel größer als eine Taube. Sein Gefieder ist sandfarben mit gelben Beinen; großer Kopf und große Augen. Läuft aufgescheucht in geduckter Haltung davon und drückt sich bald in ein Versteck. Beim Auffliegen werden zwei weiße Flügelbinden sichtbar. LEBENSRAUM: Sandige, halbwüstenhafte Steppen, Heiden und Wildflußlandschaften. Im Weideland Mitteleuropas früherer Jahrhunderte war der Triel durchaus verbreitet. Seitdem man dank intensiver Düngewirtschaft auch den magersten Böden Ernten entlocken kann, ist er in Mitteleuropa weithin ausgestorben, trotz seiner Brutversuche auf trockenem Ackerland. Der Bestand ist überall rückläufig. FORTPFLANZUNG: Die zwei, selten auch drei Eier liegen auf der nackten Erde. Hauptbrutzeit ist der Mai, Nachgelege im Juni sind häufig. Brutdauer 26-27 Tage. Beide Eltern brüten und versuchen, Weidevieh, Krähen und andere Eindringlinge durch hüpfendes Tanzen mit ausgebreiteten Flügeln vom Brutplatz fernzuhalten. NAHRUNG: Insekten, vor allem Käfer und Heuschrecken, dazu Eidechsen und Mäuse.

Großtrappe
Otis tarda

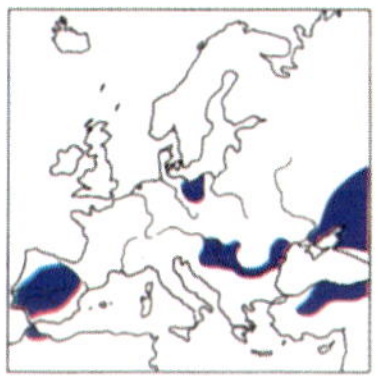

MERKMALE: Die Großtrappe ist der schwerste Vogel Europas. Die Hähne können bis zu 16 kg wiegen, die Hennen um 4 kg. Sie entsprechen der Größe eines Truthahns mit waagerecht getragenem Körper. LEBENSRAUM: Weiträumige Natur- und Kultursteppe. FORTPFLANZUNG: Brutbeginn ist meistens in der ersten Maihälfte, Brutdauer 21-22 Tage, also viel kürzer als beim Haushuhn, das 28 Tage sitzt, zwei bis drei Eier. Die jungen Vögel können sofort laufen, werden aber dann noch zwei Wochen von der Henne gefüttert. Sobald sie fünf Wochen alt sind können die Jungen fliegen. Im Herbst stehen die Hähne und die Hennen in getrennten Trupps beisammen. NAHRUNG: Die Trappen rupfen Gras und Kräuter, dazu brauchen sie Trinkwasser und fressen im Winter Schnee. Als Beikost Insekten, Mäuse, Vogeleier, Würmer, Schnecken und Getreide. Mit einer Fütterung im Winter könnte sehr viel für den Trappenbestand in gefährdeten Lagen getan werden.

Zwergtrappe
Tetrax tetrax

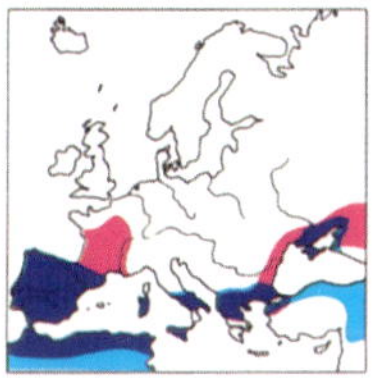

MERKMALE: Etwa so groß wie ein Haushuhn, Länge 43 cm, Spannweite um 85 cm. Schwebender Gang. Fliegt bei einem Fluchtabstand von 50-200 m ohne Anlauf ab und entfernt sich dann immer sehr weit. Balzruf »trr«, mit großen Pausen vorgetragen. LEBENSRAUM: Grassteppen im Urzustand, sandige Halbwüsten, verwilderte Brachäcker zwischen Getreidefeldern, sandige, dürre Wiesen. Der Bestand ist überall durch Biotopzerstörung rückläufig. Ehemals weit verbreitet im Mittelmeergebiet, vor allem in Frankreich und Nordwestafrika. In Spanien besiedelt die Art extensiv genutzte Weinäcker. Daneben kommt sie in Ungarn bis zum Altaigebirge vor. Vor 100 Jahren noch in Thüringen heimisch. FORTPFLANZUNG: Im April mausern die Hähne ihr Gefieder und legen dabei das schwarzweiße Prachtkleid an. Dann balzen sie mit einem Höhepunkt in der Maimitte auf ihrem einsamen Balzplatz, vor allem in der Morgen- und Abenddämmerung. Dazu springen sie mit flatternden Flügelschlägen stakkatoartig in die Höhe und können so sehr leicht entdeckt werden. Die Henne brütet 20-21 Tage lang auf ihren 3-4 Eiern. Wird sie gestört, so schleicht sie meist früh davon und fliegt erst in einiger Entfernung auf. Sie allein ist für die Aufzucht der Küken verantwortlich. NAHRUNG: Im Sommer Insekten, Schnecken, Würmer, grüne Halme und Blätter. Im Winter mehr Pflanzenkost.

Laufhühnchen
Turnix sylvatica

MERKMALE: Körperlänge 15-17 cm, wobei das Männchen kleiner und blasser gefärbt ist als das Weibchen. Wachtelgroß, brauner Rücken; an den Kopfseiten beginnt eine feine Fleckung, die zu den Körperflanken hin immer gröber und kräftiger wird. Das Kinn ist weißlich, die Brust rostrot und der Bauch weiß. LEBENSRAUM: In Südeuropa und den Atlasländern vorzugsweise in Zwergpalmengebüsch, sonst auch in anderer dichter Vegetation, etwa im dichten Graswuchs auf ehemaligem Ackerland. Die Vögelchen halten sich zeitlebens in der dichtesten Deckung auf. FORTPFLANZUNG: Das Weibchen verläßt nach der Eiablage das Männchen und verbindet sich mit dem nächsten Männchen, während das alleingebliebene Männchen die Brut pflegt. Die Eier werden in eine mit Halmen ausgelegte Bodenmulde gelegt. Meist vier, manchmal auch drei Eier sind für einen Vogel seiner geringen Größe eine ungewöhnlich kleine Zahl, aber dafür entfallen auf jedes Weibchen mehrere Gelege. Die Eier sind gelblich gefärbt mit dichter brauner Fleckung. NAHRUNG: Samen und Insekten.

Spießflughuhn
Pterocles alchata

MERKMALE: Die Vögel fliegen reißend in kleinen Trupps mit gackernden Kontakthalterufen. Länge um 37 cm, Spannweite um 65 cm. Weißer Bauch, Schwanzspieße. Männchen in der Brutzeit mit schwarzer Kehle und rostfarbenem Brustband. LEBENSRAUM: Halbwüste und Trockensteppe, vorzugsweise mit sandigen Landstrichen, Sandsteppen mit eingestreuten Dünen. Auf dem Zug auch in Kultursteppen. In Asien einst massenhaft verbreitet - 1932 wurde eine Wanderschar beim Herbstzug auf 780 000 Vögel geschätzt. Aber seither dringt der Ackerbau immer weiter in den Lebensraum der Vögel vor und drängt sie auf immer engere Lebensräume zusammen. FORTPFLANZUNG: Brutbeginn in der ersten Maihälfte, Bruten bis in den Juli, vielleicht Nachgelege, vielleicht auch Zweitbruten. Die drei oder seltener zwei Eier liegen häufig ohne jede Nestunterlage im Schatten eines Busches. Beide Eltern lösen sich beim Brüten ab: Der Vater sitzt meist über Nacht und in den Morgenstunden, die Henne nachmittags auf den Eiern. Die Brutzeit dauert mit etwa vier Wochen recht lang. Oft brüten die Vögel in lockeren Kolonien, fliegen dann auch gemeinsam zum Trinken und kehren gemeinsam zurück. Beim Brüten sitzen sie meist sehr fest auf den Eiern, andere Individuen schleichen sich aber früh davon und überlassen die Eier dem Schutz ihrer Tarnfärbung. Brutbeginn nach Ablage des ersten Eies. Die Jungen sind Nestflüchter und erinnern in ihrem Dunenkleid etwas an Regenpfeiferküken. Sie wissen gleich ihre Nahrung selber zu finden, werden aber von ihren Eltern mit Trinkwasser versorgt, das sie im Kropf von der Tränke mitbringen und nicht, wie manche anderen Flughühner, im schwammartig mit Wasser vollgesogenen Brustgefieder. Mit 3-4 Wochen können die Jungen fliegen, mit acht sind sie erwachsen. Gegen Ende der Brutzeit macht das Männchen eine Teilmauser durch, wobei es am Kopf »weibchenfedrig« wird. Wenn die Jungen flügge sind, bilden die Flughühner große Scharen, die umherstreifen und dann von August bis Oktober langsam in ihre Überwinterungsgebiete ziehen. Sie liegen für die westeuropäischen Populationen am Nordrand der Sahara. Im März kommen sie wieder zurück, wenn die Steppe sich in einen Blütenteppich verwandelt. Die Scharen zerfallen dann in Paare. NAHRUNG: Körnerfresser, die kurzbeinig und fast rutschend den Boden nach Genießbarem absuchen. Sie scharren auch, aber ganz anders als die Hühnervögel. Bei derart trockener Kost haben sie ein großes Wasserbedürfnis.

Feldlerche
Alauda arvensis

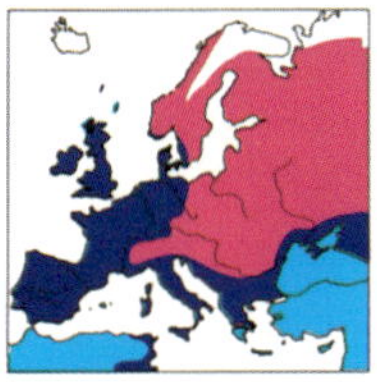

MERKMALE: Mit 18 cm Länge deutlich größer als ein Buchfink. Kleine, aber bewegliche Kopfhaube, Schwanz mit weißem Außensaum. LEBENSRAUM: Baumloses Grasland, vor allem, wo das Gras niedrig bleibt. Typisch für Ackerland mit Wintergetreide, aber noch häufiger auf mageren Weiden, wo man im Frühling oft eine ganze Anzahl Lerchen zugleich singen hört. FORTPFLANZUNG: Wenn das erste junge Gras durch das welke vorjährige stößt, sitzt die Lerche auf ihrem ersten Gelege, das meist im Ödland liegt und stets von überhängender Vegetation verdeckt ist. Über Mittag löst das Männchen sein Weibchen beim Brüten ab. Zwei Jahresbruten zwischen April und Juli, flügge mit 18 Tagen. Die jungen Lerchen sind vom Nesthocker zum Nestflüchter geworden, ein Verhalten, das in der Steppe besser schützt als das des Nesthockers. NAHRUNG: Samen und Insekten, auch Getreide.

Hänfling
Acanthis cannabina

MERKMALE: Männchen im Brutkleid mit rotem Scheitel und rot überhauchter Brust, Weibchen bräunlich, Rücken zimtbraun. Kleiner als ein Sperling - Länge 13,5 cm. Der Gesang ist wohlklingend und enthält zwitschernde und trillernde Passagen. LEBENSRAUM: Kulturland mit eingestreuten Büschen und Hecken, Brachäckern, Obstgärten, Waldränder, Auwälder, fehlt sowohl im Wald als auch in waldlosen Landschaften. FORTPFLANZUNG: Das Hänflingsnest steht niedrig in Büschen und ist ein solider, warm mit Pflanzenwolle ausgelegter Napf. Das Weibchen wird etwa alle Stunde vom Männchen auf den Eiern gefüttert, und beide ziehen die Jungen mit halbreifen Samen und wenigen Insekten auf.

Goldammer
Emberiza citrinella

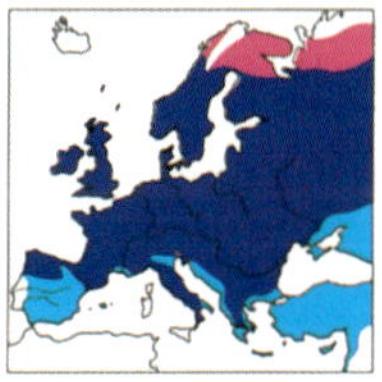

MERKMALE: Rotbrauner Bürzel, Männchen mit zitronengelber, Weibchen mit blaßgelber Kopfzeichnung. Jungvögel ähnlich wie Weibchen. LEBENSRAUM: Traditionelles Bauernland: Felder, Wiesen, Brachäcker, Feldwege mit Hecken. Nest auch in Schonungen und an Waldrändern. Als Vogel des Bodens kann die Goldammer zwar noch auf Zweigen sitzen, aber nicht mehr von Zweig zu Zweig hüpfen. FORTPFLANZUNG: Brutzeit April bis Juli für zwei Bruten. 4-5 Eier, Brutdauer 12-14 Tage, Nestlingsdauer 12-15 Tage. Die Jungen werden mit Insekten aufgezogen, die der Altvogel zuvor im Schnabel zerquetscht. NAHRUNG: Im Sommer Insekten und Grassamen, im Winter Sämereien von Kräutern und Getreide.

Haubenlerche
Galerida cristata

MERKMALE: Auffällige, meist aufrecht getragene Kopfhaube, Schwanzaußenseiten blaßgelb. Der Gesang wird meist von einer Warte aus vorgetragen. LEBENSRAUM: Die Haubenlerche ist vor allem ein Vogel der Steppen in Ost- und Südeuropa. FORTPFLANZUNG: Zwei Bruten zwischen April und Juli, 3-5 Eier, Brutdauer 12-13 Tage, Nestlingsdauer 9-11 Tage. Danach kehren die Jungen in den ersten Nächten oft noch in ihr Nest zurück. Mit 16-18 Tagen beginnen sie zu fliegen. Sie baden gerne im Sand. NAHRUNG: Wie bei allen Lerchen teils tierischen, teils pflanzlichen Ursprungs: Insekten, Sämereien. Im Herbst und Winter gern Körner.

Heidelerche
Lullula arborea

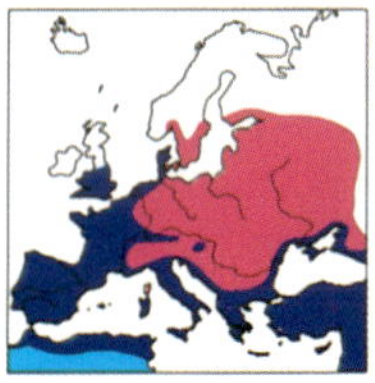

MERKMALE: Bedeutend kleiner als die Feldlerche, Körperlänge 15 cm. Undeutliche Federhaube. LEBENSRAUM: Die Heidelerche stellt spezifische Ansprüche an ihren Lebensraum. Sie braucht von Bäumen umstandenes Ödland mit vorwiegend vegetationslosem Grund, das möglichst noch im Hügelland liegen soll. So findet man sie in Mitteleuropa nur sehr verstreut auf großen Kahlschlägen, auf den Halden weitläufiger Steinbruchbetriebe, aber auch in Heidelandschaften und auf mageren Berghängen. FORTPFLANZUNG: Brutzeit April bis Juni, Brutdauer 13-15 Tage.

Mittelmeersteinschmätzer
Oenanthe hispanica

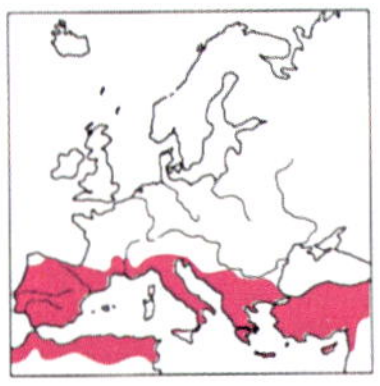

MERKMALE: Männchen mit schwarzer Gesichtsmaske, die je nach der Rasse auf die Backen beschränkt ist oder auch die Kehle einschließt. Schwanz mit charakteristischer Verteilung von schwarzen und weißen Abschnitten. Die Weibchen ähneln den Weibchen anderer Schmätzer und sind im Felde schwierig zu bestimmen. LEBENSRAUM: Trockensteppen mit oder ohne Buschwerk und mit steinigen Abschnitten. FORTPFLANZUNG: 4-6 hellblaue, manchmal rot gefleckte Eier, Brutzeit Mai bis Juli, Brutdauer 13-14 Tage. Die Jungen im Dunenkleid wirken »schimmelig«. Nach dem Ausfliegen sehen sie den Weibchen ähnlich, sind aber deutlich gefleckt. Die ersten Bruten fliegen gewöhnlich Anfang Juni aus. Die Altvögel beginnen Ende Juni mit einer zweiten Brut. Zu Beginn der zweiten Brut lebt der Sangeseifer der Männchen wieder auf, und sie zeigen auch wieder ihren Singflug. NAHRUNG: Insekten, Spinnen, im Herbst auch Beeren.

Ortolan
Emberiza hortulana

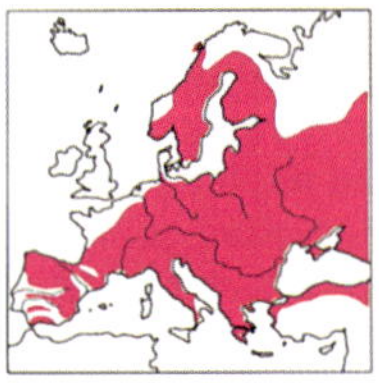

MERKMALE: Männchen mit grünlichgrauem Kopf und gelber Kehle, hellgelbe Augenringe, rötliche Schnabelfärbung. Weibchen unscheinbar gefärbt mit heller Kehle, gestreiftem Oberkopf, gestreifter Brust. LEBENSRAUM: Offene Landschaften mit eingestreuten Büschen und Bäumen, Waldränder, Obstgärten. FORTPFLANZUNG: Einige Tage nach den Männchen erscheinen die Weibchen. Sie bauen ihr Nest versteckt am Boden, besonders gern an Böschungen, und bebrüten die 4-5 Eier für 11-12 Tage. Während der Brutzeit wird das Weibchen vom Männchen auf den Eiern gefüttert. NAHRUNG: Insekten, Samen, Schößlinge.

Nachtschwalbe, Ziegenmelker
Caprimulgus europaeus

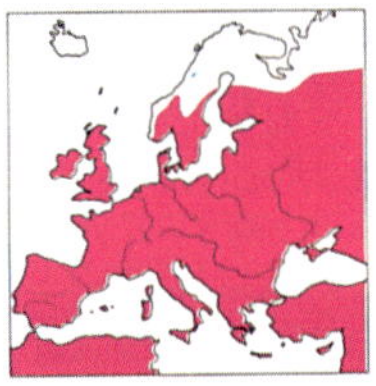

MERKMALE: Ein schlanker, etwa amselgroßer Vogel mit falkenähnlichem Flugbild. Das Männchen unterscheidet sich vom Weibchen durch weiße Signalflecken auf den Handschwingen und den Schwanzfedern. LEBENSRAUM: Heiden, Schonungen, Kahlschläge, lichte Kiefernwälder, im Süden Macchien. FORTPFLANZUNG: Brutzeit hauptsächlich Juni und Juli, zwei Bruten. Beide Eltern lösen sich beim Brüten ab, wobei tags-über meist das Weibchen sitzt und in der Abenddämmerung vom Männchen abgelöst wird. Brutdauer 17 oder 18 Tage. Die Jungen schlüpfen in einem »verschimmelt« wirkenden Dunenkleid, das sie am Waldboden sehr gut tarnt. Anfangs werden sie von der Mutter gehudert und bleiben an der Stelle hocken, wo sie aus dem Ei geschlüpft sind. Nur zum Absetzen ihrer Kotballen trippeln sie ein wenig zur Seite, so daß sich nach einigen Tagen ein loser Ring aus Kotballen um sie bildet. Alsbald rücken sie allnächtlich ein kurzes Stück weiter, und die zurückgelassenen Kotballen verraten ihren Weg. Mit 15-20 Tagen beginnen sie zu fliegen. Fühlen sie sich bedroht, so reißen sie den überraschend breiten Rachen auf und zischen. Wenn sie älter werden, so sorgt der Vater oftmals allein für sie, während die Mutter schon auf den zweiten Eiern brütet. NAHRUNG: Die Nachtschwalbe hat von allen Vögeln die kürzeste Jagdzeit: Sie ist nur in der späten Abend- und Morgendämmerung auf Jagdflug, wenn die Nachtfalter schwärmen. Sie fliegt leicht und wendig und fast geräuschlos und stößt mit schroffen Wendungen nach der Beute.

Haussperling
Passer domesticus

MERKMALE: Sehr gesellig, Männchen mit grauem Scheitel - in Italien mit braunem Scheitel - und schwarzem Brustlatz, der aber im Winter von grauen Federsäumen verdeckt wird. Stimme: das bekannte Schilpen. LEBENSRAUM: Fast weltweit verbreitet, vom Nordkap bis an den Rand der Wüsten, überall aber an den Menschen angeschlossen. Meidet Großwaldungen und fehlt auch in Walddörfern. FORTPFLANZUNG: Zwei, oft auch drei Jahresbruten von April bis August. 4-6 Eier. NAHRUNG: Spatzen sind Körnerfresser, die sich mit Geschick die Abfälle der Menschen zunutze machen. Jungenaufzucht mit Insekten.

Feldsperling
Passer montanus

MERKMALE: Beide Geschlechter sehen gleich aus mit brauner Kopfplatte und schwarzem Ohrenfleck. Länge 14 cm. Bildet im Herbst dichte Scharen. LEBENSRAUM: Feldgehölze, Hecken, Obstgärten, Waldsäume und Dorfränder. Jedoch nicht so stark an den Menschen gebunden wie der Haussperling. FORTPFLANZUNG: Kolonie- oder Einzelbrüter in Nistkästen. Das Nest ist ein wirrer, wärmender Haufen aus Halmen und Federn mit seitlichem Einschlupf. Es wird manchmal mit Blumen besteckt. Ein Paar benutzt oft zeitlebens die gleiche Höhle, es kann aber ein Männchen auch mit verschiedenen Weibchen zusammenleben und reihum in mehreren Nestern füttern. Meist zwei Bruten von April bis Juli. Gelegegröße 5-6 Eier, Brutdauer 12-14 Tage, Nestlingsdauer ebenfalls 12-14 Tage. Die Vögel schlafen auch außerhalb der Brutzeit in ihren Höhlen. Die Sperlingsvögel schlüpfen noch in Bruthöhlen bis zu 23 mm Durchmesser und treten damit in Konkurrenz zu anderen Nistkastenbewohnern wie den Meisen. Durch eine starke Vermehrung können sie diese im Verlauf einiger Jahre zurückdrängen. Deshalb ist eine regelmäßige Nistkastenkontrolle notwendig.

Brachpieper
Anthus campestris

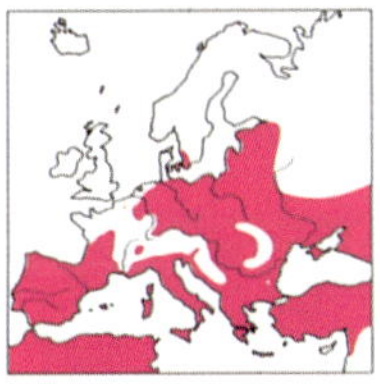

MERKMALE: Etwa so groß wie eine Feldlerche, aber langbeinig und schlank. Wippt, wie andere Pieper auch, häufig mit dem Schwanz. Gefieder nur undeutlich gefleckt, sandbraun, gräulich überflogen. Kralle an der Hinterzehe nicht auffallend lang. Läuft gewöhnlich in waagrechter Körperhaltung rasch dahin und erscheint ab und zu auf einer Erhebung, um Ausschau zu halten. Steht gerne auf einem Bein. Farbe der Beine hell, fast fleischfarben. LEBENSRAUM: Während die meisten Pieper eher feuchtes Gelände bewohnen, kann es dem Brachpieper kaum trocken genug sein; zumindest muß auf weiten Flächen der nackte Erdboden zutage treten. Seine Nachbarn sind dort Triel und Flughuhn. In solchem Ödland brauchen die Vögel ein sehr großes Nahrungsrevier, aus dem sie ihre Artgenossen heftig vertreiben. FORTPFLANZUNG: Nach der Rückkehr aus dem Winterquartier singt das Männchen von einem aufragenden Zweig aus oder in kreisendem, wellenförmigem Singflug, wobei sein Gesang praktisch nur aus einem vielfach wiederholten »Zirluih« besteht. Das Nest liegt oft in einem eingetrockneten Huftritt und enthält im Juni vier oder fünf Eier, in Nachgelegen, wenn das erste Gelege verlorenging, wohl auch nur drei, die innerhalb eines Geleges einheitlich, zwischen verschiedenen Gelegen aber manchmal recht unterschiedlich gefärbt sind. Das Weibchen brütet und schleicht sich auf große Entfernung geduckt vom Nest, wenn es eine Gefahr kommen sieht. Brutdauer 13-14 Tage. Wenn die Jungen nach weiteren 14 Tagen das Nest verlassen, können sie schon etwas fliegen. Meist werden sie Mitte Juli flügge. NAHRUNG: Insekten, Spinnen, Schnecken und Würmer. ALLGEMEINES: Durch Lebensraumzerstörung in Mitteleuropa bedroht.

Bienenfresser
Meropsapiaster

MERKMALE: Farbenprächtiger Wartenvogel, der meist auf Telegraphendrähten sitzt und von da aus zu kurzen, schwalbenartigen Jagdflügen startet, wenn ein Insekt vorbeischwirrt. LEBENSRAUM: Halbwüsten, Steppen, Baumsteppen, wenn es darin Erdabbrüche mit lehmigem oder lößartigem Boden gibt, denn Bienenfresser brüten an Steilufern von Flüssen, an sandigen, trockenen Böschungen oder in Sandgruben, seltener auf ebenem Boden. FORTPFLANZUNG: Bienenfresser sind Koloniebrüter, seltener auch Einzelbrüter. Sie graben sich paarweise eine Bruthöhle in einen Lehmhang, die bis zu 2 m tief sein kann und in einen Brutkessel mündet. Die Röhre ist immer so angelegt, daß man aus dem Kessel ins Freie blicken kann. Sie liegt meist in steilen Lehmwänden, aber in ebenen Landstrichen kann sie auch schräg abwärts ins Erdreich führen. Während der Bauarbeiten wetzen die Bienenfresser ihre Schnabelspitze teilweise ab, aber sie wächst ihnen rasch wieder nach. Mitte Mai beginnt die Eiablage, Brutzeit 20-22 Tage. Etwa mit drei Wochen erscheinen die Jungen im Höhleneingang, rund eine Woche später fliegen sie aus. NAHRUNG: Stechende Insekten, wie Bienen, Wespen, Hummeln, Hornissen, aber auch Schmetterlinge, Käfer und Fliegen.

Nebelkrähe
Corvus corone cornix

MERKMALE: Mit dem Namen Rabenkrähe bezeichnet man nicht eine Vogelart, sondern nur die westliche Rasse einer Art, während die östliche Rasse Nebelkrähe genannt wird. Die Art, der beide Rassen angehören, hat keinen gebräuchlichen deutschen Namen, obwohl dafür der Name Aaskrähe, *Corone corone*, vorgeschlagen wurde. Ihre wissenschaftlichen Namen besagen, daß es sich bei den unterschiedlich aussehenden Formen nicht um selbständige Arten handelt. Die Rabenkrähe beschränkt ihre Verbreitung auf Westeuropa etwa bis zur Elbe. Sie ist etwas kleiner als die Nebelkrähe - Spannweite um 95 cm. Ihrem tiefschwarzen Federkleid fehlt der Metallschimmer der Saatkrähen. Ihr Schnabel ist kräftiger als der Schnabel der Saatkrähe, aber nicht so wuchtig wie der Kolkrabenschnabel. Die Nebelkrähe hat eine Spannweite bis 1 m; sie ist an dem grauen Rumpf bei schwarzen Flügeln, schwarzem Schwanz und Kopf sofort zu erkennen. Es kommt vor, daß sich eine Nebelkrähe einmal im Brutgebiet der Rabenkrähe mit einer Rabenkrähe paart. Dann entstehen Mischlinge mit mehr oder weniger grauem Rumpf. Wenn diese sich wieder mit Rabenkrähen paaren, sind ihre Nachkommen schon nicht mehr als Mischlinge zu erkennen. So wird der »Grenzgänger« von der anderen Rasse »geschluckt«. LEBENSRAUM: Feldgehölze, lichte Wälder, Parkanlagen, im Winter gern auf Müllkippen. Die Krähen erweisen sich als anpassungsfähige Kulturfolger gerade in stark vom Menschen geformten Landschaften. FORTPFLANZUNG: Die Krähen leben in treuer Dauerehe, und wenn ein Partner etwa vom Habicht geschlagen wurde, so setzt der andere sein Leben ein für den Versuch, den Partner zu retten. Brutzeit März bis Juni, 4-5 Eier, Brutdauer 18-21 Tage, Nestlingsdauer 30-35 Tage. Die Jungen kommen nackt zur Welt. Trotzdem ertragen sie anfangs auch eine starke Abkühlung. Nach dem Ausfliegen bleiben die Jungen zunächst als »Ästlinge« in der Umgebung hocken, später treibt sich die Familie zur Nahrungssuche gern in Wiesengründen umher. Ab Juli löst sich der Familienverband auf. NAHRUNG: Krähen sind Allesfresser. Ihre Nahrung suchen sie kräftig ausschreitend bei Fußmärschen auf dem Erdboden. Dabei finden sie vor allem Insekten, Würmer und Schnecken, aber auch Mäuse, Eidechsen, Frösche, plündern Gelege bis zur Fasanengröße, nehmen aber auch Getreide und Beeren.

Saatkrähe
Corvus frugilegus

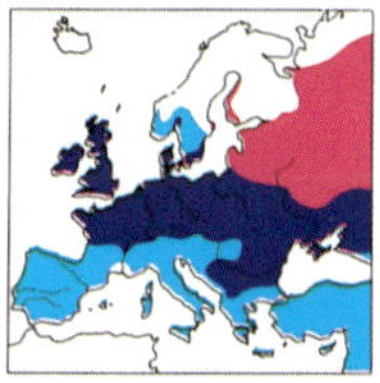

MERKMALE: Im Vergleich zur Rabenkrähe mit schlankerem Schnabel, Schnabelwurzel im Alter grauweißlich und unbefiedert, Gefieder mit Purpurschimmer, an den Schenkeln als »Hosen« herabhängend. Länge um 46 cm. Spannweite 90 cm. LEBENSRAUM: Offenes Ackerland mit eingestreuten Feldgehölzen. Fehlt in Großwaldungen, Brutkolonien immer in der Nähe von Wasser. FORTPFLANZUNG: Saatkrähen brüten in Kolonien von einigen Dutzend bis zu über 1 000 Paaren. Brutbeginn Mitte April, Brutdauer 16-18 Tage, Nestlingsdauer etwa 30 Tage, so daß ab Ende Mai die ersten Jungen ausfliegen. Die Weibchen brüten von der Ablage des ersten Eies an, so daß die Nestlinge verschieden alt und auch verschieden groß sind. In den letzten Tagen vor dem Ausfliegen schaffen beide Eltern die Nahrung herbei. In den Brutkolonien der Saatkrähen mit bis zu 50 Nestern je Baum leben und brüten nicht selten allerlei Einmieter. Da gibt es Elstern, denen die Krähen allerdings die Haube vom Nest stehlen, daneben auch Turmfalken. In Südosteuropa kommen gemischte Kolonien mit Krähen, Reihern, Kormoranen und Sichlern vor. NAHRUNG: Saatkrähen sind Fußgänger, die mit Hühnergang umherlaufen und ihre Nahrung am Boden suchen. Sie erbeuten vor allem Insekten, außerdem Mäuse und andere Kleintiere, verschmähen aber auch Pflanzenkost wie Getreide und Kartoffeln nicht. Sie meiden einen Bewuchs, der so hoch ist, daß sie ihn nicht mehr überblicken können, dichtes Gebüsch und Waldböden, und sie durchsuchen keine Bäume. Als Nestplünderer sind sie daher ohne Bedeutung. Wo naturnahe Landwirtschaft betrieben wird, machen sich die Krähen durch Vertilgen von Schadinsekten und Mäusen durchaus nützlich, in der Intensivlandwirtschaft dagegen oft unbeliebt.

Elster
Pica pica

MERKMALE: Länge 46 cm, Spannweite 60 cm. Glänzend schwarz-weißes Gefieder, langer, stufiger Schwanz. LEBENSRAUM: Kulturland mit Büschen und Bäumen, Feldgehölze, Parklandschaften, Ansiedlungen, Stadtränder. FORTPFLANZUNG: Brutzeit April bis Juni, eine Brut. 5-6 Eier, Brutdauer 17-18 Tage, Nestlingsdauer 22-27 Tage. Zur Brutzeit sind die Elstern sehr heimlich und schweigsam. NAHRUNG: Vom Frühjahr bis in den Herbst hauptsächlich Insekten, die allerdings auch im Winter nicht ganz fehlen. Die Nahrung wird am Boden, aber auch hüpfend im Gebüsch gesucht. Elstern erschlagen Feldmäuse und plündern Vogelnester bis zur Größe eines Fasanengeleges. Sie sammeln überfahrene Tiere auf Straßen und finden sich auch am Fallwild ein.

Lebensraum

WIESEN, SUMPF UND MOOR

Wiesen und Sümpfe gehören vom Charakter her zum Grünland. Sie liegen oft in Flußtälern und Niederungen, die Landschaft ist traditionell offen und weit. Das geringe Gefälle, der hohe Grundwasserstand und die relativ häufigen Niederschläge sind für Staunässe und das fast ganzjährige feuchte Klima verantwortlich. Die Winter sind mild, die Frühjahre kalt. Besonders im Frühling kann es über Wochen zu Überschwemmungen kommen. Dann stehen die Feuchtwiesen kniehoch unter Wasser. Charakteristisch weiterhin sind die zahlreichen Entwässerungsgräben, die das Land durchziehen. Auch gibt es immer wieder Mulden und Senken, in denen das Regenwasser lange stehenbleibt. Außer wenigen Weidenbüschen entlang der Wassergräben fehlen im Dauergrünland fast immer die Gehölze, es gibt wenig Versteckmöglichkeiten. Bei starkem Nährstoffeintrag durch die Flüsse oder das Grundwasser wachsen die Pflanzen von Feuchtwiesen und Sümpfen üppig und hoch. Moore dagegen, insbesondere die grundwasserunabhängigen Hochmoore, sind durch starken Nährstoffmangel gekennzeichnet. Sie wölben sich uhrglasartig auf und werden nur vom Regenwasser versorgt. Die Flora ist artenarm und von niedrigem Wuchs. Dominierende Pflanze ist das Torfmoos. Im Gegensatz zu den Feuchtwiesen und Sümpfen leben hier nur wenige Vogelarten. Mit wenigen Ausnahmen handelt es sich um Bodenbrüter, die diese Lebensräume nur saisonal während der Brut- und Aufzuchtzeit nutzen.

Seidenreiher sind, was die Futtersuche angeht, erstaunlich flexibel. Sie durchwaten hierzu Feuchtwiesen, Sümpfe, Seeufer und Meereslagunen. Sogar Reisfelder passen in ihr Lebensraumbild.

Anpassung an das Leben in Wiesen, Sumpf und Moor

Der Lebensraum Wiesen, Sumpf und Moor hat einiges an Kuriositäten hervorgebracht - Anpassungen, die in ihrer Merkwürdigkeit die besonderen Umweltbedingungen reflektieren. Ein Beispiel hierfür stellt die Sumpfohreule dar, ein Brutvogel der Moore und Wiesen. Anders als die Eulenverwandtschaft lebt diese Jägerin vorwiegend tagaktiv. Tagsüber oder allenfalls in der Dämmerung geht sie auf Mäusejagd, mit den Augen, nicht wie eulenüblich mit dem Gehör. Damit konnte sie die in diesem Lebensraum oft starken Windgeräusche umgehen, die eine Beutesuche mit den Ohren problematisch werden lassen, denn oft pfeift der Wind laut und übertönt das Mäuserascheln im Gras. Mit dieser Jagdmethode nahm sie die ökologische Stellung von Taggreifen ein, die hier nicht so häufig vorkommen. Interessanterweise stellten sich Sumpfohreulen auch in der Balz um. Sie zeigen auffällige Balzspiele und unterscheiden sich dabei in nichts von Taggreifen, aber grundsätzlich von Nachteulen, die nur Balzrufe kennen. Auch ist die Sumpfohreule zur Bodenbrüterin geworden, wohl aus Mangel an anderen Nistgelegenheiten. Fuchs, Marder, Igel und andere Bodenfeinde sorgten für eine schnelle Jungenentwicklung: Die ersten Küken verlassen schon nach 15 Tagen das Nest. Die Weite der ebenen Landschaft hat bei einer anderen Art ein merkwürdiges Werbungsverhalten begünstigt, einmalig in der Vogelwelt. Die Rede ist vom Kampfläufer. Diese Schnepfenvögel bewohnen Feuchtwiesen in den Niederungen. Alljährlich im Frühling finden sich an bestimmten Stellen Gruppen von Männchen ein. Sie besetzen die traditionellen Balzplätze. Sobald Weibchentrupps auch nur fern vorüberziehen, fangen die Männchen mit seltsamen Hüpfern und Flatterbewegungen an, auf sich aufmerksam zu machen. Falls es möglich ist, die Weibchen anzulocken, kann es zu Verpaarungen kommen. Allerdings gelingt dies nicht allein den revierbesitzenden, bunt gefärbten Männchen, sondern auch einigen Artgenossen, die eher das unauffällige Weibchengefieder tragen. Sie halten sich am Rande des Balzplatzes auf und warten auf eine passende Gelegenheit zum Kopulieren. Von den Revierbesitzern werden diese Konkurrenten nicht ganz vertrieben. Erstens sehen sie aus wie Weibchen und imitieren teilweise auch deren Verhalten, und zweitens helfen auch sie mit ihrer Anwesenheit bei der Anlockung der Weibchentrupps. Noch skurriler mag uns der gänzliche Rollentausch der Geschlechter beim Odinshühnchen vorkommen. Die Weibchen sind bunter, kontrollieren die Reviere und paaren sich mit mehreren Männchen. Die Männchen aber besitzen ein Schlichtkleid, bebrüten Eier, führen die Küken und ziehen sie groß. Anpassung, einmal andersherum.

Brutpflege

Wie viele Arten an Meer und Küste müssen auch zahlreiche Arten von Wiesen, Sumpf und Moor auf dem Boden brüten. Allerdings findet sich hier, im Gegensatz zum nackten Strand, oft mehr Deckung. So kann das Nest im Schutz von Grasbüscheln oder im Binsenbult oder in einer wildwuchernden Hochstaudenflur versteckt werden. Vor allem die extensiv genutzten Feuchtwiesen bieten reichlich Möglichkeiten, um Eier und Junge zu verbergen. In ähnlicher Weise lassen sich Sumpfflächen nutzen, ihr Nährstoffüberschuß läßt die Pflanzen hochschießen und sorgt so für reichlich Unterschlupf. Trotz besserer Verstecke sind aber zumindest die Bruttiere vieler Arten unauffällig gefärbt, eine Anpassung an den Untergrund und die gefährliche Jungenaufzucht. Noch deckungsärmer als Wiesen und Sümpfe sind die Moore, die hier Junge großziehenden Arten sind entsprechend tarnfarben. Die meisten der Bodenbrüter in diesem Lebensraum haben Nestflüchter, also sehr mobile Junge, die oft schon Stunden nach dem Schlupf, spätestens aber nach Tagen das Nest verlassen können - ebenfalls eine Anpassung an den Feinddruck aus der Luft und vom Boden. Nesthocker in diesen Gebieten haben in der Regel aus den gleichen Gründen eine ziemlich kurze Aufzuchtzeit. Teilweise sind ursprüngliche Bodenbrüter zum besseren Schutz von Eiern und Jungen sogar auf Bäume ausgewichen, wie das Beispiel des Waldwasserläufers zeigt. Sogar Greifvögel und Eulen haben sich in diesen Lebensräumen an das Bodenleben angepaßt und nisten in der niedrigen Vegetation. Wiesenweihen und Sumpfohreulen sind hierfür beispielhaft. Die anderen räuberischen Bewohner von Wiesen, Sumpf und Mooren nutzen diese Landschaft oft nur als Beuterevier. Sie brüten im Randbereich auf Bäumen, an Abhängen oder auf Felsen. Dennoch verbringen viele hier ihre Zeit vorwiegend, weil sie die offenen Lebensräume der Wiesen und Sümpfe vorziehen. Deshalb finden auch so großartige Vögel wie der Wanderfalke hier ihren Platz.

Schwarzkehlchen

Fortbewegung

Der oft sumpfige, feuchtnasse Lebensraum bevorteilt Langbeiner. Nicht von ungefähr besitzen viele der Wiesenbrüter deshalb so ausgeprägt lange Schreitorgane. Hiermit können sie auch im Flachwasser noch waten, ohne daß das Gefieder gleich naß wird. Die Länge der Beine hängt dabei von den Ernährungsgewohnheiten ab: Wer im tieferen Wasser waten geht, hat wie der Brachvogel längere, wer eher die kleinen Pfützen durchstreift, hat wie ein Kiebitz kürzere Beine. Arten, die im Sumpf und gleichzeitig in dichter Vegetation zu Hause sind, haben zudem eine bemerkenswerte Kletterfähigkeit entwickelt. Trotz seiner langen Beine, kann ein Zwergsumpfhuhn recht gut im Schilfwald turnen. Auch der Waldwasserläufer vermag als Baumbrüter besser als verwandte Arten zu greifen. Sumpfbewohner weisen dazu speziell verbreiterte Zehen auf, die größere Auflagefläche hilft gegen das Versinken im morastigen Gelände. Wie geschickt die Arten fliegen können, hängt stark davon ab, wie nützlich ihnen diese Fähigkeit bei der Flucht vor Raubfeinden ist.

Brachwasserläufer

Regenpfeiferartige

Dieser Typus fällt durch seine verhältnismäßig langen Beine auf, die ein Fortkommen in Graslandschaften, aber auch im Flachwasser ermöglichen. Zu den Regenpfeiferartigen gehören einmal die Kiebitze, zum anderen die Regenpfeifer selbst. Nur die Kiebitze sind Charaktervögel für den Lebensraum Wiese, Sumpf und Moor. Sie sind von kräftiger Statur und auffällig runden Flügeln, die ihnen einen Schaukelflug verleihen. Wie praktisch alle Wiesenbrüter sind Kiebitze Bodenvögel mit gut entwickelten Beinen und breiten Zehen mit großer Auflagefläche. Die Hinterzehe ist zugunsten der vorderen verkümmert. Der Schwanz ist in Anpassung an das Bodenleben kurz geworden. Hinsichtlich ihrer Ernährung sind die Regenpfeiferartigen überwiegend auf tierische Kost festgelegt. Der Schnabel kann sowohl sehr gezielt zuschnappen und Insekten aus der Vegetation auflesen oder auch in Pfützen stochern. An der Schnabelspitze enden sehr viele Nerven, so daß ein Kiebitz allein mit Schnabelhilfe im Schlamm sehr sensibel Futter erspüren kann. Die seitlich sitzenden Augen erfassen ein weites Gesichtsfeld. Als Anpassung an das Bodenleben ist auch eine Verhaltenseigenart zu verstehen: Bodenfeinde werden durch scheinbar verletzte Elterntiere vom Nest abgelenkt. Dieses »Verleiten« rettet oft den Nachwuchs.

Kranichartige

Kraniche sind Charaktervögel von Mooren und Sümpfen. In Anpassung an den feuchten Lebensraum sind sie langbeinig geworden. So können sie auch noch im tiefen Wasser auf Futtersuche gehen und ihr Nest an unzugänglichen Stellen anlegen. Die Zehen sind wie bei vielen Sumpfvögeln breit und lang. Der wesentlich kürzere Schnabel als der von Störchen oder Reihern deutet auf eine andere Ernährungsweise hin. Tatsächlich sind Kraniche keine spezialisierten Fleischfresser, sondern nehmen auch pflanzliche Nahrung auf. Zum Ergreifen von Samen und Früchten oder sogar Wurzeln ist ein kurzer Schnabel besser geeignet als ein langer, mit dem sich eher zustoßen läßt. Trotz ihrer Körpergröße zählen die Kranichartigen zu den guten Fliegern, die alljährlich die weite Zugstrecke bis nach Ostafrika hinter sich bringen. Die Jungen verlassen schon kurz nach dem Schlüpfen das Nest, gehören also zu den Nestflüchtern, eine Anpassung an Raubfeinde. Sie werden von den Eltern zweieinhalb Monate geführt, bleiben aber noch bis in den Winter hinein im Familienverband. Junge und alte Tiere fliegen auch zusammen nach Süden. Wie viele Großvögel erreichen auch Kraniche ein hohes Alter. Die lange Lebenszeit begünstigt ein hohes Lernvermögen. Kraniche geben viele ihrer Erfahrungen an den Nachwuchs weiter.

Rallenartige

Auch sie sind Bewohner von Sümpfen und Mooren, wobei der Schwerpunkt eher in pflanzenreicheren Biotopen liegt, die ihnen genügende Deckung bieten. Der geschützte Lebensraum hat die Rallenartigen zu fast reinen Laufvögeln gemacht. Die Beine sind lang und kräftig und eignen sich sowohl zur Fortbewegung auf Schlick und Schlamm als auch zum Waten im Wasser. Außerdem bewegen sich manche Arten sehr geschickt auf Schwimmpflanzen wie Seerosenblättern weiter. Wasserrallen können mit den überlangen Zehen sogar gut greifen und dadurch zwischen Ästen und Schilfhalmen klettern. Am Flügelende besitzen sie noch eine urtümliche Kralle, die bei den Jungen sehr effektiv zum Klettern genutzt wird - ein Relikt aus der Reptilienzeit. Auch Schwimmen und Tauchen gehört für viele Arten in den Alltag. Allerdings besitzen sie keine Schwimmhäute zwischen den Zehen, teilweise aber verbreiterte Hautlappen. So entgehen sie Feinden oder suchen Futter. Obwohl sie einigermaßen gute Flieger sind, erheben sie sich doch nur ungern aus dem Wasser. Rallenartige flüchten lieber zu Fuß und verstecken sich in dem Pflanzendickicht. Der Körper der echten Rallen ist seitlich platt und kann so leicht zwischen Stengeln durchschlüpfen. Als Allesfresser nehmen sie pflanzliche wie tierische Kost.

Ernährung

Eines des auffälligsten Kennzeichen vieler Wiesenbrüter ist der lange Schnabel. Er dient als Stochergerät und Greifpinzette bei der Suche nach Würmern und Insekten. Der schlammige, vom Wasser aufgeweichte Boden hat diese Entwicklungen möglich gemacht, nur hier kann der Schnabel tief genug zum Aufspüren von Beute eindringen. Wie tief er das letztendlich tut, hängt von dem Futterspektrum ab, auf das sich die Art spezialisiert hat. Der Brachvogel erschließt sich mit seinem langen gebogenen Organ einen tieferen Bodenhorizont als etwa eine Bekassine oder ein Wasserläufer. Die wiederum reichen weiter als der vergleichsweise kurzschnäbelige Goldregenpfeifer. Der lange Schnabel des Weißstorches dient weniger zum Stochern als zur Verlängerung der Reichweite beim Zuschnappen. Die Hühnervögel in Wiesen, Sumpf und Mooren weisen hingegen den typischen kräftigen Kurzschnabel auf, tauglich sowohl für Pflanzen- als auch für Tierkost. Daneben existieren klassische Insektenfresserschnäbel wie etwa beim Schwarzkehlchen.

Rotschenkel

Schlangenadler
Circaetus gallicus

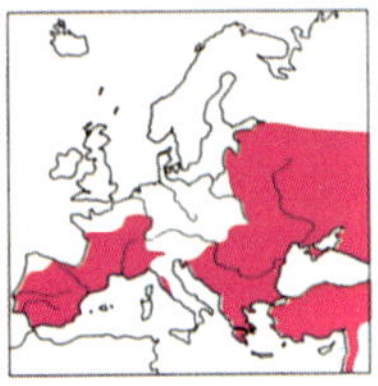

MERKMALE: Der Schlangenadler erreicht eine Spannweite von maximal 180 cm. LEBENSRAUM: Der Schlangenadler braucht offene, sonnige Landschaften mit eingestreuten Bäumen oder Buschwerk. Im mittelalterlichen überweideten und abgeholzten Mitteleuropa war er durchaus heimisch, jedoch nirgends häufig. Als nach dem Aufkommen des Kunstdüngers immer mehr Weiden unter den Pflug genommen wurden, verschwand der Schlangenadler bei uns ebenso wie seine Hauptnahrung, die Reptilien. Die letzten Schlangenadler wurden dann noch gegen Ende des vorigen Jahrhunderts für wissenschaftliche Sammlungen geschossen oder ihrer Eier beraubt. Im Süden endet ihr Verbreitungsgebiet in Nordafrika, im Osten reicht es weit über die asiatischen Steppen bis über Indien hinaus. FORTPFLANZUNG: Das Weibchen bebrütet im Mai und Juni etwa 35-40 Tage lang ein weißes, über 70 mm langes Ei und hält bei einer Störung lange auf dem Horst aus. Das Junge bleibt 60-80 Tage im Horst und wird anfangs noch vom Weibchen gewärmt, wobei das Männchen beide mit Nahrung versorgt. Das Junge kann schon im zarten Alter Schlangen verschlingen, die mehrfach schwerer sind als es selbst. Das unverdaute Ende hängt dann noch lange aus dem Schnabel heraus und wird im gleichen Maße nachgeschluckt, wie die Verdauung im Magen fortschreitet.Die flüggen Jungvögel sind wesentlich heller gefärbt als die Altvögel und haben zeitweise einen fast weißen Kopf. NAHRUNG: Hauptsächlich Schlangen, dazu je nach Angebot Eidechsen, Frösche, am Boden lebende Vögel, Schnecken, Insekten. Als Nahrungsspezialist benötigt der Schlangenadler ein sehr großes Jagdrevier, das er, in großer Höhe segelnd, nach Beutetieren absucht. Hat er eine Beute erspäht, kann er ein Weilchen rüttelnd in der Luft stehen. Schlangenadler wagen sich an Schlangen bis zu 2 m Länge, die sie mit Flügelschlägen umtanzen, so daß die Schlange kein Ziel für einen möglicherweise tödlichen Biß findet. Dann packt sie der Adler im Genick, und der Kampf ist entschieden. Meist fliegt der Schlangenadler mit der im Schnabel baumelnden Schlange zur Mahlzeit in eine Baumkrone; kleinere Schlangen werden auch im Fluge verzehrt. Große Schlangen werden im Kropf zum Horst gebracht.

Kornweihe
Circus cyaneus

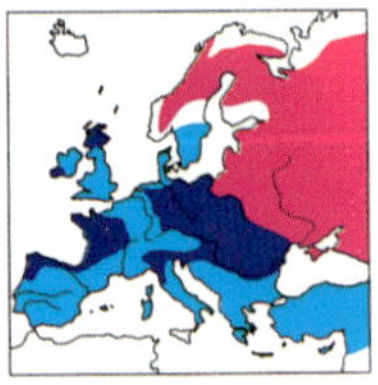

MERKMALE: Die Spannweite einer Kornweihe beträgt um 105 cm. Das hellgraue Männchen unterscheidet man am weißen Bürzel und am Fehlen einer dunklen Flügelbinde von den übrigen Weihen. Aus der Nähe ist die Kornweihe ein zauberhaft schöner Vogel. Das Weibchen ähnelt sehr den anderen Weihenweibchen, aber sein Schwanz ist auffälliger gebändert und mündet in einen Bürzel mit breiterem weißem Querstreifen. LEBENSRAUM: Wiesengründe mit naturnaher Bewirtschaftung, außerdem Vorkommen in moosigen Flachmooren, Heiden und Dünenlandschaften. Der Bestand ist in Mitteleuropa sehr zurückgegangen. FORTPFLANZUNG: Zur Balzzeit im April kreist das Paar in harmonischen, verschlungenen Kurven. Dazwischen steigt das Männchen senkrecht in die Höhe und kehrt in einem Sturzflug zur Partnerin zurück. Auch das Weibchen zeigt seine Flugkunst, aber nicht so auffällig. Das Nest ist ein Grashaufen am Boden, von dem sich das alleine brütende Weibchen bei Gefahr unauffällig wegzustehlen versteht. Hauptbrutzeit ist der Mai; die Jungen werden mit etwa sechs Wochen, also Mitte Juli, flügge und können sich etwa drei Wochen später selber ernähren. Oft ist ein Männchen mit mehreren Weibchen gleichzeitig verpaart, wobei jüngere Männchen meist nur ein Weibchen, ältere aber zwischen 2-6 Weibchen haben. NAHRUNG: Ein Kornweihenpaar ist nicht zu übersehen, weil die Vögel in unermüdlichem Suchflug niedrig über ihrem Jagdrevier dahingaukeln, meist auf den gleichen unsichtbaren Luftstraßen. Sie schwingen sich auf, sobald der Tau abgetrocknet ist, und fliegen bis in die Abenddämmerung. Etwa alle Stunden lassen sie sich zu kurzer Rast nieder, setzen sich aber dabei nie auf Bäume. Die Kornweihe schlägt nur Bodenbeute, die sie notfalls auch zu Fuß verfolgt. Ihre Nahrung verzehrt sie meist auf der Stelle.

Wiesenweihe
Circus pygargus

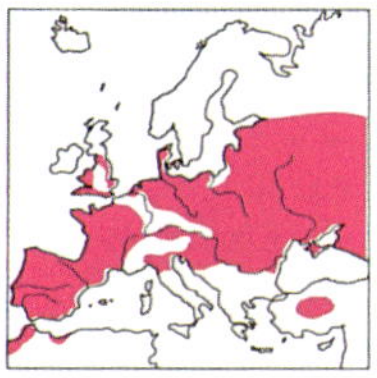

MERKMALE: Die kleinste und zierlichste der Weihen mit einer Spannweite von etwa 110 cm. Das Männchen zeigt eine rostfarben getropfte Brust und einen dunklen Längsstrich auf der Flügeloberseite sowie im Ruhen eine dunkle Querbinde auf den Schwingen. Der Bürzel ist nicht hell. Das Weibchen ist schwer von den anderen Weihenweibchen zu unterscheiden, hat aber im Unterschied zum Kornweihenweibchen eine nur schmale weiße Bürzelbinde. LEBENSRAUM: Weite Wiesengründe und am liebsten anmooriges Brachland mit eingestreuten Büschen. FORTPFLANZUNG: Die Eiablage beginnt in der ersten Maihälfte, wobei alle zwei Tage ein Ei gelegt wird, bis das Gelege mit 3-5 Eiern vollzählig ist. Wie bei den übrigen Weihen brütet nur das tarnfarbige Weibchen und wird dabei vom Männchen mit Futter versorgt. Die Jungen schlüpfen nach 30 Tagen in der gleichen Reihenfolge, wie die Eier gelegt wurden. Anfangs bringt auch für sie allein das Männchen die Nahrung, später jagen beide Eltern. Meist schlüpfen die Jungen in der ersten Junihälfte. Ende Juli sind sie flügge, doch werden selbst in guten Jahren aus den Fünfergelegen nur vier Junge groß. Wenn sie über 14 Tage alt sind, können sie aus dem Nest flüchten und sich im Schilf verstecken. Sie werden dann auch außerhalb des Nestes weitergefüttert und können überleben. Im August verstreichen sie und gehen auf die Herbstwanderung, während die Eltern noch für ein oder zwei Wochen im Brutgebiet bleiben. NAHRUNG: Beim Suchflug gaukelt die Wiesenweihe niedrig über ihr Jagdgebiet, verweilt auch an manchen Stellen zu einer genaueren Inspektion und läßt sich oft mit weit vorgestreckten Beinen zu Boden fallen. Nicht immer macht sie dabei Beute. Sie schlägt Tiere, die sich auf dem Boden aufhalten und kleiner als eine Ratte sind. Hauptbeute sind Kleinsäuger, aber auch nestjunge Vögel, Vogeleier, Bodenvögel wie Lerchen und Pieper sowie Wachteln als größte Beute. Hinzu kommen Insekten, wie Libellen.

Wanderfalke
Falco peregrinus

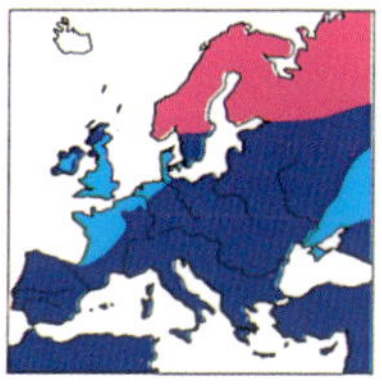

MERKMALE: Spannweite 100 cm. Fällt durch seine langen Flügel und den kurzen Schwanz auf. Aus der Nähe ist auch im Flug der schwarze Backenstreif auf heller Kehle zu erkennen. Flug mit schnellen, flachen Schlägen, oft durch kurze Gleitstrecken unterbrochen. In der Färbung je nach Rasse sehr variabel, Altvögel mit gesperberter Brust, Jungvögel bräunlich mit längsgestreiftem Brustgefieder. VERBREITUNG: Als Luftjäger ist der Wanderfalke kaum an einen besonderen Lebensraum gebunden. Er kommt in allen Erdteilen vor, meidet aber Großwaldungen und strukturlose Ebenen. Er bevorzugt Gebiete mit reichem Vogelleben, etwa Flußtäler in der Steppe, die Nähe von Vogelkolonien und brütet auch auf Kirchtürmen über Großstädten mit verwilderten Tauben.

FORTPFLANZUNG: Die mitteleuropäischen Wanderfalken halten lebenslang am einmal erwählten Brutrevier fest, können darin aber mehrere Brutplätze besetzen. Diese liegen meist in Felswänden, doch können in felslosen Gegenden auch die verlassenen Horste anderer Großvögel bezogen werden. Die mitteleuropäischen Falken legen im letzten Märzdrittel 3-4 Eier, die etwa 29 Tage bebrütet werden. Die Jungen bleiben rund 35 Tage im Horst. Selten werden so viele Junge flügge, wie Eier gelegt wurden. Im August machen sich die Jungen selbständig und verstreichen. Für sie vor allem - wie für die Falken des hohen Nordens - stimmt der Name Wanderfalke. NAHRUNG: Der Wanderfalke ist ein spezialisierter Luftjäger: Er kreist zunächst in schwindelnder Höhe. Wenn unter ihm ein Vogel passender Größe - zwischen Star und Wildente - in den Luftraum aufschwingt, stürzt er mit kräftigen Flügelschlägen herab. Dabei kann er die Geschwindigkeit eines Rennwagens von maximal 280 km/h erreichen. Er holt den fliegenden Vogel geradezu spielerisch ein, vermeidet aber einen Zusammenstoß. Vielmehr verletzt er sein Opfer beim Überholen mit seinen Krallen, so daß eine Federwolke aufstiebt. Stürzt dann die verletzte Beute zu Boden, landet der Falke neben ihr und tötet sie mit einem Biß. Die Hauptbeute sind, je nach Angebot, in der Nähe von Möwenkolonien fast ausschließlich Möwen, sonst schlägt der Falke Vögel mittlerer Größe, die sich hoch in die Luft wagen, wie Krähen, Häher, Kiebitze, Kuckucke, Tauben und Stare. ALLGEMEINES: Der bestandsbedrohte Wanderfalke wurde zur Symbolfigur für die bedrohte Natur, er erholt sich aber und verbreitet sich stellenweise wieder.

Rotmilan
Milvus milvus

MERKMALE: Tief gegabelter Schwanz, rostrot mit hellem Kopf, schaukelnder Segelflug, Spannweite bis 160 cm. LEBENSRAUM: In wildreichen, eher feuchten Lagen des Kulturlandes, auch inmitten von Siedlungen, seltener im Mittelgebirge und nicht im höheren Bergland. Anders als beim Schwarzmilan ist das Verbreitungsgebiet auf ein kleines Areal beschränkt. FORTPFLANZUNG: Im Frühling zeigen die Milane über dem Brutrevier ihre schönen Balzflüge mit einem Sturzflug aus großer Höhe auf den Horst hinunter. Den Horst übernehmen sie meist von Krähen oder Bussarden und polstern ihn wahllos mit Lappen, Papier und Plastiktüten aus. Milane haben zu diesem Zweck schon Vogelscheuchen zerlegt und Wäsche von der Leine geholt. Das Weibchen legt in der Regel drei Eier, die es 28-30 Tage lang bebrütet. Nach dem Schlupf tragen die Altvögel Nahrung für die Nestlinge noch aus 10 km Entfernung zum Horst. NAHRUNG: Schwächere Wirbeltiere, wie Frösche und Reptilien, aber auch Aas und Funde vom Müllplatz. Rotmilane sammeln auch überfahrene Tiere von den Straßen, fressen an Mähopfern und greifen im Fluge tote Fische von der Wasseroberfläche. Sie nehmen ein Vogelnest samt Jungen mit in die Luft. Im Mittelalter waren Rotmilane in den Städten gern gesehene »Müllschlucker« und so zutraulich, daß sie das Futter aus der Hand nahmen. ALLGEMEINES: Im Herbst sammeln sich die Milane zu Wanderscharen, die meist in Südeuropa überwintern. Langfristig betrachtet, kommt es zu starken Bestandsschwankungen in einem Gebiet, wie Zahlen aus einer Untersuchungsfläche von 800 Quadratkilometern in Schleswig-Holstein zeigen. Im Erfassungsjahr 1961 wurden hier 18 Brutpaare festgestellt. Knapp zwei Jahrzehnte darauf hatte die Population ebenfalls diese Größe: 1970 waren es 17 Brutpaare. In der Zwischenzeit jedoch gab es starke Bestandsschwankungen. Sie gingen sowohl nach oben und erreichten 20 Brutpaare, fielen aber auch stark ab. So ermittelten die Ornithologen während dreier Jahre gerade 10 Brutpaare. Zweimal sackte er sogar unter diese Grenze ab. Derartig große Variationen im Gesamtbestand sind auch von anderen Greifvogelarten und Eulen bekannt, sie müssen als natürliche Prozesse betrachtet werden, die in Abhängigkeit von Witterung und Nahrungsangebot stehen. Als Abfallfresser profitiert auch der Rotmilan von unserer Konsumgesellschaft. Es deutet sich an, daß die Tiere aufgrund der für sie günstigeren Wintersituation ihr Zugverhalten ändern und weniger weit und häufig fortziehen.

Schwarzmilan
Milvus migrans

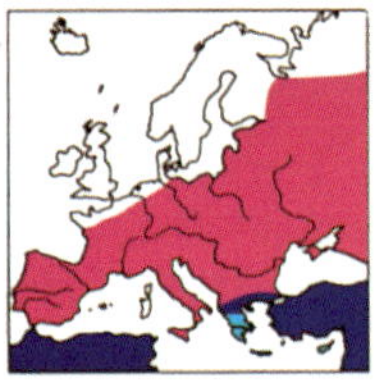

MERKMALE: Der Name Schwarzmilan täuscht, denn die Jungen sind graubraun mit hellen Federsäumen, die Altvögel braun mit grauem Kopf. Der Schwanz gabelt sich bei flüggen Jungen noch nicht und später nur schwach. Spannweite um 150 cm. LEBENSRAUM: Nördlich der Alpen hält sich der Schwarzmilan stets in Wassernähe oder in den Niederungen auf. In den Tropen ist er ein Vogel der Dörfer und Städte. FORTPFLANZUNG: Der Schwarzmilan zeigt zur Balzzeit eine Flugakrobatik über dem Horstgebiet, kreist in der Höhe und ruft dabei eigenartig wiehernd. Wo der Milan häufig vorkommt, brütet er in lockeren Kolonien. Er lebt auch gerne in Reiherkolonien, deren Horste er übernimmt. Wo er selber einen Horst baut, legt er ihn auf halber Höhe in der Gabelung eines starken Baumes an. Die Horstmulde zeigt sich oft mit Konsumabfällen ausgelegt. Hier finden sich Plastikfetzen, Stoffreste, Papierseiten, aber auch Gras und Laubteile. Die Brutdaten sind denen des Rotmilan ähnlich. Die Eier werden zwischen der Aprilmitte und der ersten Maihälfte gelegt. In der Regel sind es 2-3, seltener nur 1 oder 4 Eier. Sie sind braungefleckt und von grünlicher bis weißer Grundfarbe. Meist brütet das Weibchen, zwischen 26-38 Tage. In der Zwischenzeit wird es vom Männchen mit Nahrung versorgt. Die Jungen sitzen 42-45 Tage im Nest, bevor sie ausfliegen. NAHRUNG: Der Schwarzmilan sammelt überfahrene Tiere von der Straße auf, fischt mit einem Fuß treibende tote Fische aus dem Wasser und sucht die Müllkippen ab. Daneben erbeutet er Frösche und Jungvögel. ALLGEMEINES: Schwarzmilane ziehen bis nach Afrika. Die dort ansässige Rasse wird Schmarotzermilan genannt und hat mancherorts einen gelben Schnabel. Der Schmarotzermilan gehört zum Straßenbild orientalischer Städte, wie Istanbul oder Nairobi. Dort durchstöbert er Mülltonnen, brütet auf Gebäuden und holt der Afrikanerin, die nach alter Sitte Einkäufe auf dem Kopf nach Hause trägt, mitunter das Fleisch aus dem Korb. Auch die heimischen Schwarzmilane trumpfen mit ihrer Flugkunst auf, etwa wenn sie Rabenvögeln die Beute abjagen. Sie verfolgen aber auch futterbeladene Graureiher und lassen selbst nicht von anderen Greifen ab, bis diese die Beute fallen lassen. Schwarzmilane sind so geschickt, daß sie die abgeworfene Beute oft noch in der Luft erwischen. Dabei zeigen sie einen überraschend gekonnten Sturzflug.

Sumpfohreule
Asio flammeus

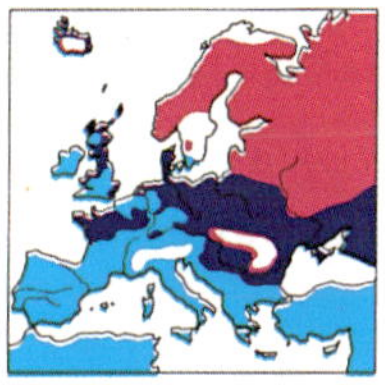

MERKMALE: Größe wie Waldohreule, aber längere Flügel, Spannweite etwa 1 m. Brustgefieder längsgestreift. Federohren unauffällig. LEBENSRAUM: Offene Landschaften mit Gewässern. »Zigeunervogel«, der rastet und auch brütet, wo es genügend Nahrung gibt, und wieder verschwindet, wenn die Nahrung knapp wird. FORTPFLANZUNG: Das Gelege enthält 3-5 Eier, die im Abstand von zwei Tagen gelegt werden; in Jahren mit Mäuseplagen kann die Eizahl auf zehn und mehr ansteigen. Das Weibchen brütet vom ersten Ei an. Brutdauer 27 Tage. Bei günstigem Nahrungsangebot kann es zu Zweitbruten im August oder noch später kommen. Die Jungen krabbeln mit 14-17 Tagen aus dem Nest, verbergen sich in der Bodenvegetation und melden den mit Futter anfliegenden Eltern durch pfeifende Bettelrufe ihren Aufenthaltsort. Mit vier Wochen sind sie flugfähig, aber es dauert noch einmal mindestens vier Wochen, bis sie sich auch selbst ernähren können - solange werden sie noch von den Eltern mit Futter versorgt. In die Enge getrieben, wehren sich die noch nicht flüggen Jungen mit Radschlagen, das sie bedrohlicher erscheinen läßt, als sie wirklich sind, und mit dem Schnabelknappen aller Eulen. Gegen Feinde aus der Luft werfen sie sich auf den Rücken und weisen dem Angreifer die Krallen. NAHRUNG: Die Eule sucht ihre Nahrung im Spähflug aus mittlerer Höhe mit den Augen, nicht mit dem Gehör. Sie rastet gern auf Steinen und Pfählen, jedoch fast nie auf Bäumen. Besonders aktiv ist sie in der Dämmerung. Gelegentlich steht sie zu einer genaueren Prüfung im Rüttelflug auf der Stelle. Hauptbeute sind Mäuse, im Norden auch Lemminge. Bei reicher Jagdstrecke stapelt sie rund um das Nest einen Vorrat von toten Tieren. Neben Mäusen erbeutet sie auch Bodenvögel, die sie vor allem bei Nacht im Schlaf überrascht, sowie Ratten, Hamster und junge Enten. In der Nähe von Seevogelkolonien verlegt sie sich zur Brutzeit ganz auf Seevogelküken. ALLGEMEINES: Sumpfohreulen sind unstete Zugvögel - wo eine Mäuseschwemme auftritt, tauchen sie auf und bleiben, bis die Überbevölkerung der Nager zusammenbricht. Auf dem Zug rasten sie gesellig und sind zu ihrem Schaden schon oft in herbstliche Hühnerjagden geraten. Sie überwintern im Mittelmeerraum und südlich der Sahara. Die Art hat ein riesiges Verbreitungsgebiet, zu dem fast das ganze gemäßigte und kalte Eurasien gehört.

Schnee-Eule
Nyctea scandiaca

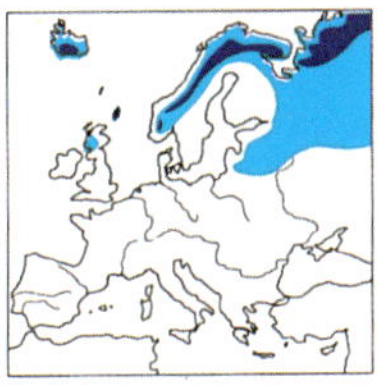

MERKMALE: Fast uhugroß, Spannweite um 160 cm, Körperlänge bis 70 cm, das Männchen ist viel kleiner. Gewicht bis 2,8 kg. Gefiedergrund weiß mit mehr oder weniger dichter schwärzlicher Fleckung. Aufgrund harter Schwungfedern ist der Flug nicht lautlos, sondern rauschend. Bei der Beutejagd dicht über dem Boden fliegend, oft im Segelflug. Auch der beobachtende Rüttelflug ist möglich. LEBENSRAUM: Tundra, Brutplatz oft auf Landrücken. Meist in baumlosen Urlandschaften umherstreichend. FORTPFLANZUNG: Brutzeit Mai und Juni, Brutdauer 30-34 Tage; die Jungen bleiben 20-25 Tage am Nistplatz. Während das Weibchen brütet, wacht das Männchen in der Nähe und stößt wütend auf jeden Eindringling. Eizahl und Bruterfolg schwanken sehr mit dem Nahrungsangebot. Die Brutzeit beginnt, wenn in den Senken noch der zusammengewehte Schnee liegt. Die alten Brutplätze werden immer wieder aufgesucht. Das Weibchen beginnt bereits auf dem ersten Ei zu brüten, so daß die Nestlinge bei starken Gelegen mit 7-9 Eiern zeitlich bis zu 14 Tage auseinanderliegen können. Sie schlüpfen im Juni und werden im August flügge. NAHRUNG: Wie es Polarsommer und Polarnacht erfordern, jagt die Schnee-Eule bei Tag und bei Nacht. Sie benötigt ein sehr großes Revier und trägt die Nahrung manchmal aus 10 km Entfernung zum Nest. Hauptbeute ist der Lemming, der bis zu 85% ihrer Nahrung stellt, daneben der Schneehase und das Schneehuhn. Manche Schnee-Eulen fischen, indem sie auf einem überspülten Stein lauern und mit der einen Krallenhand ins Wasser greifen. Wo die Lemminge sich vermehren, sammeln sich die Schnee-Eulen von weither; wenn die Lemminge wieder verschwinden, ziehen auch die Schnee-Eulen ab oder setzen zumindest mit der Brut aus. Bei der Jagd lauern sie auf einem Felsbrocken oder streifen im Suchflug umher. Durch die große Abhängigkeit vom Lemming unterliegen auch die Schnee-Eulen starken Bestandsschwankungen, wie beim Lemming meist im Vierjahreszyklus.

Rothuhn
Alectoris rufa

MERKMALE: Mit einer Spannweite von circa 60 cm, ist es wenig größer als ein Rebhuhn. Das Rothuhn kann mit dem Steinhuhn verwechselt werden, ist jedoch durch die schwarze Kropffleckung sicher zu bestimmen. Schnabel und Füße sind rot. Das Männchen ist kenntlich an warzenartigen Höckern auf den Beinen, anstelle der Sporen beim Haushuhn. LEBENSRAUM: Steinige Heidelandschaften und Macchien in Südeuropa, aber auch gut bewachsene Moor- und Dünenlandschaften in Westeuropa. FORTPFLANZUNG: Nur die Henne brütet in einer ausgekratzten Mulde für 23-24 Tage auf den meist 8-13 Eiern. NAHRUNG: Wie beim Steinhuhn. Die Vögel kommen bei frischer Pflanzenkost ohne Wasser aus.

Wachtelkönig, Wiesenralle
Crex crex

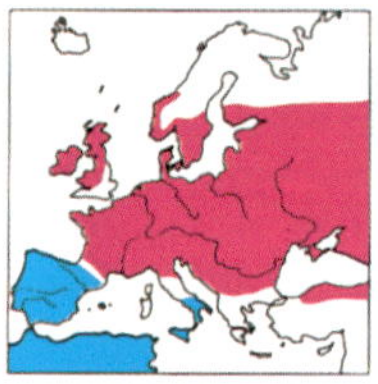

MERKMALE: Wachtelähnlich, aber wesentlich größer - daher der Name. Fliegt nur selten und, wenn aufgescheucht, nur kurze Strecken, wobei er die Beine hängen läßt. Im Flug fallen die kastanienbraunen Flügeldecken auf. Zur Brutzeit trägt das Männchen am Hals ein blaugraues Gefieder und verät sich durch seine Stimme, die sich anhört wie ein Hölzchen, das über einen Kamm gestrichen wird. In der Hauptbrutzeit von Anfang bis Mitte Juni ruft das Männchen oft stundenlang, vor allem nachts. LEBENSRAUM: Feuchte, aber nicht nasse Wiesen, Getreidefelder und Kleeäcker zwischen Gebüsch, in dem der Wachtelkönig sich aufhält, solange im Frühjahr das Gras noch nicht genügend Deckung bietet. Die moderne Viehwirtschaft, bei der das Gras mit Kunstdünger »getrieben« und schon Ende Mai geschnitten und zu Silofutter verarbeitet wird, ist dem Wachtelkönig wie allen Wiesenbrütern zum Verhängnis geworden. Sein Bestand ist vielerorts rückläufig oder schon erloschen. Wo er im Getreide brüten kann, hält er sich besser. FORTPFLANZUNG: Zwischen Mai und Juli legt das Weibchen 7-9 Eier, die es 18-20 Tage lang bebrütet. Das Nest ist eine ausgescharrte und mit Halmen ausgelegte Mulde in Wiesen, Feldern oder unter Gebüsch. Wenn das Weibchen auf den Eiern sitzt, stellt das Männchen sein Rufen ein. Bis das Gelege vollzählig ist und das Weibchen zu brüten beginnt, deckt es bei jeder Abwesenheit die Eier sorgfältig mit Halmen zu. Den schwarzen Jungen wird in den ersten vier Tagen das Futter vorgehalten, danach werden sie nur noch gewärmt. Sie sind anfangs Meister im Verstecken, später im Davonlaufen. ALLGEMEINES: Der Wachtelkönig tritt in seinem Revier unter dem Halmdach tunnelartige Laufgänge aus.

Moorschneehuhn
Lagopus lagopus

MERKMALE: Das Moorschneehuhn wird mit 40 cm Länge merklich größer als das Alpenschneehuhn mit 36 cm Länge. Es ist eher kastanienbraun, das Alpenschneehuhn dagegen graubraun. LEBENSRAUM: Urtümliche Moor- und Strauchheidelandschaften in Skandinavien und Schottland. FORTPFLANZUNG: Die »Ketten« lösen sich im Frühjahr in Paare auf, aber nur die Henne brütet und läßt den Menschen dabei sehr nahe herankommen. Die Jungen piepen schon einige Tage vor dem Schlüpfen in den Eiern, verstummen aber auf einen Warnruf der Eltern hin. Nach dem Schlüpfen werden sie von beiden Eltern geführt. NAHRUNG: Vor allem Knospen und frische Triebe von niedrigwüchsigem Heidekraut bis zur Reichhöhe der Vögel bei 30 cm Höhe.

Mornellregenpfeifer
Eudromias morinellus

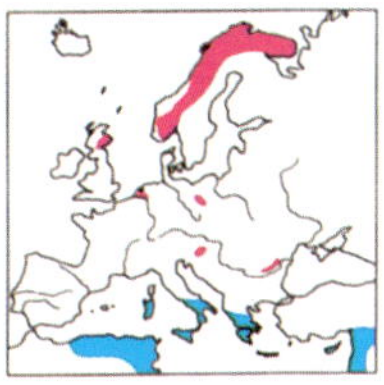

MERKMALE: Im Sommer markant gezeichnet, durch zweifarbiges Brustband, rostroten Bauch und weißen Überaugenstreif unverwechselbar. Im Winterkleid sind alle Farben verblaßt, aber das Brustband und der Überaugenstreif noch angedeutet. Drosselgroß.

LEBENSRAUM: Tundra und Hochlagen südlicher Gebirge mit Tundracharakter. Hat im Riesengebirge gebrütet und brütet noch in den Alpen. In Mittelskandinavien in den Fjells oberhalb der Baumgrenze, meist in der Nähe abtauender Schneefelder. FORTPFLANZUNG: Drei, oft auch zwei Eier in einer ausgescharrten Mulde; Eiablage im Juni; nur eine Jahresbrut, Nachgelege sind möglich, Brutdauer 22-26 Tage. Nur das Männchen - manchmal anfangs auch noch das Weibchen - brütet und zeigt, wenn die Jungen bedroht sind, ausgeprägtes »Verleiten«, das heißt, es benimmt sich, als ob es verletzt wäre, und lockt so einen möglichen Feind aus der Nestnähe fort. Solange es noch brütet, schleicht es sich aber vor dem Menschen meist auf etwa 50 m Abstand vom Gelege. Setzt man sich dann ruhig in Nestnähe hin, so kommt es bald zurück und duldet bei langsamer Annäherung schließlich, daß man es berührt. Es läßt sich sogar auf den Eiern sitzend mit Mücken füttern. Es scheint, daß das Männchen allein die Jungen führt, während das Weibchen schon frühzeitig aus dem Brutgebiet abwandert. NAHRUNG: Insekten, aber auch Beeren, Blätter und Früchte.

Goldregenpfeifer
Pluvialis apricaria

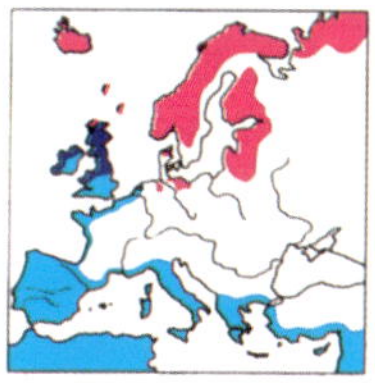

MERKMALE: Der Goldregenpfeifer ist etwas kleiner als der Kiebitz. Im Brutkleid sind Bauch und Hals tiefschwarz, bei der nördlichen Rasse weiß gesäumt. Außerhalb der Brutzeit unscheinbarer mit gelb geflecktem Rücken. Wohltönender, flötend-klagender Ruf. LEBENSRAUM: Brutvogel in Heiden und Tundren, immer aber in kurzrasiger Vegetation, so daß der auf den Eiern sitzende Vogel rundum freie Sicht hat. In der Zugzeit am Meer und im mitteleuropäischen Binnenland. Ty nordischen Hochmoore in Skandinavien, außerdem verbreitet in Nordrußland bis zur Taimyrhalbinsel und im Baltikum. Eine südliche Unterart brütet auf den britischen Inseln und in holländischen und westdeutschen Moorgebieten. FORTPFLANZUNG: Über dem Brutplatz zeigt das Männchen seinen Balzflug mit Schweben und leierndem »Gesang«. Brutzeit, von Süden nach Norden gestaffelt, April bis Juni. Das Weibchen legt stets vier Eier; Brutdauer 27-28 Tage. Die Jungen sind nach 26-30 Tagen selbständig und noch lange an ihren bleigrauen Beinen zu erkennen. Die Beine der Altvögel sind schwarz. Im Brutgebiet verhalten sich Goldregenpfeifer außerordentlich scheu. Sie wirken gehetzt, eilen in schnellem Lauf, um mit einem plötzlichen Ruck stehenzubleiben. NAHRUNG: Vorzugsweise die Larven von Insekten sowie Würmer. Während des nordischen Sommers erbeuten Goldregenpfeifer speziell Mücken, zur Winterzeit beschränken sich die Tiere dann auf Schnecken und stöbern überwinternde Insekten auf.

Kiebitz
Vanellus vanellus

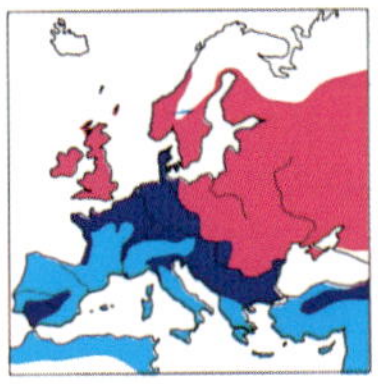

MERKMALE: Taubengroß. Kehle zur Brutzeit schwarz, bei Jungvögeln und im Winterkleid weißlich. Männchen mit langer, Weibchen mit kürzerer Haube. LEBENSRAUM: Felder und Wiesen in Niederungen, vorzugsweise in feuchten Lagen. Der Kiebitz war ehemals ein Wiesen- und Flachmoorbrüter, entwickelte sich jedoch zum Feldbrüter. FORTPFLANZUNG: Der Kiebitz ist ein Frühbrüter. In den meisten Gegenden sitzen die Vögel schon ab Mitte März auf den meist vier Eiern. Beide Eltern brüten und lassen sich bei einem späten Schneefall auf dem Gelege einschneien. Die Nester liegen meist in lockeren Kolonien mit Nestabständen von etwa 50 m beieinander. Im Gegensatz zu Vögeln, die durch eine Tarntracht nur schwer zu entdecken sind, stehlen sich die weithin sichtbaren Kiebitze schon bei der geringsten Störung auf große Entfernung vom Nest und vertrauen auf die Tarnfarbe der Eier. Die wurden früher gesammelt und als Delikatesse in den Handel gebracht. Als Vogel der weiten Ebenen duldet der Kiebitz hochragende Gegenstände nur schwer oder gar nicht in Nestnähe. Wenn die Jungen nach durchschnittlich 26 Bruttagen geschlüpft sind, ändert sich das Verhalten der Eltern gegenüber Eindringlingen: Sie werden jetzt mit klagenden Schreien umschwärmt und mit Sturzflügen geschreckt. Dabei helfen alle Altvögel der Brutkolonie mit - darin liegt wohl der biologische Sinn des Brütens in Kolonien. Die Jungen verfallen auf die Warnrufe der Eltern hin in eine völlige Lähmung und sind dann in ihrem konturlos in die Umgebung übergehenden Dunenkleid nur sehr schwer zu entdecken. Wenn sie aber arglos umhertrippeln, leuchtet ein auffälliger weißer Nackenfleck auf, der den Eltern anzeigt, wo sie sich aufhalten. Die Nächte und die kühlen Stunden verbringen sie unter dem Federmantel meist der Mutter. Sie führt ihre Jungen mit Vorliebe auf die ersten gemähten Wiesen. Hier bewegen sich die Kleinen leichter fort als im hohen, für sie urwalddichten Gras. Meist schon im Juni verlassen die Kiebitze das Brutgebiet.

Brachvogel
Numenius arquata

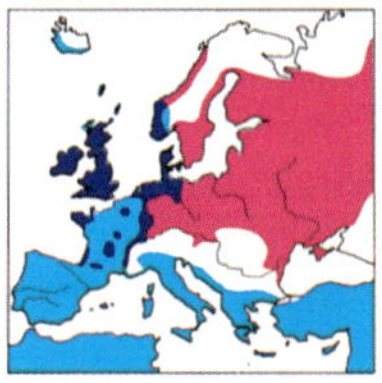

MERKMALE: Der größte aller Watvögel; mit einer Spannweite um 110 cm ist der Brachvogel so groß wie ein Haushuhn. Weibchen mit extrem langem, Männchen mit kürzerem, stärker gekrümmtem Schnabel. LEBENSRAUM: Früher ein Vogel baumloser Niedermoore, ist der Brachvogel heute ein Vogel der spät gemähten Niederungswiesen und Weiden, im Norden auch der Flachmoore; er lebt immer in der Nähe von Wasser. FORTPFLANZUNG: Die meist vier Eier werden in Intervallen von ein bis drei Tagen gelegt und von beiden Eltern etwa 29 Tage lang bebrütet.Die Jungen schlüpfen innerhalb von etwa 36 Stunden. Sie kommen mit kurzen geraden Schnäbeln aus dem Ei, erst am 21. Tag beginnt sich der Schnabel zu krümmen. Mit 28 Tagen sind sie fast voll befiedert und nach zweieinhalb Monaten erreicht der Schnabel seine endgültige Länge. NAHRUNG: Würmer, Schnecken, Insekten, Spinnen, Jungfrösche, im Herbst auch Beeren und Sämereien. Der Brachvogel überwintert im Mittelmeerraum, teilweise aber auch in Westeuropa.

Regenbrachvogel
Numenius phaeopus

MERKMALE: Mit einer Spannweite um 80 cm ist der Regenbrachvogel bedeutend kleiner als der Brachvogel; der Schnabel ist kürzer. Der Oberkopf ist hell und dunkel gestreift. LEBENSRAUM: Nordische Moore, vermoorte Seeufer, Wiederaufwuchs nach Waldbränden, immer aber nahe am Wasser. FORTPFLANZUNG: Die Brutzeit beginnt im Mai, und Ende Mai schlüpfen die ersten Jungvögel. Fast stets vier, seltener auch drei Eier. NAHRUNG: Im arktischen Spätsommer fast ausschließlich Beeren, die in der Tundra in überreichem Maße reifen. Später ziehen die Vögel an die Meeresküsten, denen sie auf dem Zug in die Winterquartiere folgen. Im Überwinterungsgebiet ernähren sie sich hauptsächlich von Würmern, aber auch von tierischem und pflanzlichem Strandgut.

Tüpfelsumpfhuhn
Porzana porzana

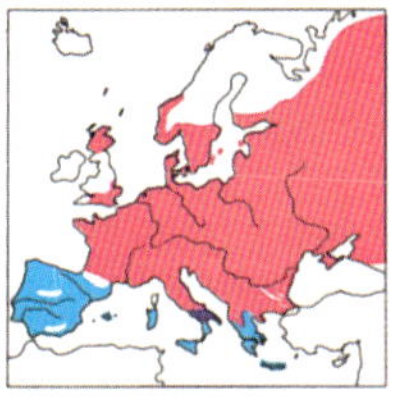

MERKMALE: Kleiner und gedrungener als die Wasserralle, Länge um 23 cm. Blaßgelbe Rückenstreifen, die Flanken sind weiß gebändert. Der Schnabel hat eine orangefarbene Wurzel und eine grünliche Spitze. Das ganze Federkleid wirkt ziemlich sauber, wie gemalt. Die Haltung ist geduckt, Tüpfelsumpfhühner wippen häufig mit dem Schwanz. Der Wasservogel lebt sehr verborgen und zurückgezogen, er kann schwimmen, tut dies aber zumindest am Tage nur selten. Wenn er auf freien Flächen überrascht wird, rennt er flügelschlagend ins Dickicht, wo er sich mit dem seitlich stark abgeflachten Körper auch durch engste Spalten zwängt. Tüpfelsumpfhühner fliegen während des Sommers nur im Notfall. Sie sind sehr schweigsam; während der Paarungszeit im Mai ruft das Männchen jedoch in der Abenddämmerung und bis tief in die Nacht sehr ausdauernd. Der Ruf wird 1- 2mal pro Sekunde vorgetragen und klingt scharf "huitt". Die Jungen werden mit "gug, gug" - Rufen gelockt und mit "tschick" gewarnt. LEBENSRAUM: Ausgedehnte Flachmoore mit lockerer Vegetation und seichten Wasserlachen, austrocknende Schilfbestände, wo das Wasser teils schon den Schlickboden freigibt und teils noch die Wurzelhälse umspült. Wegen seiner besonderen Forderungen an den Lebensraum und durch weitgehende Biotopzerstörung ist das Tüpfelsumpfhuhn praktisch überall in Europa außerordentlich selten geworden. Örtlich kommt es noch im südlichen Rußland vor. FORTPFLANZUNG: Das Nest liegt meist ziemlich verborgen in einem von Wasser umgebenen Seggenhorst gebaut. Die Basis besteht wie bei den Sumpfhuhnverwandten aus nach innen zusammengeknickten Halmen. Es wird überdacht von einer Laube. Die Brutzeit liegt in Mitteleuropa zwischen Ende Mai und Juni. 8 - 12 Eier werden gelegt, die Brutdauer beträgt 18-19 Tage. Beide Eltern brüten abwechselnd und sehr intensiv. Die Jungen besitzen schwarze Dunen und einen gelb-schwarzroten Schnabel. Sie betteln mit einem charakteristischen Kopfwackeln ihre Eltern an. NAHRUNG: Bei der Nahrungssuche streifen Tüpfelsumpfhühner auf immer den gleichen Wegen durch ihr Revier. Sie fressen Wasserinsekten und ihre Larven, Spinnen, Schnecken und Würmer, die sie aus dem Schlamm ziehen.

Zwergsumpfhuhn
Porzana pusilla

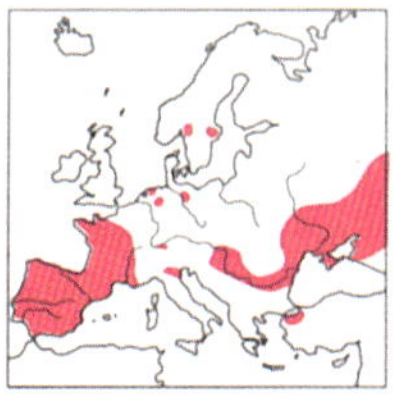

MERKMALE: In der Natur, wo sich die Vögel meist nur für Sekunden offen zeigen, nur schwer vom Kleinen Sumpfhuhn zu unterscheiden, zumal das Zwergsumpfhuhn mit 18 cm Körperlänge kaum kleiner ist; beide Arten sind lerchengroß. Altvögel haben eine schiefergraue Unterseite, die Bauchfedern sind schwarzweiß quergebändert, über den Scheitel läuft ein schwarzer Längsstrich mit breiten, schwarzbraunen Rändern bis ins Genick. Auf dem Rücken dichtstehende weißliche Flecken und Striche. Der Schnabel ist grünlich, die Iris feuerrot. Im Jugendkleid fehlt das Schieferblau der Unterseite, die Kehle ist dort weißlich, die Unterseite bräunlich mit weißen Wellen und Fleckchen. Zwergsumpfhühner gehen behende und zierlich mit häufigem Schwanzwippen und schwimmen gut - mit nickendem Kopf. Zwergsumpfhühner leben zwar in dichtem Gestrüpp, sind aber durchaus zutraulich. Beim Auffliegen lassen sie oft ein quiekendes Pfeifen hören. Den Balzruf vernimmt man nur zu Beginn der Paarungszeit. Er klingt schnarrend »trrr, trrr, trrr« und dauert 2-3 Sekunden. Er wird teils einzeln, teils auch in wenigen Sekunden Abstand mehrfach vorgetragen und ist weithin zu hören. LEBENSRAUM: Moräste mit Seggenbülten zwischen 10 cm und 50 cm tiefem Wasser, oft mit eingestreuten Büschen oder höheren Blattpflanzen. Außerdem in Brüchen und wasserpflanzenreichen Binnenseen. Gelegentlich werden auch Altarme von Flüssen und Sumpfwiesen besetzt. In Mitteleuropa war das Zwergsumpfhuhn immer sehr selten und ging durch Biotopzerstörung weiter zurück. Es kommt heute vor allem noch in Frankreich und Spanien vor und lebt in dem riesigen Areal von Osteuropa bis Nordchina. Außerdem besiedelt es Südafrika und sogar Australien. Es kommt in verschiedenen Rassen vor. FORTPFLANZUNG: Das Nest ist stets aus grünen Grashalmen gebaut und unverwechselbar. Es liegt meist gut versteckt in wasserumschlossenen Seggenbülten. Die Vögel brüten sehr fest. Eilänge um 29 mm, Brutzeit Mai und Juni, meist 6-9 Eier, Brutdauer 17-21 Tage. Beide Eltern brüten. NAHRUNG: Wasserinsekten und deren Larven, Lauf- und Rohrkäfer, Fliegen, Mücken und Schnaken, zusätzlich Heuschrecken, Spinnen und Schnecken. Bei der Nahrungssuche bevorzugen sie stets die gleichen Wege.

Zwergschnepfe
Lymnocryptes minimus

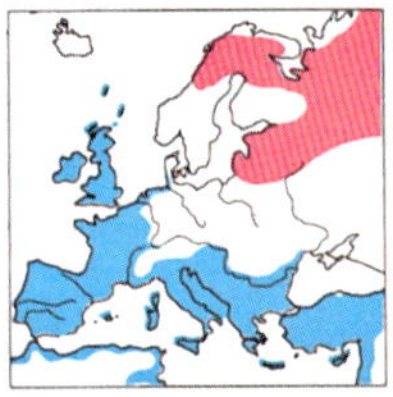

MERKMALE: Gut lerchengroß, Länge 19 cm. Schnabel schwarz und viel kürzer als bei der Bekassine. Rücken auf schwarzem, im Sommer grünschillerndem Grund mit vier mattgelben Längsstreifen, die oft Schilfhalme vortäuschen, wenn sich die Schnepfe niederduckt. LEBENSRAUM: Mit lockerem Gras bestandene Moore, leicht überflutete schlammige Verlandungsgebiete, nasse Erlenbruchwälder, vor allem im nordischen Birkenwaldgürtel. Die Nordgrenze des Brutgebietes verläuft in der Strauchtundra, die Südgrenze in der Nadelwaldzone, ist aber nicht scharf umrissen, da nach Süden zu die Brutvorkommen lückenhaft und unregelmäßig werden. Nirgends häufig, an den meisten Orten eher selten. Die Zwergschnepfe ist ein Zugvogel, der vor allem im südlichen Mittelmeerraum überwintert. Einzelne Tiere ziehen bis in die Tropen und sollen schon den Äquator überflogen haben. Im Winter halten sich die Vögelchen in überfluteten Reisfeldern, in grasbestandenen Sümpfen und in der Ufervegetation schlammiger Gewässer auf. Einzelne Zwergschnepfen versuchen auch die Überwinterung in milden Gegenden Westeuropas. Durch Mitteleuropa ziehen die Zwergschnepfen von August bis November mit Nachzüglern im Dezember, und dann wieder im März und April. Sie rasten gern in sumpfigen Wiesen, wo sie die Tage mit Vorliebe in Viehtritten verschlafen. Sie sind Einzelwanderer und Nachtzieher. FORTPFLANZUNG: Von Mai bis Juli zeigen die Zwergschnepfen über dem Brutgebiet einen auffallenden und unüberhörbaren Balzflug, vor allem an windstillen und trüben Tagen sowie in der Morgen- und Abenddämmerung. Dabei glaubt man, der Vogel rufe aus verschiedenen Richtungen, während er in Wirklichkeit nur seine Stimme in verschiedene Richtungen ertönen läßt. Eine Strophe dauert 5-7 Sekunden, dann fliegt die Schnepfe vielleicht 600 m weit und trägt erneut ihre Strophe vor. Der Balzflug kann so weit gehen, daß man den Sänger aus dem Fernglas und aus den Ohren verliert. Die Strophe wird meist mit dem Geräusch eines galoppierende Pferdes verglichen: »top top topp... top topp topp...«. Die Brutbiologie der Zwergschnepfe ist noch wenig erforscht. Die wenigen bisher in Menschenhand gelangten Gelege wurden meist von Eiersammlern gefunden und mitgenommen. Das Nest liegt stets in nasser Umgebung, manchmal in einer im Flachwasser stehenden Bülte und ist nur spärlich mit Halmen ausgelegt. Brutzeit zweite Junihälfte und Juli. Die stets vier Eier sind mit einer Länge von etwa 39 mm fast so groß wie die der Bekassine und viel größer als die der Feldlerche (23 mm), die etwa die gleiche Körpergröße wie die Zwergschnepfe hat. Die Küken sehen den Bekassinenküken sehr ähnlich, weisen aber keinen weißen Ring an der Schnabelwurzel auf wie jene. NAHRUNG: Die Zwergschnepfe erstochert ihre Nahrung zum Teil im Schlamm und liest sie nach Art von Strandläufern am Boden auf. Sie ernährt sich von Insektenlarven, Würmern, Schnecken.

Bruchwasserläufer
Tringa glareola

MERKMALE: Länge 20 cm. Im Brutkleid ist der Rücken auf graubraunem Grund weiß geperlt, die Unterseite weiß. Im Ruhekleid verblaßte Perlflecken der Oberseite. Der Schwanz ist fein und dunkel gebändert. Nickt, um ein Objekt genauer zu betrachten, mit dem Kopf oder dem ganzen Vorderkörper. LEBENSRAUM: Brutvogel der Nadelwaldzone Eurasiens, vereinzelt auch weiter nördlich und südlich. In Mitteleuropa praktisch ausgestorben. Auch in Skandinavien durch Moorkultivierung rückläufig, am häufigsten noch am Nordrand der Nadelwaldzone in tümpelreichen Hochmooren, sumpfigen Heiden und an sumpfigen Seeufern mit offenen Schlammflächen. Der Bruchwasserläufer zieht schon ab Ende Juni über das mitteleuropäische Binnenland und überwintert in Lagunen und Sümpfen der Tropen und Subtropen. Der Zug erreicht Anfang August seinen Gipfel und klingt im September aus. Die Vögel rasten an schlammigen Seeufern, ziehen nachts weiter und meiden den Meeresstrand. Sie überqueren im Nonstopflug die Sahara. Auf dem Rückzug werden sie am ehesten im Mai beobachtet. FORTPFLANZUNG: Männchen und Weibchen markieren ihr Brutrevier durch einen Singflug, wobei die Vögel sich in der Luft hin und her werfen. Die Darbietung endet mit einem Sturzflug. Das Nest liegt meist sehr gut versteckt auf Bülten zwischen stehendem Wasser, die Vögel brüten ausnahmsweise auch in verlassenen Vogelnestern im Gebüsch. Beide Eltern brüten, aber manchmal zieht sich das Weibchen gegen Ende der Brutzeit zurück, und früher oder später überlassen auch die restlichen Weibchen das Führen ihrer Jungen den Männchen. NAHRUNG: Insekten, Würmer, Schnecken. Bruchwasserläufer suchen ihre Nahrung watend im Wasser oder laufend am Ufer, selten auch schwimmend auf der Wasseroberfläche.

Bekassine
Gallinago gallinago

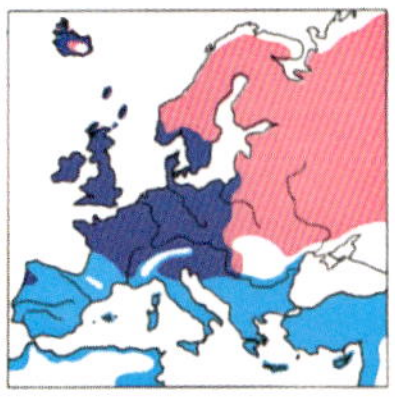

MERKMALE: Länge um 27 cm, reichlich amselgroß. Die Bekassine hat von allen Schnepfen den im Verhältnis zum Körper längsten Schnabel. LEBENSRAUM: Die Bekassinen bevorzugen sumpfige Wiesen und mäßig feuchte Moore mit nicht zu hoher Vegetation; sie fehlt im Schilfwald ebenso wie an sehr nassen Stellen, wo Bülten aus dem Wasser ragen. FORTPFLANZUNG: Bekassinen verpaaren sich jedes Jahr neu. Bei Weibchenüberschuß verpaaren sich die polygamen Männchen mit je zwei Weibchen und verteidigen dann auch zwei Reviere. Von April bis Juni zeigen sie über dem Brutgebiet ihre spektakuläre Flugbalz, besonders eifrig in der Morgen- und Abenddämmerung und an bedeckten bis diesigen Tagen. Erst steigen sie in Spiralen so hoch in den Himmel, daß ihnen nur ein scharfes Auge folgen kann, dann stürzen sie fast senkrecht in die Tiefe und ziehen ähnlich steil wieder in die Höhe. Beim Absturz erklingt für ein bis zwei Sekunden ein merkwürdiger Ton, der an das Meckern einer Ziege erinnert (Himmelsziege). Er entsteht durch ein Flattern der Schwanzfedern und ist viele hundert Meter weit zu hören. Etwa alle 20-30 Sekunden wiederholt der Vogel Sturzflug und Federgesang, manchmal für eine halbe Stunde und länger. Als Beigaben kann er auch Rufreihen von sich geben, die wie »tüka... tüka...« klingen. Nur das Weibchen bebrütet die vier etwa 39 mm langen Eier, Brutzeit Mai und Juni. NAHRUNG: Bekassinen stochern mit schnellen Stößen im Schlamm und ertasten mit der Schnabelspitze die Nahrung bis 6 cm Tiefe und mehr. Dann spreizen sie die Schnabelspitze und ergreifen den Wurm. Sie können fressen, ohne den Schnabel aus dem Boden zu ziehen. Sie erbeuten bis spannenlange Würmer, Egel, Schnecken, Insekten und nehmen auch Pflanzenteile wie Wurzeln, Sproße und Sämereien auf.

Waldwasserläufer
Tringa ochropus

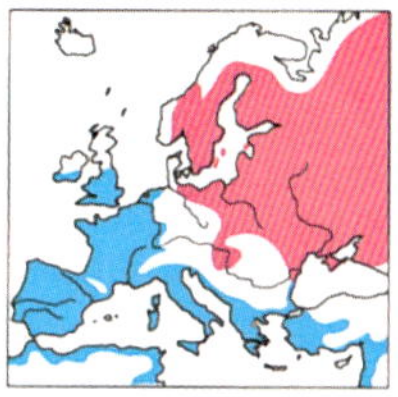

MERKMALE: Reichlich starengroß, Länge um 23 cm. Die Oberseite wirkt schwärzlich und sticht scharf gegen die beim Auffliegen sichtbare weiße Schwanzwurzel ab. Der Schwanz ist dunkel quergestreift, kontrastreicher als beim Bruchwasserläufer. Im Sommerkleid hellgefleckter Rücken. Der Flug ist reißend und wendig, die Vögel stürzen zur Landung steil aus der Höhe herab und wiegen nach der Landung und auch bei anderen Gelegenheiten ähnlich wie der Flußuferläufer den Körper. LEBENSRAUM: In der nördlichen Nadelwaldzone heimisch, in Mitteleuropa sehr seltener Brutvogel. Brutvogel in Skandinavien, in Osteuropa und in Asien. Isolierte Vorkommen in Deutschland. Als typischer Einzelgänger verbirgt er sich gern in dichtbewachsenen Buchten. Der Waldwasserläufer bewohnt Hochmoore, Bruchwälder, von Wald umgebene schlammige Tümpel und waldige Seeufer. Viel häufiger als seine Verwandtschaft ist er auf Bäumen zu finden. Er überwintert im Mittelmeerraum, im tropischen Afrika, vereinzelt auch schon in West- und Mitteleuropa. FORTPFLANZUNG: Das Männchen singt über dem Brutgebiet in einem schwebenden Gaukelflug und landet anschließend auf der Spitze eines Baumes. Der Waldwasserläufer brütet in vorjährigen Vogelnestern, etwa in denen von Würgern, Drosseln, Eichelhähern oder Tauben, niedrig oder hoch bis in die Wipfelregion. Die Jungen bleiben 1-2 Tage im Baumnest und müssen dann zu Boden springen, manchmal aus 10 m Höhe. Brutzeit Mai und Juni, vier gefleckte Eier von 39 mm Länge, Brutdauer 20-23 Tage. Warnruf: ein scharfes »Titt... titt... titt...«. NAHRUNG: Waldwasserläufer stochern im Schlamm, schnappen Insekten und drehen im Wasser liegende Steine um. Sie jagen am Ufer laufend, watend im Flachwasser, im Kopfstand über tieferem Wasser und sogar schwimmend.

Weißstorch
Ciconia ciconia

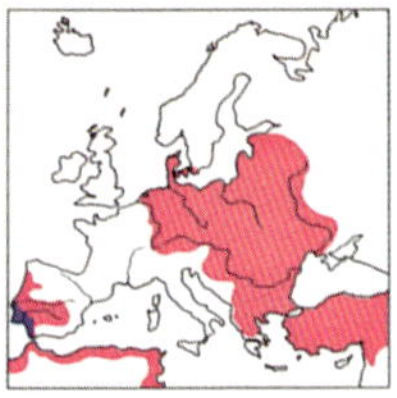

MERKMALE: Durch Größe - Länge um 100 cm, Spannweite um 220 cm wie der Steinadler, Gewicht 3-4 kg - und das schwarzweiße Gefieder unverwechselbar. LEBENSRAUM: Das Verbreitungsgebiet des Storches in Europa ist in zahlreiche Inseln aufgespalten - Ergebnis der Naturzerstörungen von heute und der Jagdsitten von gestern. Die westeuropäischen Störche ziehen über Spanien, die Meerenge von Gibraltar und dann über 2 000 Kilometer Wüste. Die deutschen Störche ziehen meist auf der Westroute, die östlich lebenden über den Bosporus bis nach Südafrika, insgesamt bis zu 13 000 km weit. Die meisten Jungstörche verbringen ihren zweiten Sommer noch im Süden. FORTPFLANZUNG: Störche sind horsttreu, aber nicht unbedingt gattentreu. Aus diesem Konflikt entwickeln sich oft Ehedramen. Viele Störche brüten im fünften Jahr zum ersten Mal, und einzelne haben mit 20 Jahren noch gebrütet. Die Nester liegen meist auf Türmen, Hausdächern und für sie aufgestellten Wagenrädern, meist einzeln, manchmal auch in kleinen Kolonien. Zum Teil brüten Störche auch in Baumhorsten. Die Nester werden alljährlich aufgestockt, können 1,5 m hoch werden und brechen schließlich zusammen. Brutbeginn Ende April, Brutdauer 33-34 Tage, Nestlingsdauer zwei Monate. Beide Eltern brüten, bewachen die kleinen Jungen und legen ihnen das Futter in die Nestmulde. NAHRUNG: Vor allem Insekten, daneben Frösche, Mäuse, Reptilien, selten Fische und Jungvögel.

Kranich
Grus grus

MERKMALE: Größer als ein Storch, Länge um 115 cm, Höhe bis 120 cm, Spannweite bis 240 cm. Rumpf, Flügel und Füße in Grautönen, Schwanz dunkler. LEBENSRAUM: Der Kranich ist Brutvogel in Nord-, örtlich in Mittel-, Süd- und Südosteuropa sowie in der Türkei. In Deutschland liegen die meisten Brutplätze östlich der Elbe, etwa ein Dutzend Paare brüten in Niedersachsen. FORTPFLANZUNG: Kraniche brüten in offenen Ebenen, wo sumpfige und trockenere Plätze wechseln. Im dichtbesiedelten Mitteleuropa finden sie nur noch wenige geeignete Brutplätze, und diese sind heute alle gefährdet. Wo sie ungestört sind, errichten sie alljährlich ihr Nest an der gleichen Stelle. Männchen und Weibchen teilen sich in den Nestbau und lösen sich auch später beim Brüten ab. Bei der Wachablösung lassen die Vögel ihre trompetende Stimme hören. Die meist zwei, ausnahmsweise auch drei Eier sind etwa 95 mm lang. Brutbeginn in Mitteleuropa Mitte April, Brutdauer 29 Tage. Während einer der Eltern brütet, hält der andere in der Nähe Wache. Wenn das erste Junge geschlüpft ist, wird es von einem Altvogel geführt, während der andere noch das zweite Ei ausbrütet. Die Jungen sind Nestflüchter und tragen einen oberseits rötlichbraunen, unterseits weißen Dunenpelz. Die Jungen beginnen mit 9-10 Wochen zu fliegen, aber die Familie hält noch bis in den Winter hinein zusammen. NAHRUNG: Kraniche sind Allesfresser, die Insekten, Samen, Wurzeln und dergleichen verzehren. Während des Zuges rasten Kraniche gern auf Äckern, wo sie sich mit tierischer und pflanzlicher Nahrung versorgen.

Kampfläufer
Philomachus pugnax

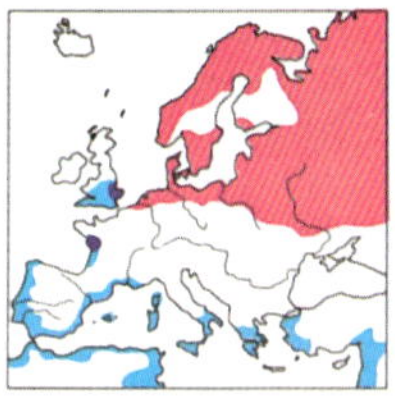

MERKMALE: Die Männchen sind mit 29 cm Länge etwa türkentaubengroß, die Weibchen mit 23 cm nur knapp amselgroß. Zur Brutzeit kann man die Männchen nicht mit anderen Arten verwechseln. Man erkennt sie schon von weitem an ihrem Federkragen, der bei jedem Männchen anders gefärbt ist, so daß man nicht zwei gleiche findet. LEBENSRAUM: Kampfläufer bewohnen grasige Niederungssümpfe und sumpfige Flußauen in waldarmer Umgebung. FORTPFLANZUNG: Die Balz der Kampfläufer ist berühmt. Ihr Balzplatz liegt gewöhnlich auf einer kahlen Stelle am Rande eines Gewässers und wird über Jahre hin vor allem in der zweiten Mai- und ersten Junihälfte aufgesucht. Wenn die Weibchen zu brüten beginnen, verlieren die Hähne den Federschmuck. Allein das Weibchen ist mit der Brutpflege beschäftigt. Brutzeit Mai und Juni, vier Eier von 44 mm Länge, Brutdauer um 21 Tage, die Jungen werden mit drei Wochen selbständig. Während der Brutzeit versucht das Weibchen, in sein Revier eindringende Störenfriede zu verleiten. NAHRUNG: Neben Würmern, Schnecken und Insekten auch Beeren und Sämereien.

Odinshühnchen
Phalaropus lobatus

MERKMALE: Mit einer Länge um 18 cm etwas kleiner als das Thorshühnchen. Im Brutkleid trägt das Weibchen ein rostrotes Halsband, das sich beim Männchen vorn nicht schließt. Dunkel gemusterter Rücken, helle Unterseite. Im Winter- oder Ruhekleid leicht mit dem Thorshühnchen zu verwechseln; Oberseite beim Odinshühnchen dunkler. LEBENSRAUM: Zirkumpolarer Brutvogel in sumpfiger, mit Moos bewachsener und von Gewässern durchsetzter Tundra. Viele Odinshühnchen überqueren auf dem Zug das europäische oder asiatische Festland. FORTPFLANZUNG: Die Weibchen erscheinen vor den Männchen am Brutplatz. Das Nest steht an feuchten Orten unmittelbar am Wasser, es ist meist sehr gut versteckt und mit trockenen Halmen ausgelegt. Vier, selten drei Eier. Manche Männchen brüten so intensiv, daß sie erst vor den Füßen des Menschen auffliegen und in nächster Nähe wieder landen. Brutdauer über 20 Tage. Die Jungen verbringen die meiste Zeit auf dem Wasser, aber noch verborgen in der dichtesten Ufervegetation. Mit vier Wochen sind sie flugfähig. NAHRUNG: Würmer, Schnecken, kleine Insekten, Spinnen, Krebstiere. ALLGEMEINES: Odinshühnchen und Thorshühnchen sind Vertreter der nur drei Arten enthaltenden Familie der Wassertreter aus der Watvogelordnung. Schwimmlappen an den Zehen sind ihre besonderen Merkmale und weisen sie als gute Schwimmer aus. Diese kleinen Meeresvögel der Hochsee kommen außerhalb der Brutzeit nur selten an Land. Sie schwimmen möwenartig auf dem Wasser. Das Männchen brütet und führt die Jungen.

Uferschnepfe
Limosa limosa

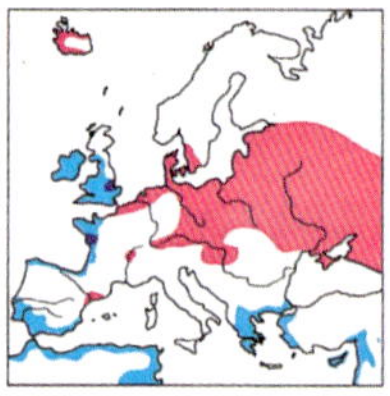

MERKMALE: Ein hochbeiniger Vogel mit langem Schnabel, deutlich kleiner als der Brachvogel, Länge um 40 cm. Im Brutkleid Hals und Vorderbrust rostrot, Bauch mit dunklen Querflecken. LEBENSRAUM: Die Uferschnepfe hält sich vorwiegend in vom Menschen geschaffenen, aber nicht intensiv genutzten Wiesengründen auf. Sie braucht zudem flache Gewässer mit Sand- oder Schlickbänken, auf denen sie nächtigt. Durch Biotopveränderungen ist sie an vielen ihrer herkömmlichen Brutplätze verschwunden. Dem stehen aber auch Bestandserweiterungen gegenüber, so daß man die Uferschnepfe heute noch als einen stellenweise häufigen Vogel bezeichnen kann. Der Bestand in Europa wird auf nahezu eine halbe Million geschätzt; am häufigsten ist die Uferschnepfe im Norden von Holland. Zugvogel, der in geringer Zahl an den Küsten Westeuropas überwintert. FORTPFLANZUNG: Im April balzen die Männchen über dem Brutgebiet mit Sturzflügen und anderer Flugartistik. Nach dem Landen bleiben sie einige Sekunden mit erhobenen Flügeln stehen und zeigen so deren weiße Unterseiten. Vor der Begattung sieht man auch eine Bodenbalz, bei der das Männchen dem Weibchen seinen schwarz-weißen Schwanz präsentiert. Die Männchen bauen das Nest in heranwachsendem Gras und legen es mit trockenen Halmen aus. Beide Eltern brüten, Brutzeit zweite Aprilhälfte und Mai, vier Eier von 54 mm Länge, Brutdauer um 24 Tage, Führungszeit 26-30 Tage. Wenn das Gras während der Brutzeit höher wird, ziehen es die brütenden Vögel über sich zu einem Dach zusammen. Viele Gelege werden von Sturmmöwen ausgefressen, andere vom Weidevieh zertreten, manche von Krähen geplündert; aber wo die Uferschnepfen mit Kiebitzen und Rotschenkeln als Nachbarn brüten, da verteidigen alle gemeinsam die Nester, und die Krähen müssen abziehen. Viele Gelege, sogar brütende Altvögel, fallen Mähmaschinen zum Opfer. Beide Eltern führen die Jungvögel, die anfangs ihre Nahrung von den Halmen lesen. Erst wenn sie im Alter von etwa vier Wochen zu fliegen beginnen, fangen sie auch an zu stochern. Die Bindung zwischen den Partnern und zwischen Eltern und Kindern löst sich dann in wenigen Tagen. Nach der Brutzeit ziehen die Uferschnepfen hinaus auf das Wattenmeer oder in Lagunenlandschaften. NAHRUNG: Uferschnepfen sind Stocherer in weichen Sumpfböden und im Schlick. Am erfolgreichsten suchen sie Würmer im Flachwasser. Sie waten hinaus bis an das Bauchgefieder. Hier tauchen sie beim Stochern Kopf und Hals in das bis zu 16 cm tiefe Wasser. Die Schnabelspitze ist beweglich und kann die Beute packen und herausziehen, ohne daß der Vogel den ganzen Schnabel öffnen muß. Ist die Beute mit Schlick verschmiert, so wird sie kurz im Wasser abgespült.

Rotschenkel
Tringa totanus

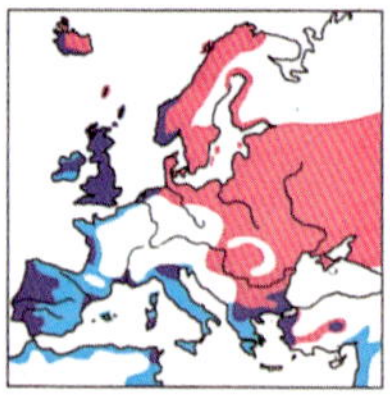

MERKMALE: Knapp amselgroß. Länge 28 cm. Graubraun mit im Sommer deutlich gefleckter Brust, im Winter heller und mit verwaschener Brustfleckung. Beine rot, im Sommer besonders leuchtend. Schnabel gerade, an der Wurzel rot mit schwärzlicher Spitze. LEBENSRAUM: Brutvogel feuchter Wiesen und grasiger Sümpfe. FORTPFLANZUNG: Brutzeit in der zweiten Maihälfte und im Juni. Die vier Eier liegen unter Pflanzen versteckt in einer Mulde. Der Brutvogel geht durch einen seitlichen Eingang zum Nest und zieht über sich die Halme zu einem Dach zusammen. Brutdauer meist 22-25 Tage. NAHRUNG: Im Sommer Insekten, Schnecken, Würmer, im Winterquartier an Meer- und Salzseestränden überwiegend kleine Schnecken und Kleinkrebse.

Pfuhlschnepfe
Limosa lapponica

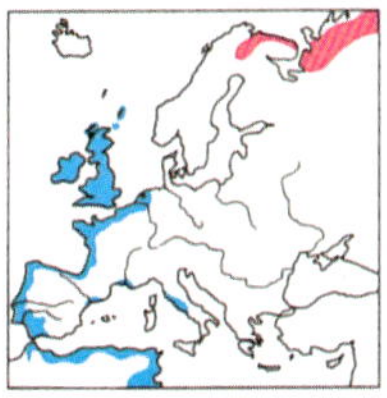

MERKMALE: Etwa so groß wie eine Türkentaube, Länge um 38 cm. Von der recht ähnlichen Uferschnepfe unterscheidet sich die Pfuhlschnepfe durch den deutlich aufwärts gebogenen Schnabel, die etwas kürzeren Beine, die geringere Größe und vor allem durch den eng schwarz und weiß gebänderten Schwanz: Die westeurasischen Vögel tragen etwa acht, die ostsibirischen 9-10 dunkle Querbänder. Der weiße Flügelstreif im Flugbild der Uferschnepfe fehlt der Pfuhlschnepfe. Die Handschwingen setzen sich dunkel von den Armschwingen ab. Hals und Brust sind im Brutkleid einfarbig rostrot. Eine bänderartige Querfleckung auf Bauch und Flanken ist im Gegensatz zur Uferschnepfe nur undeutlich ausgebildet oder fehlt ganz. Jung- und Altvögel im Ruhekleid sind unscheinbar graubraun gefärbt mit hellerer Unterseite. LEBENSRAUM: Die Pfuhlschnepfe ersetzt die Uferschnepfe im Norden, ist von dieser aber durch den Nadelwaldgürtel getrennt, in dem keine der beiden Arten vorkommt. Sie brütet in weitläufigen Mooren und sumpfigen Abschnitten der Weiden- und Birkenzone, manchmal auch auf großen Moorkomplexen in der nördlichen Nadelwaldzone. Das Verbreitungsgebiet zieht sich durch ganz Eurasien und Teile von Alaska, schließt aber das übrige arktische Nordamerika nicht mit ein. Die Pfuhlschnepfen Alaskas überwintern nicht in Amerika, was näher läge, sondern ziehen gemeinsam mit ihren ostasiatischen Artgenossen an der asiatischen Küste entlang südwärts und kommen bis nach Australien und Neuseeland. Die Pfuhlschnepfe ist in ihrem Brutgebiet ein eher seltener Vogel, aber da sie ein riesiges Gebiet bewohnt, sammeln sich auf dem Zuge doch große Scharen an. Man schätzt, daß etwa 300 000 Pfuhlschnepfen auf dem Herbstzug über Westeuropa ziehen. Dabei folgen sie mit wenigen Ausnahmen dem Verlauf der Küste. Sie sind Tag- und Nachtzieher und fliegen hoch in V-Formation. Ab Mitte August erscheinen die ersten Zugvögel an den deutschen Meeresküsten. Zuerst kommen nur Altvögel, einige Wochen später folgen die Jungvögel. Sie rasten in oft großen Scharen auf dem Schlick- und Feinsandwatt an den vor der Brandung geschützten Küstenabschnitten. FORTPFLANZUNG: Das Nest liegt in niedrigster Vegetation, wo der Brutvogel freie Rundumsicht hat. Bei Störungen schleicht er früh und stumm von den Eiern und umfliegt dann schreiend den Eindringling. Stellenweise brüten mehrere Paare in lockerer Nachbarschaft. Die Eier sehen den Eiern der Uferschnepfe täuschend ähnlich, und auch die Dunenjungen sind kaum zu unterscheiden. Brutzeit Juni und Anfang Juli, vier Eier, Brutdauer über 21 Tage. Beide Eltern brüten, vor allem aber das Männchen. Beide Eltern führen die Jungen. NAHRUNG: Wie die Uferschnepfe vor allem Würmer, die aus dem Schlamm gestochert werden.

Grünschenkel
Tringa nebularia

MERKMALE: Etwas größer als der ähnliche Rotschenkel. Die Körperlänge erreicht um 31 cm. Gefieder hell aschgrau mit dunkleren Flügeln. Im Brutkleid ist die Brust deutlich, im Ruhekleid nur verwaschen gefleckt. Beine im Ruhekleid olivgrüngrau, im Brutkleid mehr gelbgrüngrau. Der lange Schnabel ist leicht aufwärts gebogen. Beim Auffliegen wird der weiße, nach vorne keilförmig zulaufende Bürzel sichtbar. Der reißende Flug gleicht vor der Landung einem Sturz mit angelegten Flügeln. Beim Auffliegen ruft der Grünschenkel schallend »tjü-jü« und »tjü-jü-jü«. Er kann schwimmen und taucht, wenn er von einem Greifvogel angegriffen wird. Meist ist er scheu; kreischender Warnruf »kriih... kriih«. LEBENSRAUM: In der Waldtundra ganz Eurasiens verbreitet. Zur Brutzeit auf moorigem Gelände mit niedriger Vegetation und eingestreuten Bäumen. Auf dem Zug an Flachufern mit Schlickgrund an Süß- und Salzseen und am Meer. Der Herbstzug beginnt in Mitteleuropa im Juli, erreicht Ende August seinen Höhepunkt und endet Anfang November. Die Hauptzeit für den Frühjahrszug liegt Anfang Mai. Einzelne Grünschenkel überwintern in West- und Südeuropa, die Mehrzahl in den Tropen. Überall auf den Zugwegen und in der Winterherberge übersommern einzelne Vögel. FORTPFLANZUNG: Über dem Brutgebiet zeigt das Männchen einen Balzflug mit Kapriolen wie Sturzflug, Längsrolle und Segelflug. Dazu singt es leiernd und jodelnd »dahüdl... dahüdl...«. Nach Brutbeginn hören die Singflüge rasch auf, und beide Eltern brüten. Vier Eier von 51 mm Länge, Brutzeit Mai und Juni, Brutdauer 24-25 Tage. Die Jungen können am ersten Tag schon einige hundert Meter laufen. NAHRUNG: Grünschenkel sind weniger Stocherer als Schnapper. Sie fangen Libellen aus der Luft und kleine Fischchen aus dem Wasser.

Schwarzkehlchen
Saxicola torquata

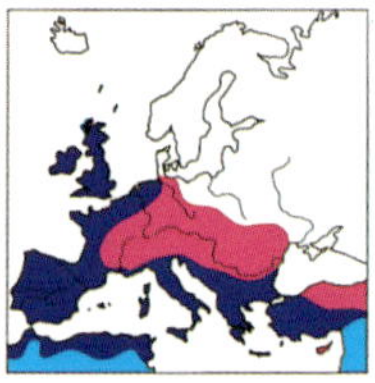

MERKMALE: Männchen mit tiefschwarzem Kopf und weißen Halsseiten, im Winter bräunlicher. Das Weibchen ist unscheinbarer, zeigt aber im Flug, wie das Männchen, einen auffallenden weißen Flügelspiegel. Länge 12,5 cm. LEBENSRAUM: Feuchtes, etwas verwildertes Wiesenland mit eingestreuten Buschgruppen. FORTPFLANZUNG: Das Weibchen baut das Nest aus Gras und Moos in der Bodenvegetation oder bis Kniehöhe in das dichteste Gebüsch. Das Gelege ist mit fünf oder sechs Eiern vollzählig. Wie bei allen Vögeln, deren beide Geschlechter sehr verschieden gefärbt sind, brütet nur das Weibchen. Das Männchen bringt ihm das Futter zum Nest und meldet seine Ankunft mit einem besonderen Lockruf an. Nähert man sich dem Nest, so umflattern die Eltern erregt den Eindringling und schlagen mit Flügeln und Schwanz, um die Aufmerksamkeit des Störers vom Nest auf sich umzulenken. Die Jungen fliegen nach zwölf Tagen aus und verbergen sich in der Bodenvegetation, wobei sie die futtertragenden Eltern mit Positionsanzeigerufen herbeilocken. Zwei Bruten von April bis Juni. NAHRUNG: Zarte Insekten und Spinnen.

Braunkehlchen
Saxicola rubetra

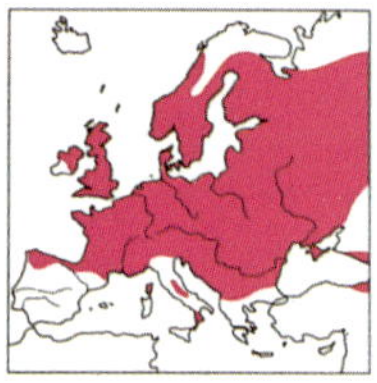

MERKMALE: Männchen mit rahmgelber Kehle und hellem Überaugenstreif, beim Fliegen wird der weiße Bürzel sichtbar. Weibchen blasser gezeichnet. LEBENSRAUM: Ähnlich den Schwarzkehlchen in feuchten Wiesen mit eingestreuten Gebüschgruppen. Wo die Flurbereinigung die Landschaft »maschinengerecht« herrichtet, verschwinden beide, ohne wieder aufzutauchen. Das Braunkehlchen erliegt der Landschaftszerstörung ein wenig später als das Schwarzkehlchen: Wo ein feuchter Wiesengrund aufgeforstet wird, findet es für ein paar Jahre, bis sich der Baumbestand schließt, eine Zuflucht. FORTPFLANZUNG: Der Gesang ist unauffällig, wird aber mit großer Beharrlichkeit von einem aufragenden Zweig aus vorgetragen. Schon ein Grashalm trägt das Leichtgewicht des Vögelchens. In der Zeit der Hochbalz zeigt das Männchen auch einen Singflug. Das Weibchen errichtet das Nest in der dichtesten Bodenvegetation, nie von oben einsehbar. Dennoch werden etwa die Hälfte der Bruten durch Nesträuber gefunden und zerstört: Haupttäter sind Elstern und Krähen. Brutzeit Mai und Juni, fünf oder sechs Eier von 19 mm Länge, Brutdauer zwölf oder 13 Tage, Nestlingsdauer ebenfalls knapp zwei Wochen. Die Jungen können aber erst mit 17-19 Tagen fliegen. Die Eltern verraten die Nestnähe durch erregte Ablenkungsmanöver (Verleiten). NAHRUNG: Insekten und Spinnen. ALLGEMEINES: Braun- und Schwarzkehlchen gehören zur Unterfamilie der Schmätzer und werden auch Wiesenschmätzer genannt. Sie zeichnen sich durch aufrechte Haltung, Schwanzschlagen und die Vorliebe für Sitzplätze auf Zweigspitzen aus. Die Jungen sind den Weibchen ähnlich.

Wiesenpieper
Anthus pratensis

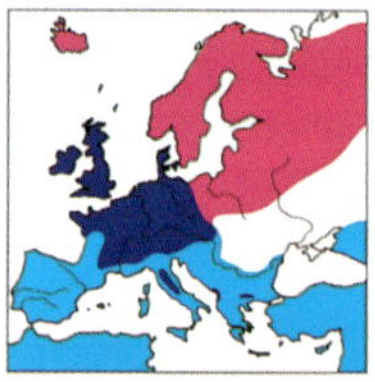

MERKMALE: Sehr ähnlich dem Baumpieper, mit einer Größe von 14,5 cm nur geringfügig kleiner. Brust weniger gelblich und zarter gestreift als beim Baumpieper. Gesamtton des Gefieders mehr grau. LEBENSRAUM: Feuchte Wiesen, Wiesenmoore, Übergangsmoore, Tieflandtundra, Heiden und Bergwiesen. FORTPFLANZUNG: Die erste Brut kann Ende April beginnen; sechs Eier, Brutdauer 13 Tage. Die zweite Brut, die etwas schwächer ist, wird ab Mitte Juni, meist aber Anfang Juli, gefunden. Die Jungen verlassen das Nest, noch ehe sie fliegen können, und verstecken sich geschickt in der Bodenvegetation. NAHRUNG: Insekten und Spinnen.

Schafstelze, Viehstelze
Motacilla flava

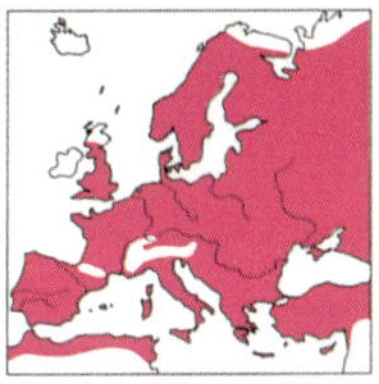

MERKMALE: Die Schafstelze ist in mehreren Rassen über ihr großes Gebiet verteilt. Männchen und Weibchen unterscheiden sich (Geschlechtsdimorphismus), es gibt ein Sommer- und Winterkleid, und nach dem Ausfliegen tragen die jungen Vögel noch ein Jugendkleid. LEBENSRAUM: Zur Brutzeit in feuchten Wiesen und Feldern, besonders gern auf von Entwässerungsgräben durchzogenen Viehweiden. FORTPFLANZUNG: Brutzeit Mai und Juni, in Süd- und Mitteleuropa zwei Bruten, in Nordeuropa nur eine Brut. Meist fünf oder sechs Eier, Brutdauer 13-14 Tage. Das Nest steht meist am Boden unter überhängendem Gras oder in einer Bodenmulde, mit Vorliebe wird es in den Böschungen von Entwässerungsgräben versteckt. Die Jungen hüpfen im Alter von 11-13 Tagen aus dem Nest, wenn sie noch lange nicht fliegen können. Die Jungen aus den letzten Nachgelegen werden erst Ende August flügge. NAHRUNG: Hauptsächlich Fliegen und andere zarte Insekten, die von grasendem Vieh aufgescheucht werden.

Feldschwirl
Locustella naevia

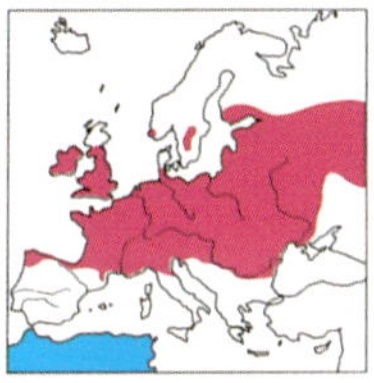

MERKMALE: Ein 13 cm langer Vogel mit dunkel gestreifter Oberseite und ungestreift grauer, manchmal auch gelblicher Unterseite. LEBENSRAUM: Mäßig feuchte Wiesen, Lichtungen mit Brombeer-, Himbeer- oder Brennesseldickichten, Flachmoore, in Getreide-, Raps- und Kleefeldern. FORTPFLANZUNG: Brutzeit Ende Mai, die Brutdauer beträgt 13-15 Tage.

Grauammer
Emberiza calandra

MERKMALE: Mit 18 cm Länge die größte heimische Ammer, plump in der Gestalt, unscheinbar lerchenartig gefärbt. LEBENSRAUM: Magerrasen mit Büschen, meist in trockeneren und wärmeren Lagen als die Goldammer. In den Weizenanbaugebieten Südeuropas ist die Grauammer ein Massenvogel. FORTPFLANZUNG: Brutzeit April bis Juli, 4-5 Eier.

Rohrammer
Emberiza schoeniclus

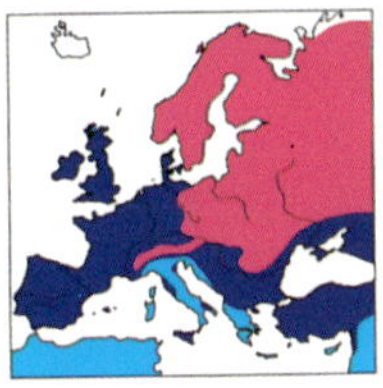

MERKMALE: Männchen in der Brutzeit mit schwarzem Kopf und weißem Nackenstreif. Das unscheinbare Weibchen läßt sich auf dem Zuge nur schwer bestimmen, besonders, wenn man es allein antrifft. Länge 15 cm. LEBENSRAUM: Grasbewachsene Sümpfe mit eingestreuten Büschen, Weidendickicht in sumpfigen Wiesen. Lichte Schilfbestände. FORTPFLANZUNG: Der Ammerhahn singt sehr fleißig seine kurze Strophe, während das Weibchen das Nest am Boden unter überhängendem Altgras errichtet, meist an einer trockenen Stelle in sumpfiger Umgebung. Scheucht man das brütende Weibchen vom Nest, so fliegt es in einem merkwürdigen, langsamen Zitterflug davon. Die Jungen werden anfangs mit Insekten, später auch teilweise mit Sämereien gefüttert. Brutzeit Mai bis Juli für zwei Bruten, Brutdauer 13-14 Tage, Nestlingsdauer 10-13 Tage. Die Eier sind wie viele Ammeneier mit eigenartigen Schnörkeln und Kritzeleien auf veränderliche Grundtönung gezeichnet. NAHRUNG: Insekten, Sämereien und grüne Sprossen.

Lebensraum

MAUERN, FELS UND STEIN

Die in diesem Kapitel beschriebenen Biotope lassen sich in zwei große Teilbereiche trennen. Der eine umfaßt alle natürlichen Lebensräume, die durch Steine geprägt sind. Hierzu gehören Felsschluchten etwa oberhalb von Flußtälern oder an Hangabbrüchen, felsige Mittelgebirge oder das Hochgebirge. Mit einigen Abstrichen in bezug auf die Größe, die Ausformung und die Lage ließen sich sogar künstliche Felsformationen wie etwa Steinbrüche zu dieser Gruppe zählen. Den anderen Teilbereich machen dann die menschlichen Siedlungen aus, die Gehöfte, Dörfer und Städte mit ihren künstlichen Mauern und Steinburgen. Ein großer Teil der diesem Kapitel zugeordneten Vogelarten hat den Sprung von den natürlichen zu den künstlichen Lebensräumen geschafft, ein Beweis ihrer Anpassungsfähigkeit. Der Wechsel vom Naturleben zum Kulturfolger wurde in diesen Fällen erleichtert durch eine Reihe von spezifischen Gemeinsamkeiten. Sowohl bei natürlichen als auch bei künstlichen Steilwänden prägen große Höhenunterschiede das Bild. Es gibt nur schmale Simse oder Vorsprünge zum Brüten und Ausruhen. Nistmaterial, Wasser und Erde sind knapp. Generell tragen solche Biotope nur wenig Bewuchs, was einen allgemeinen Futtermangel mit sich bringt. Nur bestimmte Pflanzen oder Beutetiere sind in bestimmten Zeiten des Jahres häufiger, was wiederum eine große Abhängigkeit und eine hohe Spezialisierung der Vögel nach sich zieht. Allein in bezug auf die Temperaturen unterscheiden sich die natürlichen von den künstlichen Steingebirgen. Die Vogelwelt in menschlichen Siedlungen profitiert von dem allgemein milderen Klima, während die Naturbiotope durch extreme Kälte- und Hitzewerte gekennzeichnet sind.

Alpendohlen sind Herrscher der Hochgebirge. Ihr Revier reicht so weit wie der Blick. Der karge Lebensraum fordert von seinen gefiederten Bewohnern Intelligenz. Überleben will gelernt sein.

Anpassung an das Leben in Mauern, Fels und Stein

Der Lebensraum der Felsen und Gebirge bietet viele extreme Umweltanforderungen, mit denen die Bewohner auskommen müssen. Einen stark limitierenden Faktor stellt dabei der permanente Nahrungsmangel dar. Die Räuber im weitgehend pflanzenarmen Hochgebirge können deswegen nur von der Biomasse aus den vegetationsreicheren tieferen Zonen profitieren oder sie mußten sich hoch spezialisieren, wie etwa die Steinadler und die Geier. Das Vorkommen des Steinadlers ist heute stark von Murmeltieren abhängig. Die fetten Nager sind ein Großteil der Greifbeute. Aus Energiespargründen ist es für den König der Lüfte dabei entscheidend, unterhalb der Kolonie einen Brutplatz zu finden, denn mit einem erbeuteten Murmeltier in den Fängen würde er den Aufstieg zum Nest nur schwerlich schaffen. Noch eine speziellere Anpassung zeigen die Geier. Sie haben sich auf die freie ökologische Nische der Aasfresser spezialisiert. Das Hochgebirge bietet dafür besonders gute Voraussetzungen, kommen durch Abstürze, Steinschlag und Lawinen doch viele Großtiere zu Tode. Damit die Konkurrenz unter den Geiern möglichst minimal ist, nutzen sie Totfunde in festgelegter Reihenfolge. Gänsegeier stehen am Anfang der Nutzerkette. Sie brechen die Leibeshöhle des Kadavers auf, fressen aber hauptsächlich die Weichteile, vor allem Eingeweide. Ihnen gleichgestellt sind Mönchsgeier, deren Schnabel ebenfalls stark genug zum Aufbrechen ist. Allerdings bevorzugen sie Muskelfleisch. Als dritter im Bunde folgen Schmutzgeier, deren Pinzettenschnabel für die Feinarbeit tauglich ist. Er säubert die Knochen von Fleischresten und Sehnen, vertilgt die blutgetränkte Erde. Bleiben nur noch die Knochen - für den Bartgeier. Als Beispiele für die Anpassungsfähigkeit der Bewohner von Mauern, Fels und Stein können auch die beiden Schwalbenarten stehen, die als Kulturfolger die menschliche Nähe gesucht haben. Erst durch die Viehwirtschaft, verbunden mit einem reichen Insektenangebot an Fliegen und Mücken, haben die Mehl- und Rauchschwalbe den Sprung von menschenfernen Felsschluchten hin zu den Bauerndörfern gemacht. Wobei die Adaptation an den Menschen unterschiedlich weit ging. Die Mehlschwalbe bevorzugt immer noch den Luftraum außerhalb der Gehöfte als Jagdrevier. Sie brütet auch nur an der Außenseite von Gebäuden. Die Rauchschwalbe hingegen ist als typischer Brüter von Kuhställen sogar bis ins Gebäudeinnere vorgedrungen. Vergleichbar ist der Anpassungsprozeß von Mauersegler, Alpensegler und Felsentaube an den Menschen. Auch diesen Arten kommt die menschliche Lebensweise so weit entgegen, daß sie zu städtischen Begleitern wurden.

Ernährung

Sie ist bei felsbewohnenden Vogelarten fast automatisch auf tierische Kost festgelegt. Insekten, vielfach solche der Luft, füllen die Speisekarte der kleineren Arten. Der Hausrotschwanz, ein Mauersegler, ein Steinschmätzer als Beispiele. Größeren Arten reichte dies natürlicherweise nicht, und so haben sie sich auf die jagdliche Vorgehensweise spezialisiert. Wobei sie sich die Felsregionen untereinander aufgeteilt haben. Der Lannerfalke dürfte selten dem Gerfalken begegnen, der wiederum nur ausnahmsweise dem Steinadler, der seinerseits eher unwahrscheinlich etwa mit einem Mönchsgeier zusammentrifft. Falls Überschneidungen gelegentlich vorkommen, so betreffen sie doch nicht die Beute. In bezug auf Größe und Art hat jeder Greif hier sein eigenes Spektrum. Der Bartgeier ist ein Spezialfall, weil er im Grunde nur von Knochen lebt. Die wenigen Hühnervögel, die im Gebirge leben, sind ebensolche Spezialisten. Sie fressen Beeren, Knospen oder Insekten.

Hausrotschwanz

Steinadler

Brutpflege

Das Biotop bietet es an, und so nutzen viele Arten Felsnischen, Simse und Vorsprünge der Steilwände als Brutplatz aus. Bei den großen Arten wie dem Steinadler ist das Nest oft sehr geräumig und wird über viele Jahre bezogen. Andererseits errichten zum Beispiel Bartgeier nur ein sehr unvollkommenes Gebilde, das sogar aus Beutetierknochen bestehen kann. Auch der Hausrotschwanz, der Steinrötel oder die Steinschmätzer nutzen natürliche Nistorte an Felswänden, Mauern und in Steinhaufen. Alpendohle und Alpenkrähe zählen ebenfalls zum Typus des Felswandbrüters. Doch auch Bäume können als Nistplatz dienen, etwa beim Mönchsgeier oder bei Kolkraben und Berghänflingen, während die bodenbewohnenden Hühner wie Alpenschneehuhn oder Steinhuhn ihr Gelege auf dem Erdreich in unscheinbaren Nestern ausbrüten. Als Spezialfall der Lebensraumerweiterung darf man die Niststätten von Felsenkleiber und der Felsenschwalbe verstehen, die ihre Nester sehr geschickt an Wänden anbringen, an denen ansonsten keine Nistmöglichkeit besteht. Mit dieser Lehmbaumethode haben die Rauch- und Mehlschwalben auch bei uns Einzug in die Dörfer halten können. So gelang die Umstellung von der Felswand zur Hauswand ohne größere Schwierigkeiten. Hingegen ist die Ansiedlung von Alpensegler und Mauersegler in Städten unter anderem darauf zurückzuführen, daß die Kunstmauern und Betonarchitektur oftmals ähnliche Vorsprünge, Ritzen und Nischen produzieren wie im natürlichen Lebensraum. Aus verständlichen Gründen müssen Felsbrüter zur Kategorie der Nesthocker zählen, ein vorzeitiger Absprung vom Nest käme einem tödlichen Abgang gleich. Die Jungen bleiben sehr lange im Nest, das sie erst verlassen, wenn sie flugfertig genug sind. Speziell die Greife haben ungewöhnlich lange Nestlingszeiten, was sicherlich mit ihrer Verteidigungskraft gegenüber Räubern und der uneinnehmbaren Nestlage zu tun hat. So schlüpfen Schmutzgeierjunge erst nach sieben Wochen Brutzeit und bleiben drei Monate im Nest. Die gefährdeten Hühnervögel sind als Nestflüchter da um etliche Monate schneller.

Habichtartige

Die Habichtartigen, zu ihnen zählen so verschiedene Spezies wie Steinadler und Habichtsadler, Gänsegeier und Schmutzgeier unterscheiden sich in vielen Merkmalen von den Falkenartigen. Die ersteren bauen einen Horst, die letzteren legen die Eier auf nackten Fels. Habichte spritzen ihren Kot im Bogen davon, Falken lassen ihn fallen. Habichte erdolchen als sogenannte Grifftöter ihre Beute mit den Krallen, von denen zwei besonders kräftig ausgeprägt sind. Falken halten ihr Opfer mit den ungefähr gleichlangen Krallen aller Zehen fest und töten sie als sogenannte Bißtöter mit einem Biß in den Hinterkopf. Habichte stehen mit beiden Beinen auf der Beute, Falken benutzen zum Halten nur einen Fang. Der Schnabel aller Habichtartigen ist einhakig, der von Falken trägt hinter der Spitze einen zweiten Haken, den Falkenzahn. Mit Ausnahme der Geier, die auf Aas spezialisiert sind, leben praktisch alle Habichtartigen von lebendiger Beute, die sie aus einem Suchflug oder einem Ansitz heraus schlagen. Große Tiere werden meist am Boden überwältigt, kleinere auch in der Luft. Typisch die lange Entwicklungszeit mit wenigen Jungen pro Saison. Viele Arten werden wie die Bartgeier sehr spät geschlechtsreif. Die Großgreife brüten nicht jedes Jahr. Sie erreichen Lebensalter von einigen Jahrzehnten.

Rabenartige

Sie stellen die anpassungsfähigsten Vogelarten im Lebensraum Mauern, Steine und Felsen. Die Natur hat die Rabenartigen mit einer verhältnismäßig hochentwickelten Intelligenz, das heißt einem großen Lernvermögen, ausgerüstet, um die wechselnden Gegebenheiten optimal nutzen zu können. Sie erkennen schnell günstige Umstände und sind sehr innovationsfreudig. Innerhalb kurzer Zeit haben Alpenkrähen und Alpendohlen die neue Nahrungsnische erkannt, die der Tourismus in die Bergwelt gebracht hat. Sie sind regelmäßige Besucher von Berghütten und Seilbahnstationen. Besonders Kolkraben verfügen über eine große tierische Intelligenz und erschließen sich so in letzter Zeit immer neue Lebensräume. Sie profitieren auf ihre Weise von der Konsumgesellschaft und betätigen sich etwa als Abfallfresser auf Müllplätzen. Die vielseitige Ernährungsstrategie, die aktuelle Angebote nutzt und sich auf die jeweilige Situation flugs einstellen kann, gehört zum biologischen Repertoire der Rabenartigen. Vom Typus her sind die meisten Allesfresser ohne ein fixiertes Nahrungsspektrum. Die Arten mit räuberischer Tendenz, etwa Kolkraben, weisen dabei den stärkeren Schnabel auf. Der Körperbau ist kompakt, die meisten Spezies sind gute oder sehr gute Flieger und genauso gut zu Fuß Am Boden hüpfen sie gern.

Schwalbenartige

Lange und schmale Flügel deuten an, wozu die Schwalbenartigen geboren sind: zum Leben in der Luft. Ob die Mauersegler oder der größere Alpensegler, ob Mehlschwalbe oder Rauchschwalbe, die Tiere fliegen schnell, reagieren flugs und vollführen bewundernswerte Luftakrobatik. Der gegabelte Schwanz dient dabei als Steuerruder, das den windschlüpfrigen Körper über minimale Bewegungen kontrolliert. Oft nutzen die gewandten Flieger auch die Thermik ihres Lebensraumes und lassen sich mit warmen Aufwinden weit in die Höhe tragen. Die Flughöhe passen sie immer ihrer Futterquelle, fliegenden oder durch die Luft treibenden Insekten, an. Mit weitaufgerissenem Mund sausen die Vögel mitten durch Mückenschwärme und fangen so das Futter auf. Am Boden geben die meisten Schwalbenartigen keine gute Figur ab, sie sind schlechte Läufer und ihre verkümmerten Füße haben sogar Schwierigkeiten beim Abstoß von der Horizontalen. Am besten landen und starten sie an senkrechten Wänden. Entweder bauen die Schwalbenartigen wie etwa die Rauchschwalbe ein sehr kunstvolles Nest aus Lehm oder sie nutzen im Flug aufgeschnappte Materialien zum Nestbau in Spalten und auf Absätzen der Brutfelsen. Für letzeres ein bemerkenswertes Beispiel sind Alpensegler und Mauersegler.

Fortbewegung

Ob Kunstgebirge aus Beton und Glas oder natürliche Gebirgslandschaften, der Lebensraum der Felssiedler stellt hohe Ansprüche an das Flugvermögen. Es gilt blitzschnell zu reagieren, etwa wenn sich hinter einer Bergkuppe der Wind ändert oder wenn ein Sturm die Tiere an den Felsen zu zerschmettern droht. Schon von daher zählen diese Gefiederten zu den besten Fliegern unserer Vogelwelt. Der steinige Lebensraum bietet aber darüberhinaus noch einen equisiten Vorteil. Die sich schnell erwärmenden Felsmassen erzeugen warme Aufwinde. Die Arten haben sich dies zunutze gemacht und lassen sich Segelfliegern gleich in die Höhe hieven. Steinadler oder Geier können auf diese Art nahezu mühelos und stundenlang fliegen. Allerdings setzt die natürliche Thermik auch Grenzen, so wird der Ausflug erst kurz vor Mittag ein leichtes, wenn die Sonne genügend Wärmkraft hatte. Daß die guten Flieger der Bergwelt schlechte Fußgänger sein müssen, ist fast zu crwartcn. Einc Stcilwand bietet von Natur aus wenig Gelegenheit dazu.

Rauchschwalbe

Habichtsadler
Hieraaetus fasciatus

MERKMALE: Mit einer Spannweite bis 170 cm wird der Habichtsadler deutlich größer als ein Bussard und gleichzeitig viel schlanker, langbeiniger und langschwänziger als die echten Adler (Aquila). Im ersten Jahr auf dem Rücken dunkelbraun, Unterseite heller oder dunkler rostbraun. Im Flug wird eine dunkle Längsbinde auf den Flügelunterseiten sichtbar. LEBENSRAUM: Die Altvögel bleiben stets in gebirgigen Gegenden mit Baumbewuchs oder Buschland in halbwüstenhaften bis wüstenhaften Klimaten; die Jungvögel streichen weit im Land umher. FORTPFLANZUNG: In der Brutbiologie ist der Habichtsadler ein echter Adler: Das Brutpaar besitzt in seinem Revier, das es nie verläßt, mehrere Horste, die es über die Jahre hin abwechselnd benützt. Felshorste sind die Norm, doch auch Baumhorste kommen vor. Während das Weibchen, beginnend im Februar oder März, die beiden Eier bebrütet und später die Jungen wärmt, trägt das Männchen die Nahrung zum Horst. Erst im Alter von vier Wochen bleiben die Jungen tagsüber allein im Horst, das Weibchen beschattet sie aber noch vor starker Sonne, bis sie im Juni ausfliegen. Der Horst wird während der Brutperiode täglich frisch mit grünen Zweigen ausgelegt, wahrscheinlich aus Gründen der Desinfektion. NAHRUNG: Hauptsächlich Vögel, aber auch Reptilien und Säuger bis zu Hasengröße. ALLGEMEINES: Niemand hat den Habichtsadler besser beschrieben als »Tiervater« Brehm schon vor etlichen Jahrzehnten: »Der Habichtsadler ist ein außerordentlich gewandter und kühner, ja frecher Vogel. Sein Flug ähnelt weniger dem eines Adlers als dem eines Edelfalken. Er hat ein wildes Wesen und vereinigt in sich die Schnelligkeit des Falken, die Gewandtheit des Sperbers und den Mut des Adlers.«

Lannerfalke
Falco biarmicus

MERKMALE: Spannweite 105 cm. Ein knapp krähengroßer, brauner Falke mit rostfarbenem Scheitel und schmalem Backenstreif, der in verschiedenen Rassen in den Tropen und Subtropen heimisch ist. Die europäisch-mediterrane Rasse heißt auch »Feldeggs Falke« . Er ist überall selten, schon weil er ein sehr großes Revier beansprucht. Hinzu kommen die Nachstellungen durch den Menschen. FORTPFLANZUNG: Brut in Felsnischen, in übernommenen Baumhorsten und in der menschenleeren Wüste am Boden. NAHRUNG: Vögel bis zu Taubengröße, die in der Luft und am Boden geschlagen werden. Das Paar jagt oft gemeinsam: Ein Partner scheucht die Vögel vom Boden auf, der andere hetzt und greift sie.

Steinadler
Aquila chrysaetos

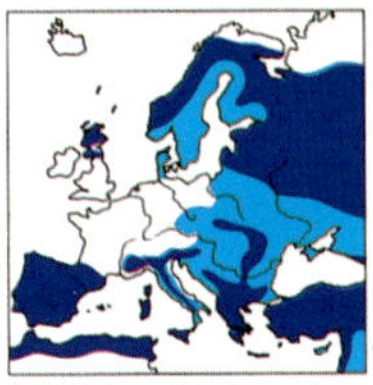

MERKMALE: Spannweite um 220 cm. Ziemlich einfarbig hell- oder dunkelbraun. Die Jungvögel haben eine weiße Schwanzwurzel und auch etwas Weiß im Flügel. In seinem Wohngebiet ist er meist der einzige Adler. Er kreist oft und bis in große Höhen. LEBENSRAUM: Der Steinadler ist recht anpassungsfähig. Er war früher in der gesamten gemäßigten Zone der Nordhalbkugel heimisch. In den Alpen konnte sich ein Restbestand von etwa 200 Brutpaaren halten. FORTPFLANZUNG: Das Adlerpaar hält beharrlich an seinem sehr großen Revier fest und besitzt darin mehrere, zum Teil uralte Horste, die im Wechsel bezogen werden. Diese Horste liegen nicht allzu hoch im Gebirge und meist in Felsnischen, selten auch auf Bäumen und im Durchschnitt tiefer als die Jagdgebiete, so daß der Adler mit der Beute »einschweben« kann. Brutbeginn März bis Mai, Brutdauer etwa 43 Tage. Es brütet nur das Weibchen, das nach dem Schlüpfen der Jungen noch so lange auf dem Horst bleibt, bis nach etwa fünf Wochen die Federn durch das Dunenkleid der Jungen brechen. Von da an hockt das meist einzelne Junge alleine im Horst und bekommt etwa einmal am Tage das Futter auf den Horstrand gelegt. Mit etwa acht Wochen ist der Jungadler voll befiedert und fliegt spätestens mit 80 Tage aus. Er wird im fünften oder sechsten Jahr geschlechtsreif. NAHRUNG: In den Alpen schlägt der Steinadler vor allem Murmeltiere, die den heranfliegenden Räuber zu spät bemerken. Flüchtende Tiere verfolgt er im Flug, aber oft kann sich das Opfer durch Hakenschlagen in Sicherheit bringen. War die Jagd über mehrere Meter erfolglos, gibt der Adler auf. Gern schlägt er auch Zicklein und Lämmer und greift in der Not sogar im Schnee geschwächte Gemsen. Die einmal gefaßte Beute läßt er nicht mehr los. In Rußland wird der Steinadler für die Beizjagd auf Wölfe verwendet.

Mönchsgeier
Aegypius monachus

MERKMALE: Spannweite um 250 cm, aber auch bis 300 cm. Düster gefiedert, Flugbild brettartig, Hals im Flug eingezogen. Schwanz kurz und dreieckig, Handschwingen gespreizt, was den Auftrieb verstärkt. Die Stimme ist röhrend oder zischend. LEBENSRAUM: Hauptsächlich im Bergland, nirgends häufig. In Europa ist sein Bestand im Erlöschen. FORTPFLANZUNG: Der Mönchsgeier ist Baumbrüter. Der Horst wird bei jeder Brut aufgestockt und kann einen Durchmesser von 2 m bei 1 m Höhe erreichen. Der Mönchsgeier brütet nicht in jedem Jahr. Brutbeginn im März. Beide Eltern brüten etwa 55 Tage, so daß das einzige Junge Anfang Mai schlüpft. Sie sitzen dabei so fest, daß man sie nur mit roher Gewalt, etwa mit Steinwürfen, von ihrem Ei treiben kann. Im August wird das Junge flügge. Die Altvögel tränken es auch aus dem Kropf. NAHRUNG: Anders als der Gänsegeier, ist der Mönchsgeier am Aas auf Muskelfleisch spezialisiert und zerreißt sogar die Haut, um sie zu verschlingen. Die Haare würgt er als Gewölle aus. Wenn er beim Kreisen aus großer Höhe ein totes Tier entdeckt hat, so stürzt er mit angezogenen Flügeln und hängenden Beinen rauschend hernieder. Im Horst findet man auch regelmäßig Reste von Kaninchen, Erdhörnchen, Schildkröten und Eidechsen, so daß man annehmen kann, daß er auch kleine lebende Beute schlägt. Nach dem Fressen bleiben Mönchsgeier oft noch stundenlang am Aasplatz und verdauen die aufgenommene Fleischmenge. Nach dieser Ruhezeit fliegen sie zur Tränke, wo sie unter Umständen ebenfalls Stunden ausharren. Sie trinken große Mengen Wasser, baden ausgiebig und reinigen ihr Gefieder sehr intensiv von den Resten der Mahlzeit. Danach halten sie oft Sonnenbäder mit ausgebreiteten Schwingen oder legen sich flach auf den Boden. Erst dann fliegen sie nach einigen Fußsprüngen ab. ALLGEMEINES: In früheren Jahrhunderten wurden auch nördlich der Alpen Mönchsgeier beobachtet, aber immer als Durchzügler, nie als Brutvögel.

Bartgeier
Gypaetus barbatus

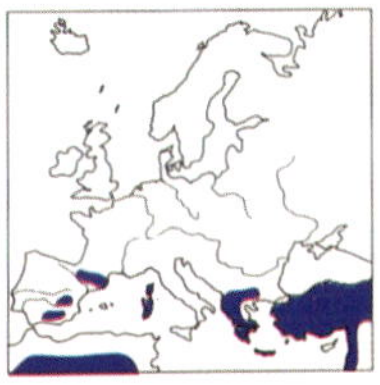

MERKMALE: Spannweite um 250 cm, lange, schmale Flügel und langer, schmaler, keilförmiger Schwanz. Flug rasch und rauschend, an einen übergroßen Falken erinnernd. Jungvögel sind in den ersten vier Jahren dunkelbraun. LEBENSRAUM: Hochgebirge von der Waldgrenze bis in die hochalpine Zone. In den Alpen wurde der Bartgeier schon vor 100 Jahren ausgerottet. 1986 begann man mit den ersten Wiederansiedlungsversuchen in Österreich, dann in Frankreich und in der Schweiz. Hierzu setzt man noch flugunfähige Jungtiere in Felsnischen von unzugänglichen Bergregionen. Sie werden so lange mit Knochen gefüttert, bis sie selbstständig sind und von alleine Nahrung suchen. Ein Minisender auf dem Rücken sendet Impulse aus, die mit Richtantennen vom Boden aus verfolgt werden können. So war es möglich, ihre Flugrouten zu verfolgen und die Einbürgerungsversuche zu überwachen. Anhand der erhobenen Daten läßt sich bis heute sagen, daß die Wiederansiedlung durch Naturschutzverbände ein voller Erfolg war. In einigen Jahren ist mit den ersten Freilandbruten der ausgesetzten Jungvögel zu rechnen. In den Pyrenäen und auf Korsika ist der Bartgeier noch natürlicher Brutvogel. FORTPFLANZUNG: Der regelmäßig benutzte Horst liegt unzugänglich in Felsen und ist teilweise aus Knochen erbaut. In ihm findet man aber auch weichere Dinge: So wurde schon einmal ein Gebetsteppich im Horst eines Bartgeiers entdeckt. Die Paarungszeit beginnt in der Wintermitte mit Balzflügen des Männchens. Mit einem pfeifenden Ruf führt es Überschläge in der Luft aus. Ende Januar legt das Weibchen ein oder zwei Eier ab, die von beiden Eltern 55-60 Tage bebrütet werden. Wenn zwei Junge schlüpfen, so kommt das zuletzt geborene in den ersten Tagen zu Tode. Jungtiere werden nicht aus dem Kropf gefüttert, sondern die Eltern tragen die Nahrung mit ihren Füßen herbei. Der Jungvogel bleibt etwa drei Monate im Horst. Im Alter von zwei Monaten wiegt er schon 7,5 kg und hat eine Spannweite von 180 cm. Nachdem er im Juni oder Juli flügge geworden ist, bleibt er noch bis zum Spätherbst bei seinen Eltern. NAHRUNG: Tote Tiere, sowohl frische als auch abgenagte Knochen, die von den anderen Geiern zurückgelassen wurden. Der Bartgeier ist ein großartiger Segler, der aber weniger in schwindelnder Höhe kreist als vielmehr in den hangaufwärts streichenden Winden auf stets den gleichen Luftstraßen entlang der Bergrücken und Grate sein riesiges Revier durchstreicht. Über der Nahrung kreist er lange, landet dann weitab und nähert sich zu Fuß.

Gänsegeier
Gyps fulvus

MERKMALE: Größer als ein Adler, Spannweite bis 250 cm, im Flug »brettartige« Flügel mit gefingerten Handschwingen, Hals eingezogen, Schwanz kurz. Der Gänsegeier ist ein majestätischer Segelflieger, der kaum einmal die Schwingen rührt und mit unmerklichen Steuerbewegungen schnell an Höhe gewinnt. Vom Erdboden startet er mit einem Anlauf. Der Schnabel ist in der Mitte hornbraun mit gelber Spitze und Basis, die Füße sind bleigrau. FORTPFLANZUNG: Die Balzzeit beginnt im Januar und endet im April. Vor der Paarung umwirbt das Männchen sein Weibchen in einer für menschliche Augen grotesken Bodenbalz. Brutkolonien sind in den seit Menschengedenken bestehenden »Geierwänden« zu finden; die bekannteste davon liegt auf der Insel Pelvis bei Krk in der Adria. Eiablage Ende Februar oder Anfang März; das Weibchen legt nur ein Ei. Brutdauer um 52 Tage, beide Eltern brüten und lösen sich alle 24-48 Stunden ab. Das Junge verläßt den Horst im Juli oder August. LEBENSRAUM: Steppen und Halbwüsten mit Felswänden, vor allem in gebirgigen Gegenden. NAHRUNG: Aas, meist deutlich angefault, manchmal auch frisch. Wo Gänsegeier häufig vorkommen, sammeln sie sich erstaunlich schnell an einem toten Tier. Sie kreisen tagsüber oft unsichtbar für das menschliche Auge in großer Höhe und stürzen sich mit halb angelegten Flügeln und knatternden Federn herab. Geht ein Vogel nieder, folgen die anderen. Am Aas sind Geier extrem scheu. Wenn das Fressen einmal begonnen hat, brechen wilde Raufereien aus, bei denen stets der Hungrigste die Oberhand gewinnt. So werden nach und nach alle Geier satt. Sie stopfen sich so voll, daß sie kaum noch auffliegen können. Gänsegeier reißen die Leibeshöhle des Kadavers auf und fressen erst die Eingeweide.

Schmutzgeier
Neophron percnopterus

MERKMALE: Spannweite 150 -160 cm. Fliegende Altvögel können von ferne mit dem Storch verwechselt werden (Größe und Gefieder). Aus der Nähe erkennt man den keilförmigen Schwanz und den eingezogenen Hals. Das Gefieder ist nicht weiß, sondern cremefarben. Im ersten Jahr sind die Jungvögel erdbraun mit hellen Federrändern, im zweiten Jahr einheitlich braun und dann mit jeder Mauser wird das Gefieder heller, bis im fünften Jahr das Alterskleid erreicht ist. LEBENSRAUM: Steppen, Wüsten und Halbwüsten mit Felswänden als Horstplätze, außerhalb der Brutzeit auch in der Ebene, vorzugsweise in der Nähe von Müllplätzen. FORTPFLANZUNG: Eiablage in der zweiten Aprilhälfte, Brutdauer 40-42 Tage, Nestlingsdauer 85-95 Tage. Beide Eltern lösen sich beim Brüten ab. Der Horst steht in Felshöhlen oder zumindest im Schatten unter einem Überhang, gelegentlich in kleinen Kolonien. NAHRUNG: Aas in jedem Zustand, daneben Schnecken, Frösche, Vogelbrut, Exkremente von Tieren und Menschen. Der Schmutzgeier ist für einen Greifvogel ein guter Fußgänger mit hühnerartigem Gang. Sein Pinzettenschnabel eignet sich besonders dafür, Fleischstücke aus kleinen Öffnungen in der Körperdecke herauszuziehen. Er ist aber nicht stark genug, um die Haut zu zerreißen. Wenn die großen Geier sich um ein Aas raufen, muß der Schmutzgeier aus sicherer Entfernung hungrig zuschauen. Nach dem Mahl säubert er die Knochen und frißt die blutgetränkte Erde. Afrikanische Schmutzgeier benutzen in der Savanne "Werkzeuge" zum Aufknacken der hartschaligen Straußeneier. Hierzu suchen sie 100-300 g schwere Steinbrocken und schleudern sie voller Wucht auf die Schale. Nach mehreren Versuchen zerspringt das Ei meist, die Geier laben sich am Inhalt.

Gerfalke
Falco rusticolus

MERKMALE: Spannweite bis 140 cm. Jungvögel bräunlich, Altvögel grau in verschiedenen Abstufungen bis zum fast reinen Weiß mit schwarzen Tupfen. LEBENSRAUM: Felsige Meeresküsten, gern in der Nähe von Vogelfelsen, aber auch in gut besetzten Schneehuhn-Biotopen. FORTPFLANZUNG: Brutbeginn April oder Mai. Das Weibchen legt 3-5 Eier. Die Jungen fliegen nach 50 Tagen aus. NAHRUNG: Im Sommer hauptsächlich Seevögel, im Winter eher Schneehühner, die der Falke in der Luft, auf dem Wasser und am Boden schlägt. ALLGEMEINES: Die Gerfalken werden um so weißer, je nördlicher sie leben. Die seit jeher legendären Beizvögel sind heute durch Wilderer gefährdet. Ihr Bestand ist gering.

Alpenschneehuhn
Lagopus mutus

MERKMALE: In den Alpen das einzige Waldhuhn mit stets weißen Flügeln. Im Winter sind beide Geschlechter schneeweiß bis auf die Schwanzseiten. Der Hahn trägt einen schwarzen Streifen (Zügelstreif) um das Auge. In Skandinavien mit dem Moorschneehuhn zu verwechseln, aber meistens durch den Lebensraum getrennt. LEBENSRAUM: Das nordische Alpenschneehuhn lebt auf den steinigen Hochflächen Skandinaviens, das alpine in den Alpen vom Latschengürtel aufwärts bis zur Schneegrenze. Die Vögel bleiben im Winter im Hochgebirge. Bei Schneefällen lassen sie sich einfach einschneien. Die Schneehöhle heizen sie mit ihrer Abwärme und sparen so viel Energie. FORTPFLANZUNG: Der Schneehahn zeigt im Frühjahr auffallende Balzflüge: Er steigt mit lauten, knarrenden Rufen und purrendem Fluggeräusch schräg aufwärts und kehrt dann schwebend und rudernd in eleganten Bögen ungefähr zum Ausgangspunkt zurück. Das Paar hält während des Sommers zusammen. Die Schneehenne brütet 20-22 Tage und läßt dabei den Menschen im Vertrauen auf ihre Tarntracht bis auf wenige Schritte herankommen. Der Hahn bleibt stets in der Nähe, zeigt sich auch auf einem Felsbrocken und lenkt die Aufmerksamkeit des Eindringlings auf sich. Die Kükenaufzucht obliegt der Henne. Im Herbst, wenn die Jungen herangewachsen sind, können sich mehrere »Völker« zusammentun. NAHRUNG: Knospen, Triebe, Samen und Insekten.

Steinhuhn
Alectoris graeca

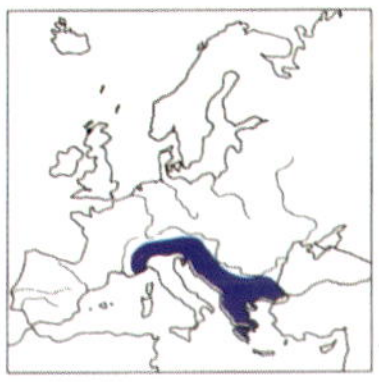

MERKMALE: Rund um das Mittelmeer leben verschiedene Alectoris-Arten, die sehr nahe miteinander verwandt sind, deren Verbreitung sicher aber nicht überlappt, denn zwei Rassen am gleichen Ort würden sogleich miteinander verschmelzen. Vielleicht wird eines Tages eine genauere Untersuchung auch die Arten Steinhuhn, Rothuhn, Chucarhuhn und Felsenhuhn als Rassen einer Art erweisen. Die Bestimmung »im Felde« erfolgt jedenfalls am sichersten nach den Verbreitungskarten. LEBENSRAUM: Steinige, sonnige und mit Gestrüpp bewachsene Hänge, wo die Vögel mit staunenswerter Geschwindigkeit über das Geröll laufen können. In den Alpen kommt das Steinhuhn zwischen Baumgrenze und Schneegrenze vor. FORTPFLANZUNG: Die Henne brütet und wird anfangs oft noch vom Hahn betreut. Bringen manche Hennen zwei Gelege hervor, wird eines vom Hahn bebrütet. Damit geht der Kontakt zwischen den Partnern verloren, und beide führen später ihre Kükenschar auf eigenen Wegen. NAHRUNG: Knospen, Triebe, Samen, Kerbtiere. Die Jungen suchen hauptsächlich Insekten.

Steinschmätzer
Oenanthe oenanthe

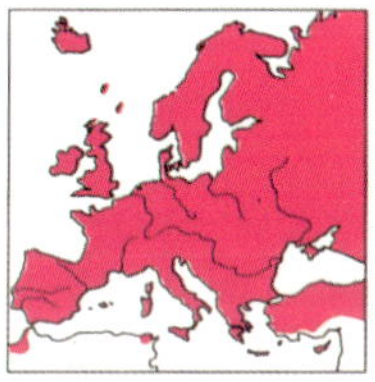

MERKMALE: Männchen zur Brutzeit mit grauem Scheitel, weißem Überaugenstreif, Backen schwarz, in Nordafrika auch mit schwarzer Kehle. Weibchen auch mit leuchtendweißem Bürzel. LEBENSRAUM: Baumarme, trockene Landschaften mit Steinhaufen, Trockenmauern, auch in Dünen und Heiden. FORTPFLANZUNG: Wie beim Mittelmeersteinschmätzer. NAHRUNG: Insekten, Spinnen, Würmer.

Hausrotschwanz
Phoenicurus ochruros

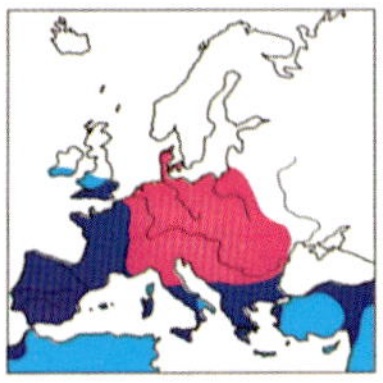

MERKMALE: Männchen im Sommer schwärzlich mit hellem Flügelfeld. Bürzel und Schwanz rostrot. Weibchen dunkel graubraun, LEBENSRAUM: Felsige Regionen, Ruinen, im Gebirge bis über die Baumgrenze. Daneben aber auch städtische Grüngürtel, wo der Hausrotschwanz sich gern ansiedelt, wenn ein Haus gebaut wird. Aufgeschichtete Steine genügen ihm als Felslandschaft. FORTPFLANZUNG: In der Vorstadt eröffnet der Hausrotschwanz mit seinem gepreßt wirkenden Lied das morgendliche Vogelkonzert. Das Nest steht offen als wirrer Haufen aus Halmen in einem dunklen Winkel, z.B. auf Dachbalken, in Scheunen, Garagen, Viehställen. Auch die handelsüblichen halboffenen Nistkästen werden angenommen, aber hier ist die Brut nur erfolgreich, wenn keine Katze heran kann. Brutzeit April bis Juli für zwei Bruten. Nur das Weibchen baut und brütet, 6-7 durchscheinend weiße Eier. Nach einer Störung verlassen die Jungen auch schon einige Tage früher das Nest. Sie sind im Gegensatz zu den Jungvögeln der meisten Verwandten nicht gefleckt, sondern einfarbig grau mit rostrotem Schwanz. In der Herbstmauser im Juli und August legt auch das Männchen ein unscheinbares graues, weibchenfarbenes Gefieder an. Das kontrastreiche Sommerkleid erscheint aber nicht bei einer weiteren Mauser im Frühjahr, sondern die grauen Federspitzen verschleißen sich über Winter, und darunter kommt das schwarze Sommerkleid zum Vorschein. NAHRUNG: Insekten, Spinnen, im Herbst Beeren.

Blaumerle
Monticola solitarius

MERKMALE: Männchen schwarz mit Blauton, Weibchen grauschwarz mit hellerer Fleckung, knapp starengroß - Länge 20 cm. LEBENSRAUM: Von Felswänden eingerahmte Gebirgstäler mit verstreutem Geröll, nahe am Wasser. Im Gebirge bis 3 000 m, aber auch an felsigen Meeresküsten, mancherorts in Ruinen und sogar Ortschaften. FORTPFLANZUNG: Der Gesang der Blaumerle klingt flötend und melancholisch und schallt weit durch ihren Lebensraum. Er fällt besonders dann auf, wenn die anderen Vögel schweigen, etwa abends und bei Regen. Zuweilen ist der Gesang auch mit rauheren Tönen untermischt. Gelegentlich wird er im Segelflug mit gespreiztem Schwanz vorgetragen, der mit einem Sturzflug abschließt, meist aber singt das Männchen auf der Spitze einer Felskuppe. Das Brutpaar hält zäh am einmal erwählten Brutplatz fest. Das Nest liegt in Felsspalten oder Hohlräumen, es wird nach Art der Drosseln massiv gebaut und weich ausgelegt. Brutzeit Mai, 4-5 blaue, manchmal rot gefleckte Eier, Brutdauer 12-13 Tage, Nestlingsdauer um 18 Tage. Mitte Juni werden die ersten Bruten flügge. Die Eltern streifen dann mit ihren Jungen im Brutgebiet umher. Die jungen Männchen färben sich erst in ihrem zweiten oder dritten Jahr bei der Mauser in das blaubereifte Alterskleid um. Die Blaumerle ist ein Zugvogel, der ab Ende März im Brutgebiet erscheint.

NAHRUNG: Blaumerlen sind Wartenjäger, die von einer Erhöhung aus die Umgebung mustern und dorthin fliegen, wo sie Beute erspähen. Die Nahrung, vor allem Insekten, wird vom Boden oder von Halmen aufgenommen. Neben Kerbtieren werden auch Beeren verzehrt.

Steinrötel
Monticola saxatilis

MERKMALE: Drosselähnliche Erscheinung, aber Flügel lang und Schwanz kurz. Männchen mit rostroter Unterseite und rostrotem Schwanz, Weibchen unauffälliger und mit stark gesprenkeltem Gefieder. Jungvögel noch stärker gefleckt als das Weibchen. Die Vögel zittern in der Erregung mit dem Schwanz. Etwas kleiner als eine Singdrossel, Länge 19 cm. LEBENSRAUM: Von Felsbrocken bedeckte grasige Hänge im Bergland und Gebirge bis 3 000 m Höhe, mit oder ohne eingestreute Büsche, auch in Weinbergen. In Deutschland wurde der Steinrötel bis zur Jahrhundertwende in Weinbergen gefunden, seine Ausrottung hängt vielleicht mit der damals aufblühenden Liebhaberei zusammen, attraktive Singvögel im Käfig zu halten. Aber heute fände er durch die rationalisierten Anbaumethoden auch in Weinbergen keinen Lebensraum mehr. FORTPFLANZUNG: Im Brutgebiet trägt das Männchen seinen kraftvoll flötenden Gesang von einer Felskuppe aus vor, nicht selten auch im Singflug, zu dem es stumm aufsteigt und dann nach einer Luftkapriole flötend wieder herabsinkt. Das Nest liegt in Felsspalten, Höhlen und Mauernischen, bis 7 m hoch, aber auch am Erdboden. Meist ist sein Eingang unter einem Busch verborgen. Es besteht aus einem äußerlich wirren Haufen von Halmen mit sauber eingearbeiteter Nestmulde, in der das Weibchen 4-6 Eier 14-16 Tage bebrütet. Die Jungen bleiben rund 14 Tage im Nest und werden in den beiden Wochen nach dem Ausfliegen noch gefüttert. Dann zerstreuen sie sich und leben bis zur nächsten Brutzeit als Einzelgänger. NAHRUNG: Verschiedene Insekten, Beeren und Wildfrüchte. Bei der Nahrungssuche wippt der Steinrötel ständig mit dem Schwanz.

Mauerläufer
Tichodroma muraria

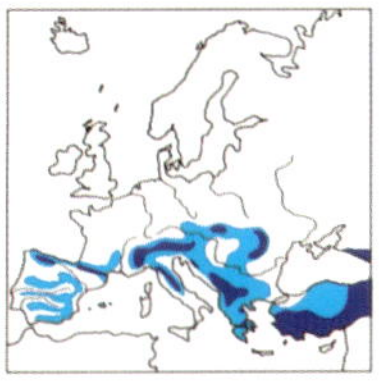

MERKMALE: Oberseite aschgrau, Schwingen und Schwanz schwarz. Auf den Handschwingen weiße Flecken, körpernaher Teil der Flügel rot. Männchen im Sommer mit schwarzer, im Winter mit weißlicher Kehle, Weibchen im Brutkleid mit weißer Kehle. Die Jungvögel haben nach dem Ausfliegen einen kürzeren und weniger gekrümmten Schnabel als die Altvögel. Ihre Farben wirken matt. Lockruf pfeifend »tiu«. Länge 17-18 cm. LEBENSRAUM: Felswände im Gebirge, im Sommer bis 3 000 m Höhe, im Herbst in Tallagen und sogar im Vorland der Berge. Das Brutrevier liegt meist in Schluchten über einem Gebirgsbach. FORTPFLANZUNG: Die Männchen singen, während sie an den Felswänden emporsteigen, wispernd »tsih tsih tsiu«. Das Nest liegt oft sehr tief in Felsspalten, meist völlig unzugänglich, manchmal auch in Ruinen oder Mauerlöchern. Die Vögel können am Nest sehr zutraulich sein. Das Nest ist solide aus Moos, Halmen und Flechten gebaut, die Mulde mit Haaren, manchmal auch mit Federn ausgepolstert. Das Weibchen baut und brütet. Brutzeit Mai und Juli, im Südosten auch im April, Eizahl 4-5, Brutdauer 18-19 Tage, Nestlingsdauer um 26 Tage. Eine Brut im Jahr. NAHRUNG: Insekten, an Felsen aufgelesen. Bei der Nahrungssuche hüpft der Mauerläufer sehr geschickt sogar an senkrechten Felsen aufwärts, wobei er sich nie mit dem Schwanz aufstützt, aber mit raschen Flügelschlägen nachhilft. Dabei leuchten die weißen und roten Gefiederteile auf. Oben angekommen, schwebt und flattert der Vogel im anmutigen »Schmetterlingsflug« wieder an den Fuß einer Wand zurück. Ganz ähnlich klettert und sucht er auch an Baumstämmen nach Nahrung. ALLGEMEINES: Der Mauerläufer wird in die Familie der Kleiber gestellt, hat dort aber den Rang eines Vertreters einer Unterfamilie, in der er die einzige Art ist. Er kommt nirgendwo häufig vor. Ostwärts ist er durch die Gebirge Asiens bis nach Nordchina verbreitet. Artgenossen werden aus dem Revier vertrieben. Nur zur Brutzeit teilt sich das Paar ein Revier, in dem nach dem Ausfliegen auch die Jungvögel geduldet werden. Sobald sie in das kontrastreiche Alterskleid mausern, löst dieses die Vertreibung aus.

Alpenbraunelle
Prunella collaris

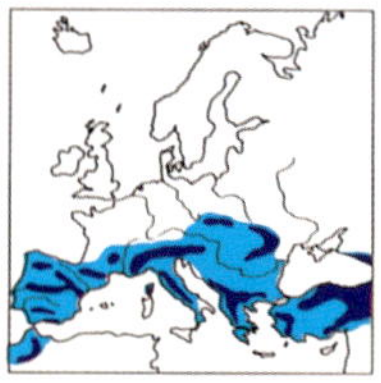

MERKMALE: Die Flanken erscheinen von weitem rötlich, aus der Nähe erweisen sie sich als rostrot. Kehle auf weißem Grund dicht schwarzgefleckt. Schwanz am Ende mit weißen Spitzen. Gestalt kräftig, Größe wie eine Feldlerche, Körperlänge 18 cm. Nähert man sich während der Brutzeit dem Nest, so zeigen sich die Vögel offen auf Felsspitzen und flattern auffällig von Stein zu Stein. Sind sie ungestört, so hüpfen sie eher am Boden umher und sind schwer zu entdecken. LEBENSRAUM: Die Alpenbraunelle ist in vielen Verbreitungsinseln in allen Hochgebirgen Eurasiens bis nach Japan heimisch, doch liegt ihr Verbreitungsschwerpunkt in Ostasien. In den Alpen lebt sie über der Baumgrenze in alpinen Matten, die mit grobem Felsgeröll bedeckt sind, sowie in alpinen Strauchfluren zwischen Felsbrocken. Ein Paar beansprucht ein großes Revier. Nirgends häufig. Im Winter zeigen sich die Braunellen auch in tieferen Lagen und manchmal sogar, in den Tälern oder im Vorland, am Futterhaus. Sie leben im Sommer paarweise, im Winter aber allein oder in kleinen Gruppen. FORTPFLANZUNG: Zur Paarungszeit trägt das Männchen von einem Stein aus oder im Singflug einen flötenden Gesang vor, es setzt sich aber nie auf einen Baum oder Zweig. Das Nest ist ein fester Bau aus Gras, Moos, Haaren und Würzelchen. Es liegt meist in einer Felsspalte, unter einem hohlliegenden Stein, manchmal auch unter dichtem, niedrigem Gesträuch. Die Brutbiologie wurde noch nicht voll erforscht. So ist es nicht klar, ob eine oder zwei Bruten im Jahr vorkommen. Die Brutzeit beginnt Ende Mai oder im Juni, nur das Weibchen brütet auf den meist vier oder fünf, in manchen Gegenden auch nur 2-3 Eiern. Die Brutdauer beträgt um 15 Tage. NAHRUNG: Sämereien, Insekten.

Schneefink
Montifringilla nivalis

MERKMALE: Länge 18 cm, sperlingsgroß. Schwarzer, im Winter grauer Kehlfleck, weiße, an den Außenkanten schwarze Flügel. Mit grauem Kopf und braunem Rücken, Schwanz und Bürzel sind schwarz. Trotz seines Artnamens gehört der Schneefink nicht zur Familie der Finken, sondern zu den Sperlingen. Er wird aufgrund des ähnlichen Namens oft mit dem Bergfinken verwechselt. LEBENSRAUM: Echter Felsstufenbewohner, der während des ganzen Jahres an das Hochgebirge gebunden ist, siedelt niemals im Tiefland. Verbreitet in den Alpen, kommt aber auch in den nordgriechischen Hochgebirgen vor und lebt auf dem italienischen Apennin. Der Schneefink hält sich des öfteren in der Nähe von Skistationen und Bergbahnen auf, wo leicht Futter für ihn abfällt. FORTPFLANZUNG: Der Schneefink brütet in Felsritzen und oft auch in Mauerlöchern an Berghütten. Das Nest ist ein tiefer, dickwandiger Napf. Beide Eltern brüten. Die Jungen sind in dichten weißen Flaum gehüllt. NAHRUNG: Insekten, Samen.

Felsenkleiber
Sitta neumayer

MERKMALE: Von östlichen Kleiberrassen fast nur am Fehlen der weißen Schwanzseiten zu unterscheiden, vor allem aber durch die Stimme: eine abfallende Reihe von Pfeiftönen. LEBENSRAUM: Zur Brutzeit in Felswänden, auf geröllübersäten Steilhängen, an Ruinen und Erdabbrüchen. Im Winter auch in Obstgärten. FORTPFLANZUNG: Das Nest ist innen weich ausgelegt mit Moos, Wolle und vor allem Federn; oft werden auch Mäusehaare verwendet. 8-9 Eier, Brutzeit April, Brutdauer 14-15 Tage, nur das Weibchen brütet. Die Jungen verlassen ihr Nest erst, wenn sie richtig fliegen können. Sie sind dann nach wenigen Tagen selbständig. NAHRUNG: Insekten und Spinnen aus Felsritzen und im Bewuchs der Felsen. Im Herbst und Winter auch Früchte und Sämereien.

Schneeammer
Plectrophenax nivalis

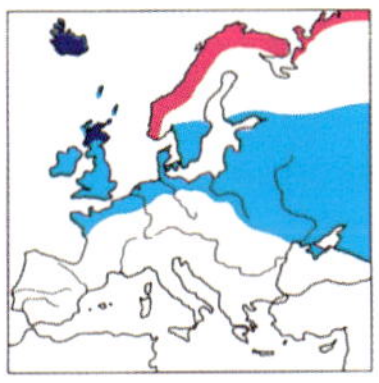

MERKMALE: Männchen im Brutkleid auffallend schwarzweiß. Weibchen ähnlich gezeichnet, aber unscheinbarer grauweiß. Bei der Herbstmauser wächst ein Gefieder mit bräunlichen und rostfarbenen Federsäumen, die sich bis zum Frühjahr verschleißen und so das Sommerkleid freilegen. LEBENSRAUM: Im Sommer Felstundra, Geröllhänge, auf dem Zug und im Winter in Kiesgruben, an Baggerseen, auf Ödland, manchmal in großen Gesellschaften. FORTPFLANZUNG: Die Männchen kommen bis vier Wochen vor den Weibchen im Brutgebiet an und besetzen ihre Reviere, scharen sich bei schlechtem Wetter anfangs aber wieder zu Trupps zusammen. Ende April treffen die ersten Weibchen ein, Brutbeginn aber erst Ende Mai. Die Männchen singen von einem Felsen oder im Singflug mit Herabschweben. Brutzeit Mai und Juni, 5-6 Eier, eine Brut, Brutdauer 13-15 Tage, Nestlingsdauer 10-14 Tage. Das Nest liegt meist in Felsspalten, Erd- und Mauerlöchern. Es ist, anders als die Nester südlicherer Ammern, sehr warm gebaut und wird reichlich mit weichen Schneehuhnfedern ausgepolstert. NAHRUNG: Im Sommer hauptsächlich Insekten, im Herbst und Winter Sämereien, vor allem Birkensamen. In Mitteleuropa erscheinen die Schneeammern erst, wenn im Norden der Winter hart wird. Man hat sie auch schon am Futterhaus gesehen. Ab Februar ziehen sie wieder langsam nordwärts, die Männchen eilen der Schneeschmelze weit voraus, und wenn die Weibchen etwa zur Zeit der Schneeschmelze eintreffen, so haben die Männchen schon die Brutreviere gefunden und aufgeteilt.

Steinsperling
Petronia petronia

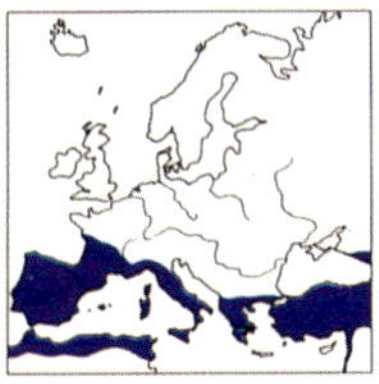

MERKMALE: Ähnlich einem Haussperlingsweibchen, jedoch mit hellen Streifen auf dem Kopf und gelbem Kehlfleck. LEBENSRAUM: Baumloses Hügelland mit dürftigem Graswuchs, Felsen, Erdabbrüchen, auch in Ruinen. Der Steinsperling war früher auch in Deutschland heimisch. FORTPFLANZUNG: Höhlenbrüter, Brutzeit April bis Juni, zwei Bruten mit 4-6 Eiern. NAHRUNG: Insekten, Sämereien, Beeren.

Berghänfling
Acanthis flavirostris

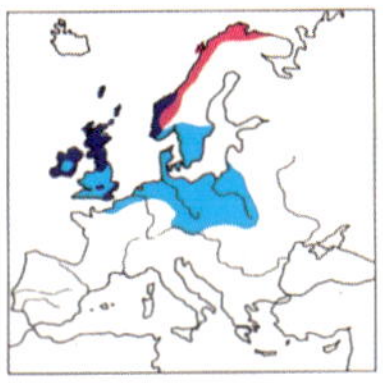

MERKMALE: So groß wie der Hänfling, also kleiner als ein Sperling. Im Gegensatz zum Hänfling aber insgesamt deutlich brauner, speziell die Kehle ist gelblichbraun. Der Berghänfling wirkt im Flug auffallend hell, fast weißlich, und hat einen auffallend langen Schwanz. Männchen in der Brutzeit mit rötlichem Bürzel, beim Weibchen mit lehmig-brauner Streifung. Weibchen und Jungvögel wirken in der Gesamterscheinung eher grau. Der Flug ist rasch und wellenförmig, und die Vögel halten dabei durch ständiges Zwitschern untereinander Kontakt. Schnabel im Winter gelblich. Die türkische Rasse mit schwärzlichen Brustflecken. Im Flug rufen Berghänflinge weicher als der Hänfling, oft ein dreisilbiges »tjep-ep-ep«. Auch nach oben gezogene »gia«-Laute können folgen. LEBENSRAUM: Steinige und vermoorte Tundra mit eingestreuten Zwergsträuchern, im Süden in der Mattenregion der Gebirge, wo Büsche, Grasland und Geröll zusammenkommen. Weit verbreitet in England, Schottland und Irland sowie in Norwegen. Außerdem liegt ein Brutgebiet im östlichen Kleinasien, im Kaukasus und im Nordiran. Hierzulande taucht der Berghänfling am wahrscheinlichsten zur Winterszeit auf. Dann fallen die Tiere als Gäste in der norddeutschen Tiefebene ein und dringen bis zur Mittelgebirgszone vor. FORTPFLANZUNG: Das Nest liegt bodennah im Gebüsch oder am Boden unter überhängender Vegetation. Eine Brut im Jahr, aber notfalls Nachgelege. Brutbeginn Ende Mai, in höheren Lagen auch später, 4-6 Eier, die nur das Weibchen bebrütet. Brutdauer 13-14 Tage, Nestlingsdauer 14-17 Tage. NAHRUNG: Der Berghänfling bevorzugt Sämereien, die am Boden aufgesammelt werden, verschmäht Insekten als Beikost und Aufzuchtfutter nicht.

Kolkrabe
Corvus corax

MERKMALE: Der größte Rabenvogel, Länge um 64 cm, Spannweite um 120 cm. In der Natur fällt die Größe allerdings kaum auf, ebensowenig wie der keilförmige Schwanz und der kräftige Schnabel. Markanter sind die klangvollen Rufe, wie »kruk« oder »korrk« in tiefer Tonlage. LEBENSRAUM: Der Kolkrabe ist vom Nordkap bis zur Sahara heimisch. In Polarnächten schlägt sich sein Atem als Eis auf seinem Gefieder nieder, die Sonne Ägyptens heizt die Erdoberfläche auf Temperaturen auf, die jedes Vogelleben gefährden. Kolkraben plündern in nordischen Vogelfelsen und untersuchen die Hinterlassenschaften einer Kamelkarawane in der Wüste Gobi oder in der Sahara. In Mitteleuropa hält sich ein guter Bestand in den Alpen und ein geringer in Schleswig-Holstein. FORTPFLANZUNG: Kolkraben leben in Dauerehe und beanspruchen ein sehr großes Revier. Im Vorfrühling zeigt das Männchen atemberaubende Schauflüge mit Stürzen auf einer Schraubenbahn aus großer Höhe. In ihrem Revier, das sie nie verlassen, besitzt das Rabenpaar meist einige Horste, die es abwechselnd benützt. Schon Mitte Februar, ohne Rücksicht auf das herrschende Wetter, erscheinen die Raben an ihrem Horst, den sie seit neun Monaten nicht mehr besucht hatten. Sie bessern ihn aus und rammen zurechtgebrochene Äste in seinen Unterbau, als sollte er Jahrhunderte überdauern. Manche Horste werden in der Tat über viele Jahrzehnte lang benutzt. Die tiefe Nestmulde wird warm und weich gepolstert, wie es das Winterwetter draußen erfordert. In den Alpen liegen die Horste stets in Felsen, in Norddeutschland aber auf den höchsten Bäumen. Brutbeginn ist im Süden ab Mitte Februar, in Mitteleuropa meist im März, im Norden ab Ende März. Brutdauer 20-21 Tage, Nestlingsdauer 35-42 Tage. Die nordischen Raben brüten auch in Winternächten bei minus 30 °C. Während das Weibchen brütet und in den ersten Tagen nach dem Schlüpfen, wird es vom Männchen aus dem Kehlsack gefüttert. Die Mutter hilft den Jungen beim Sprengen der Eier und frißt anschließend die Schalen. Wenn die Jungen Durst haben, bringen ihnen die Eltern eingeweichtes Futter oder tränken sie mit Wasser aus dem Kehlsack. Die Jungen verlassen in Mitteleuropa Ende Mai oder Anfang Juni den Horst, bleiben aber mit ihren Eltern als Familie bis in den Herbst zusammen. Dann verlassen sie das elterliche Revier, nomadisieren ein Jahr lang umher und lassen sich dann auf Lebzeiten in einem eigenen Revier nieder. Sie können so alt werden wie ein Mensch. Als »kluge«, nämlich lernfähige Vögel sammeln sie zahlreiche Erfahrungen. Der einzige Feind, der neben dem Menschen den Kolkraben bedroht, ist der Uhu. NAHRUNG: Raben sind anpassungsfähige Fleischfresser mit kleineren Anteilen pflanzlicher Nahrung. Sie streifen mit langsamen Flügelschlägen im Suchflug über ihr Revier oder marschieren gemächlich, aber ausdauernd am Boden und erbeuten, was die Jahreszeit gerade zu bieten hat. Im Mai sind es vor allem Maikäfer, bei einer Mäuseplage stellen sie sich rasch auf Mäuse um, im Winter versammeln sie sich an Müllplätzen. Hier kann man auf einige Dutzend Tiere, selten sogar auf Schwärme von über 100 Individuen treffen. Als ausgesprochene, ungemein flexibel und schnell lernfähige Kulturfolger haben Kolkraben gerade von den offenen Müllkippen stark profitiert. Der menschliche Konsumabfall bietet für sie noch zahlreiche Köstlichkeiten, angefangen von Teigwaren und Brotresten über Fleischabfälle bis hin zu Käserinden. Diese winterliche Zusatznahrung aber hat die häufigste natürliche Todesursache von Kolkraben stark in den Hintergrund treten lassen. Am winterlichem Hunger und an durch Auszehrung bedingten Krankheiten sterben heute nur noch wenige Kolkraben. Dank der ungewollten winterfütterung überleben weitaus mehr fortpflanzungsfähige Paare als früher. Weil auch die intensiv genutzte Kulturlandschaft noch ausreichende Lebensbedingungen bietet, heute größtenteils aber durch Verfolgungsmaßnahmen von Jägern kolkrabenfrei gemacht wurde, kann sich die inzwischen weniger stark gejagte Art wieder ausbreiten. Am Meer suchen sie im Spülsaum angeschwemmte Meerestiere. Sie treffen meistens als erste am Aas ein und setzen sich dort gegen den Bussard durch. Wo sie häufig sind, wird ihnen die Tötung neugeborener Lämmer nachgesagt. Dies gilt allerdings höchstens für die Pferchhaltung. Gegen wachsame Schäferhunde und Schäfer haben Kolkraben keine Chance. Bei knapper Nahrung überfallen sie auch Hühnerhöfe und erbeuten Küken oder junge Enten. Hauptbeute aber sind wohl Insekten aller Art, im Herbst fressen sie auch Beeren. ALLGEMEINES: Man kann sie dank ihrer Lernfähigkeit gut erziehen und ihnen Freiflug gewähren. Sie lernen die menschliche Sprache täuschend echt nachzuahmen. Sie sind sogar bereit, ihren Pfleger zu verteidigen. Ihre Vorliebe, Schlüssel, Brillen und dergleichen zu verstecken, kann lästig werden. Einige handzahme Kolkraben werden im Alter bösartig gegen fremde Menschen.

Alpendohle
Pyrrhocorax graculus

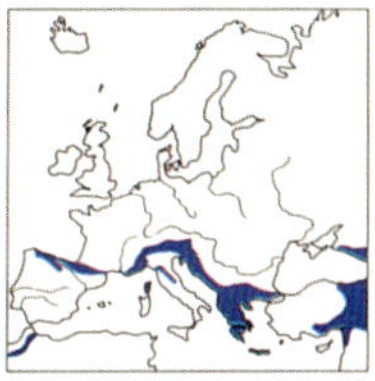

MERKMALE: Deutlich größer als eine Dohle, Länge um 38 cm, Spannweite im Mittel 77 cm. In Erscheinung und Lebensweise der Alpenkrähe ähnlich, aber mit kürzerem, gelben Schnabel, Füße rot. LEBENSRAUM: Ähnlich der Alpenkrähe, aber höher im Gebirge, Brutkolonien kaum unter 2 000 m und bis über 3 000 m. FORTPFLANZUNG: Eine Brut im April, Mai oder Juni, 4-5 Eier. NAHRUNG: Die Alpendohlen sind Allesfresser. Bei der Nahrungssuche fliegen sie truppweise dicht an den Felswänden entlang und klammern sich hier und da nach Spechtart an den Stein, setzen sich aber nie auf einen Baum. Sie erbeuten Insekten, Beeren, Schnecken samt Gehäuse und legen in guten Tagen Vorräte in Felsspalten an.

Alpenkrähe
Pyrrhocorax pyrrhocorax

MERKMALE: Langer, leicht abwärts gebogener roter Schnabel und rote Füße, Schillerfarben im Gefieder, etwas größer als die Alpendohle - 40 cm gegen 38 cm lang. LEBENSRAUM: Zerklüftete Felswände in trockenen, waldarmen Gegenden, von der Meeresküste bis ins Hochgebirge. In den Alpen selten. FORTPFLANZUNG: Nur das Weibchen brütet 17-18 Tage lang. Im Hauptwachstumsalter der Jungen schaffen beide Eltern im Kehlsack die Nahrung herbei. NAHRUNG: Insekten, Würmer, Sämereien, Beeren. In der Nähe von Berghütten und auf vielbestiegenen Gipfeln lassen sie sich das Futter zuwerfen. Alpenkrähen sind meist Standvögel, aber die im Hochgebirge angesiedelten Kolonien werden im Winter verlassen.

Dohle
Corvus monedula

MERKMALE: Taubengroß, Länge 33 cm. Spannweite 67 cm. Gefieder überwiegend schwarz, Nacken, Hinterkopf und Augen grau. LEBENSRAUM: Parklandschaften, Städte, Ruinen, Schluchten, Wälder. FORTPFLANZUNG: Dohlen leben meist in größeren Gemeinschaften. Nur das Weibchen brütet 18-20 Tage auf den 4-6 Eiern, Brutzeit April und Mai. Der blutrote Sperrachen der Jungen wird von dicken, weißen Schnabelwülsten umrahmt, so daß er für die fütternden Altvögel auch im Dämmerlicht einer Bruthöhle nicht zu verfehlen ist. Lebenslange Paarbindung. Im Herbst ziehen die Dohlen in wintermilde Gegenden. NAHRUNG: Insekten, Würmer, Fallobst, Getreidc, halbreife und reife Sämereien, Abfälle auf Müllhalden, Kleinvogelbruten.

Mauersegler
Apus apus

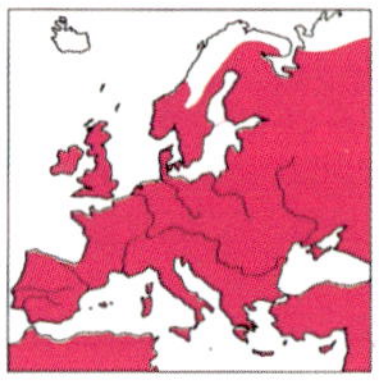

MERKMALE: Mit einer Spannweite von 40 cm ist der Mauersegler größer als eine Rauchschwalbe und mit langen, sichelförmigen Flügeln. Wirkt einförmig schwärzlich, aus der Nähe erkennt man aber die weißliche Kehle und einen rußbraunen Grundton im Gefieder. Flug reißend, teils segelnd, teils mit schnellen Schlägen, meist hoch im Luftraum. Mauersegler verbringen den größten Teil ihres Lebens fliegend, außerhalb der Brutzeit oft wochenlang ohne Unterbrechung. Der Vogel ist sehr gesellig, zur Brutzeit jagen oft mehrere Mauersegler in einem dichten Pulk mit schneller Geschwindigkeit und schrill rufend um die Häuser.
LEBENSRAUM: Fliegt meist hoch und überall, wo Insekten aufsteigen, vorzugsweise über Städten. Ursprünglich war der Mauersegler ein Felsbrüter, doch in Mitteleuropa ist er fast ausschließlich zum Kulturfolger geworden, der kolonieweise in Mauerspalten an Kirchtürmen, Kaminen, Hochhäusern und anderen Gebäuden nistet. Selten brütet er in Nistkästen und hohlen Bäumen. FORTPFLANZUNG: Die Paarung soll im Fluge möglich sein. Die Partner bauen ein Nest aus fliegend aufgeschnappten Federn und Halmen, die sie mit Speichel zu einer flachen Schale verleimen. Erst Ende Mai liegen die zwei oder drei weißen Eier in der Nestmulde. Nach 18-19 Tagen schlüpfen nackte Junge, denen bald blaugraue Dunen wachsen. Beim Betteln sperren sie nicht die Schnäbel auf, wie das für junge Sperlingsvögel typisch ist, sondern zupfen am Halsgefieder ihrer Eltern. Daraufhin schiebt ihnen der Altvogel einen ganzen Ballen von kleinsten, aus der Luft gefangenen Insekten in die weiten Rachen. Die Jungen bleiben etwa sechs Wochen, also ungewöhnlich lange, in der Nisthöhle; wenn sie dann aber Ende Juli ausfliegen, sind sie sofort selbständig und in der Lage, ihr Tagesmaß von etwa 1 000 km zu fliegen. Anfangs kann man sie an den etwas breiteren Flügeln von den Altvögeln unterscheiden.
NAHRUNG: Als reine Luftbewohner sind Mauersegler viel stärker als andere Vogelarten auf günstige Witterungsperioden angewiesen. Warmluftströme bedeuten für sie Fluginsektennahrung im Überfluß, Kaltluft aber kann das Ende sein. Bei längeren Schlechtwetterphasen sind die Tiere deshalb gezwungen, ihre Brutorte zu verlassen und wärmere Zonen aufzusuchen. Fluchtartig ziehen dann große Schwärme gegen Süden, wo sie sich an Nahrungsplätzen in Massen konzentrieren. Für den Nachwuchs bedeuten solche Wetterfluchten nicht selten den Tod. Vor allem jüngere Tiere verhungern während der Abwesenheit ihrer Eltern. Ältere können allerdings mehrere Tage ausharren. Sie verfallen in eine Art Hungerschlaf, bei dem die Stoffwechselvorgänge nur noch stark reduziert ablaufen. Die Körpertemperatur ist gesenkt und auch die Atemhäufigkeit nimmt erheblich ab. Gespeicherte Fettreserven helfen den Jungtieren auf diese Art über bis zu einer Woche Hungerzeit hinweg. Sie verlieren dabei maximal zwei Drittel ihres Körpergewichts. Sinkt die Körpertemperatur aber auf 20 Grad ab, so sterben sie doch. Diese Energiespartechnik rettet auch manche Altvögel vor dem Verhungern. Diese reduzieren ebenfalls ihre Körperfunktionen und magern bis zu einem Drittel ab. ALLGEMEINES: Die Segler werden zusammen mit den Kolibris in einer eigenen Ordnung zusammengefaßt. Sie gehören zu den besten Fliegern, die die Natur hervorgebracht hat. Die Füße der Segler sind klein (apus, lateinisch = der Fußlose) und taugen kaum noch zum Laufen, sehr wohl aber zum Anklammern an senkrechte Flächen. Vom Boden können sie nur schlecht selbständig starten, weswegen sie auch praktisch nie ebene Flächen aufsuchen. Vor allem entkräftete Tiere schaffen den Abstoß in die Luft nicht mehr. Mauersegler sind so vollständig auf ihren Lebensraum Luft festgelegt, daß sie wahrscheinlich sogar beim Fliegen schlafen. Dazu lassen sie sich mit aufsteigenden Warmluftströmen hochtragen und bleiben so lange wie möglich dort.

Rötelschwalbe
Cecropis daurica

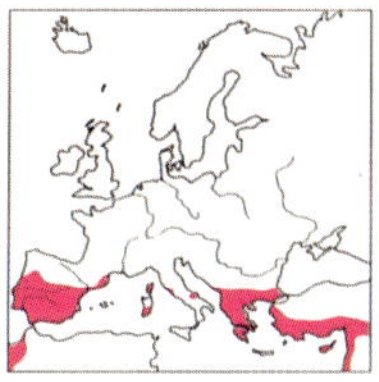

MERKMALE: Rotbrauner Bürzel und rotbraunes Nackenband. Lange Schwanzspieße. Fliegt langsamer als die Rauchschwalbe, kreist häufig und vermag im Aufwind an Hängen mit wenigen Steuerbewegungen in der Luft zu »stehen«. LEBENSRAUM: Brutplatz unter Brücken, in Höhlen, Gemäuern, auch in Häusern. Immer in Gewässernähe. FORTPFLANZUNG: Die Schwalben sammeln feuchten Lehm, mischen ihn mit ihrem klebrigen Speichel und formen ein Nest, das in der Form an eine der Länge nach halbierte Flasche erinnert und an der Decke des Brutraumes hängt. Länge mit »Flaschenhals« bis zu einem halben Meter. Brutzeit zwischen Mai und Juli, Brutdauer 11-16 Tage. NAHRUNG: Aus der Luft gefangene Insekten.

Alpensegler
Apus melba

MERKMALE: Deutlich größer als ein Mauersegler, rund 60 statt 40 cm Spannweite, mit weißem Bauch. Die Stimme ist ein lautes und auffälliges Trillern. LEBENSRAUM: Felswände, Schluchten, Steilküsten, hohe Gebäude von der Meereshöhe bis ins Hochgebirge. Nach Norden begrenzen Schlechtwetterperioden die Ausbreitung: In der Schweiz können nach verregneten Wochen zahlreiche Segler verhungert in den Nischen ihrer Brutfelsen hängen. FORTPFLANZUNG: Rückkehr aus dem Überwinterungsgebiet in Ostafrika im März und April. Brutkolonien, manchmal mit Hunderten von Paaren, seltener auch Einzelbrüter in Felsnischen und Höhlen. Alles, was das im ersten Jahr winzige Nest ausmacht, Federn, Wolle und Halme, ist im Flug aus der Luft geschnappt und mit Speichel zu einer Schale verleimt. Im Mittelmeerraum, wo man grundsätzlich allen Vögeln nachstellt, die eßbar sind, wurden die Segler früher an der Brutkolonie "geangelt". Der Fänger lag auf einer Felskante und ließ die mit einer Feder beköderte Angel über dem Abgrund fliegen, was sich bei den geringen Beständen freilich nicht mehr lohnt. Das Nest wird wiederholt benutzt und im Lauf der Jahre immer größer ausgebaut. Eiablage in der ersten Maihälfte, Brutdauer für die 2-3 Eier 18-21 Tage. Die Vögel benehmen sich auf dem Nest sehr lärmend. Im Juli fliegen die ersten Jungen aus. Wegzug im September. NAHRUNG: Luftplankton, das heißt jene kleinen Insekten, die zwar fliegen können, aber dabei vom Winde verweht werden. Mit Vorliebe erbeuten Alpensegler Mücken, wenn sie in dichten Schwärmen tanzen. Der Flug des Alpenseglers wirkt kraftstrotzend, er fliegt nicht mit dem Wind, sondern scheint gleichsam mit den Lüften zu spielen. Trinkt während des Fluges.

Felsenschwalbe
Ptyonoprogne rupestris

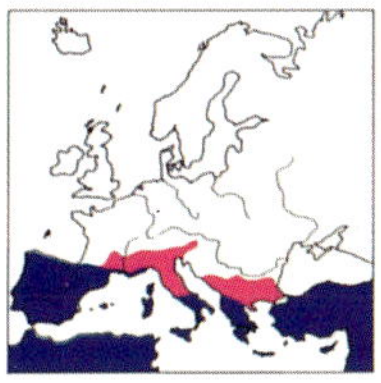

MERKMALE: Mit einer Spannweite um 13 cm und einer Körperlänge bis zu 15 cm ist sie kleiner als ein Haussperling und größer als die Uferschwalbe. Der Schwanz ist kaum gegabelt und scheint hinten wie abgeschnitten. Wie bei der Rauchschwalbe trägt er weiße Punkte. Die Flügel sind auffällig breit. Immer in der Nähe von Felswänden, nie hoch in der Luft. Im Flug mauerseglerartig schnell und wendig. Bräunliche Unterseite ohne Brustband. Gesang anhaltend schwätzend, mit Rufen und Trillern durchsetzt. LEBENSRAUM: Felswände, Schluchten, Brücken und Tunnel in der Nähe des Wassers. Nachgewiesen als seltener und einzelner Brutgast am Alpennordrand, weitaus häufiger im Südbereich der Alpen und insgesamt in Südeuropa. FORTPFLANZUNG: Brutzeit Mai bis Juli. Das Nest ist eine aus Lehm und Speichel gemauerte Schale unter überhängendem, frisch abgebrochenem Fels, auch dicht über verkehrsreichen Straßen. Von Felsschwalben bevorzugt werden sonnige, nach Süden liegende und gut geschützte Felswände. NAHRUNG: Fliegende Insekten, im Flug in den Auf- und Abwinden zwischen den Felswänden erhascht. Bei der Jagd »fischt« sie gleichsam in einem begrenzten Luftraum alles weg, was der Wind herbeiträgt. Wie Mauer- und Alpensegler zeigt sich die Art dabei stark den Witterungsverhältnissen ausgesetzt. Die in den Bergen häufigen und vor allem schnell vor sich gehenden Wetterumschwünge gefährden zwar selten die Alttiere, dafür aber um so stärker die Jungen in den kunstvoll gemauerten Mörtelnestern. Mögen sie auch durch ihre Lage an überhängenden Steilwänden meist sehr gut vor direkten Witterungseinflüssen geschützt sein, so macht sich nach einiger Zeit doch der Insektenmangel bemerkbar. Bei länger anhaltendem Schlechtwetter gehen deshalb die Bruten regelmäßig ein, was die Ausbreitung nach Norden hindert.

Rauchschwalbe
Hirundo rustica

MERKMALE: Sehr tief gegabelter Schwanz. Stirn und Kehle rostbraun, Oberseite und Brustband metallisch blauschwarz. Flug schnell und ständig von plötzlichen oder allmählichen Richtungsänderungen geprägt. Gesang schnurrend und schwätzend, im Sitzen wie im Fliegen vorgetragen. Fliegt bei schlechtem Wetter oft bodennah oder knapp über dem Wasser. LEBENSRAUM: Im Süden ihres großen Verbreitungsgebietes gibt es noch Rauchschwalben, die in öden Felstälern leben; sonst aber haben sie sich überall in Mitteleuropa eng an den Menschen angeschlossen: sie brüten in Höfen und Dörfern, weniger in Kleinstädten, in Großstädten gar nicht. Die Rauchschwalbe ist wahrscheinlich erst im Gefolge von »Haus und Hof« aus ihrer subtropischen Heimat nach Norden vorgedrungen und kann in den gemäßigten Zonen wohl nicht ohne den Menschen überleben. FORTPFLANZUNG: Die Schwalben kehren in der ersten Aprilhälfte aus ihren Überwinterungsgebieten zurück, zunächst wohl vereinzelte Männchen. Meist finden sie in ihr vorjähriges Nest zurück, wo manchmal wenig später auch ihr vorjähriges Weibchen wieder eintrifft. Der klassische Ort für ein Schwalbennest ist der Kuhstall, und meist leben dort auch mehrere Pärchen einträchtig beisammen. Das Nest wird als flache Schale aus Lehm und etwas Stroh gemauert und liegt fast stets so dicht unter der Stalldecke, daß man nicht hineinsehen kann. Die Schwalben bringen den Lehm klumpenweise im Schnabel herbei. Innen wird das Nest mit Federn, Haaren und Halmen ausgelegt, und in vier oder fünf Tagen ist die Arbeit getan. Brutzeit Mai bis August für zwei Bruten, Brutdauer 14-16 Tage, Nestlingsdauer 20-22 Tage. Nur das Weibchen bebrütet die meist vier oder fünf Eier. Die Jungen sitzen nach dem Ausfliegen meistens in Reih und Glied auf einem Draht oder Zweig. NAHRUNG: Aus der Luft gegriffene Insekten bis zur Größe von Schmetterlingen und Libellen. Vor allem Fliegen stellen einen Hauptteil der Rauchschwalbennahrung. Zwar können Rauchschwalben den eventuellen Ausfall ihrer Hauptbeute kurzfristig besser als die verwandten Mehlschwalben kompensieren, sich aber langfristig an solchen Orten ebensowenig halten. Deshalb ist die Verbreitung des schnittigen Kunstfliegers nach wie vor an die bäuerliche Landwirtschaft gebunden. Offene Kuhställe und die traditionellen Misthaufen ernähren Heerscharen von Fliegen und damit auch die Fliegenfresser. Die hochmoderne, industriell orientierte Landwirtschaft kennt solche Verhältnisse nicht mehr, zum Teil werden Insektenscharen sogar mit Gift bekämpft. Die Rauchschwalbe quittiert dies mit ihrem Abgang. Ein Manko stellt auch die zunehmende Asphaltierung der Hofflächen dar. Dadurch finden die Rauchschwalben nicht mehr die für den Nestbau so wichtigen Lehmpfützen.

Mehlschwalbe
Delichon urbica

MERKMALE: Eine kleine gesellige Schwalbe mit metallisch blauschwarzer Oberseite, weißem Bürzel und reinweißer Unterseite. Wirkt gedrungener als die Rauchschwalbe; der Schwanz ist nur schwach gegabelt und ohne lange Spieße. LEBENSRAUM: Koloniebrüter in Dörfern und Siedlungen, auch an Brücken und Türmen. Als ursprünglicher Felsbrüter im Südosten auch in unbewohnten Felsschluchten und Steinbrüchen. FORTPFLANZUNG: Kugeliges Lehmnest an der Außenseite von Gebäuden, meist an Stein, aber auch an Holz geklebt und mit einem engen Schlupfloch versehen. Brut zwischen Mai und September, 2-3 Bruten. Nistet in Kolonien. NAHRUNG: Im Flug erhaschte Insekten. Da diese im Winter fehlen, sind alle Schwalben Zugvögel.

Palmtaube
Streptopelia senegalensis

MERKMALE: Mit 26 cm etwa so groß wie die Turteltaube. Auf der weinroten Brust schwarze Strichelung. Im Flug fallen die blaugrauen Vorderflügel auf. LEBENSRAUM: In Europa ist die Palmtaube eine Randerscheinung, denn hier bewohnt sie nur die Umgebung von Instanbul, wo sie vom Menschen eingebürgert wurde. Im südlichen Mittelmeerraum ist sie dagegen weithin alltäglich und jedermann vertraut. Sie bewohnt Dörfer und Städte. Palmtauben kommen in dem riesigen Verbreitungsgebiet zwischen dem nordafrikanischen Marokko und dem südafrikanischen Kapland vor. Sie haben sich aber auch in Südwestasien verbreitet. Zooflüchtlinge eroberten vom Jahr 1898 ab auch die Städte und Dörfer von Australien.

FORTPFLANZUNG: Wo die Palmtaube vorkommt, hört man täglich viele Stunden lang das Gurren der Tauber. Es gehört zur Stimmung afrikanischer Dörfer. In der Brutpflege unterscheidet sich die Palmtaube kaum von der Turteltaube, aber sie hält den Weltrekord in der Zahl der Bruten pro Jahr: Im ewigen Sommer der Tropen zieht sie sechsmal Junge auf. Wie bei den europäischen Haustauben, die Abkömmlinge ehemaliger Felsentauben sind, beobachtet man auch bei den lange in Menschenkontakt lebenden Palmtauben zunehmend Anzeichen der Domestikation. So nimmt die natürliche Scheu und die Fluchtdistanz vor dem Menschen ab, die Tiere steigern unter den oft optimalen Ernährungsbedingungen ihre Fortpflanzungsleistung beträchtlich. Außerdem treten des öfteren Abweichungen in der Gefiederfärbung auf, die sich unter menschlichen Lebenbedingungen nicht mehr so nachteilig auswirken wie in der Wildnis. Die natürliche Selektion wird teilweise außer Kraft gesetzt. NAHRUNG: Sämereien und viele Arten menschlicher Abfälle.

Felsentaube und Straßentaube
Columba livia

MERKMALE: Die Felsentaube ist die Stammform aller Haustaubenrassen. Sie lebt wild im Mittelmeerraum, in England und in Südasien, immer aber menschenfern. Die südeuropäische Art unterscheidet sich von der ähnlichen Hohltaube durch einen weißen Bürzel, aber in der Türkei versagt dieses Merkmal. LEBENSRAUM: Felsentauben brüten in Felsen und Ruinen, nie aber in hohlen Bäumen, wie etwa die Wälder bewohnenden Hohltauben. Straßentauben sind verwilderte Haustauben, die mit der Zeit mehr oder weniger in die alte Stammform zurückschlagen. Sie bevölkern heute alle Großstädte. FORTPFLANZUNG: In Stimme und Verhalten sind sich Felsen- und Straßentauben gleich. Zur Taubenbalz gehört ein Segelflug mit schräg hochgehaltenen Flügeln und eine prahlerische Bodenbalz mit geblähter schillernder Brust, Verbeugungen vor der Taube und häufigen »Ruggediguhh«-Rufen. Die Taube baut danach in Mauernischen ein Nest, das aus einer flachen Plattform aus Halmen und Zweigen besteht. Beide Partner brüten, der Tauber regelmäßig über die Mittagsstunden. Nach etwa 17 Tagen schlüpfen die sehr unfertigen Küken aus den stets zwei Eiern und werden je nach Wetter noch 1-2 Wochen gehudert. Beide Eltern füttern in der ersten Woche mit Kropfmilch, dann zunehmend auch mit eingeweichtem Samen. Die Taubenehe hält lebenslang. NAHRUNG: Körner und Samen. Da diese geschmacklosen und harten Objekte für die Jungtauben nicht als genießbar zu erkennen sind, müssen sie durch Erfahrung lernen, was ihnen bekommt. Auf den frisch mit Saatgut beschickten Feldern erregen Scharen von Straßentauben den Zorn der Bauern. Sie zupfen Keimlinge heraus und fressen Sämereien. ALLGEMEINES: Berühmt ist das Heimfindevermögen der Tauben, ein Erbe ihrer wilden Vorfahren, das man bei Brieftauben herangezüchtet hat.

Register